Onegasee

Moskau

Krain (Krajnska)

Selenginsk

Konstantinopel (Istanbul)

Athen

Peking

Kanazawa

Jerusalem

Edo (Tokyo)

Nagasaki

Kairo

Delhi

Lhasa

Xiamen

Mekka

Golkonda

Madras

Ayutthaya

Manila

Konge

MOLUKKEN

Palembang

Ambon

Batavia (Djakarta)

BANDA-INSELN

Dampier-
Halbinsel

KAP DER GUTEN
HOFFNUNG

John E. Wills, jr.
1 · 6 · 8 · 8

JOHN E. WILLS, JR.

1 · 6 · 8 · 8

DIE WELT AM VORABEND DES GLOBALEN ZEITALTERS

Aus dem Amerikanischen
von Nikolaus Gatter

GUSTAV LÜBBE VERLAG

Gustav Lübbe Verlag ist ein Imprint der Verlagsgruppe Lübbe
Übersetzung aus dem Amerikanischen von Nikolaus Gatter
Titel der Originalausgabe: *1688: A Global History*
Für die Originalausgabe:
Copyright © 2001 by John E. Wills, jr.
Published by arrangement with W. W. Norton & Company, Inc.,
500 Fifth Avenue, New York, NY 10110
Für die deutschsprachige Ausgabe:
Copyright © 2002 by Verlagsgruppe Lübbe GmbH & Co. KG, Bergisch Gladbach
Textredaktion: Marion Voigt, Zirndorf
Umschlaggestaltung: Guido Klütsch, Köln, unter Verwendung von vier Fotos des
Archivs für Kunst und Geschichte (AKG), Berlin
Satz: Dörlemann Satz, Lemförde
Gesetzt aus der Berling
Druck und Einband: Friedrich Pustet, Regensburg

Printed in Germany
ISBN 3-7857-2088-2

2   4   5   3

Sie finden die Verlagsgruppe Lübbe im Internet unter
http://www.luebbe.de

Gewidmet
Robert H. Irrmann (1916–1998),
dem Kenner des Jahres 1688,
dem Geschichtenerzähler,
dem Freund.

INHALT

BAROCKES VORSPIEL:
3. JANUAR 1688

Während der Erdball sich dreht, wandert das Licht von den grauen, blassen Fluten des Pazifischen Ozeans zu den Wäldern und Feldern an den Küsten Japans und Luzons. In dem brodelnden Klima und der aufwändig kontrollierten Ordnung von Edo, wo eine Dynastie japanischer Militärdiktatoren residiert, öffnen sich die schweren Holzportale der Wohnquartiere. Von fern wehen Morgengesänge und Gongs buddhistischer Tempel heran. Krämer öffnen ihre Läden und legen sorgfältig ihre kostbaren, von überall aus dem Land herangeschafften Waren aus. Übermüdete Nachtschwärmer kommen aus den Vergnügungsvierteln und ducken sich in den Hauptstraßen, wenn berittene Samurai mit rasselnden Schwertern vorbeigaloppieren.

In Manila, auf Luzon, erschallen die Glocken der großen Kirchen im Stadtzentrum, südlich der Sumpfgebiete am Ufer des Pasig, und von den bescheideneren Kapellen im Chinesenviertel nördlich des Stroms. Aus den Häfen des chinesischen Festlands sind Dschunken eingetroffen. Wie man sich erzählt, sind es nicht mehr so viele wie im vergangenen Jahr, wegen der wachsenden Spannungen zwischen den Chinesen und der übrigen Bevölkerung auf Luzon. Wie wird die Obrigkeit im fernen Madrid und in Mexiko-Stadt auf die ständigen amtlichen Beschwerden über die Chinesen reagieren? Wird Manila, dieser Außenposten des durch Katholizismus und Silber zusammengehaltenen spanischen Weltreichs,

bald wieder von chinesischen Seeräubern heimgesucht werden?

Weiter südlich, an einem felsigen Küstenstreifen im Nordwesten Australiens, ist William Dampier schon aufgestanden,
der begabte Naturforscher, Arzt und Barbier einer Seeräuber-
bande. Gewissenhaft registriert er die riskanten Gezeiten-
ströme. Zugleich behält er die Ureinwohner im Auge, die ihn
argwöhnisch von einer Klippe herab beobachten. Er hält sie
für harmlos und bedauernswert primitiv, doch bieten sie Stoff
für herrliches Seemannsgarn, falls er heil und gesund nach
Hause kommt. Bei einsetzender Flut schwärmen die Mücken
aus, kleben ihm zwischen den juckenden Augenlidern.

Die hohen roten Mauern und gelben Ziegeldächer des
Kaiserpalasts in Peking glänzen im ersten Sonnenlicht, als
eine sonderbare Prozession durch das riesige Südportal wandert. Fahnenträger und Leibwächter sind vollzählig angetreten. Seine Kaiserliche Hoheit will ausgehen. Er ist unterwegs
zum Himmelsaltar, wo er zum winterlich kalten Firmament
aufblicken und den Himmel anflehen wird, ihm etliche seiner
Lebensjahre zu nehmen und sie seiner Großmutter zu überlassen, die im Sterben liegt.

Wenn die Dämmerung die Moschee an der Straße des
Ochsen im Westen Pekings erreicht und die luftigen, tropischen Moscheen auf den Inseln des Südens wie Mindanao
und Amboina, weckt der Ruf der Muezzins die Gläubigen
zum Morgengebet. Mehrere Stunden später findet er einen
Widerhall im südindischen Haiderabad (Hyderabad) und im
prächtigen Lager am Stadtrand, beim Großmogul Aurangzeb
und seiner gewaltigen Armee. Unter den Generälen des Herrschers sind einige Hindus, doch er selbst und die meisten
Feldherren bekennen sich zu Mohammed und verneigen sich
beim Morgengebet gen Mekka, bevor sie ihr Kriegshandwerk
aufnehmen und sich zu einer neuen Schlacht rüsten. Und
jetzt ruft der Muezzin überall, wo der Morgen graut, weit

nördlich in Isfahan und Samarkand, in Mekka, Kairo und Istanbul, im umkämpften Belgrad, in Algier und Timbuktu. Schon erhebt sich auch christliches Morgengeläut. Glikl bas Judah Leib in Hamburg weiß, dass damit nicht sie und ihr Volk zur Frühmesse gerufen werden; wenn die Glocke erschallt, ist sie wie jeden Tag längst munter und bei der Arbeit. Pater Vincenzo Coronelli hat bereits die Morgenandacht im Franziskanerkloster von Venedig hinter sich und widmet sich nun seinem Tagewerk, der Kartografie und seiner weitreichenden wissenschaftlichen Korrespondenz. Isaac Newton hört die Kirchen und die Universitätskapelle von Cambridge läuten; er wird sich hüten, den Konflikt mit seinem König weiter eskalieren zu lassen, und will erst die Rezensionen seiner *Principia* abwarten. Wenn heute die Sonne scheint, wird er feststellen, dass jetzt, wo die Wintersonnenwende vorüber ist, die mittäglichen Schatten ein wenig kürzer werden.

Hinter dem nächsten Ozean, in beiden Teilen Amerikas, versuchen viele Menschen, nach den Verwüstungen durch die Europäer und den von ihnen eingeschleppten Seuchen wieder ihr gewohntes Leben zu führen. Einige wenige Europäer träumen neue Träume in der Neuen Welt, die nicht mehr nur von grenzenlosem Überfluss und paradiesischem Müßiggang handeln. In einer idyllischen Senke des Wüstenhochlands von Sonora sieht Pater Eusebio Kino zu, wie seine jüngst bekehrten Pima sich zur Sonntagsschule versammeln, und hofft, die dunkle Wolke im Norden werde Leben spendenden Regen bringen. Und weiter wandert das Licht über das unermessliche Weltmeer.

Dieses Porträt eines einzigen Tages in einem bestimmten Jahr ist streng genommen nur ein Konstrukt. Er beginnt im Pazifik. Dort fängt unser moderner weltweiter Tageslauf an, weil dieser Ozean damals schon war, was er immer noch ist: die größte Leerstelle in der Dichte menschlicher Besiedlung und

Arbeit. In den folgenden Kapiteln werden wir Genaueres
über die Menschen und ihre Lebensräume erfahren und weit
mehr über jene Welt von 1688. Doch selbst wenn man sich
auf ein einziges Jahr konzentriert, bleibt dies ein willkürliches
Gedankenspiel, das uns viel weniger Rätsel aufgibt als den damals lebenden Menschen. Die überwiegende Mehrheit hätte
schon mit der Jahreszahl »1688« gar nichts anfangen können.
Die Muslime beispielsweise standen an der Wende des Jahres
1099 zum Jahr 1100. Für die Chinesen war es zunächst das
26., dann das 27. Jahr der Kangxi-Regierung.

Die Vorstellung eines einzigen Jahres der Weltgeschichte
ist für sich genommen bloß ein Kunstprodukt; das gilt für das
beginnende 21. Jahrhundert und erst recht für das späte
17. Jahrhundert. Heutzutage bekommen wir in Sekunden-
schnelle Nachricht von größeren Ereignissen; weltweit ver-
netzte Rechner und Telekommunikationsmittel erreichen in
Echtzeit fast jeden Winkel der Erde. Im Jahr 1688 war der
Austausch zwischen den Kontinenten vollkommen auf Boten
und die Post angewiesen, die mit Segelschiffen transportiert
wurden; diese verkehrten nur zu bestimmten Jahreszeiten,
wenn die Winde günstig waren. Für die Beförderung der
Nachrichten von einem Ende der Welt zum anderen – etwa
eines Briefs, den ein Holländer aus der japanischen Faktorei
der Vereinigten Ostindischen Compagnie seinem Cousin
im Tal des Hudson River schrieb – musste man mit einiger
Sicherheit über ein Jahr einkalkulieren.

Selbst heute, da uns alle möglichen Hilfsmittel für Fern-
gespräche oder Weltreisen zu Gebote stehen, ist die Anzahl
derer erstaunlich gering, die kontinuierlich global zu denken
imstande sind oder auch nur zwei Kontinente gleichzeitig im
Blickfeld behalten können. Nur die wenigsten Europäer
machten sich im Jahr 1688 eine vage Vorstellung von der Vielfalt der Kulturen und Lebensräume der Menschen, ihren
Gemeinsamkeiten und Unterschieden. Zu nennen wären

allenfalls der Gelehrte Gottfried Wilhelm von Leibniz, die jesuitischen Missionare, der britische Reisende William Dampier oder die gebildeten Städter Europas, die eine wachsende
Fülle von Reiseberichten und Schilderungen anderer Welt-
teile studierten. Gewiss, der Kangxi-Kaiser in China und einige seiner Bediensteten kannten die Europäer als ein neues
Element am äußersten Rand ihres »Alle-unter-einem-Him-
mel«-Weltbilds, doch von Afrika und Amerika wussten sie
kaum etwas. Der Islam erstreckte sich von Peking und Mindanao bis zur Donau und zum Niger; in die Neue Welt gelangte
er nur, wenn einige unglückliche afrikanische Muslime den
Seeweg überstanden, um in Nord- oder Südamerika ihr Dasein in der Sklaverei zu fristen. Das Leben ungebildeter Bauern blieb in allen Kulturen weitgehend auf den engen Umkreis ihres Dorfs und des nächstgelegenen Marktfleckens
beschränkt. Der Stamm der Bardi im Westen Australiens
zählte kaum mehr als 1000 Einwohner, die kaum Werkzeuge
besaßen und fast ausschließlich mit ihren Geistern und über
Träume kommunizierten. So zeigt sich, dass wir in der »einen
Welt« des Jahres 1688 auf eine Vielzahl menschlicher Erfah-
rungsräume treffen.

Doch nicht allein das Tempo der Fortbewegung und Kom-
munikation ist bezeichnend dafür, dass unsere Lebensweise
mit der vor 300 Jahren üblichen kaum zu vergleichen ist. Die
Erde war 1688 viel weniger bevölkert und wies ausgedehnte
Wald- und Steppengebiete auf, die erst später landwirtschaftlich genutzt oder urbanisiert wurden. Die Höflinge von Versailles konnten noch allmorgendlich zur Wolfsjagd ausreiten.
Ohne elektrische Verstärker und Verbrennungsmotoren ging
alles viel leiser zu. Die Lebenserwartung war geringer, weil
sich ansteckende Krankheiten ungehemmt ausbreiteten; gegen Risiken bei der Kindsgeburt war niemand gewappnet.
Doch der vermutlich größte Unterschied bestand darin, dass
kein Mensch des 17. Jahrhunderts innerhalb seiner Lebenszeit

rapiden technologischen Wandel zu erwarten hatte, ebenso wenig wie – selbst in längeren Zeiträumen – fundamentale Umwälzungen der politischen Verhältnisse oder des Alltags. Fast ausnahmslos fristeten die Menschen ihr Dasein tief verwurzelt im Glauben und in den Traditionen der Vorväter, ohne ernsthaft mit Veränderungen zu rechnen. Sofern man Reformen für erstrebenswert hielt, handelte es sich eher um die Rückkehr zum Althergebrachten, zum unverfälschten Brauchtum. Utopien, wie sie uns heute geläufig sind, die schwache Vorahnung einer Chance, das menschliche Dasein grundlegend zu verbessern, wurden damals allenfalls von einigen gelehrten Außenseitern in Europa artikuliert.

Diese wenigen Gelehrten sollten allerdings Recht behalten, wenn sie die Möglichkeit eines radikalen Umbruchs in Betracht zogen. Im Rückblick erkennen wir schon 1688 unübersehbare Anzeichen für das Heraufdämmern unserer modernen, ganz anders gestalteten Welt: den Siegeszug der Naturwissenschaften, der Urbanität und des Handels; die Förderung des Wirtschaftswachstums durch politische Maßnahmen; die erstaunliche Vielfalt von Presse und Literatur, teilweise schon für ein städtisches Massenpublikum bestimmt; die individuellen, einander ausschließenden Auslegungen und Umdeutungen der Weltreligionen; den vehementen Protest gegen Sklaverei und gegen die Unterdrückung der Frau. All diese Neuerungen werden in den folgenden Kapiteln mehr als einmal behandelt. Leserinnen und Leser werden sich oft wundern, dass in aller Welt ähnliche Prozesse zu beobachten sind: In Japan wachsen Handel und Wirtschaft ebenso schnell wie in Europa; Saikaku und Aphra Behn schreiben jeweils für einen stark kommerzialisierten Buchmarkt; Wang Fu-chi und William Penn aktualisieren in höchst persönlicher Weise die großen Traditionen.

Dass wir uns auf Quellen konzentrieren, die sich auf dieses einzelne Jahr beziehen, führt notwendigerweise zu einem ge-

wissen Ungleichgewicht und zu blinden Flecken. Menschen
von geringerem Bildungsstand kommen nur in Betracht, wo
sie von anderen geschildert werden. Daher erfahren wir mehr
von Herrschern als von Beherrschten, mehr von Händlern als
von Bauern. Reisende, die viel zu erzählen hatten, vorwiegend Europäer, vermitteln uns einen Großteil des Wissens
über die außereuropäische Welt. Um ihren Vorurteilen nicht
zu erliegen, habe ich mich bemüht, solche Berichte gegen
den Strich zu lesen – nicht anders als vor 40 Jahren, als ich
erstmals holländische Quellen über das Geschehen an der
chinesischen Küste studierte. Vor allem aber hoffe ich, meine
Leserinnen und Leser können die Faszination nachvollziehen,
die mich beim Lauschen auf die vielstimmige Überlieferung
ergriffen hat.

Einige dieser Stimmen sprechen die Sprache, in der dieses
Buch ursprünglich verfasst wurde: Dampier, der seine klugen
Beobachtungen der australischen Aborigines mitteilt; Locke,
der für einfühlsames und besonnenes Denken wirbt, vor allem angesichts der schwer zu entwirrenden Rätsel der Wirklichkeit, der Erkenntnis, des Rechts und der Politik. Auch die
in anderen europäischen Fremdsprachen überlieferten Texte
sind uns verständlich; sie zeigen Bayle als leidenschaftlichen
Verkünder des freien Willens und wahrer Frömmigkeit oder
Vieira, der vom Pfingstwunder schwärmt und in Zungen re-
det. Doch wie steht es mit Aphra Behn, wenn sie den fikti-
ven, aber von persönlicher Anschauung der Autorin inspirier-
ten Protest eines Rebellen gegen die Sklaverei zitiert? Können
wir mit unserem modernen Verstand die subtilen Einge-
bungen und Visionen der Sor Juana nachvollziehen? Ich
schmeichle mir gern, ein Gespür für die trockene Ironie des
Kaisers von Kangxi zu haben, doch abgesehen davon, dass
seine Aussprüche stets von den Schreibern für die Nachwelt
aufbereitet wurden, weiß ich bis heute nicht, ob er sich vorwiegend in chinesischer Sprache oder auf Mandschu verstän-

digte. Das »Gott strafe den Tyrannen« eines indischen Sufi hallt, wie es scheint, über alle Mentalitäts- und Sprachbarrieren hinweg. Doch die gelassene, ironische Stimme von Saikaku erreicht uns nur, weil sich sprachbegabte und gebildete Übersetzer dieser wohl diffizilsten und anspielungsreichsten Prosa der Welt angenommen haben.

Dabei hören wir gar keine wirklichen Stimmen. Wir lesen Texte. Wie die Menschen des Jahres 1688 miteinander redeten, ist nur überliefert, sofern es schriftlich aufgezeichnet wurde. Beim Lesen die Stimmen der Autoren zu hören ist eine bekannte, wenn auch rätselhafte Begleiterscheinung unserer Schriftkultur. Manchmal, wenn wir die Autorinnen oder Autoren persönlich kennen oder bei Diskussionen erlebt haben, werden wir gewahr, wie viel von ihrer gesprochenen Rede in den Schreibstil einfließt. Das »dritte Ohr«, der merkwürdige Sinn für die Stimme eines Textes, macht sich erst recht in unseren Quellen aus dem Jahr 1688 bemerkbar. Händler und Menschen in politischen, militärischen oder gelehrten Berufen waren viel unterwegs. Um nicht den Kontakt zu ihren daheim gebliebenen Angehörigen zu verlieren, mussten sie schreiben. Tausend Jahre lang haben schreibkundige Chinesen Gedichte verfasst, wenn sie sich von ihren Freunden verabschieden mussten, mehr noch, wenn sie getrennt lebten – Gedichte, die gesungen und anderen vorgetragen werden sollten, als seien Schreiber und Leser noch beisammen.

Das späte 17. Jahrhundert war die Glanzzeit des eleganten, leichten Konversationstons in französischer und englischer Prosa, der auch die Briefkultur prägte. John Locke bediente sich ein und desselben Stils, wenn er sich über Landwirtschaft und Finanzwesen äußerte, zarte Bande mit der Weiblichkeit knüpfte oder die abgründigsten ethischen Probleme erörterte. Romane wurden nicht selten als Serie von Briefen angelegt, und Bücher wandten sich gewöhnlich mit Vorworten »an den geneigten Leser«.

Manche Stimme wird unpersönlich erscheinen oder sein. Der mächtige Mann aus dem Kongo verkörpert in Wort und Person die Verknotung dämonischer Kräfte in einem Fetisch. Der Muezzin in der Dämmerung, die Schüler einer Koranschule an der senegalesischen Küste, ein junger Türke, den christliche Flusspiraten an der Donau entführt haben, sie alle wiederholen die Worte, die der Engel des Herrn dem Propheten diktiert hat. Der mächtige Jesuit Vieira behauptet, aus ihm spräche die Heilige Schrift. Oft aber sind die Stimmen eindeutig und untrennbar an Einzelne und deren Biografien gebunden. In den Überschriften der Kapitel finden sich einige Namen solcher Individuen: Dampier, Saikaku, Locke, Leibniz, Aphra Behn. Niemand spricht ausschließlich mit ihrer oder seiner eigenen Stimme, doch diese vernehmen wir in Einzelfällen deutlicher, wenn wir ein wenig mehr wissen vom Leben derer, die da sprechen.

Zu gewissen Zeiten sind die Stimmen nur im Kollektiv zu hören. Aus dem Frachtraum der Sklavenschiffe kennen wir nur das Murren, das sich manchmal zum Geheul der Verzweiflung und ohnmächtigen Wut steigert. Wir vergegenwärtigen uns die raue Melodik alter russischer Hymnen auf den Lippen der Altgläubigen, bevor die Flammen der Scheiterhaufen emporzüngeln. Andere Stimmen gehen unter – im Andenwind, der über die barocken quadratischen Plazas von Potosí pfeift, im Seesturm, wenn er die Pläne wachsamer Reisender vereitelt, oder im Tosen der Ströme, die dem Herzen eines Kontinents entspringen und sich den Weg bis zum Ozean bahnen. In die Ohren der Europäer, die an Afrikas Küsten landeten, murmelten die großen Flüsse das Geheimnis ihrer Quellen, die Verheißung reicher Bodenschätze stromaufwärts. Ein europäischer Visionär hielt den Amazonas für einen Weg ins potenzielle Paradies auf Erden. Selbst Jangtsekiang und Mississippi wurden besser verstanden als Senegal, Gambia, Niger und Kongo: Afrikas Vielfalt ist für die meisten

von uns schwer fassbar, und die individuellen Stimmen der
Afrikaner – mit der entsetzlichen Ausnahme jener Sklaven,
die ihr Land für immer hinter sich lassen mussten – sind nahezu ungehört verklungen.

Während der Erdball sich dreht, wandern Licht und
Schatten weiter. Themen und Stimmen klingen an, ohne dass
ich ihre Einsätze vorherbestimmen oder gar steuern könnte.
Sie sind in barocker Weise miteinander verschränkt. Von denen, die das Jahr 1688 in den entlegensten Winkeln der Welt
erlebten, wussten nicht allzu viele um die Fähigkeit vernunft-
begabter Wesen, die Verwicklungen und Pointen der Men-
schennatur zu durchschauen, den Wendekreis von Sonne,
Mond und Sternen und sogar die verwirrende Anomalie von
Kometenbahnen zu berechnen.

»Barock« ist ein Begriff geworden, der für viele Erscheinungen steht, nicht zuletzt für das Zusammenführen einzelner Melodielinien zu einer Fuge. Fast könnte man versucht
sein, Saikaku mit seiner doppelbödigen Ironie als »barock« zu
bezeichnen. Beginnen wir mit den barocken Gedankenspie-
len der frommen Sor Juana; gegen Ende wird die leidenschaftliche Stimme des Liedes Salomonis die geheiligte Spur
köstlicher Ornamente nachziehen und die Worte des Psalmis-
ten in einen Choral der Weihe und Sehnsucht kleiden. Wir
schließen mit einem der untergehenden Dynastie der Stuarts
gewidmeten Anthem Purcells, das, ohne sie retten zu können,
Zuversicht und Wagnis der Menschheit heraufbeschwört –
vom mächtigsten Herrscherhaus bis hinunter zum ungebore-
nen Kind.

TEIL I

EINE WELT VOLLER SEGELSCHIFFE

Im Jahr 1688 verteilte Pater Vincenzo Coronelli vom Orden der Minderbrüder, Kosmograf der glückseligen Republik Venedig, unter seinen Abonnenten Landkarten, die so zugeschnitten waren, dass sie die Oberfläche einer Weltkugel von über einem Meter Durchmesser bildeten. Dieser Globus – der bis dato größte gedruckte seiner Art – wurde zum Triumph der kartografischen Kunst und Wissenschaft im 17. Jahrhundert. Den Küstenverlauf der Kontinente hatte man mit verblüffender Präzision wiedergegeben, mit den einzigen Ausnahmen der Ostküste Australiens, beider Nordküsten des Pazifiks in Japan und Kalifornien, einiger Gebiete der amerikanischen und sibirischen Arktis und der Antarktis. Hier ließ man entweder Lücken oder deutete die vagen maritimen Ortskenntnisse oder Spekulationen der Seefahrer mit Skizzen an. Die Darstellung des Landesinneren der Kontinente verdeutlicht, wie gut sich die Jesuiten in den Tälern des Jangtsekiang, am Sankt-Lorenz-Strom und in Paraguay auskannten; auch jüngste europäische Entdeckungsreisen oberhalb von Senegal und Zambesi und unterhalb des Mississippi waren berücksichtigt. Nur in Sibirien und Zentralasien zeigt sich der Coronelli-Globus nicht ganz auf der Höhe der Zeit. In diesen Regionen hatte sich nur der berühmte Kaufmann und Politiker Nicolaas Witsen aus Amsterdam umgetan, der auf ein Jahrhundert holländischer Handelsbeziehungen mit Russland zurückgreifen konnte. Doch lagen nur die wenigsten seiner Reisenotizen gedruckt vor.

Einige freie Stellen in den ozeanischen Weiten seines Globus schmückte Coronelli mit winzigen Bildern jener europäischen Segler, die 1688 für weltweiten Austausch sorgten. Die Welt der Segelschiffe wurde von spanischen Galeonen bestimmt, die Silber über den Atlantischen und Pazifischen Ozean transportierten und für den unübersehbaren Transfer von Sklaven, Gold, Tuch, Waffen und vielen anderen Gütern zwischen Westafrika, Europa, Nord- und Südamerika sorgten. Die über den Ozean reisenden Europäer gründeten kleine Niederlassungen (Faktoreien) in der Neuen Welt und in den Grenzgebieten Asiens und Afrikas. Sie begegneten einer unvermuteten Vielfalt von Völkerschaften, von den alten Zivilisationen Asiens über die anheimelnden Bauerndörfer nordamerikanischer Indianer bis zu den materiell – aber durchaus nicht geistig – armseligen Lebenswelten der Aborigines im nordwestlichen Australien.

Pater Coronelli selbst legte eine stolze Mischung aus Gottvertrauen und Empirismus an den Tag. Als einflussreiches Mitglied des Franziskanerordens, der im Mittelalter die intellektuelle und geistliche Avantgarde gestellt hatte, war er ein selbstbewusster Bürger und Staatsbeamter Venedigs. Venedig war damals noch eine große Mittelmeermacht, musste sich jedoch damit abfinden, wie die politische, wirtschaftliche und kulturelle Vormachtstellung in Europa allmählich von Italien auf Frankreich, die Niederlande und schließlich auf England überging. Seine geografischen Kenntnisse hatte Coronelli bei einem längeren Aufenthalt in Frankreich erworben, wo er für Ludwig XIV. den damals mit einem Durchmesser von vier Metern größten existierenden Globus herstellte. Die Gnade seiner venezianischen Fürsten und Mäzene sicherte er sich, indem er ihre Eroberungen im östlichen Mittelmeer kartografierte.

Im Jahr 1684 rief Pater Coronelli mit der »Kosmografischen Akademie der Argonauten« die weltweit erste Gesell-

schaft für Geografie ins Leben. Zu den Schirmherren dieser
Akademie gehörten der Doge von Venedig und Jan III. Sobieski, König von Polen und Verteidiger Wiens gegen die Türken. Ableger der Gesellschaft wurden in Mailand und Paris
gegründet. Berühmte Gelehrte in ganz Europa waren als Mitglieder registriert; selbst Pater Ferdinand Verbiest, der am
weit entfernten Kaiserhof von Peking als Astronom diente,
fand Aufnahme – vielleicht durch Vermittlung eines Jesuiten-
kollegen, der nach Europa zurückkehrte. Für drei Lira im Monat konnten Subskribenten monatlich sechs Tafeln des umfassenden Kartenwerks beziehen, das Pater Coronelli nach
und nach zum Druck brachte. Auch die dreieckigen Globus-
segmente wurden im Abonnement verkauft, für insgesamt
504 Lira.

Um aktuelle Erkenntnisse über jedes geografische Detail
zu erlangen, pflegte Pater Coronelli unermüdlich Beziehungen zu den gekrönten Häuptern Europas. Dadurch war seine
kartografische und drucktechnische Werkstatt im Franziskanerkloster von Venedig stets auf dem neuesten Stand. Ein
Miniaturporträt, das als gelungene optische Neckerei gelten
kann, bei der Coronelli hinter einer Kartusche auf dem Globus von 1688 hervorlugt, lässt ein Funkeln in den Augen und
eine gewisse, ganz und gar nicht asketische Rundung des Ge-
sichts erkennen. In seiner braunen Kutte, dem Strick als Gür-
tel und den Sandalen, die zum Orden des heiligen Franz von
Assisi gehören, bewegte er sich bei der Arbeit an Kartenwer-
ken und Erfindungen stets im Rahmen franziskanischer
Frömmigkeitsregeln. An vielen Tagen nahm er die Gondel
über einen Seitenkanal zum belebten Canale Grande und zum
Dogenpalast mit seinen düsteren, samtverkleideten Kammern, dem noch heute die Aura jener unerbittlich perfekten
und ordnungsbesessenen Stadtrepublik anhaftet. Dort beriet
er die Stadtoberhäupter bei weltpolitischen Entscheidungen.
Gelegentlich muss er ein Stück weiter gefahren sein, zur »Ar-

senal« genannten Reederei, deren aneinander gereihte Ferti-
gungshallen dem Bau von Kriegsschiffen dienten.

In dieser Sphäre der Macht fühlte sich Coronelli zu Hause;
schließlich hing sein Lebenswerk vom Beistand der Mächtigen ab. Seine Landkarten registrierten Entdeckungen von
Forschungsreisenden, die als Vorreiter europäischer Großmächte unterwegs waren. Sie standen symbolisch für die ord-
nenden und die Welt letztendlich unterwerfenden Kräfte. Als
geistiger Zögling des heiligen Franz und Schrittmacher der
geografischen Gesellschaften des 19. und 20. Jahrhunderts,
tief verwurzelt im unerschütterlichen Glauben an Gott und
den Menschen, doch offen für jedes Neuland, das der Mensch
sich erschloss auf Gottes Erdenrund, schuf Coronelli Globen,
die uns die Welt von 1688 in ihren vielen Facetten erschließen: vertraute und unerforschte Gewässer, kartografisch er-
fasste Küsten und solche, an denen noch niemand gelandet
war.

Die Intensität des Handelsverkehrs zwischen Europa,
Afrika und Amerika machte den Südatlantik zu einer wohl
bekannten und der im Jahr 1688 meistbefahrenen Strecke
des Weltmeers. Der erste Vorstoß der antimuslimischen,
militant katholischen Großmächte Spanien und Portugal
nach Westen lag fast zwei Jahrhunderte zurück. Niemand
hätte sich damals vorstellen können, dass diese spärlichen
Anfänge den Exodus freiwilliger und unfreiwilliger Auswanderer, die Gründung neuer Metropolen in Nord- und Südamerika, neue Exzesse des Handels, des Terrors und der
Ausbeutung herbeiführen würden. Glücksritter und Siedler
folgten den Entdeckern auf dem Fuß. Doch die Glücksritter
hatten sich ebenso wie die Siedler längst den Weg über
Panama und um Südamerika herum in die endlosen Weiten
des Pazifiks und sogar darüber hinaus gebahnt. An allen
Küsten waren sie unbekannten Völkerschaften begegnet.
Bei einigen – etwa den Bergarbeitern von Potosí – ging die

Ankunft der Europäer mit einem radikalen Wandel ihrer Lebensumstände einher, während andere, wie der Caddo-Stamm im heutigen Texas und die Bardi in Australien, noch jahrhundertelang an ihren Gewohnheiten festhalten sollten.

1. DAS REICH DES SILBERS

Am 28. April 1688 verließ eine Prozession die Stadt Mexiko, durchquerte auf Dammwegen die umliegenden Feuchtgebiete, streifte die Dörfer und Gehöfte auf der Hochebene, bevor sie den Gebirgspass zwischen den beiden über 4800 Meter hohen Vulkanen Iztaccihuatl und Popocatepetl erklomm und schließlich zum tropischen Hafen Veracruz gelangte. Das rege Kommen und Gehen von Durchreisenden war nichts Neues für die Bauern auf den Dörfern und Feldern, doch diesmal warfen sie die Spaten beiseite, blickten auf und riefen einander in Nahuatl, der gebräuchlichsten Eingeborenensprache, herbei. Offenbar handelte es sich um keine gewöhnliche Prozession. Einer Vorhut von Berittenen und einer prächtigen Kutsche folgten zahlreiche Lastkarren und eine lange Reihe vornehmer Kaleschen.

Von 1680 bis 1686 hatte der Marqués de la Laguna y Conde de Paredes als Vizekönig über Neuspanien geherrscht. Mit überwältigendem Reichtum, guten Beziehungen zu Madrid, vollendetem Stilgefühl und Kunstgeschmack hatten er und seine Gemahlin María Luisa der vizeköniglichen Residenz in diesen sechs Jahren ein Ansehen verliehen, das sich, wenn schon nicht mit Madrid, so doch mit einer Reihe kleinerer europäischer Höfe messen konnte. Jetzt gaben vornehme spanische Granden in ihren Kutschen dem Paar das Geleit nach Guadalupe, von wo aus sie ins heimatliche Spanien aufbrechen würden.

Das Kind, vom Schoß der Sklavin einst empfangen,
steht laut Gesetz dem zu, der rechtens auch
über die Magd verfügt, aus deren Bauch
die kleinen Glieder nun ans Licht gelangen.

Die Früchte, die dem Erdengrund entsprangen,
sind Gaben, die das Feld, treu seinem Brauch,
dem Herren schenkt, der half, dass Halm und Strauch
gedeihen konnten und in Fülle prangen.

So hab ich, beste Lysi, allen Grund,
mit diesen Kritzelskizzen dir zu danken:
Kindern der Seele, von der Brust geboren.
Sind sie auch nicht ganz heil, nicht recht gesund –
recht ist, dass dir gehören die Gedanken
eines Herzens, so innig dir verschworen.*

Diese Verse wurden später im Jahr 1688 niedergeschrieben
und gelangten von Mexiko ins Herzogtum Laguna in Spanien.
Sie bedienen sich metaphorischer Sprache und klassischer
Bilder, um die Gefühle der Dichterin zu verschlüsseln. Die
Heimkehr der Marquesa war das Ende dessen, was zeit ihres
Lebens der Liebe am nächsten kommen sollte. Mit dem Marqués verlor sie auch den Schutz vor jenen, die ihren Lebenswandel und ihre Ansichten für skandalös hielten. Stein des
Anstoßes war weniger die lesbische Neigung der Autorin –
obwohl sie auch Männern gegenüber höchst verwickelte und
unkonventionelle Gefühle hegte; dass sie je körperliche Erfüllung oder auch nur Leidenschaft erlebt hätte, ist kaum anzunehmen –, sondern dass sie als Nonne im Kloster San Jero-
nimo eine Vielzahl religiöser und wissenschaftlicher Bücher

---

* Nachdichtung: Fritz Vogelsang. Aus: Octavio Paz, *Sor Juana Inés de la Cruz
oder die Fallstricke des Glaubens*. Aus d. Spanischen v. Maria Bamberg. Versübertragungen v. Fritz Vogelsang. Frankfurt/Main: Suhrkamp Verlag 1991, S. 389 f.

las, lange, geistvolle Unterredungen in ihrem großen Freundeskreis pflegte, regelmäßig fromme und weltliche Schriften verfasste und mit den Theorien des Hermetismus und Neuplatonismus sympathisierte, die mehr oder minder an Ketzerei grenzten. Ihr Ordensname lautete: Sor Juana Inés de la Cruz. Heute gilt sie als eine der bedeutendsten Erscheinungen in der Geschichte der hispanischen Dichtung.

In den achtziger Jahren des 17. Jahrhunderts war Mexiko von heftigen Gegensätzen geprägt. Der vizekönigliche Hof und die begüterten Kirchenfürsten pflegten einen betont europäischen Lebensstil, der sich auch in ihrer Denkweise niederschlug. Dagegen versuchte der bei weitem größte Teil der Bevölkerung verzweifelt, an Sprache, Weltbild und Traditionen aus der Zeit vor Ankunft der spanischen Eroberer festzuhalten. Beispielsweise führt man die Verehrung der Heiligen Jungfrau von Guadalupe nicht zuletzt darauf zurück, dass sie ursprünglich einem mexikanischen Kleinbauern am Altar einer aztekischen Gottheit erschienen war. Zwischen der »Halbinsel«-Elite und den »Indios« standen die im Land geborenen, der iberischen Kultur und Sprache verhafteten »Kreolen«, die große Rinderfarmen leiteten, ständig nach neuen, ergiebigen Silberadern gruben oder neue Techniken zur Ausbeutung alter Bergwerke entwickelten. Sie konnten weder als »Spanier« noch als »Indio« gelten und erlitten hautnah die ganze Zerrissenheit der Gesellschaft und Zivilisation Mexikos.

Für die Literatur, in der Sor Juana heute so unerhörten Ruhm genießt, waren diese gesellschaftlichen und kulturellen Widersprüche ein guter Nährboden. Es war die Ära des Barock. Das Wort »barock« kommt aus dem Portugiesischen und bezeichnete ursprünglich die eigenwillige Schönheit einer deformierten, normwidrigen Perle. Später hat es sich als Stilbegriff einer Kunstauffassung durchgesetzt, die auf das Gleichmaß und die Harmonie der Renaissance verzichtet – zugunsten des Unproportionierten, der freien Formenvielfalt,

des spielerischen Gestus und der überraschenden Assoziation. Mit solchen Mitteln wird auf extreme Gefühle und
düstere Realitäten verwiesen, deren Wirkung noch krasser
erscheint angesichts der glänzenden Fassade, hinter der sie
verborgen liegen. Gegensätze und ihre vorläufige, spiele-
rische Aussöhnung sind genau der Stoff, von dem die Barock-
kultur zehrt, ebenso wie von der Überfrachtung der Illusion
mit Illusionen, der Bedeutungen mit Bedeutung. Und welche
Vorstellung könnte barocker sein als die des literarischen
Weltruhms einer Nonne hinter Klostermauern, obendrein im
Milieu eines rohen Pionierstaats, dessen kirchliche und weltliche Herren das Vorurteil männlicher Überlegenheit propa-
gierten! Sehen wir uns das oben zitierte Gedicht noch einmal
an: Die keusche Ordensfrau bezeichnet ihre Lyrik als Neu-
geborenes, vergleicht sie mit der Ernte eines fruchtbaren
Ackers. Zugleich erneuert sie ihre Liebeserklärung an die ent-
schwundene Marquesa.

Sor Juana selbst konnte ihre mexikanisch-kreolischen
Wurzeln nie verleugnen. Geboren war sie auf einer Ranch am
Fuß des großen Vulkans Popocatepetl. Ihre Mutter war wohl
bäurischer Herkunft und lebte offenbar mit dem Vater in unehelicher Beziehung. Ein Zweig der Familie war jedoch in der
Stadt beheimatet, verfügte über eine gute Bibliothek und
einen kultivierten Freundeskreis. Juana kam als Kind mit den
Büchern ihres Großvaters in Berührung und entwickelte eine
unstillbare Sehnsucht nach Einsamkeit und Lektüre. Ihrer außergewöhnlichen Begabung zum Schreiben und Lernen ließ
man eine gewisse Förderung angedeihen. Mit 15 kam sie 1664
an den Hof des damals gerade ernannten Vizekönigs, genoss
die Gunst der Dame des Hauses und wurde deren Gesell-
schafterin. Aller Wahrscheinlichkeit nach war sie stolz auf
ihren Aufstieg, den glanzvollen Lebensstil und die Anerkennung, die ihrer Intelligenz zuteil wurde. Zweifellos nahm sie
am denkbar stilisierten Austausch von »Galanterien« unter

jungen Männern und Frauen teil. Doch fehlte ihr eine Mitgift.
Die Einsamkeit war ihr vorbestimmtes Schicksal. Und wie
hätte sie, als Ehefrau und Mutter, noch lesen oder schreiben
oder für sich allein sein können? Im Jahr 1668 legte sie in
Santa Paula, einem Hieronymitinnenkonvent – der Orden
nannte sich nach dem Kirchenvater Hieronymus –, ihr Gelübde ab. Fortan sollte sie ihr Leben nach der Ordensregel in
stiller Meditation hinter Klostermauern verbringen.

Dieser Schritt wird ihr nicht leicht gefallen sein, nimmt
sich jedoch weniger drastisch aus, als man vielleicht meint.
Gewiss war sie schon vorher gläubige Katholikin. Ihr neuer
Stand erforderte keine völlige Unterwerfung oder Aus-
löschung des eigenen Selbst. Das Gelübde erzwang keine un-
widerrufliche Trennung von ihrem Freundeskreis oder von
der weltlichen Bildung, die ihr so viel bedeuteten. Als Nonne
musste sie schematisch festgelegte Glaubensdienste absolvieren, doch wurden nicht alle Regeln mit gleicher Strenge
befolgt, und die Alltagspflichten ließen durchaus Muße zum
Schreiben oder Lesen. Die Schwestern verfügten über eigene,
wohnliche Zellen, mit Küche, einer Kammer mit Badewanne
und Schlafplätzen für eine Bediente und ein paar Angehörige.
Sor Juana hatte eine Mulattin sowie ein oder zwei Nichten
oder jüngere Verwandte zur Gesellschaft, die sie in ihre Unterkunft aufnahm. Die Nonnen besuchten einander hin und
wieder und musizierten in den Unterkünften, weshalb sich
Sor Juana schließlich sogar beklagte, beim Lesen und Schreiben gestört zu werden. Von Anfang an hatte sie ihre Zelle in
einen eleganten Salon umgewandelt, wo sie den Vizekönig
und seine Gemahlin oder andere vornehme Gäste erwartete,
um stundenlang gelehrte Gespräche zu führen, spontane Lesungen durchzuführen und Klatsch auszutauschen.

Zu Sor Juanas treuesten Freunden und Gönnern gehörte
Carlos de Sigüenza y Góngora, der Mathematik an der Universität von Mexiko lehrte und als hochgebildeter kreolischer

Wissenschaftler eine fast ebenso merkwürdige Sonderstellung einnahm wie sie selbst. Er war von Jesuiten erzogen worden und sehnte sich immer danach, einer von ihnen zu werden, doch hatte man ihn vom Kolleg ausgeschlossen. Seine Stellung hatte er ohne akademischen Abschluss erlangt, allein durch den Nachweis überragender Fachkenntnisse. Den Namen Góngora nahm Carlos de Sigüenza an, um seine entfernte Verwandtschaft mütterlicherseits mit dem berühmten Poeten der spanischen Barockzeit zu demonstrieren. Doch fühlte er sich in Gesellschaft von Professoren, Klerikern und hohen Beamten europäischer Herkunft stets unsicher. Er schrieb viel; vor allem Werke zur Geschichte Mexikos. Seine schriftstellerische Begabung reichte zwar nicht an Sor Juana heran, doch sind deren erstaunliche Kenntnisse auf dem Gebiet der modernen Wissenschaften und Philosophie wohl hauptsächlich ihm zu verdanken.

Unter den Hieronymitinnen herrschte das Armutsgebot, das allerdings weitgehend ignoriert wurde. Daher erhielt Sor Juana zahlreiche Schenkungen, von denen einige das einst mittellose Mädchen befähigten, ihr Vermögen gewinnbringend anzulegen. Durch Spenden und Ankäufe brachte sie eine Bibliothek von über 4000 Bänden sowie eine kleine Sammlung naturwissenschaftlicher Instrumente zusammen, die ihr vermutlich Sigüenza besorgte. Ihre Lektüre war breit, aber weniger systematisch angelegt, und fand entsprechenden Niederschlag in den Gedanken und Allegorien ihres poetischen Lebenswerks. Die intellektuellen Konflikte und Umbrüche, die sich in Europa anbahnten, nahm sie kaum zur Kenntnis. Aus eigener Initiative oder auf Bitten anderer schrieb sie für ihre Freunde und Gönner zahlreiche Gelegenheitsgedichte. Stand ein Festtag ins Haus, lieferte sie ein so genanntes *loa*, ein kurzes Bühnenwerk zum Lobpreis eines Würdenträgers. In einem dieser Schauspiele tritt eine personifizierte Feuergarbe auf, der »strahlengewandte Freier«, und spricht die Worte:

Ich bin der Abglanz,
der strahlenumhüllt
sich erfreut der Abkunft
vom Feuer der Sonne:
Denn fallen die Strahlen
auf ebene Flächen,
so bilden sie dort
die Urlichtform ab.*

Sor Juanas gesellschaftliches Prestige erreichte 1680 mit der Ankunft des Marqués und der Marquesa von Laguna einen neuen Höhepunkt. Schon bei den allgemeinen Feierlichkeiten zur Amtseinführung übertraf sie sich selbst im barock-überschwänglichen Lobpreisen und mit Plänen für einen Triumphbogen, der vorübergehend in der Kathedrale von Mexiko-Stadt errichtet wurde. Dabei handelte es sich um eine Allegorie auf Neptun, in der die Heldentaten des griechischen Meergottes mit den tatsächlichen oder imaginären Verdiensten des Marqués verglichen wurden. Eine besondere Rolle spielten dabei der herzogliche Titel »Laguna«, was so viel wie »See« bedeutet, Neptuns Herrschaft über die Meere sowie der Ursprung Mexikos in der aztekischen Stadt Tenochtitlán, die inmitten eines Sees gelegen war. Die Ausdeutung des *Allegorischen Neptun* war eine kunstvoll komponierte Mischung in Vers und Prosa: Schmeichelei für den Herrscher, klassische, mitunter an den Haaren herbeigezogene Anspielungen und kreolische Motive zur Betonung der eigenen mexikanischen Identität.

In Teilen des Gedichts geht die Autorin gar bis zu Isis als Vorfahrin des Neptun zurück, in anderen Texten aus dieser Zeit zeigt sie einiges Interesse an der ägyptischen Antike, wie man sie damals auffasste. Dazu gehörte auch die Vorstellung,

---

* Nachdichtung: Fritz Vogelgsang. Aus: Octavio Paz, *Sor Juana Inés de la Cruz oder die Fallstricke des Glaubens.* Aus d. Spanischen v. Maria Bamberg. Versübertragungen v. Fritz Vogelgsang. Frankfurt/Main: Suhrkamp Verlag 1991, S. 276.

den ältesten und reinsten Weisheitsschatz habe Hermes Tris-
megistos überliefert und damit die mosaische und christliche
Offenbarung vorweggenommen. Mit solchen Spekulationen
sowie einer quasiplatonischen Trennung von Körper und Seele
suchte Sor Juana zu belegen, dass der weibliche oder andro-
gyne Charakter der göttlichen Weisheit näher stünde als der
männliche. Damit geriet sie ins gefährliche Fahrwasser der Ketzerei, was ihr in späteren Jahren zum Verhängnis wurde.

In der Marquesa von Laguna fand Sor Juana rasch eine
gute Freundin. Einige der Sonette, die sie ihr sandte, gehören
zu den schönsten Zeugnissen spanischer Poesie, und sie sind
unverwechselbar Liebesgedichte. Einige wurden zusammen
mit Porträts der Autorin übersandt. Soweit sie erhalten sind,
richtet in derartigen Bildnissen eine gut aussehende Frau den
Blick kühn auf den Betrachter, und die schwarz-weiße Non-
nentracht scheint ihre Selbstsicherheit und Eleganz noch zu
unterstreichen.

> Und macht es dir einmal Pein,
> dass die Seele fehlt, das Fühlen,
> flöß nur eine von den vielen,
> die du in dir hast, mir ein;
> denn meine [Sor Juanas] ist ja schon dein,
> nur du kannst sie mir erstatten;
> und wundern dich auch die matten
> Züge meiner Eisesruh:
> Dieses Körpers Herz bist du,
> du der Leib von diesem Schatten.*

---

* Nachdichtung: Fritz Vogelgsang. Aus: Octavio Paz: *Sor Juana Inés de la Cruz
oder die Fallstricke des Glaubens*. Aus d. Spanischen von Maria Bamberg. Versübertragungen von Fritz Vogelgsang. Frankfurt/Main: Suhrkamp Verlag 1991, S. 337.

Schon 1686 legte der Marqués de la Laguna das Amt des Vizekönigs nieder, er blieb aber noch bis 1688 in Mexiko. In diesem Jahr wurde Sor Juana besonders produktiv. Die Marquesa nahm ihre Gedichte nach Spanien mit, wo sie wenig später veröffentlicht wurden. Hinzu kam ein Schauspiel, *Der göttliche Narziss*, das die antike Legende des selbstverliebten Narcissus mit dem Leben Jesu verknüpft und mit einiger Wahrscheinlichkeit 1689 oder 1690 eine Premiere in Madrid erlebt hat. Im Orden, dem Sor Juana angehörte, nahm 1688 auch ihre Nichte den Schleier. Gegen Ende des Jahres schrieb sie, nachdem ihre adligen Gönner fort waren, das eingangs zitierte Gedicht sowie eine Komödie unter dem Titel *Liebe ist das größte Labyrinth*, die im Frühjahr 1689 in Mexiko-Stadt aufgeführt wurde.

Eine umfangreiche Sammlung ihrer Gedichte wurde 1689 in Madrid veröffentlicht. Im Jahr darauf ließ Sor Juana in Mexiko einen Brief drucken, der in abstruser Weise, aber unverkennbar kritisch, an eine Jahrzehnte zuvor von dem berühmten portugiesischen Jesuiten Antonio Vieira gehaltene Bußpredigt anknüpft. Die Vernachlässigung klösterlicher Regeln, das Liebäugeln mit häretischem Gedankengut, ihre zahlreichen Beiträge zur weltlichen Literatur mit den intimsten Liebesgeständnissen, die ihrer religiösen Bestimmung widersprachen – all das hatte den Argwohn des orthodoxen Klerus geweckt. Solange der Marqués von Laguna und seine Gemahlin ihre schützende Hand über Sor Juana hielten, konnte man ihr nichts anhaben. Jetzt aber rüsteten ihre Feinde zum Angriff. 1694 wurde die Ordensfrau förmlich gezwungen, der Schriftstellerei und den gelehrten Studien für immer abzuschwören, ihrer Bibliothek und den wissenschaftlichen Instrumenten zu entsagen. 1695 pflegte sie hingebungsvoll ihre erkrankten Schwestern während einer Epidemie, wobei sie sich selbst infizierte und verstarb.

1 Porträt der mexikanischen Dichterin Sor Juana Inés de la Cruz
(1651–1695)

Mexiko-Stadt stellte nur die eine Residenz der spanischen Vizekönige in Südamerika dar; eine weitere befand sich in Lima. Die Adligen, die man von Spanien aus in dieses Amt entsandte, herrschten mit allem Prunk und im wahrsten Sinne des Wortes »an Königs statt«. Mehrere Provinzgouverneure waren ihnen unterstellt; Rechtsgelehrte von der Universität berieten sie in allen Phasen langwieriger, fundierter Entscheidungsprozesse. Die wichtigsten Handelswege zu kontrollieren, Steuern zu erheben und Vorsorge zu treffen, dass keiner der Kolonialbeamten in seiner Selbstherrlichkeit ein Übermaß an Macht auf sich vereinigt, war kein geringer Auftrag. Die zentralisierte Struktur der römisch-katholischen Kirche und ihre zahlreichen Sonderrechte erforderten zusätzliche organisatorische Anstrengungen. Für Kontinuität und Stabilität sorgten die spanischen Siedler, indem sie direkt beim König um rechtliche Privilegien und städtische Selbstverwaltung nach europäischem Muster einkamen.

Zur Spanisch sprechenden Bevölkerung Amerikas gehörten im Jahr 1688 viele Menschen aus dem einfachen Volk – wie die bäuerlichen Verwandten Sor Juanas. Menschen, die vom Ackerbau lebten, vom Handel oder vom Bergbau. Sie waren weder faul noch in allen Fällen reich, doch taten sie alles, um arme oder minderbemittelte Leute von der Iberischen Halbinsel bis an den Rand der bekannten Welt zu locken, damit diese hier Schwerstarbeit leisteten. Die spanische Monarchie behauptete immer wieder, sie kolonisiere ihre amerikanischen Gebiete vor allem für die Rettung der Seelen. Tatsächlich hat sie die missionarischen Bemühungen stark gefördert. Doch ebenso erpicht war sie darauf, die Reichtümer Amerikas für eigene Zwecke auszubeuten – allen voran das Silber.

In Handel und Politik rangierten Edelmetalle bei den Europäern um 1600 ganz oben: bei der Begleichung von Schulden unter Kaufleuten und Herrschern verschiedener Länder; bei der Entlohnung der Truppen, insbesondere der Söldnerheere;

bei der Bestechung von Monarchen und Beamten – immer dann, wenn Argwohn oder Geheimniskrämerei die Verschreibung von Wechseln unmöglich machten. Den Europäern des ausgehenden 17. Jahrhunderts raubte schon der bloße Gedanke an Gold und Silber nahezu den Verstand. »Metalle von Adel«, die nur sehr eingeschränkt der Oxydation oder anderen chemischen Einwirkungen unterliegen, galten als Symbole für Beständigkeit und ewige Dauer. Viele bahnbrechende Naturwissenschaftler ließen sich auf alchemistische Experimente ein und schützten, wenn man sie der Gier nach Gold bezichtigte, ein rein naturphilosophisches Interesse vor.

Dass sich die Nachricht von einem »Berg aus Silber« bei Potosí (im heutigen Bolivien) wie ein Lauffeuer unter den Europäern verbreitete, kann daher kaum überraschen. Dieser Hauptquell des Reichtums aus der Neuen Welt sicherte nachhaltig die finanzielle Unabhängigkeit und schier unbegrenzte Macht der spanischen Krone. Im 17. und 18. Jahrhundert brachte Potosí im Durchschnitt mehr Silber hervor als die beiden größten mexikanischen Abbaugebiete zusammen. Die in südamerikanischen Münzen geprägten Silberpesos waren in ganz Europa wie auch in vielen Hafenstädten und Küstengebieten Asiens gebräuchlich. Wenn sie nicht tranken, bei den Huren lagen oder Seemannsgarn aus aller Herren Länder spannen, pflegten Matrosen im Hafenviertel von Amsterdam ein Lied anzustimmen, das den großen Überfall auf die spanische Silberflotte von 1628 zum Thema hat – einen der seltenen Erfolge der holländischen Westindischen Compagnie in ihrem Kampf gegen die spanisch-portugiesische Vorherrschaft in Amerika: »Piet Heyn! Piet Heyn! Gepriesen sein Name!… Denn er kaperte die Silberflotte!«

Zu Beginn des 18. Jahrhunderts schrieb Bartolomé Arzáns de Orsúa y Vela, Eingeborener von Potosí, eine monumentale Geschichte seiner Vaterstadt. Sein Werk ist eine Kompilation von

Faktenwissen über Staat und Regierung und denkwürdigen Histörchen von Leidenschaft, Gewalt, göttlicher Barmherzigkeit, Wunder und Hexerei, bei anderen regionalen Autoren und aus der mündlichen Überlieferung über Generationen hinweg gesammelt. Unter dem Jahr 1688 registriert der Autor die Abenteuer einer jungen Frau aus guter Familie, die er persönlich gekannt haben will. Womöglich hatten sie gar ein Liebesverhältnis:

»Ihr Gesicht glich weißem Marmor, ihr Haar war so, wie es sein sollte, weder dunkel wie die Nacht noch golden wie die Sonne; ihre langen Wimpern konnten als Sonnenblende dienen und schützten ihre Augen wie ein dichtes Gitter, wie ein reich verzierter Schmuckrahmen aus Ebenholz um ein Fenster; die Brauen standen ebenso üppig, breit und so nah beieinander, dass kein Spalt zwischen ihnen blieb; die Nase war so vollkommen, dass sie um kein Jota zu lang oder zu kurz schien; bezaubernde Löckchen zierten Wangen und Brauen und ließen, wenn sie ihr in die Stirn fielen, nur zögernd einen blassroten Schimmer im Schneeweiß ihrer Haut erkennen; der kleine Mund barg schmale, weiße und ebenmäßige Zahnreihen; Glieder, Brust und Taille standen in harmonischem Gleichmaß; ihr Betragen war hinreißend und ihr Gang voller Anmut; ihre Stimme (die oft der Schönheit zusätzlichen Glanz verleiht) klang sanft, süß und melodisch; ihr Verstand zeichnete sich aus durch Klarheit, Scharfsinn und außergewöhnliche Tugendhaftigkeit.«

Sie hieß Doña Teresa; damals war sie erst 15.

Wer, fragt unser Autor, hätte sich nicht auf der Stelle in dieses wundervolle Geschöpf verliebt? Zwei Verehrer warben um ihre Gunst; der eine war ein verheirateter, wohlhabender Quecksilberveredler, der andere ein Außenseiter, der sich, wie es scheint, als »Herzog von Olmos« einen Fantasietitel zugelegt hatte. Doch die Eltern Teresas schirmten sie noch strenger von der Außenwelt ab, als es bei anderen jungen Da-

men ihres Standes üblich war: »An vielen Sonn- und Feier-
tagen durfte sie noch nicht einmal mit ihnen zur hl. Messe!«
So war sie selbst jener winzigen Freiheit beraubt, welche »die
Schranken ihrer angeborenen Zucht und Schüchternheit
nicht überschritt... Ist doch die Freiheit eines der kostbarsten
Güter, die der Himmel den Menschen verleiht; sie ist mit keinem Schatz im Schoß der Erde oder auf dem Grund des Meeres aufzuwiegen; der Mensch darf und muss für die Freiheit,
ebenso wie für die Ehre, sein Leben aufs Spiel setzen, und
umgekehrt ist es das größte Unglück, das Menschen wider-
fahren kann, in Knechtschaft zu leben«.

Der Quecksilberveredler bewog die Eltern Doña Teresas,
ihr in Begleitung seiner Ehefrau Ausgang an Festtagen zu gewähren; nie jedoch gelang es ihm, das Mädchen allein zu treffen oder sie zu verführen. Der »Herzog von Olmos« zog in
eine Wohnung, die ihrem Haus gegenüberlag, und beobachtete heimlich ihr Kommen und Gehen. Als sie von seinen An-
näherungsversuchen endlich Notiz nahm, begannen ihre
nächtlichen Unterredungen, er auf seinem Balkon und sie
vom Fenster aus, über die schmale Gasse hinweg. Es scheint,
als hätten sie sich ein- oder zweimal in einem Zimmer getroffen, doch zur Erfüllung ihrer Sehnsüchte kam es nicht. Endlich ließ sie sich überreden, an mehreren zusammengekno-
teten Bettlaken hinunterzuklettern und zu ihm ins Haus
zu kommen, stürzte dabei jedoch ab. Irgendwie gelang es ihr,
zurück ins Schlafzimmer zu gelangen, ohne dass ihre Eltern
etwas merkten.

Der Quecksilberveredler bekam Wind von seinem Rivalen
und informierte Doña Teresas Mutter. Diese ließ ihre indianische Aufwärterin auspeitschen, bis sie alles beichtete. Anschließend prügelte sie auch ihre Tochter bis aufs Blut und
schloss sie auf einem entlegenen Hof im Hühnerstall ein.
Dort sollte sie von Mai bis Ende Juli die kälteste Zeit des Jahres zubringen. »Wenn die Mutter doch wissen konnte«, be-

merkt unser Autor, »dass ihre Tochter noch Jungfrau war, und sie schon grausam gezüchtigt hatte, weil sie einen Mann in ihr Schlafzimmer ließ, weshalb stieß sie das Kind dann noch tiefer ins Elend?« Aus seiner Sicht galten die Schläge offenbar als angemessene Buße für das Hereinlassen eines Mannes in ihr Zimmer; auch die Strafe der Einkerkerung hätte er akzeptiert, wäre das Mädchen wirklich »entehrt« worden.

Der Vater war wie so oft in Geschäften unterwegs, aber die Mutter berichtete Doña Teresa: »Ich habe deinem Vater von deiner Missetat und der Schande unseres Hauses geschrieben und bekam jetzt die Antwort, er werde heimkehren, um dein Blut zu trinken. Wisse also, dass du aus diesem Gefängnis nicht mehr lebend herauskommst.«

Schließlich erfuhr auch der »Herzog von Olmos« von ihrem Martyrium durch Teresas Bruder, der zweimal in der Woche den Hühnerstall säubern musste. Der Junge trug geheime Botschaften hin und her und brachte Teresa schließlich eine Feile, mit der sie das Schloss durchfeilen konnte. Man vereinbarte, dass sie auf ein niedriges Dach klettern und dort ein Seil befestigen sollte, das zum Balkon des Herzogs führte. Nur vier Tage vor der Heimkehr des Vaters wurden beide Enden des Seils verknotet. Doch als sich Teresa daran vorwärts arbeitete, geriet sie in Panik, und der Herzog musste ihr einen Diener als Beistand auf das Seil schicken:

»Während sie sich am Seil entlanghangelten, geschah zweierlei, was Teresa in größte Gefahr und fast zum Absturz brachte. Als Erstes gab, während sie sich vom Dach herabließen, das Geländer des Balkons nach (das aus Holz und schon von Würmern angefressen war) und splitterte entzwei; hätte der Herzog nicht mit starker Hand festgehalten, wären beide abgestürzt. Zweitens wurden dem Mädchen die Arme lahm, als sie schon halbwegs über der Straße war; der Diener merkte es, ließ sich herab, griff ihr ins Haar und umfasste sie. Obwohl sie für den Bruchteil eines Augenblicks reglos am

Seil hing, kam sie schließlich wieder zu Kräften, setzte ihren Weg fort und erreichte den Balkon, wo sie der Herzog mit der größten Erschütterung empfing. Dann lösten sie den Knoten an dem einen Ende des Hanfseils, zogen am anderen und holten es hastig ein, um die Spuren des Fluchtwegs der schönen Teresa zu beseitigen. Den Rest der Nacht verbrachte sie in den Armen ihres Geliebten, der sich bei weitem nicht mehr so zurückhielt wie bei ihrem ersten, zweiten und dritten Treffen, zumal Teresa sich diesmal auch williger zeigte.«

Im Haus ihres Retters hielt sich Doña Teresa acht Wochen lang versteckt; weshalb sie ihn am Ende nicht heiratete, ist nicht bekannt. Anschließend floh sie mit ihrem kleinen Bruder und fand Unterschlupf bei einer Tante in einer anderen Stadt. Zwei Jahre blieb sie fort; in dieser Zeit starb ihre Mutter reumütig und vor Gram über den Verlust ihrer beiden Kinder. Schließlich fand Doña Teresa »einen jungen Adligen, der sie zur Frau nahm... Und als Doña Teresa mit ihrem Mann in ihre Vaterstadt zurückkehrte, lebte sie noch zehn Jahre glücklich und in Frieden und schied dann aus diesem Leben. Sie hinterließ vier Söhne und eine Tochter, die ihren Namen erhielt und so schön war wie Teresa selbst als junges Mädchen. Sie lebt noch heute in Potosí und wird im Alter immer schöner.«

Diese kleine Geschichte von der unbezwinglichen Macht weiblicher Schönheit, von leidenschaftlichem Flüstern über enge Gassen hinweg, von Flucht und Überleben um Haaresbreite könnte aus dem alten Sevilla stammen, mit Gitarrenklängen und plätschernden Springbrunnen im Hof und Zigeunern, die im Schatten lauern. Doch die Umwelt, in der Teresa aufgewachsen ist, war ganz und gar nicht mit Sevilla vergleichbar.

Der unaufhörliche Strom von Silber aus den Minen von Potosí und Mexiko garantierte Spanien ein paar Jahrzehnte lang die Rolle der dominierenden Weltmacht und trug zur

Herausbildung eines weltweiten Geflechts von Handelswegen bei: in Nordeuropa, am Mittelmeer, auf den Pilgerstraßen nach Mekka, nach Indien hinein und auf beiden Routen rund um den Erdball nach China. Dieser Silberstrom fließt durch alle Geschichten aus der Welt von 1688. Jene Welt war von der unverwechselbaren Melange aus Planung und Anarchie, Leidenschaft und Buße, Gier und Mitleid, Kirche, Justiz und Silber, Spanischem und Indianischem ebenso geprägt wie Potosí selbst. Dieses urbane Weltwunder lag rund 4000 Meter hoch in einem Tal, umgeben von steilen Felswänden; Nahrung und Gebrauchsgegenstände mussten von niedrigeren Terrassen heraufgeschafft werden. Wäre nicht 1545 in der Nähe eines der weltweit größten und reichsten Silbervorkommen entdeckt und seit 1580 ausgebeutet worden, hätte die Stadt nie gegründet werden können. Zu Beginn des 17. Jahrhunderts wohnten schon weit über 100 000 Menschen in Potosí; sein Zentrum war eine vornehme spanische Großstadt mit planmäßig angelegten Plazas, barocken Kirchen, schmucken Villen, einem eigens befestigten Industriegebiet für die Silberverarbeitung sowie Straßen, die stets eng und krumm geführt wurden, um die heulenden Andenstürme zu brechen. Hier wurde feilgeboten, was die Welt an Luxusgütern kannte: Seide aus China, italienische Gemälde, Perserteppiche, Biberpelzhüte aus den französischen Kolonien.

Allerdings hatten sich die spanischen Frauen angewöhnt, in niedriger gelegene Gebiete zu gehen, wenn sie schwanger waren, denn nur die wenigsten Neugeborenen überlebten den Kampf um Sauerstoff in der dünnen Luft. Im Jahr 1688 gab es, von Japan abgesehen, kaum Straßen auf der Welt, die nachts ungefährlich waren, doch die von Potosí galten als mörderisch. Geldgier, Leidenschaft, Ehrenhändel, endlose Fehden zwischen Basken, Kastiliern, in der Neuen Welt gebürtigen Kreolen und Ausländern führten immer wieder zu Duellen, Überfällen und Straßenschlachten, die uns Arzáns

genüsslich schildert. Mitunter beendete einer der wilden
Kerle sein Leben bußfertig als Franziskanermönch; dann
bekamen die Geschichtenerzähler von Potosí eine Chance,
hochinteressante Gewaltverbrechen zu schildern und zugleich die erbaulichsten Moralpredigten zu erteilen. Immer
fanden sich schwarze Sklaven und Indios, die ihr eintöniges
Dasein versüßten, indem sie den Feinden ihrer Herrschaft
den Garaus machten. Und reichte das Silber nicht, um die
Übeltäter zu verlocken, waren da noch die spanischen und indianischen Hexen, von denen manche auf das Herbeiführen
von Bewusstlosigkeit durch Kokain spezialisiert waren – auch
sie gehörten zum Alltag der Andenbewohner.

Potosí und sein Silberstrom lebten von der organisierten
Brutalität, vom *mita*-System der indianischen Zwangsarbeit.
Seit den siebziger Jahren des 16. Jahrhunderts verlangte die
spanische Krone von jedem indianischen Dorf im Vizekönig-
tum Peru, jährlich ein Siebtel der männlichen Bevölkerung
für vier Monate in die Bergwerke von Potosí, die Quecksilber-
minen von Huancavelica (im heutigen Peru) oder in andere
Staatsbetriebe zu entsenden. Die Löhne lagen weit unter
Marktniveau, die Arbeit war schwer und lebensgefährlich
(am schlimmsten in der giftigen Quecksilbergrube von Huancavelica). Seuchen und Mangelernährung trugen zur hohen
Sterberate bei. Die *mita* betraf nur ein Zehntel der Produktion in Potosí, und doch leisteten diese Arbeiter die mühe-
vollste und riskanteste Arbeit, die niemand freiwillig tun
mochte – mit Erz schwer beladene Körbe auf Strickleitern
aus den Schächten zu holen. Auch die übrigen Gebiete wurden durch die *mita* beeinträchtigt, denn die Indios mieden
Dörfer, in denen sie registriert wurden, um sich in anderen
Gegenden fern jeder Zwangsarbeit niederzulassen.

Um 1650 wurden, verglichen mit der Jahrhundertwende,
nur noch rund 60 Prozent der Arbeiter in Potosí durch die
mita rekrutiert. Die Silbergewinnung ging zurück und mit ihr

der Profit, den Spaniens Könige herausschlugen. Mühlen-
und Bergwerksbesitzer verlangten die erneute Bereitstellung
von Arbeitskräften, was die Monarchie in der Hoffnung auf
Wiederbelebung der Produktion unterstützte. Nach längeren
Debatten und mehreren gescheiterten Reformprojekten befahl der Vizekönig und Herzog von La Palata eine Volkszählung mit dem Ziel, die *mita* ordnungsgemäß durchzusetzen.
Die Gemeindebeamten meldeten immer wieder Klärungsbe-
darf an und baten um die Erlaubnis, die Fragebögen nach ört-
lichen Erfordernissen umzugestalten; andernfalls zögerten sie
mit der Zusammenarbeit, während Indios in Scharen die Ver-
waltungszentren flohen, um nicht registriert zu werden. Für
Nordperu ergab sich ein Zensus, wonach die Gesamtbevölke-
rung, verglichen mit der Einwohnerzahl ein halbes Jahrhundert zuvor, weniger als die Hälfte betrug. 1688 rechnete man
die Ergebnisse endlich zusammen, und ein neues Regelwerk
mit niedrigeren *mita*-Quoten wurde verabschiedet. Im 18. Jahrhundert gelang es den Spaniern schließlich, die Produktivität
in Potosí über das Niveau des ausgehenden 17. Jahrhunderts
zu steigern; in ihren Anstrengungen, die *mita* durchzusetzen,
ließen sie nicht nach. Anscheinend ohne durchschlagenden
Erfolg, denn Quoten und tatsächliche Rekrutierung von
Zwangsarbeitern gingen ständig zurück.

Auf den ersten Blick zeigt die Wüste Sonora alles, was wir mit
der Bezeichnung »Wüste« verbinden: Ödland, dessen harte
Scholle wenigstens ab und zu von abweisenden Kakteen und
verdorrt wirkendem Gebüsch durchbrochen wird. Die Hitze
im Sommer ist erdrückend, der Himmel wolkenlos, und
kaum geht die Sonne auf, flüchtet sich der Wanderer in den
Schatten, wo immer er ihn findet. Besucher, die sich mehr
Zeit für das Erkunden der Gegend nehmen, sind von der
landschaftlichen Vielfalt immer wieder überrascht. Berg-
rücken, bedeckt mit Pinienwäldern, ragen mehr als 2000 Meter

über dem Meeresspiegel empor. Hier wachsen die Saguaro, die Orgelpfeifen; der Ocotillo und die anderen großen Kakteen wuchern in solchen Mengen, dass sie einzigartige Gärten, beinahe kleine Wäldchen bilden.

Im August bringt der Ostwind über die weite Strecke vom mexikanischen Golf her die Regenwolken. Unter Donnergrollen und Blitzschlag ergießt sich aus dem düsteren Himmel eine wahre Springflut in die ausgetrockneten Flussläufe. Während der Wintermonate sind die Temperaturen milder, und die Stürme vom Nordpazifik gelangen manchmal weit genug ins Inland, um der Sonora eine zweite, Leben spendende Regenzeit zu bescheren. Das macht die Einzigartigkeit dieser Landschaft aus; weiter im Osten oder Westen gelegene Wüsten dürfen nur in einer Saison auf Regen hoffen. Mit der Artenvielfalt, die zwei Regenzeiten der Vegetation dieser Wüstenlandschaft entlocken, kann ihre Fauna freilich nicht mithalten.

Die Menschen, die 1688 in der Sonorawüste lebten, nannten sich Hohokam, »das Volk«. Von spanischen Einwanderern, die das Land von Süden her besiedelten, wurden sie Pima genannt, und ihr Land hieß Pimería. Größtenteils waren es Jäger und Sammler, die von Wurzeln und Körnern und vom Kleingetier der Wüste lebten. Manche bauten Mais und Bohnen an, wenn irgendwo mit ständiger Wasserzufuhr zu rechnen war. Sie schaufelten Gräben, um das Wasser auf ihre Felder zu lenken. Hier und da gab es größere Kanalsysteme, die auf eine Besiedlung in älterer Zeit hindeuten; möglicherweise stammten sie von ihren Urahnen, mit denen sich die Hohokam selbst jedoch nicht verwandt fühlten.

1688 verbrachte der Jesuitenpater Eusebio Francisco Kino seinen zweiten Sommer in der Wüste Sonora. Er sollte sie nicht mehr verlassen, bis er 1711 im Alter von 66 Jahren das Zeitliche segnete. Sein Grabmal ist noch heute in Magdalena de Chino im mexikanischen Distrikt Sonora zu sehen. Es scheint, als habe Kino den größten Teil des Jahres 1688 an

einem Ort verbracht, der nicht weit von seiner letzten Ruhestätte liegt: der Mission Unserer schmerzensreichen Gottes-
mutter (Nuestra Señora de las Dolores). Sie war eben erst
gegründet worden und lag auf einer Felsklippe mit Aussicht
auf fruchtbare, vom ganzjährig strömenden San-Miguel-Fluss
vorzüglich bewässerte Felder. Im März 1687 hatten die Bauarbeiten begonnen; 1689 verfügte die Mission über üppige
Ländereien, eine Kirche und ein Gutshaus. Mag sein, dass der
sonst so umtriebige Kino das Jahr 1688 friedlich in Dolores
verlebte, wo er die Feldarbeit und den Hausbau überwachte
und für die in der Nähe siedelnden Pima den Gottesdienst las.

Eusebio Chini oder Chino war 1645 in Segno im Val di
Non unweit von Trient zur Welt gekommen. Ein entfernter
Verwandter von ihm war Martino Martini SJ, ein im 17. Jahr-
hundert weltberühmter Geograf und Historiker Chinas. Im
Jesuitenkolleg seiner Heimatregion und in deutschsprachigen
Ländern, unter anderem auch in Ingolstadt, absolvierte
Chino seine Ausbildung. In späteren Jahren schrieb er einmal,
er wisse nicht recht, ob er sich einen Italiener oder einen
Deutschen nennen solle. Als er einmal schwer erkrankt war,
tat er den Schwur, nach seiner Genesung dem Jesuitenorden
beizutreten und Missionar zu werden. Seit 1670 beantragte er
regelmäßig bei seinen Vorgesetzten, ihn zur Mission nach
China zu entsenden. Bei aller Sehnsucht nach Asien – er zog
es sogar vor, ein nach Osten gelegenes Zimmer zu nehmen,
um stets in diese Richtung zu schauen – blieb er doch gehor-
samer Jesuit und wollte bereitwillig gehen, wohin ihn sein
Schöpfer und der Orden beriefen. Als man ihn und einen
Kollegen nach Sevilla zitierte, um ihnen zwei Missionen anzubieten, die eine in Mexiko, die andere auf den Philippinen,
zogen sie das Los, um Gott selbst entscheiden zu lassen, und
Eusebio kam nach Mexiko.

Während sie in Sevilla ihrer Abreise entgegensahen, waren
Chino und seine Ordensbrüder an vielen Abenden mit der

Beobachtung eines Kometen beschäftigt, der im November und Dezember 1680 erschienen war. Die anscheinend unberechenbare und mysteriöse Naturerscheinung der Kometen wird in vielen Kulturen als Vorzeichen göttlichen Zorns und drohender Katastrophen gedeutet. Auch war sie mit dem alten scholastischen Dogma von den unveränderlichen Kristallsphären des Himmels unvereinbar, das aufgeschlossenere europäische Naturforscher längst widerlegt hatten, auch wenn es für rechtgläubige Christen nach wie vor galt.

Der Komet von 1680 löste bei den Puritanern in Massachusetts und den schwer bedrängten französischen Calvinisten apokalyptische Panik aus. Zugleich entfachte er die denkwürdige Polemik, mit welcher der französische Protestant Pierre Bayle, dem wir in einem späteren Kapitel begegnen werden, gegen Spökenkiekerei und Weltuntergangsgerede auftrat. Überdies zog er das Interesse fortschrittlicher Wissenschaftler auf sich. Einer von ihnen, Edmond Halley in London, konnte Beobachtungen von nie dagewesener Genauigkeit und Komplexität anstellen. Als kaum zwei Jahre später ein weiterer Komet vorüberzog, berechnete Halley dessen Bahn so genau, dass er bis heute den Namen seines Entdeckers trägt.

Auch nach seiner Ankunft in Mexiko 1681 glaubte Chino noch, irgendwann einmal nach China versetzt zu werden, doch diese Hoffnung sollte sich nicht erfüllen. Bei seinem kurzen Aufenthalt in Mexiko-Stadt traf er auch mit Sor Juana Inés de la Cruz zusammen und geriet mit Carlos de Sigüenza y Góngora in eine fundamentale Auseinandersetzung über Kometen, besonders wegen jenes besonders hellen, dessen Erscheinen eben erst solchen Schrecken ausgelöst hatte. Sigüenza hatte eine kleine Schrift drucken lassen, die den Vorzeichencharakter solcher Himmelskörper behutsam infrage stellte und einige moderne Theorien über ihre Beschaffenheit und Umlaufbahn enthielt. Von konservativeren Autoren war er deshalb scharf angegriffen worden. Chino wollte anscheinend sein eigenes sternkundliches Wissen unter Beweis stellen und schrieb ein Buch, in dem es hieß, die ominöse Zeichenhaftigkeit von Kometen werde allseits anerkannt, »außer von jenen Starrköpfen, die sie nicht wahrhaben wollen«. Es ist kaum anzunehmen, dass Chinos Bemerkung direkt auf Sigüenza zielte. Dieser jedoch reagierte als Kreole verunsichert und empfindlich und schrieb eine wütende Replik, die erst 1690 gedruckt werden sollte – zu einer Zeit, als Pater Chino längst als Missionar anerkannt war. Ob ihm selbst je bewusst geworden ist, wie sehr er den anderen verletzt hatte, darf bezweifelt werden.

Pater Chinos erster missionarischer Auftrag war der erfolglose Versuch, an der verbotenen Küste von Baja California eine Missionsstation zu errichten. 1686 und 1687 reiste er an die entlegene Nordwestgrenze der spanischen Kronlande, in die Wüste Sonora. Das italienische Wort Chino, im Italienischen mit hartem k-Anlaut, im Spanischen mit stimmlosem Reibelaut ausgesprochen, hieß übersetzt so viel wie »Chinese«, was seinem Ansehen in Mexiko vielleicht abträglich war und ihn stets an seine aussichtslose Asiensehnsucht erinnerte. Er begann, seinen Namen mit einem K zu schreiben.

Während seiner vielen Jahre in der Pimería unternahm Kino fast jährlich längere Ausflüge zu Pferd oder auf dem Eselsrücken durch die Wüste, wo er geeignete Ländereien für neue Siedlungen und Indiostämme zur Missionierung suchte. Oft legte er an die 50 Kilometer pro Tag zurück, kaum je eskortiert von Soldaten. Manchmal hieß man ihn willkommen, wenn ein Häuptling oder ein Stamm den Beistand der Spanier gegen seine Feinde erhoffte. Wichtiger noch war für die Einwohner, dass ihnen die Schwarzröcke mit dem kleinen Tross an Tieren und Arbeitern durch Hungersnöte und Krankheiten halfen. Im Wüstenjahr gab es manchmal Wochen, in denen sich kaum etwas Essbares fand, und Monate, in denen

die Bohnen schon gekeimt waren und Magen- und Darm-
beschwerden auslösten. Der Ackerbau und die Vorratshaltung
der Missionen sorgten für eine regelmäßigere Versorgung mit
Lebensmitteln, die Kino mit sich führte, um sie unter den
Wüstenbewohnern zu verteilen. Auch die Heilkunst des Jesuiten war bei den Pima gefragt. Gelang es ihm, einen Stam-
mesangehörigen mit Medizin und Gebeten zu kurieren, blieben die Indios oft bei ihm und befolgten die Zeremonien, die
Kino sie lehrte, wie sie sonst ihren eigenen Heiler-Schamanen
gehorchten. Mit der Zeit kamen die Indios von sich aus nach
Dolores zu dem fremden Medizinmann, nahmen seine kleinen Gaben an, ruhten sich im Inneren der schattigen Kirche
aus und ließen sich zumindest kurzfristig nieder, um Gräben
auszuheben, Felder zu bebauen und ihre tägliche Mahlzeit zu
bekommen. Sie ließen sich freiwillig taufen; an dieser fernen
Grenze gab es keine spanischen Krieger in ausreichender
Zahl, um sie zu zwingen.

In späteren Jahren wirkte Kino unermüdlich für den Aufbau neuer Missionsstationen, die jeweils mit Ställen für Vieh-
zucht und minimalen Bewässerungssystemen für die Felder
versehen waren. Außer einheimischen Bohnen und Mais ließ
er Weizen und Zwiebeln, Knoblauch sowie eine Vielzahl europäischer Gemüse und Früchte anpflanzen, auch Wein-
stöcke setzen, damit die Priester den eigenen Messwein zubereiten und ausnahmsweise auch einmal Besuchern einen
Schluck anbieten konnten. Zieht man noch die ersten Versuche mit Rinderzucht in der Steppe in Betracht, so schuf Kino
in den relativ gut bewässerten, hoch gelegenen Tälern von Sonora eine Fülle neuer Grundlagen für den Lebensunterhalt.
Doch sosehr er bei seiner Ordensleitung in Mexiko und Europa dafür warb, nie sandte man ihm genügend Leute für alle
von ihm gegründeten Niederlassungen. Wenn die Pima erfuhren, dass einflussreiche Besucher nach Dolores kamen, wanderten sie oft viele Kilometer weit und flehten um mehr Mis-

sionare, die ihrer Region mit Saatgut, Medizin und frommen Gebeten helfen würden.

Eusebio leitete die Station Dolores bis zu seinem Ableben im Jahr 1711. Die Grenze seines kleinen Reichs konnte er bis nach San Xavier del Bac ausweiten, fast 200 Kilometer nördlich von Dolores, wo noch immer die schöne alte Kirche am Stadtrand von Tucson in Arizona steht. Während ausgedehnter Reisen sammelte er nicht nur Seelen für den Herrn, sondern auch geografische Kenntnisse. Damals glaubte man, die Landzunge, die wir Baja California nennen, sei eine Insel und der Golf von Kalifornien stehe nördlich in Verbindung mit dem Pazifik. Eine Landverbindung nach Baja California hätte die Einrichtung von Missionsstationen in dieser unwirtlichen Wüstengegend sehr erleichtert, wo Kino gescheitert war und sich andere, die es ihm gleichtaten, nur mit Mühe halten konnten. Mehrmals hatte Kino die gefährliche Lavawüste durchquert, die südlich der heutigen Grenze von Arizona-Sonora zum Golf liegt. Seinen Beobachtungen zufolge war nicht damit zu rechnen, dass sich der Golf bis in den Norden erstreckte. Im Alter von 61 Jahren führte er 1706 eine Expedition auf den Berg Pinacate mitten in der Lavawüste an. Der Ausblick auf die kontinuierlichen Gestade im Süden und die Biegung der Küste vor Baja California überzeugte alle Teilnehmer, dass Kalifornien keine Insel war.

Wäre es nach Eusebio Kino gegangen, dann hätte er noch einmal die spanische Fregatte in Acapulco bestiegen und wäre über den Pazifik bis nach Manila gereist. Vielleicht hätte er sich der philippinischen Mission angeschlossen oder wäre, vertraglich gesicherten Ansprüchen der portugiesischen Krone zum Trotz, bis ins Land seiner Träume, nach China gekommen. Beides hätte ihn sehr weit von Sonora weggeführt.

Im Mai 1688 verbreiteten sich in Manila beunruhigende Gerüchte. Angeblich hatten die chinesischen Bäcker das Brot schon seit vielen Monaten mit gemahlenem Glas versetzt. Den Berichten zufolge schien der unabhängige Richter der Krone diesen Gerüchten zu glauben, doch der Gouverneur fand einigen Anlass zu Zweifeln und verhängte lediglich Geldbußen, ohne strenger durchzugreifen. Der Kronrichter, der offenbar eine Ausweitung des Konflikts fürchtete, suchte Zuflucht bei den Jesuiten. Der Verdacht liegt nahe, dass die Bäcker dem Brot tatsächlich – wenn auch nicht in tödlicher Dosis – etwas Schädliches beigemischt hatten. Offenbar nahm der Kronrichter den von Feindseligkeit und Furcht vor den Chinesen genährten Klatsch, der in Manila gang und gäbe war, für bare Münze.

1688 existierte Manila seit gerade mal 100 Jahren: eine enge, ummauerte spanische Zitadelle mit kleineren, übervölkerten Siedlungen außerhalb ihrer Mauern. Sie lag auf Höhe des Meeresspiegels in der sumpfigen Ebene zwischen Laguna de Bay im Landesinneren und dem vorzüglichen Hafen von Manila Bay. Der spanische Gouverneur der Stadt beanspruchte die Gerichtsbarkeit über die gesamten Philippinen, verfügte jedoch nur über ein paar schwach besetzte Garnisonen und wenige Siedlungen oder Faktoreien anderswo. Die wichtigsten spanischen Vertretungen außerhalb Manilas waren die großen Missionsorden – Jesuiten, Franziskaner, Dominikaner und Augustiner –, die bereits mit Feuereifer daran arbeiteten, die Einwohner zur einzigen vorwiegend christlichen Bevölkerungsgruppe in Asien zu machen. Politisch war die spanische Obrigkeit nur ein Anhängsel des Vizekönigtums von Neuspanien mit seiner Hauptstadt Mexiko. In ökonomischer Hinsicht war Manila der Umschlagplatz zweier Exportschlager des 17. Jahrhunderts: Gemeint sind der Ertrag aus den Silberminen Südamerikas sowie die raffinierte Technologie zusammen mit dem kommerziellen Geschick der Chinesen. Jahr für Jahr stachen in Acapulco ein bis zwei Galeonen in See und brachten Ladungen von Silber nach Manila, das zum Ankauf von chinesischer Seide, chinesischer und indischer Baumwolle und anderen in der Neuen Welt gefragten Luxusgütern diente. In Lima, heißt es, gingen sogar die Sklaven vornehmer Gutshäuser in Seide gekleidet. Manchmal kam die Ware mit Frachtern aus Indien oder Java, meist jedoch mit chinesischen Dschunken, die in Xiamen und anderen Häfen der Fukien-Provinz in Südchina beheimatet waren. In den Akten der spanischen Zollverwaltung sind für das Jahr 1685 17 solcher Dschunken aufgeführt, 27 für 1686, 15 für 1687, aber nur sieben für 1688. Mag sein, dass der Handelsverkehr schon seit 1685 allmählich verebbte. Der Niedergang des Reichs unter Carlos II. machte selbst vor den Zollbehörden nicht Halt, mit deren Bestechlichkeit auch die verblüffend niedrige Gesamtbilanz zusammenhängen könnte.

Nicht nur des Chinahandels wegen war Manila auf die Chinesen angewiesen. Schon vor der Eroberung durch die Spanier 1571 hatten die Chinesen hier Handel getrieben und sich womöglich auch niedergelassen. Um Haaresbreite wäre die junge spanische Kolonie bei einem Überfall chinesischer Piraten ausgelöscht worden. Danach jedoch waren die Chinesen zu Tausenden in die Region gekommen und stellten jetzt fast sämtliche städtischen Handwerker: Schmiede, Kürschner, Schneider und natürlich Bäcker, was merkwürdig erscheint bei Südchinesen, die sich traditionell von Reis ernährten und in einem Reis produzierenden Land lebten.

Die ansässigen Chinesen wurden zu Mittelsmännern im Handel mit den Dschunken. Außerdem ließen sie sich von der spanischen Obrigkeit das Monopol auf diverse Handelsgüter bestätigen und trieben die Steuern bei den Filipinos ein. Einige von ihnen wurden römisch-katholische Christen, sei es aus Überzeugung oder Synkretismus, aus Opportunismus oder religiösem Eifer. Die meisten traten als typisch zurückhaltende, umsichtige Vermittler auf, auch wenn es unter chinesischen Weltenbummlern durchaus Schurken und Seeräuber gab. Auch unter den Filipinos kam es mitunter zu Ausschreitungen, und abgesehen von der gewohnten spanischen Rauflust zog der Ort die schlimmsten Rabauken an, die von der Kolonialverwaltung untergebracht werden mussten. »Nach Manila«, notierte ein bedeutender Dominikaner am Ende des 17. Jahrhunderts, »emigrierte der Abschaum von Neuspanien.«

Manila war aus dem Kleinkrieg gegen chinesische Seeräuber hervorgegangen und in den sechziger Jahren von einem chinesischen Sonderregime auf Taiwan bedroht gewesen. Schlimmer noch, die Spanier hatten sich hier, am Ende der Welt, eine rein christliche Ökumene erträumt und waren nun auf die heidnischen Chinesen angewiesen, wenn sie ihre Stellung halten wollten. Die ungute Mischung spanischer und philippinischer Vorurteile und Ängste hatte sich 1603, 1639 und 1662 in Massakern an Manila-Chinesen entladen. 1683 fürchtete man, das abgewirtschaftete Taiwan-Regime könne sich durch einen Angriff auf Manila zu retten trachten. Dadurch erneuerten sich womöglich Vorurteile gegen Chinesen, und wieder sandte man lange Episteln zu diesem Dauerthema auf den langsamen Weg in die Alte Welt.

Wir wissen nur von einem einzigen königlichen Erlass aus Madrid im September 1686, wonach alle nichtchristlichen Chinesen aus Manila ausgewiesen werden sollten. Während dieser Befehl den Weg über Atlantik und Pazifik zurücklegte, braute sich neuer Ärger zusammen. Die vielen Dschunken aus dem Jahr 1686 brachten Unmengen chinesischer Einwanderer mit, und die Spanier berieten abermals das Vorhaben, ihnen ein längst schon errichtetes Ghetto als Chinatown zuzuweisen. Allein das Gerücht rief hier und da gewalttätige Ausschreitungen hervor, angefangen mit der Ermordung des spanischen Steuereintreibers in seiner Villa im Mai 1686. Noch in derselben Nacht wurden drei weitere spanische Beamte tödlich verletzt. Um diese Zeit verbreitete sich die

Schauermär vom gemahlenen Glas, das man in Broten gefunden haben wollte. Die immer wieder aufflackernden Unruhen zogen sich mehrere Tage hin, weshalb viele Chinesen aus Angst vor spanischen und philippinischen Vergeltungsmaßnahmen ihre Häuser verließen. Sieben Mordverdächtige kamen vor Gericht; nach und nach wurde die Ordnung wiederhergestellt.

All diese Vorgänge und die angebliche Verschwörung der Bäcker hatten das Klima aufgeheizt, als der königliche Befehl über die Vertreibung heidnischer Chinesen, der im September 1686 in Madrid erlassen wurde, im Oktober 1688 endlich Manila erreichte. Was die Verschleppung und Manipulation von Aktenmaterial betrifft, standen die Chinesen den Kolonialherren in nichts nach. Kaum war der Vertreibungserlass in Kraft getreten, als viele von ihnen die Taufe und den gebotenen gründlichen Religionsunterricht begehrten. Andere wollten bis zum Eintreffen der Galeone aus Acapulco bleiben dürfen: Spanische Auswanderer seien ihnen Geld schuldig, das nicht eingetrieben werden könnte, bevor die Spanier mit den Silberlieferungen ihre Erträge von Investitionen im Mexikohandel erhielten. Die Kolonialverwaltung hatte ein Einsehen. Doch als man eine Liste der Schuldner und Gläubiger aufstellen ließ, gaben *alle* von der Vertreibung Bedrohten vor, dem Königshaus Geld geliehen zu haben, weil sie – vielleicht unter Zwang – zur Finanzierung der spanischen Garnisonen beigetragen hatten. Trotzdem sind möglicherweise rund 1000 chinesische Heiden auf Dschunken deportiert worden, die 1690 eingetroffen waren. Doch schon weil es an Transportmitteln fehlte, wurde ein Großteil nicht vertrieben.

Die Spanier blieben auf die Chinesen angewiesen und mussten sich widerwillig mit der Anwesenheit von Nichtchristen in den Kolonien abfinden. Noch heute gehören viele prominente Chinesen der wirtschaftlichen Führungsschicht von Manila an, und ihre Beziehungen zu Politik und Regierung sind nicht immer ungetrübt. Der Chinesenfriedhof auf Manila, dessen Trauerkapelle buddhistische und christliche Elemente vereint, gehört zu den schönsten Zeugnissen eines toleranten Miteinanders der Religionen, das uns heutzutage vorbildlicher erscheint als die Frömmlerei des 17. Jahrhunderts.

2. AFRIKAS VIELE GESICHTER

Am 22. Februar 1688 schrieb ein afrikanischer Provinzhäuptling, der mit »Dom João Manoel Grilho, der auf den Löwen im Leib seiner Mutter tritt« unterzeichnete, in portugiesischer Sprache aus der Stadt Lemba am Unterlauf des Kongo an einen in der Umgebung lebenden italienischen Kapuzinerpater: »Gebenedeit sei das heiligste Sakrament... Gott segne Euch! Mit inniger Freude habe ich Euer gütiges Schreiben empfangen... Was mich als Euren geistlichen Zögling betrifft, so werde ich für jeden Wink meines Lehrers dankbar sein, und dasselbe gilt für Eure [geistliche] Tochter, meine Mutter Dona Potenciana... Ich weiß nicht, wann ich mit Gottes Hilfe das milde Antlitz von Euer Hochwürden wiedersehe oder wann Ihr kommt, um auch die Seelen meiner Söhne zu retten.« Dieser Brief, heißt es weiter, werde dem Empfänger von einem treuen Dienstboten überbracht, der ihn ausfindig machen, Geschenke überbringen und eine Reihe wichtiger Fragen mit ihm erörtern solle.

Die Merkwürdigkeit, dass ein Kongoprinz in portugiesischer Sprache an einen Geistlichen schreibt (auch wenn der Brief von einem schreibkundigen Portugiesen in seinen Diensten verfasst sein mochte), wird erst verständlich durch den 200-jährigen Prozess der Unterwerfung des Kongo durch Portugal und das Christentum. Bei der ersten Ankunft ihrer Fregatten an der Mündung des Kongo im Jahr 1485 waren die Portugiesen selbst überrascht, einen kongolesischen König anzutreffen, der sich samt Hofstaat taufen ließ, ihre Sprache erlernte, Briefe mit dem Papst und dem portugiesischen König wechselte und Botschafter nach Europa entsandte. Die förmliche Zugehörigkeit des Kongo zur Christenheit und der Gebrauch portugiesischer Königsnamen hielten an bis zum verheerenden Krieg mit Portugal im Jahr 1665 und dem nahezu vollständigen Zusammenbruch des alten Königreichs.

Vertiefen wir uns in die Quellen, die aus jener langen Friedenszeit überliefert sind, dann wird uns die Komplexität der Beziehungen vor dem kulturellen und religiösen Hintergrund des damaligen Afrika verständlicher. Für die Eingeborenen im Kongo waren Tod und Leben getrennte Welten – getrennt durch die Weite und Tiefe des Wassers. Die Seelen der Verstorbenen gingen ins Wasser, nahmen einen anderen, weißhäutigen Körper an und lebten in der Stille des Jenseits fort. Die Angehörigen blieben den Toten verpflichtet und nahmen regelmäßig Kontakt mit ihnen auf. Gut möglich, dass die weißen Portugiesen, die über das Wasser kamen, als Sendboten aus dem Totenreich begrüßt wurden. Kongolesische Gesandte segelten mit ihnen zurück nach Europa und berichteten bei ihrer Rückkehr von den Wundern, die sie gesehen hatten. Offenbar waren die Fremden im Besitz einer überwältigenden spirituellen Macht.

Ein kongolesischer Prinz, der sich bekehren ließ und die Thronfolge erkämpfte, um der erste christliche König im Kongo zu werden, zehrte von dieser Machtquelle. Ein Großteil der kongolesischen Führungsschicht nahm das Christentum an; die Portugiesen konnten ihren Einfluss und ihre Handelsbeziehungen ausdehnen. Doch bald stellte sich heraus, dass die Kongolesen die Einfuhr europäischer Waren mit dem Export von Sklaven bezahlen mussten. Sklaverei wurde zur Schlüsselfunktion der wechselseitigen Beziehungen. Die Könige wickelten den Sklavenhandel aus ihren Reichen selbst ab: Sie verkauften Kriegsgefangene aus Nachbarländern, verurteilten Delinquenten zur Versklavung oder erpressten die

Lieferung von Sklaven von den Reichen und Vornehmen des Landes.

Der Führungsschicht in den großen Städten wurden durch die Beziehungen zu Portugal und das Christentum ungeahnter Luxus und neue Quellen übernatürlicher Macht zuteil, doch Kultur und Politik im Kongo blieben davon weitgehend unberührt. In den Dörfern auf dem Land tauchten gelegentlich Missionspriester auf. Wegen ihrer Gebete, Gottesdienste und der von ihnen aufgestellten oder verteilten Kreuze betrachtete man sie wohl als Opferpriester, die mit den Eingeborenen konkurrierten, ohne dass sie sich wesentlich von ihnen unterschieden. Ränke und Störmanöver aus der neuen portugiesischen Machtzentrale in Luanda weiter südlich brachten Unruhe in das Königreich.

Doch die eigentliche Gefahr für die Verhältnisse im Kongo des 17. Jahrhunderts ging von ein paar Dutzend missionierenden Kapuzinermönchen aus. Sie waren von der Vatikanischen Kongregation zur Verbreitung des Glaubens entsandt worden und standen nicht unter portugiesischer Aufsicht. Diese Kapuziner waren viel penetranter und, was die Sitten und Gebräuche im Kongo betraf, weniger kompromissbereit als die portugiesischen Missionare von einst. Erst ihre Attacken gegen die traditionelle Kultur in vielen Regionen des Reichs bewirkten, dass sich die Einwohner gegen die Europäer verbündeten. 1665 kam es zu Auseinandersetzungen mit den Portugiesen, in deren Verlauf der kongolesische Herrscher getötet, seine Hauptstadt niedergebrannt und das Königreich Kongo zerschlagen wurde.

Um die Mitte des 17. Jahrhunderts bedienten sich die portugiesischen Befehlshaber in Luanda zur Sklavenjagd im Landesinneren afrikanischer Krieger. 1656 schloss die Königin eines Sklavenjägerstammes einen Vertrag mit den Portugiesen. Sie duldete Händler und Missionare in ihrem Herrschaftsbereich und erhielt dafür einen gesicherten Handelsweg für die von ihren Armeen zusammengetriebenen Sklaven. Jetzt wurde die Jagd auf die südlichen Grenzgebiete des Kongo ausgedehnt, was den Zerfall des Reichs beschleunigte. Auch wenn es dafür kaum Beweise gab, hielten die Portugiesen die Sklavenjäger der Königin für Kannibalen; die am Strand von Luanda gefangenen Sklaven glaubten beim Anblick der eisernen Kochkessel auf den Schiffen ihrerseits, sie würden von den weißen Eindringlingen geschlachtet.

Weiter nördlich, an der Mündung des Kongo, entstand ein vom Königreich nahezu unabhängiges afrikanisch-portugiesisches Handelszentrum, das eigene Verbindungen zum Norden und ins Landesinnere unterhielt. Dort am Flussufer wurde Lemba zu einem größeren Verkehrsknotenpunkt und zur Residenz von »Dom João Manoel Grilho, der auf den Löwen im Leib seiner Mutter tritt«.

Doch wie sollen wir diesen kurzen, rätselhaften Quellentext verstehen? Können wir die Stimme von Dom João Manoel Grilho überhaupt heraushören? Der eigentliche Brief gibt nicht allzu viel her. Die Anspielung des Schreibers auf seine Mutter, Dona Potenciana, ist von einiger Bedeutung in einer Gesellschaft, wo Rang und Abstammung matrilinear vererbt wurden. Vielleicht wurde der Priester gerufen, »die Seelen meiner Söhne zu retten«, weil die Kinder noch ungetauft waren. Allerdings ist kaum wahrscheinlich, dass der Absender mehr von der Taufe erhoffte als von anderen Formen spiritueller Reinigung sowie vom Schutz der Vorfahren und lokalen Gottheiten oder dass er die Getauften für fähiger erachtete, die mächtigen Regionalfürsten im Zaum zu halten.

Die originäre afrikanische Stimme wird vernehmlicher, wenn wir untersuchen, wie sich der Autor selbst bezeichnet: »Dom João Manoel Grilho, der auf den Löwen im Leib seiner Mutter tritt.« Lobpreisende Namen werden nach heute noch lebendiger kongolesischer Tradition in langwierigen, exakten Ritualen erworben und verleihen ihren Trägern Macht. In diesen Namen und in dieser Kultur allgemein verschwimmen die bei uns als unverrückbar geltenden Grenzen zwischen Wohlstand, gesellschaftlichem Rang und Magie. Wer beispielsweise durch Handel ein Vermögen gemacht hatte – wie mutmaßlich Dom João Manoel –, konnte sich aufwändige Zeremonien leisten, die seine Vorherrschaft in der Region legitimierten und ihm übernatürliche Kräfte verliehen. Er wurde dadurch gewissermaßen *selbst* zum Talisman, zu einem gewaltigen Konglomerat von Objekten, die Europäer als Fetisch bezeichneten. Aus jüngerer Zeit ist eine Schilderung dieser Zeremonie überliefert, die aus einem starken Mann eine neue Verkörperung von Kräften macht. Sie werden entbunden, indem eine Frau viermal hintereinander gebiert: einen Menschen, einen Leoparden, eine Schlange und einen Kalkstein. Diese Mächte können dann auch verkörpert werden im Talisman einer Leopardenhaut, einer Schlangenhaut und eines Stücks Kreide.

Der »Löwe« im portugiesischen Brieftext ist wohl ein Übersetzungsfehler oder ein Euphemismus für »Leopard«; dieser wurde in den Urwäldern ebenso gefürchtet wie der Löwe in der Savanne. Auf denjenigen, der in ein Leopardenfell gehüllt ist oder auf ihm sitzt, geht die Kraft der Raubkatze über. Der Tritt bedeutet in solchen Zeremonien und ihren kongolesischen Ausdeutungen die Schändung und Entheiligung, das Ansichreißen der Kraft. Beansprucht Dom João Manoel die Macht eines Menschen, der den Leoparden vernichtet und sich seine Kraft schon angeeignet hat, als sie beide noch im Mutterleib waren? Kaum ein Symbol drückt die ödipalen Wurzeln des Willens zur Macht deutlicher aus als dieses und steht in größerem Gegensatz zur christlich-europäischen Konvention.

Ob die Söhne je getauft worden sind? Hat Dom João Manoel noch lange regiert, auf seinem Leopardenfell sitzend, in zwiespältiger Beziehung zur römisch-katholischen Kirche, wenn er bei den Schiffen der langen Reihe seiner Lastträger zusah? Welche Beziehungen hatte er zu dem gewaltigen Fluss, den man zu seinen Lebzeiten Kongo, manchmal aber auch Zaire nannte? An Übergängen wie dem bei Lemba entstanden wichtige Umschlagplätze der Ausbeutung und des Handels. Nicht weit von hier stromaufwärts war schon das Brüllen kilometerlanger, unpassierbarer Stromschnellen zu hören.

Afrikanische Geschichtenerzähler sind das Gedächtnis ihres Volks. Sie überliefern das Andenken an die Herrscherfolgen und wichtigen Ereignisse, doch ihre Berichte stimmen nicht präzise genug mit unserem Datierungssystem überein, um die Vorgänge des Jahres 1688 zu isolieren. Dort, wo sich bereits der Islam durchgesetzt hatte, sind die Daten aus arabischen Quellen zu erschließen. Trotzdem sind wir unverhältnismäßig oft auf Berichte jener Europäer angewiesen, die sich von der Küste aus allmählich ins innere Afrika vortasteten. Für ihre Eindrücke, ihr Scheitern, ihre Ernüchterung und seltenen Erfolge sind wir durchaus aufgeschlossen. Allerdings müssen wir ihre Schilderungen gegen den Strich lesen, um mithilfe moderner Historiker, von denen nur wenige afrikanischer Abstammung sind, der Wirklichkeit des schwarzen Kontinents ein wenig näher zu kommen, als es den Europäern um 1700 möglich war. Durch die anhaltenden Beziehungen zu Portugal und die zahlreichen Kapuzinerschriften ist die Geschichte des Kongo einigermaßen fassbar und gut dokumentiert.

Für die historische Erforschung jener Region Afrikas ist sie von eminenter Bedeutung, aber auch für Brasilien, denn dorthin kamen die meisten schwarzen Sklaven aus Luanda. Die Europäer unterhielten viele Stützpunkte an der Goldküste, die ungefähr dem heutigen Ghana entspricht, doch hier ist die Quellenlage wesentlich dürftiger. Äußerst selten wagten sich die Europäer aus ihren Strandfestungen heraus, weshalb sie nur eine vage Vorstellung vom Landesinneren hatten.

Der Küstenstreifen östlich der Goldküste, der ungefähr den Küstengebieten der heutigen Gebiete Benin und Togo zwischen Ghana und Nigeria entsprach, war für die Europäer der achtziger Jahre ein Land der Verheißung und maßlosen Enttäuschung. 1688 besuchte Jean-Baptiste Ducasse – führender Agent der französischen Compagnie de Guinée, die das höchst unsichere Monopol auf den französischen Handel an dieser Küste hielt – das Königreich Whydah und bemühte sich um gute Beziehungen mit den schwarzen Herrschern, um auch Frankreich am regelmäßigen Sklavenexport zu beteiligen. Das höchste Wesen, dem die Könige von Whydah huldigten, war die Pythongottheit Dangbe, die einen Schrein unter einem schönen hohen Baum drei Kilometer vor der Hauptstadt bewohnte. Irgendwann im Jahr 1688 unternahm König Agbangla von Whydah seine jährliche Pilgerfahrt zum Schrein von Dangbe. Empörtes Aufsehen bei anderen hier ansässigen Europäern verursachte Ducasse, der, geschmückt mit einem Leopardenfell »und anderem Tand«, in der Prozession mitlief.

Die Empörung war heuchlerisch. Von der Gnade des Königs profitierten alle Europäer in Whydah, die unter Aufsicht seiner Hofbeamten ihren Geschäften nachgehen durften. Jede europäische Nation oder Handelsgesellschaft bewahrte in ihrer jeweiligen Niederlassung einen der lokalen Gottheit geweihten Altar auf. In jener Epoche nahmen Europäer die Gesellschaft und Kultur der Afrikaner, auch wenn man ihnen wenig Verständnis und fast gar keine Neigung entgegenbrachte, in wohlverstandenem Eigeninteresse ernst. Nur ganz selten wird Sympathie spürbar wie in der lobenden Erwähnung des »prachtvoll emporragenden Baumriesen«, unter dem der Schrein von Dangbe errichtet war.

Die verstreuten Bäume in dieser Küstenregion zierten eindrucksvoll die offene Landschaft und bildeten einen wohltuenden Kontrast zu den Urwäldern, die sich weiter östlich und westlich bis zum Strand erstreckten. Hier in der Dahomey-Lichtung des Waldgürtels war der Transport von Menschen und Gütern viel leichter als im Dschungel, was die Lichtung zum natürlichen Umschlagplatz für Waren aus dem Landesinneren machte. Die Pythongötter symbolisierten nicht bloß die todbringende Macht von Giftschlangen, sondern auch phallische Energie. Ein europäischer Augenzeuge berichtet von der Furcht der Eingeborenen, junge Mädchen könnten während der Reifezeit der Feldfrüchte von Pythonschlangen entführt und in den Wahnsinn getrieben werden, weshalb sie in dieser Saison des Jahres in einem unzugänglichen Bezirk eingeschlossen lebten.

Weibliche Magie und Fruchtbarkeit spielten eine überragende Rolle. Könige und vornehme Männer stellten ihren Reichtum zur Schau, indem sie Dutzende oder gar Hunderte von Ehefrauen, Mägden oder Sklavinnen bei sich aufnahmen. Nur die wenigsten durften dem König aufwarten oder sein Bett teilen, die meisten arbeiteten auf seinen Gütern. Gelegentlich wird behauptet, eine eifersüchtige Hauptfrau habe den König gezwungen, den Europäern seine Lieblingssklavin zu verkaufen. Weibliche Sexualität machte sich auch auf andere Weise im Handel der Europäer geltend. Deren wichtigstes Importgut waren Kaurimuscheln, die vorwiegend aus Gewässern rund um die Malediven vor der Südküste Indiens stammten. Seit Jahrtausenden waren Kauris in so weit auseinander liegenden Ländern wie China und Westafrika als Zahlungsmittel gebräuchlich. Man schätzte sie wegen ihrer Unverwechselbarkeit, Haltbarkeit und ovalen Form, deren langer Schlitz in der Mitte an weibliche Geschlechtsorgane denken ließ.

Die Europäer belieferten Afrika mit Kaurimuscheln, Eisen, Schnaps und zunehmend auch mit Flinten und Schießpulver. Im Gegenzug erhielten sie Elfenbein für den europäischen Markt und Lebensmittel, die in anderen afrikanischen Häfen verkauft werden konnten. Doch das ausschlaggebende Motiv, im feuchtheißen Klima der Küstengebiete auszuharren, den Seuchentod durch Moskitostiche zu riskieren, sich durch Höhen und Tiefen der Regionalpolitik zu lavieren und sich mitunter mit Leopardenfellen zu kostümieren, war die ständig steigende Nachfrage nach Sklaven in den Städten, Bergwerken und Plantagen von Nord- und Südamerika.

Nur an den wenigsten Hafenplätzen in Afrika – Whydah gehörte nicht einmal dazu – wagten sich die Europäer mehr als ein paar Kilometer weit ins Landesinnere. Hätten sie sich in den Kopf gesetzt, die Sklavenjagden selbst zu organisieren, um die Kosten der Gewinnspanne afrikanischer Zwischenhändler einzusparen, so hätten sie kaum die nötigen Transportwege gefunden. In Whydah kam höchstens einer von 20 Sklaven aus der Region. In die Sklaverei konnte man durch mächtige afrikanische Feinde geraten, durch Richterspruch, durch Verkauf (als Überschuss oder wegen Eifersucht der Hausherrin) aus dem Bestand eines Stammesfürsten oder durch Schuldknechtschaft. Neunzehn von 20 Sklaven stammten aus Innerafrika; sie waren von Händlern auf Märkten anderer Häuptlinge und Könige erworben und hierher verschleppt worden. Die meisten kamen gewaltsam um ihre Freiheit: durch Kriege, Raubzüge benachbarter Stämme oder Überfälle von Sklavenjägern, wenn die Opfer gerade zum Markt oder auf den Feldern unterwegs waren. Treibende Kraft dieses grausamen Handels war der enorme europäisch-amerikanische Bedarf an billigen Arbeitskräften.

Afrikaner, die sich daran beteiligten, konnten wohl in den seltensten Fällen erahnen, was die Opfer erwartete, die sie zur Küste verschleppten: stinkende, überfüllte und schwankende Frachter, kräftezehrende Arbeit und brutale Behandlung auf den Zuckerplantagen, ein Rechts- und Herrschaftssystem, das ihnen die Menschenwürde raubte und sie zur »beweglichen Habe« degradierte.

In Afrika – ohne Hunderte der unterschiedlichsten Gesellschaften und Kulturen über einen Kamm scheren zu wollen – gehörten sie alle zu einer zwischen oben und unten ausdifferenzierten Hierarchie, die sich oft in familiären Begriffen von älteren und jüngeren Verwandten niederschlug. Was wir Sklaverei nennen, war auch hier ganz unten angesiedelt, doch die Betroffenen wurden nie der menschlichen Identität beraubt oder vollkommen isoliert. Oft blieb ihnen noch die Chance, durch harte Arbeit oder Beischlaf mit Aufsehern ihr Los zu verbessern, ein Kind zur Welt zu bringen oder einen anderen, nur wenig höher gestellten Abhängigen zu ehelichen. Männliche Sklaven im wehrhaften Alter, die gefährlicher waren und sich womöglich mit dem Volk zusammentaten, dem sie entrissen wurden, liefen häufiger Gefahr, von Händlern in weit entfernte Gebiete verschleppt und dort verkauft zu werden. Besonders begehrt war der Küstenhandel wegen der Höchstpreise, die hier für junge Männer gezahlt wurden. Doch solange sie in einem afrikanischen Haushalt arbeiteten oder während ihrer Deportierung, galten sie noch immer als Menschen.

Das soll nicht heißen, König Agbangla von Whydah, seine Händler und Beamten hätten nicht gewusst, dass Menschenhandel mit Europäern folgenschwerer war als der mit Afrikanern. In Afrika gab es nichts, was den in Küstennähe dümpelnden Sklavenschiffen gleichkam. Manche waren der Überzeugung, dass die Europäer Sklaven aufkauften und exportierten, um sie letztlich zu schlachten und zu verspeisen. Doch schon jetzt bahnte sich in Afrika ein Strukturwandel der bewährten Praxis von Sklaverei und Vermarktung an. Für Könige und Häuptlinge wurden die von Europäern gelieferten Waren immer begehrenswerter, zumal es ihnen zunehmend schwer fiel, sich ohne importierte Gewehre und Schießpulver gegen ihre Feinde zu behaupten.

Alle Sklaven, die nach Whydah kamen, wurden hinter

hohen Palisadenzäunen eingepfercht und von königlichen Beamten überwacht. Die Europäer arbeiteten mit afrikanischen Zwischenhändlern, die ebenfalls vom König lizenziert wurden. Die Taxe des Königs für die Handelserlaubnis wurde im Vorhinein festgelegt. Der König nahm für sich in Anspruch, eigene Sklaven anzubieten, bevor der Markt für die anderen eröffnet wurde; sie waren oft überteuert, schwach und kränklich. Wenn die anderen Händler auf den Markt durften, wurden Männer und Frauen körperlich genau untersucht, ohne jede Rücksicht auf Scham und Anstand. Sklaven mit körperlichen Makeln wurden zurückgewiesen. Waren sie selektiert und ihr Preis festgesetzt, wurden sie mit dem Brandzeichen des weißen Käufers versehen, damit sie nicht heimlich gegen Sklaven minderer Qualität ausgewechselt werden konnten. Dabei traf man Vorsorge, heißt es in einer Quelle, die glühenden Eisen nicht gar zu brutal zu handhaben, namentlich bei den Frauen, »weil sie oft empfindlicher sind als Männer«. Statt in den Faktoreien ihrer Käufer blieben die Gebrandmarkten hinter Palisaden interniert, bis man sie zu den Schiffen hinausruderte.

Von Whydah und den Häfen der Umgebung wurden 1688 rund 6000 bis 7000 Sklaven verschifft. Im Frühjahr waren es mehr; wäre das Aufkommen das ganze Jahr über gleich geblieben, hätten es insgesamt über 12000 werden können. Doch unvermittelt stockte der Nachschub aus dem Landesinneren. Manche Käufer zahlten daraufhin für ihre Sklaven höhere Preise, andere akzeptierten in ihrer Schiffsladung einen größeren Frauenanteil. Ducasse führte den Rückgang des Handels auf »Auseinandersetzungen mit dem König von Fon in Innerafrika« zurück, der »den Transport behindert« haben soll.

Dies ist bezeichnend für die Unschärfe der meisten von Europäern überlieferten Informationen über die politischen Verhältnisse Afrikas, namentlich in den Gebieten, die sie kaum erkundet hatten. Fon ist ein älterer Name für jenes Königreich, das später Dahomey genannt wurde. Sein Aufstieg zur Unabhängigkeit hatte erst vor einiger Zeit, irgendwann nach 1600 begonnen. Um 1680 war Fon einer der Hauptlieferanten von Sklaven in die Küstengebiete geworden und gebärdete sich zunehmend kriegerisch, unternahm Sklavenjagden oder schickte die Bevölkerung in den Söldnerdienst unter fremden Herrschern. Um 1720 stieß es zur Küste vor, um Whydah und die Nachbarhäfen zu erobern. Europäische Besucher der Hauptstadt erzählten sich Schauergeschichten über die vorzüglich trainierten, im Umgang mit Feuerwaffen geübten Krieger und den Königspalast, dessen Mauern mit den Schädeln erschlagener Feinde geschmückt waren. Einige dieser Schädel fanden sich um 1680 auch im Palast der Könige von Whydah, doch der totale Strukturwandel der Gesellschaft von Dahomey durch permanente Kriegführung, der sich bereits 1688 abzeichnete, hing mit der nicht enden wollenden Nachfrage nach Kriegsgefangenen zusammen, die man zur Küste trieb, brandmarkte und auf die wartenden Schiffe verfrachtete.

An der westlichsten Auswölbung des afrikanischen Kontinents lag eines der wenigen Gebiete, über dessen Beschaffenheit sich die Europäer 1688 aus eigener Anschauung informieren konnten. Dort münden zwei große Ströme in den Ozean, der Senegal und der Gambia. Seit 200 Jahren hatten europäische Händler die vom Unterlauf der beiden Flüsse begrenzte und von modernen Gelehrten als Senegambia bezeichnete Region erschlossen; um 1688 spekulierten sie längst, ob sie sich auf dem Wasserweg Zugang zu den Ländereien Innerafrikas verschaffen könnten. Doch noch war es nicht gelungen, mehr als ein bis zwei Stützpunkte an beiden Flussmündungen zu unterhalten – die Franzosen am Senegal, die Engländer am Gambia – und gelegentlich kleine Handelsexpeditionen flussaufwärts zu schicken. Vor dem Hintergrund der verwickelten Wirtschafts- und Machtverhältnisse in dieser Region blieben sie nur eine Randerscheinung.

Die afrikanischen Völker von Senegambia hatten viele sprachliche und soziale Gemeinsamkeiten. Jede Ernte stand und fiel mit der höchst ungewissen Niederschlagsmenge. Weiter flussaufwärts verursachten schwere Regengüsse immer wieder unberechenbare Hochwasser, die ganze Felder wegspülten und zugleich fruchtbares Schwemmland für die nächste Aussaat hinterließen. Nördlich des Senegal gab es kaum genug Regen für den Ackerbau, doch hier war Gummi der kommerziell wichtigste Rohstoff, der als Kautschuk von Wildbäumen gesammelt wurde. Der Wüstenrand am Senegal war auch eine kulturelle Grenze. Jene Menschen, die auf Pferden und Kamelen aus der Wüste kamen, hatten hellere Haut, sprachen Arabisch oder Berberdialekte und waren kulturell und sozial am Islam orientiert.

An der Grenze zum Senegal erzählt man sich zahlreiche Geschichten über militante Raubzüge der Mohammedaner. Schon um 1680 kam es zu marokkanischen Übergriffen südlich der Sahara; sie wuchsen sich zu Beginn des 18. Jahrhunderts zu einer echten Bedrohung aus. Doch zum eigentlichen Botschafter des Islam wurde wie in vielen Teilen der Welt der friedliche Handel. Arabische und nomadische Kaufleute beeinflussten entweder den Glauben ihrer senegalesischen Partner, oder sie ließen sich nieder, heirateten eingeborene Frauen und erzogen ihre Kinder in der Religion des Propheten. Vielleicht zogen regionale Herrscher gelehrte muslimische Berater an ihren Hof und ließen sich von ihrem Glaubenseifer anstecken. So lebten in den Städten viele als Mohammedaner, während überall auf dem Land der Ahnenkult lebendig blieb und verschiedene Götter und Dämonen verehrt wurden. Hatte ein Glaubenslehrer oder Eingeborener in der Kindheit oder auf der Pilgerfahrt nach Mekka eine strengere, orthodoxe Richtung des Islam angenommen, führte er jetzt möglicherweise einen missionarischen Feldzug und bekehrte den ganzen Hofstaat oder eine Stadt. Um 1688 erreichte diese Entwicklung einen ersten Höhepunkt und ebbte wieder ab.

Mag sein, dass es auch friedlicher zuging; muslimische Fanatiker und ihre Anhänger konnten sich in bestimmten Stadtvierteln oder eigenen Siedlungen frei entfalten. In den achtziger Jahren des 17. Jahrhunderts folgten Menschen unterschiedlichster Herkunft ihren Lehrern ins spärlich bevölkerte Gebiet zwischen den Oberläufen von Senegal und Gambia und gründeten ihr eigenes Staatswesen. Unter der Regierung mehrerer Dynastien von Imamen oder muslimischen Gebetsführern entwickelte es sich zu einem bedeutenden politischen Faktor. Anderswo hielt ein ganzes Kartell von Fernhändlern, genannt *juula*, treuer an der islamischen Überlieferung fest als der Rest der Bevölkerung und begann, in eigenen Stadtvierteln zu leben.

In dieser Gesellschaft fand jeder seinen Platz, aber der Platz konnte wechseln. Verwandtschaftsverhältnisse bestimmten, wer als Herrscher oder Hofbeamter infrage kam. Schmiede hatten mit der gefährlichen Metallschmelze und der Waffenproduktion zu tun, weshalb ihnen übersinnliche Kräfte zugeschrieben wurden. Sie lebten abgeschottet von ihren Mitmenschen und heirateten ausschließlich untereinander. Außerdem bildeten Sklaven einen erheblichen Bevölkerungsanteil. Verkauft werden konnten nur solche, die von anderswo gekauft worden waren. Viele hatten eine unangefochtene Stellung als dienende Mitglieder im Haushalt ihrer Herrschaft inne. Einige waren Leibeigene des Königs, die sehr hoch aufsteigen konnten, wenn sie zu Kriegern oder für die Verwaltung taugten.

Arabische und nomadische Händler aus der Wüste kauften ebenso wie die Europäer an der Küste Sklaven aus Senegambia, doch das Angebot war veränderlich. Nur in Zeiten gewaltsamer innerer Konflikte am Ende des 16. Jahrhunderts lieferte diese Region einen größeren Anteil Sklaven über den Atlantik. Um 1680 machte der Sklavenhandel in dieser Gegend wenig mehr als die Hälfte des Gesamtvolumens europäischer Exporte aus. Ansonsten wurde den Europäern und nordafrikanischen Muslime eine Vielzahl unterschiedlicher Güter des regionalen kommerziellen Handwerks geliefert. Eisenschmelze und -verarbeitung waren sehr verbreitet, und ihre besten Produkte wiesen ausgezeichnete Qualität auf. Man baute Baumwolle an und stellte daraus Textilien für den Eigengebrauch und den regionalen Handel her. In den überregionalen Austausch gelangten Produkte, die auch die Fremden interessierten, wie der erwähnte Kautschuk, Lederhäute, Bienenwachs, Elfenbein und Gold. Gold wurde in geringen Mengen gewonnen, indem Gräben ausgehoben und Unmengen Erde und Kies durchsiebt wurden. Dieser Arbeit widmeten sich Bauern in den Zeiten, in denen die Landwirtschaft ruhte, und sie verhieß ein bescheidenes Zusatzeinkommen, das vermutlich kaum für die Ernährung der dafür benötigten Arbeiter reichte.

Doch jedes noch so karge Goldvorkommen war geeignet, den kollektiven Wahn der Europäer anzufachen. In ihren Forts an den Flussmündungen schmachtend, wo sechs von zehn Neuankömmlingen das erste Jahr nicht überlebten, ersannen sie ein Projekt nach dem anderen, die gewaltigen Ströme aufwärts zu rudern, das Gebiet für den direkten Sklavenhandel und andere Exporte zu öffnen und selbst die spärlichsten Goldadern auszubeuten.

Im Juli 1688 kam ein Sieur de Chambonneau nach Paris und suchte die Société Royale du Sénégal auf. Das war eine der französischen Gesellschaften, die sich weitgehend erfolglos bemühten, den französischen Handel an der Küste Afrikas auszudehnen und zu monopolisieren. Den Direktoren berichtete er von seinen zwei großen Expeditionen auf dem Senegal in den Jahren 1686 und 1687. Seine Männer waren 1687 auf zwei schmalen Barken bis zu den Wasserfällen von Felu vorgedrungen, dem wichtigsten Knotenpunkt des Senegal, über 500 Kilometer von der Mündung entfernt. Der Stammeshäuptling dort hatte ihn gastfreundlich empfangen und erklärt, sie befänden sich nicht weit von Timbuktu, dem bedeutenden Handelsplatz Innerafrikas, und vom Oberlauf eines Flussarms des Gambia. Die französischen Kundschafter hatten außerdem gehofft, der Senegal sei auch oberhalb der Felu-Wasserfälle schiffbar, was aber nicht zutraf. Der Häuptling hatte ihnen Gold innerhalb von acht Tagen versprochen, doch konnten sie nur einen Tag bleiben, denn »auf der Barke waren alle erkrankt, weil sie nur Hirse zu essen bekamen und wegen der starken Hitze und der unaufhörlichen Regenfälle im Juni, Juli und August«.

Was Chambonneau in seinem Vortrag von 1688 unter diesen Umständen vorschlug, war eine Radikallösung. Frankreich müsse 1200 Männer und Frauen entsenden, darunter 400 Soldaten, die eines der reichen Länder am unteren Senegalufer in Besitz nehmen und eine regelrechte europäische Ansiedlung hochziehen sollten. Die Eingeborenen würden zwar ein paar Monate lang Widerstand leisten, sich dann aber in ihr Los fügen, zumal ihre Gesellschaftsordnung keinen privaten Grundbesitz kannte und es ohnehin unbebautes Land gebe, so weit das Auge reiche. Die Kolonisten könnten die eigene Scholle mit nur wenigen oder gar keinen Sklaven kultivieren. Sie sollten Weizen anbauen, um alle Franzosen in der Umgebung mit Brot zu versorgen (Hirsebrei galt als ungesund), ferner Tabak, der bereits in hervorragender Qualität geerntet wurde, sowie Zucker, Indigo, Baumwolle und sogar Seide gewinnen. Mit der Société Royale würden die Siedler nicht um Sklaven und andere Exportgüter konkurrieren, sondern vielmehr die Faktorei mit Lebensmitteln und neuen Exportgütern wie Tabak und anderen Anbauprodukten beliefern.

Chambonneau hatte sich weitgehend an den gescheiterten europäischen Ansiedlungen in Westindien orientiert. Wohlweislich verschwieg er die handfesten klimatischen und gesundheitlichen Risiken und die ortsansässigen Stämme, die sich gegen Eindringlinge durchaus zu wehren wussten. Sein Projekt erscheint in dieser Hinsicht vollkommen illusorisch, und es ist zweifelhaft, ob es je ernstlich in Betracht gezogen wurde.

An ihren Stützpunkten am Gambia verfolgten die Engländer argwöhnisch die von Franzosen auf dem Senegal unternommenen Erkundungsfahrten. Auch sie taten ihr Bestes, die kommerziellen Chancen stromaufwärts zu sondieren – allerdings, soweit bekannt, ohne Fieberfantasien von Baumwolle spinnenden oder Seidenraupen züchtenden weißen Hausfrauen an den Wasserstraßen des Schwarzen Kontinents.

Der Bericht eines Cornelius Hodges von seinen Entdeckungsreisen auf dem Gambia 1689 und 1690 macht abermals deutlich, welche Hemmnisse einer europäischen Kolonisierung entgegenstanden und wie unsicher die Handelswege am Oberlauf waren. Bei Niedrigwasser ließ sich der Fluss kaum befahren, doch hatte einmal der Regen eingesetzt, wurde die Strömung unbezwinglich »wie ein Stauwehr«. Den Engländern blieb nichts anderes übrig, als sich mit den reißenden Fluten zurücktreiben zu lassen. An mehreren Stellen des Ufers schienen Einwohner ansehnliche Elfenbeinvorräte zu sammeln und waren bereit, sie zu verkaufen. In einer Gegend setzte 1683 ein Goldrausch ein, als eine alte Frau an den Wurzeln eines Knollengewächses Goldstaub entdeckte. Doch in den letzten Jahren hatten Trockenheit und Hungersnöte die Ausbeute versiegen lassen. Überdies nahm Hodges, der über den Senegal hinaus und in die Randgebiete der Wüste vordrang, Notiz von Überfällen der Marokkaner in der näheren Umgebung.

Im 18. Jahrhundert expandierte der europäische Handel in der Senegal- und Gambiaregion, vor allem der mit Sklaven (obwohl er hier nach wie vor nur einen Bruchteil der gewaltigen Völkerverschiebung von Afrika über den Atlantik ausmachte). Auch die Raubzüge der Marokkaner und die Verbindungen über die Sahara hinweg sind für Senegambia bezeichnend. Dem Niedergang des transatlantischen Sklavenexports im 19. Jahrhundert folgte ein gewaltiger Aufschwung des Handels mit Kautschuk. Schließlich drangen die Franzosen mit imperialistischer Gewalt ein, doch zur Ansiedlung französischer Bauern, wie Sieur de Chambonneau sie ins Auge gefasst hatte, ist es nie gekommen.

In den Jahrhunderten vor 1688 führte die wichtigste Handelsroute Westafrikas nordwärts aus dem Urwaldgürtel hinaus und über die Savanne bis zu den Rastplätzen der Karawanen jenseits der Sahara. Solche Rastplätze lagen meist an wichtigen imperialen Bauwerken oder ganz in deren Nähe. Um 1800 hatte sich der Handelsverkehr endgültig an die Küste verlagert, und die wichtigsten Staaten bildenden Regionen waren solche wie Dahomey, das zwar nicht am Meer lag, aber die Küstenregion beherrschte.

Da wir nur über europäische Quellen verfügen und über Anlegeplätze und Seehandel besser informiert sind als über jeden anderen Aspekt afrikanischer Geschichte, halten wir die Internationalisierung des Seehandels für die Hauptursache dieser Entwicklung. Doch so wesentlich dieser Faktor sein mag, auch im Landesinneren vollzog sich ein tief greifender Wandel.

Erst gegen Ende des 18. Jahrhunderts gelangten die Europäer über die Wasserfälle von Felu hinaus. Doch kannten viele Afrikaner die über Seitenarme des Senegal verlaufende Ostroute; sie führte auf dem Landweg weiter bis zum Oberlauf des gewaltigen Flusses, den die Europäer Niger nennen. Eine ausgedehnte Fahrt auf dem Niger, fast so weit wie von der Mündung des Senegal bis zu den Wasserfällen von Felu, bringt den Reisenden nach Timbuktu, dessen Name bei uns sprichwörtlich für unerreichbar-exotische Ferne geworden ist. Aus der Perspektive der Eingeborenen war Timbuktu ein wichtiger Umschlagplatz und ein Zentrum afrikanischer Kultur. Dreihundertzwanzig Kilometer flussabwärts liegt noch ein weiterer derartiger Knotenpunkt namens Gao. Von dort waren es immer noch 2000 Kilometer bis zu den Dschungeln und Mangrovensümpfen, wo sich der Niger in den Atlantik ergießt.

1688 boten Timbuktu und Gao nur noch einen matten Abglanz ihrer einstigen Blüte. Jahrhundertelang waren Handel und politische Macht an den Ufern des Niger konzentriert gewesen, wo die Fernstraße begann, die sich bis zur Sahara und zur Mittelmeerküste erstreckte. Auf diesen Handelswegen war der Islam eingedrungen und hatte tiefe Wurzeln geschlagen. Timbuktu prunkte mit zahlreichen Moscheen und Islamschulen, an denen gelehrte Männer in arabischer Sprache Werke über die Geschichte Afrikas und über islamische Theologie verfassten. Dass nach 1500 die Beziehungen über die Sahara hinaus abbrachen und ein wirtschaftlicher Niedergang einsetzte, hat viele Gründe. Das Osmanische Reich drang an die Südküste des Mittelmeers vor und brachte den Sahara-Handel fürs Erste ins Stocken. Die Portugiesen machten sich an die langwierige, gewissenlose, zerstörerische und unsinnige Eroberung Marokkos. Solche Störmanöver motivierten 1591 marokkanische Truppen, die Wüste zu durchqueren, Timbuktu dem Erdboden gleichzumachen und jahrzehntelang die Ufer des Niger mehr oder minder zu besetzen.

Nomaden drangen von der Wüste her ein; 1688 kontrollierten sie Gao und bedrohten Timbuktu. Ein Stamm verschaffte sich von Timbuktu aus flussaufwärts eine weit ausgreifende Machtstellung, die allerdings nach dem Tod seines fähigsten Herrschers im Jahr 1680 in sich zusammenfiel. Schlimmer noch, an der Grenze von Senegambia kam es, wie schon erwähnt, wiederholt zu marokkanischen Beutezügen. Die umfassende Wende in Handel und Staatenbildung am Urwaldgürtel setzte 1688 gerade erst ein, doch am Niger erlebten Timbuktu und andere ehemals stolze Handelsmetropolen, unbemerkt von den Europäern, einen allmählichen Niedergang, den der Aufstieg der Küstenregionen noch beschleunigen und unabwendbar machen sollte.

3. SKLAVEN, GRENZEN, WEGBEREITER

Zwei junge Franzosen namens Jean l'Archevêque und Jacques Groslet verbrachten einen Großteil des Jahres 1688 unter Caddo-Indianern in der Gegend des heutigen Texas. Irgendwann gegen Jahresende nahmen sie ein kostbares Überbleibsel aus ihrer Heimat, ein Pergament mit der Zeichnung eines Segelschiffs, schrieben zwei Botschaften darauf und banden die Rolle mit einem feingliedrigen Halskettchen zu. So wurde ein Fetisch ihrer europäischen Herkunft daraus, den jeder Landsmann auf der Stelle erkennen würde und den sie einem befreundeten Indianer mit auf den Weg gaben. Einer der Texte lässt sich zur Gänze entziffern:

»Monsieur,

ich weiß nicht, was für Menschen Sie sind. Wir sind Franzosen. Wir leben bei den Wilden. Viel lieber wären wir wieder unter Christenmenschen, wie wir selbst es sind. Wir wissen, dass Sie Spanier sind. Wir wissen nicht, ob Sie uns angreifen werden. Dass wir in Gesellschaft von Bestien sind, die weder an Gott noch an sonst etwas glauben, ist unsere größte Pein. Messieurs, wenn Sie bereit wären, uns aufzunehmen, brauchen Sie es uns nur schriftlich mitzuteilen. Da wir hier wenig oder nichts zu tun haben, würden wir uns unverzüglich zu Ihnen aufmachen, wenn wir von Ihnen hören.

Monsieur, ich bleibe Ihr ergebenster und gehorsamster Diener,

Jean l'Archevêque aus Bayonne.«

Von den Kritzeleien des Jacques Groslet auf demselben

Pergament ist längst nicht so viel zu entziffern. Er schreibt, sie seien junge Leute und hätten das Pergament jemandem anvertraut, der es den Spaniern bringen soll.

Als die beiden Männer schließlich im Mai 1689 auf ein spanisches Kommando stießen, war ihre Haut bemalt wie die der Indianer, und sie trugen nichts als Tierhäute auf dem Leib. Rund zwei Jahre hatten sie, von der Welt abgeschnitten, bei den Ureinwohnern von Texas gelebt. Die Spanier brachten sie nach Mexiko-Stadt, und von dort gelangten sie noch vor Jahresende bis nach Spanien.

Die beiden gehörten zu den letzten Überlebenden der Bemühungen Robert Caveliers, Sieur de La Salle, die französische Einflusssphäre von der Mitte Nordamerikas nach Süden auszudehnen und einen Vorposten am Golf von Mexiko zu errichten. La Salle hatte ein Gespür für geopolitische Strategien und kommerzielle Gewinnchancen, das allen Pionieren eigen ist. Er erkannte, dass die Franzosen in der Lage waren, ausgehend von ihren Stützpunkten am Sankt-Lorenz-Strom, in der Mitte Nordamerikas ein ganzes Kolonialreich zu errichten, bevor Spanien oder England sie daran hindern konnten. Sie mussten nur ihre ersten Anfänge im Pelzhandel ausbauen, Frachtschiffe entsenden und ständige Vertretungen an den Großen Seen und an den Flussläufen des Mississippi einrichten. Aber La Salles Pläne gingen noch darüber hinaus. 1684 erhielt er die Erlaubnis des Königs, fast 300 Siedler in die Bucht von Matagorda zu führen, nicht weit vom Umland des heutigen Corpus Christi in Texas. Dabei hatte er vor allem die Silberminen Nordmexikos im Auge und hoffte, dieses Gebiet über den Fluss zu erreichen, den wir heute Rio Grande nennen. Mehrere kleine Expeditionen wurden entsandt, um den Fluss zu erkunden und mit den dort wohnenden Indianern Freundschaftsverträge zu schließen.

Doch La Salles Ortswahl für die erste Ansiedlung erwies sich als katastrophaler Fehler. Die Gegend lag in sumpfigen

Niederungen und konnte mit Müh und Not eine winzige Anzahl Indianer ernähren. Durch Mangelernährung und Epidemien wurde die kleine Kolonie rasch entvölkert. Die letzten
beiden Schiffe trieben steuerlos umher und zerschellten an
Sandbänken. Jetzt schien es unabdingbar, eine Route nach
Nordosten zu eröffnen und französische Siedler in den Tälern
des Mississippi um Hilfe zu bitten. Im Januar 1687 brach La
Salle als Anführer eines kleinen Expeditionstrupps nach
Nordosten auf. Die Flüsse trugen Hochwasser, die Ebenen
von Texas waren fast unpassierbar, die Männer meuterten,
und manche verließen die Fahne. Am 19. März wurde La
Salle schließlich von seinen eigenen Leuten erschossen. Jean
l'Archevêque gehörte offenbar zu den Meuterern, ist jedoch
nicht als Vollstrecker des Mordes anzusehen. Jacques Groslet
war bereits desertiert und wollte unter Indianern leben; erst
später schloss er sich wieder der französischen Expedition an.
Als sie im Mai nach Nordosten zum Mississippi aufbrach, beschlossen die beiden, sich auf eigene Faust durchzuschlagen.

Das Heimweh nach ihren christlichen Landsleuten war
schmerzlich genug, doch im Caddo-Stamm ging es den Männern wesentlich besser als womöglich unter den Karankawa
bei La Salles Küstenfort. Diese hatten die meisten Franzosen
umgebracht, die ihnen in die Hände gefallen waren, wenn sie
sich aus dem Elend davonstehlen wollten, um das angespülte
Strandgut zu durchstöbern. Die Caddo führten ein geordnetes Leben und arbeiteten intensiv beim Hausbau und in der
Landwirtschaft zusammen. Mit ihrer einträchtigen Verwaltung, Disziplin und dem Fehlen jeglicher Kriminalität in
ihren Siedlungen hätten sie den meisten Gemeinden Frankreichs im Jahr 1688 ein Vorbild sein können. Auf den fetten
Böden und im milden Klima von Osttexas bauten sie Mais,
Bohnen, Kürbisse, Beeren und Früchte an, trieben Fischfang
und Jagd auf Damwild und Bären. Fest steht, dass sie seltener
hungrig zu Bett gingen als wohl die meisten Bauern der fran-

zösischen Provinz. Sie erkannten an, dass es einen Gott im Himmel gibt, entzündeten ein ewiges kultisches Feuer in einem speziellen Tempelbezirk, nahmen in einer anrührenden Zeremonie Abschied von den Toten und folgten einem mit der Landwirtschaft verknüpften Jahreskalender. Sie stellten hübsche Korbwaren und Schilfmatten her, solide Lederkleidung und einige der schönsten Keramiken, die von Ureinwohnern Nordamerikas bekannt sind. Schon in den achtziger Jahren tauschten sie von französischen Siedlern Waren ein und kauften Pferde – Nachkommen der von Spaniern ins Land gebrachten Tiere – von befreundeten Stämmen in der westlichen Prärie. Auf ihre Bereitschaft, französische und spanische Besucher willkommen zu heißen, ohne nervös zu werden, war Verlass. Selbst die Missionare, die später kamen, um die Lebensweise der Caddo von Grund auf zu ändern, konnten ihnen den Respekt nicht versagen.

Mag sein, dass die jungen Franzosen den Anblick der feindlichen Skalps nicht ertragen konnten, die in ihrer Unterkunft hingen. Vielleicht hatten sie miterlebt, wie ein gefangener Krieger zu Tode gefoltert wurde. Oder sie konnten den Abscheu beim Anblick der detaillierten Hautbilder nicht überwinden, die sich die Caddo auf Schädel und Brust tätowieren ließen, was durchschnittliche Europäer als »Entstellung« auffassten. Die beiden Franzosen waren selbst im Gesicht und an den Armen tätowiert, als sie von Spaniern aufgegriffen wurden; vielleicht aber auch nur bemalt.

Dennoch konnten l'Archevêque und Groslet den Heimweg nicht antreten, weil Frankreich und Spanien von 1690 bis 1698 miteinander im Krieg lagen. Man brachte die beiden zunächst auf die Iberische Halbinsel, dann aber wieder nach Mexiko, und unter den hispanisierten Namen Archibeque und Gurule waren sie an der Reconquista des nördlichen Rio-Grande-Tals beteiligt, aus dem der Pueblo-Stamm die Spanier 1680 vertrieben hatte. Aus l'Archevêque-Archibeque wurde ein reicher Kaufmann, Dolmetscher und hoch geachteter Ratgeber für indianische Angelegenheiten in Santa Fe. 1720 begleitete er eine Strafexpedition hinaus zu den Hochebenen im Osten. Dort sollte ein Urteil gegen die Pawnee vollstreckt werden, die offenbar einen französischen Kundschafter getötet hatten. Heute kann man in Neumexiko und Südkalifornien zahlreiche Archibeques und Gurules antreffen, die stolz auf ihre nachweisbare Abstammung sind.

Im Jahr 1688 drangen die Kolonisten über die natürlichen Grenzen Amerikas vor zu den Buchten und Inseln am Atlantik, vom Rio de la Plata bis zum Sankt-Lorenz-Strom, zu Flüssen im Landesinneren und an manchen Stellen, wie in Potosí, weiter ins Binnenland. Manche lebten völlig isoliert und waren dem guten Willen der Eingeborenen ausgeliefert wie l'Archevêque und Groslet. Andere hatten Gebiete erobert und vollständig umgekrempelt wie die Spanier in Mexiko-Stadt und in Potosí. Nicht wenige fassten das europäische Vordringen als Beginn einer neuen Phase der Menschheitsgeschichte auf. Mitunter zerstörten die Europäer nur das Vorgefundene, ohne etwas Neues an seine Stelle zu setzen. Doch manche Siedler arbeiteten geduldig daran, sich das Land anzueignen, selbst im beengten Jamaika.

1688 lebten Major Francis Price, seine Frau und seine drei Kinder in einem stattlichen Holzhaus – drei Zimmer im Erdgeschoss, zwei im Obergeschoss, Küche, Waschküche, Vorratsraum und Stellplätze für Kutschen in der Remise – auf ihrem Grundstück Worthy Park im schönen Lluidas Vale von Zentraljamaika. Das Tal war umgeben von bewaldeten Höhen, das Klima frischer als an der Küste, mit guten Böden und reichlichem, aber nicht übermäßigem Regen. Europäern bot es attraktiven Lebensraum und die bei weitem vielversprechendsten Anbauflächen der ganzen Insel. Die ursprünglich bewaldete Gegend ernährte jetzt ansehnliche Rinderherden.

Wie der Arzt Dr. Hans Sloane notierte, der Jamaika im Jahr 1688 besuchte, war das Lluidas Vale berühmt für erstklassiges, preiswertes Kalbfleisch. Außerdem züchteten derartige Farmen im Hinterland Schweine, die geschlachtet, geräuchert und als »jerked pork« verkauft wurden; ferner Truthähne, die in Spanish Town auf den Markt kamen, der größten Küstenstadt im Westen des heutigen Kingston.

Major Price, der seinen militärischen Rang der Kolonialmacht verdankte, war zweimal Abgeordneter des Parlaments gewesen. Er und seine Mitpioniere besorgten 1688 die wenig aufregende Inselverwaltung auf Jamaika – zusammen mit einem königlichen Gesandten, dem Herzog von Albemarle, dem wir später noch einmal begegnen werden, und einem außergewöhnlichen Pionier, der von anderem Schlage war als die friedfertigen und schwer arbeitenden Grenzlandfarmer: Gouverneur Henry Morgan war im früheren Leben Seeräuber gewesen. Man hatte ihm ein Staatsamt und Befehlsgewalt gegeben, um sein beträchtliches kriegerisches und strategisches Talent für die Bekämpfung der Piraterie einzuspannen.

Piraterie wurde vor allem von Deserteuren und entflohenen Strafgefangenen betrieben, die abgesondert auf den Inseln lebten. Sie machten Jagd auf Hornvieh und Wildschweine, pökelten ihr Fleisch in großen Holzrahmen – so genannten *boucans* (daher der englische Begriff *buccaneer* für »Freibeuter«) – über Räucherfeuer, um es an Kolonien und Schiffsbesatzungen zu verkaufen. Als die Inselverwaltungen, besonders die Spanier auf Hispaniola, die *buccaneers* zu verdrängen suchten, verlegten sie sich aufs Plündern von Frachtschiffen und ganzen Städten. Engländer, Franzosen und Holländer bedienten sich ihrer von Zeit zu Zeit, um den Spaniern und anderen Widersachern das Leben schwer zu machen. Jahr um Jahr brachten Piraten die aus spanischen Häfen geraubten Schätze nach Port Royal in der Nähe des heutigen Kingston, um an der jamaikanischen Küste Sauf-, Sex- und

Prügelorgien zu feiern, die entsprechende Exzesse in den Häfen von Amsterdam und London weit in den Schatten stellten. Noch 1670 hatte Henry Morgan eine Freischar über den Isthmus von Panama geführt und Panama-Stadt geplündert. Seit damals bemühten sich europäische Gouverneure um eine friedlichere Entwicklung ihrer Inselkolonien. Sie wollten den Handel schützen, auch den mit spanischen Häfen, und sagten der Piraterie den Kampf an. Morgan selbst trug dazu bei, indem er gegen seine früheren Spießgesellen vorging. Er starb im August 1688. Doch der allmähliche Rückgang der Seeräuberei hielt an. 1692 gab es ein schweres Erdbeben, das Port Royal zum größten Teil in den Fluten des Weltmeers versenkte. Man brauchte kein puritanischer Prediger zu sein, um an den Zorn Gottes zu denken.

1688 gab es im jamaikanischen Hinterland noch andere Freistätten: die Ansiedlungen entlaufener Sklaven, auch Maroons genannt. Besonders zahlreich waren sie in den Kalksteinfelsen und Schluchten des Cockpit Country, wo einzelne bewaffnete Wachtposten die zwischen Felsklippen gelegenen, schmalen Zugänge sichern konnten. Dahinter bestellten oft Hunderte von Siedlern ihre Gärten und lebten friedlich und in Freiheit. Auch die Maroons stammten noch aus der Ära Francis Price. Als Sklaven der Spanier hatten sie mehr oder minder Bewegungsfreiheit genossen, um im Landesinneren das Vieh zu hüten. Einige betrieben kleine Farmen im Lluidas Vale, bevor sie von den Engländern vertrieben wurden und in die unwegsamen Bergregionen im Westen flüchteten. In den Jahren 1684 und 1686 wurden kleinere Unruhen registriert, 1690 ein gewaltsamer Sklavenaufstand. Dieser wurde zur Keimzelle einer größeren Ansiedlung, die Flüchtlinge aus dem wachsenden Sklavenheer der Zuckerplantagen aufnahm.

In der Karibik herrschte ein Dauerkonflikt zwischen Siedlern wie Francis Price und den Handelsgesellschaften, namentlich der Royal African Company, die ihre Sklaven nicht bloß an britische Siedler, sondern an den Meistbietenden verkaufen wollten, und das waren in aller Regel die Spanier. In dieser Epoche nahmen die Spanier zwar auf afrikanischer Seite keinen direkten Anteil am Menschenhandel, doch auf ihren Gütern endete rund ein Fünftel aller Afrikaner, die am Ende des 17. Jahrhunderts in die Neue Welt verschleppt wurden. Aus Angst, ihr katholischer Machtbereich werde durch Protestantismus befleckt, war spanischen Amerikasiedlern der Handel mit anderen europäischen Kolonisten untersagt. Die Spanier verschafften sich Sklaven, indem sie dem königlichen Verbot zum Trotz Schiffe unter fremder Flagge in ihre Häfen ließen oder die Märkte von Jamaika, Curaçao und so weiter besuchten und von einer legalen Vergünstigung namens *asiento* profitierten. Gegen einen Vorschuss auf Zölle und Abgaben, die an die spanische Krone geleistet werden mussten, erhielten spanische und ausländische Firmen ein Beinahe-Monopol auf die Belieferung spanisch-amerikanischer Häfen mit Sklaven. 1688 hatte diese Praxis zum barocken Schnörkel des Coymans-*asiento* geführt.

Der Stil des Barock lässt sich in vielen Facetten jener Epoche feststellen, nicht bloß in Literatur und Kunst, bei Sor Juana, Purcell und Vivaldi. Auch in Politik und Handel gibt es Beispiele für verzwickte Strukturen und zeremonielle Widersprüche, aus denen die dahinter verborgene Realität nur selten und dann sehr expressiv hervorbricht. Zu Beginn der achtziger Jahre hatte ein spanisches Handelshaus unter Vorsitz von Juan Porcio den *asiento* inne. Dass er tatsächlich viele seiner Sklaven von Holländern bezog, steht fest, und ebenso, dass die Einwohner von Cartagena und anderen Häfen des spanischen Festlands liebend gern mit holländischen oder britischen Kauffahrern handelten, ohne sich um das Verbot aus Madrid zu scheren. Porcio kam 1684 in finanzielle Schwierigkeiten und konnte seine Zahlungen an die Krone nicht leisten; er behauptete, die Obrigkeit in Cartagena hindere ihn an der Wahrnehmung seiner Interessen.

Im Jahr 1685 nahmen die Behörden in Madrid Verhandlungen mit Balthasar Coymans auf, einem Niederländer, der in Cádiz wohnte, wo er offenkundig die Geschäfte des führenden Handelskontors von Johan Coymans in Amsterdam besorgte. Nicht ganz so offenkundig konkurrierten die Coymans mit der Westindischen Compagnie und den Interessen ihres Sklavenhandel-Imperiums in Curaçao. Bald wurde ein Vertrag geschlossen, wonach Balthasar Coymans den *asiento* fortführen sollte, der ursprünglich Porcio bewilligt worden war. Zugleich musste er umgehend den Kaufpreis für mehrere Fregatten entrichten, die in Holland für die spanische Flotte gebaut wurden, und einen Vorschuss auf die Zölle leisten, die er für die nach Spanisch-Amerika exportierten Güter schuldig war.

Porcio hätte sich natürlich gewünscht, dass der spanische Hof, statt ihm den *asiento* wegzunehmen, seine Konzession verlängerte und Finanzhilfen gewährte. Jetzt suchte er Verbündete im Kampf gegen die Neuvergabe. Er fand sie vor allem im kirchlichen Lager, wo man fürchtete, Ketzer unter den Kauffahrern könnten die katholische Kirchenfrömmigkeit in den Häfen Spanisch-Amerikas mindern, besonders unter Bekehrten, die noch nicht ausreichend im Glauben gefestigt waren. Die Debatte zog sich hin, mit all der Komplexität und Gemächlichkeit, für die der spanische Hof berüchtigt war. Dem geistig erstarrten, bigotten Carlos II. erschienen die Einwände der Kleriker durchaus bedenkenswert. Ende 1686 ernannte er einen Sonderausschuss, der sich des Problems annehmen sollte.

Doch 1687 griffen die Regierung der Niederlande und die Westindische Compagnie ein und betonten, der Vertrag mit den Erben von Balthasar Coymans – er selbst war 1686 verstorben – sei für den König bindend und dürfe nicht von einem Ausschuss mit zweifelhafter Befugnis angefochten werden.

Im Juni 1688 machte der Ausschuss eine Anerkennung seiner Befugnis durch die Niederlande zur Bedingung dafür, das Verfahren fortzusetzen. Unterdessen lieferten die Holländer unverdrossen Güter und Sklaven nach Curaçao, um sie mit oder ohne *asiento* in spanischen Häfen feilzubieten. 1688 standen rund 5000 Sklaven in Curaçao zum Verkauf. Die spanischen Kolonialbehörden gaben klein bei und duldeten den Handel. 1689 zog der Hof in Madrid den *asiento* für die Firma Coymans zurück und sprach den Vertrag wieder Porcio zu.

Die Coymans-Familie legte Widerspruch ein, Madrid bildete neue Ausschüsse, um den Fall zu klären, doch die Einwände der Firma wurden ignoriert, und die Spanier haben die ersten Zahlungen Balthasar Coymans' aus dem Jahr 1685 anscheinend nie erstattet. Doch blieben die Spanier in Amerika abhängig vom Nachschub an Sklaven und Gütern, für den die Niederländer sorgten, und vom wachsenden Handelsverkehr, den Engländer und Franzosen gewährleisteten.

Was die barocke Struktur des *asiento* bemäntelte, war die Tatsache, dass mit ihm die Deportation verängstigter, bemitleidenswerter Afrikaner, ihr Verkauf zu Zehntausenden und ihre lebenslange Zwangsarbeit in Nord- und Südamerika legitimiert, kommerzialisiert und quantifiziert wurde. Neuere Geschichtsbücher über den Sklavenhandel enthalten oft Karten, auf denen schwarze Pfeile unterschiedlicher Stärke von diversen afrikanischen Häfen aus mitten im Atlantik zusammenlaufen und von dort zu den einzelnen Zielhäfen führen, die von der Karibik bis zum Rio de la Plata reichen. Angolaner blieben vorwiegend im portugiesischen Machtbereich und wurden auf den Märkten Brasiliens verkauft. Die Sklaven aus den zahlreichen Küstendörfern und Königreichen zwischen Senegal und Niger wurden gewöhnlich durch Westindien geschleust und blieben entweder dort oder kamen in spanischen Festlandhäfen zur Auktion.

Das schwarze Frachtschiff schaukelte draußen vor der Brandung, manchmal kaum sichtbar in der schwülen, dunstigen Luft. Am Strand wurden die Sklaven an Europäer verkauft, gebrandmarkt und später auf Ruderkähnen zu den Schiffen hinausgebracht. War der Frachter voll geladen und waren die Segel gehisst, dann hatten viele der Gefangenen bereits mehrere Wochen an Bord hinter sich, wo sie nachts unter Deck in Ketten lagen. Tagsüber holte man sie zum Essenfassen an Deck und zwang sie regelmäßig zum Tanzen oder zu anderen Leibesübungen. Viele von ihnen waren überzeugt, die Weißen würden sie schlachten, wenn sie zum anderen Ende des großen Wassers kamen. Manche warteten nur auf eine Gelegenheit, die Bewacher zu überwältigen und an Land zu entkommen, bevor es zu spät war. Andere verweigerten die Nahrungsaufnahme, weil sie glaubten, ihre Seelen würden, wenn sie hungers stürben, an die Gestade Afrikas zurückkehren.

Die Verzweiflung steigerte sich zur Qual, sobald die Segel gesetzt wurden und das Ufer den Blicken entschwand. Matrosen standen am Bug und achtern mit brennenden Zündschnüren bereit und konnten mit kleinen Kanonen in die Menge feuern, falls es zu Tumulten kam. Mit etwas Glück segelte das Schiff unter günstigem Wind rasch davon. Wenn sie Pech hatten oder die Jahreszeit schon fortgeschritten war, gab es wochenlange Flauten, bevor sie die Küstengestade verließen. Natürlich war der Kapitän bestrebt, das menschliche Frachtgut lebend über den Atlantik zu bringen. Jeder Sklave, der den hungrigen Haifischen vorgeworfen wurde, war ein Verlustposten auf seinem Lieferschein. Die besten Kapitäne sorgten vor allem für ausreichende Ernährung der Sklaven – vorwiegend Maismehlbrei, mit Pfeffer gewürzt, von dem man hoffte, dass er Darmkrankheiten lindert oder ihnen vorbeugt. Auf einem straff geführten Sklavenschiff vermied man Überfüllung, reinigte die Laderäume regelmäßig mit Essig und heißem Wasser und hielt die Routine der Gymnastik ein. Doch vieles hing von Unwägbarkeiten ab; nicht nur der widrigen Winde, sondern auch der Epidemien wegen, die allen Vorsichtsmaßnahmen zum Trotz immer wieder in Frachträumen ausbrachen und die Hälfte der Sklaven oder gar alle dahinrafften, in einigen Fällen die Besatzung gleich mit.

Weshalb der Handel mit Edelmetall im 17. Jahrhundert (wie auch noch im 20.!) eine so überragende Rolle spielte, ist für die wenigsten Historiker nachvollziehbar. Doch können sie im Gegensatz zu den Zeitgenossen die gewaltigen Veränderungen ermessen, die der afrikanische Menschenhandel auf beiden Seiten des Atlantiks bewirkte. Die moralische Verurteilung der Sklaverei war 1688 noch immer die große Ausnahme; ein Jahrhundert später wurde sie in Europa schon lebhaft diskutiert. (In einem späteren Kapitel lernen wir eines der frühesten Beispiele der Antisklaverei-Literatur kennen, den 1688 erschienenen Roman *Oroonoko*, und seine Autorin Aphra Behn.) Selten haben sich die damaligen Nutznießer über den Menschenraub geäußert und nie mit den üblichen apologetischen Ausflüchten derer, die einem moralisch und politisch zwielichtigen Broterwerb nachgehen. Nach vorherrschendem Eindruck überwogen vielmehr Unschlüssigkeit und Ambivalenz. Mal erklären die Sklavenhändler, es gebe gar keinen Unterschied zwischen Afrikanern und ihnen außer der Hautfarbe dieser »Elendsgestalten«, doch dann tragen sie Selbstmitleid zur Schau und nennen sich die »Sklaven« ihrer grauenvollen Geschäfte.

Bei aller Skepsis im Umgang mit dem Flickwerk der überlieferten Daten dürfen wir für 1688 annehmen, dass Engländer alles in allem 5000 Sklaven an den Küsten Afrikas erwarben. Der portugiesische Handel von Angola nach Brasilien war umfassender; mutmaßlich wurden 7000 eingeschifft, während die Westindische Compagnie mit ihren afrikanischen Niederlassungen und einem florierenden Sklavendepot in Curaçao weitere 3000 verfrachtete, Dänen, Preußen und

Franzosen zusammen noch einmal 2000, sodass sich die stattliche Gesamtzahl von 17 000 Sklaven ergibt. Die britische
Royal African Company verzeichnet für 1688 Transaktionen
in Gambia, an der Goldküste, in Whydah und bei Benin und
Calabar – alles Gegenden, wo sie befestigte Stützpunkte unterhielt oder gute Handelsplätze in Küstenorten unter afrikanischer Verwaltung. Doch *ein Drittel* der Investitionen der
Firma verschlangen die Transportkosten zur Windwardküste,
einem Landstrich, der ungefähr den heutigen Küsten von Li-
beria und Côte d'Ivoire entspricht.

An diesen Stränden gab es weder Stützpunkte noch europäische Ansiedlungen. Handelsschiffe ankerten in Ufernähe;
Afrikaner mit Sklaven oder anderen Gütern signalisierten
ihre Anwesenheit durch Rauchzeichen. Manche hielten diese
Geschäfte für zu schwerfällig und unsicher; attraktiv für
Händler und Firmen war, dass es hier keine Festpreise und
keine Einmischung regionaler Behörden gab. Bis 1690 machte
der Windwardküstenhandel einen Hauptteil des afrikanischen Handels mit europäischen Kauffahrern aus. Danach
bot die Windwardküste keinen ausreichenden Schutz mehr
für Europäer, vor allem, wenn sie sich untereinander bekrieg-
ten. Möglich ist auch, dass der Nachschub an Sklaven, den die
Expansion des 17. Jahrhunderts zunehmend erforderte, hinter
den Erwartungen zurückblieb. Doch für bestimmte Händler
war dieser Umschlagplatz auch jetzt noch wichtig. Da es an
Land keine ständigen Beobachter aus Europa gab, wissen wir
über den Ablauf der Geschäfte an der Windwardküste noch
weniger als über die anderen Vorgänge. Doch irgendwie muss
es gereicht haben, und die afrikanische Bereitschaft zum Verkauf der eigenen Landsleute war stark genug, dass 1688 in dieser Zone ohne Hafen und europäische Faktorei immerhin
nicht weniger als 1000 Sklaven an die Company und andere
britische Händler verkauft wurden.

Am Abend vor Pfingsten 1688 predigte Pater Antonio Vieira von der Gesellschaft Jesu in der Kapelle des Jesuitenkollegs von Bahia in Brasilien. Er begann mit dem doppelten Gleichnis von den Feuerzungen, die an diesem Schicksalstag über den Häuptern der zwölf Apostel erschienen waren, und von der Sprachwirrnis bei der Zerstörung des Turms zu Babel, als Gott die Menschen in vielen Zungen reden ließ: »Denn übergroß waren die Frevel in alter Zeit, die unser Herr strafte, und dennoch stehen wir heute am Vorabend jenes Freudentages, da sich Gerechtigkeit zur Gnade wandelte und Gottvater, der selbst einen Turm errichten wollte, die Buße aufhob und seine Werkzeuge von der Verdammnis erlöste ... Dieser Turm aber war die katholische Kirche ... Was waren die Werkzeuge, mit denen Gott den babylonischen Turm zerstörte und Rache nahm? Es waren die neuen und vielen Zungen, in die er die eine und universale Sprache Adams teilte und multiplizierte. Und deshalb fuhr der Heilige Geist auf die Apostel herab in Gestalt vieler einzelner Flammenzungen.«

Pater Vieiras Predigten waren Meisterwerke barocker Rhetorik. In dieser hier bedient er sich virtuos der Figur des Chiasmus, der kreuzweisen Umkehrung, indem er die Sprache anfangs als ein Werkzeug der göttlichen Vergeltung darstellt, das später die Kirche des Herrn und das Wirken des Heiligen Geistes beflügelte. Die biblische Geschichte von der Sprachverwirrung und die Sehnsucht nach einer verlorenen Ursprache des Paradieses beschäftigte die Europäer, je mehr sie von der reichen Vielfalt menschlicher Idiome jenseits des Weltmeers Notiz nahmen. Doch Pater Vieira hatte mehr im Sinn als eine kunstvolle Reminiszenz an das zentrale Ereignis im Wirken des Heiligen Geistes und der Kirche. Er sprach vor Jesuitenbrüdern jeder Altersstufe, darunter auch Novizen, und die Art, wie der Unterricht und die Sprachübungen im Kolleg der Jesuitenprovinz Brasilien betrieben wurden, war ihm nicht geheuer.

Vieira war ein eifernder Propagandist, der für eine grundlegende Reform der Missionspolitik eintrat. Mit seinen 80 Jahren hatte er gerade erst sein auf drei Jahre befristetes, nicht unbedeutendes Amt als Visitor der Jesuitenprovinz Brasilien angetreten. Er war in Bahia aufgewachsen und von daheim ausgerissen, um dem Jesuitenkolleg beizutreten, vor dem er jetzt predigte. Als Novize hatte er bei der Inlandmission gedient und die Tupi-Guarani-Sprache erlernt, die zur Verständigung mit den meisten brasilianischen Indiovölkern diente. Überall in der Welt fühlten sich Jesuiten ernsthaft verpflichtet, in den Sprachen derjenigen zu predigen, die sie erreichen wollten. Daher waren Jesuiten die ersten in Europa, die Sprachen wie Huronisch, Irokesisch, Chinesisch, Japanisch und südindisches Tamilisch beherrschten. In den brasilianischen Jesuitenkollegs und Missionsstationen bediente man sich in Vieiras Jugend der Tupi-Guarani-Sprache ebenso fließend wie des Lateinischen.

Vielleicht hatte man sein Predigertalent berücksichtigt, als er im Jahr 1641 in eine Delegation nach Portugal berufen wurde, um König João IV. eine Ergebenheitsadresse der brasilianischen Besitzungen zu überbringen. Soeben hatte sich der König von der spanischen Oberherrschaft losgesagt und eine unabhängige portugiesische Monarchie etabliert. João IV. galt allgemein als Freund und Gönner der Jesuiten, und Vieira erlangte eine einflussreiche Stelle bei Hof. Bei einem Besuch in Amsterdam trat er in einen langen, fruchtbaren Dialog mit Rabbi Menasseh ben Israel, der ein prophetisches Werk unter dem Titel *Die Hoffnung Israels* verfasst hatte. Dieser Gedankenaustausch, wiederkehrende apokalyptische Visionen vom bevorstehenden Triumph der portugiesischen Monarchie als Werkzeug Gottes und der Feuereifer, mit dem Vieira die Indios missioniert hatte, gingen in seinem rastlos kreativen Verstand ineinander über.

1653 kehrte Vieira nach Brasilien zurück und wurde Ober-

haupt der Jesuitenmission im Amazonasbecken. Für ihn und
seine Ordensbrüder war dies das schwierigste Grenzgebiet.
Jede Reise, die sie stromaufwärts auf dem riesigen Fluss unternahmen, kam einer Expedition auf einem neuen Neben-
fluss gleich und führte zur Entdeckung neuer Indiovölker,
fremd und erschreckend in ihrer Kriegsbemalung, Kleidung
oder Nichtbekleidung, manchmal bedrohlich mit ihren vergifteten, aus Blasrohren abgeschossenen Pfeilen, doch zumeist scheu und gutwillig, wenn man ihnen Freundlichkeit
und Geduld entgegenbrachte. Am Flusslauf, wo Händler kamen und gingen, fanden die Missionare immer jemanden,
der Tupi-Guarani sprach, doch um mehr als flüchtige Kontakte zu pflegen, mussten sie sich mit der immer größeren
babylonischen Sprachenvielfalt auseinander setzen, die
selbst den emsigsten Eifer und Lernfleiß erlahmen ließ. Viele
der Anfangsdialoge dürften sich auf begrenzte Themen beschränkt haben wie den Austausch von Begrüßungen und
Geschenken, die heilkundlichen Kenntnisse der Jesuiten und
den Versuch, sich etwas von den übernatürlichen Kräften
anzueignen, über die sie anscheinend verfügten. Doch die
Bekehrungen gingen schon in Vieiras ersten beiden Jahren in
die Zehntausende. Natürlich gab es Ärger zwischen portugiesischen Siedlern und den Jesuiten, die ihre Konvertiten
vor der Rekrutierung zur Zwangsarbeit oder der Vertreibung
aus den Grenzstädten schützen wollten. Vieira suchte zu
vermitteln und hoffte, die Siedler in seine Vision eines glorreichen christlichen Vielvölkerstaats am Amazonas einzubeziehen. Da es in dieser Gegend keine Druckerpresse gab und
die meisten Siedler ohnehin nicht lesen konnten, waren seine
Fähigkeiten als Prediger besonders gefragt. Eine Lösung des
Konflikts zeichnete sich nicht ab.
    1655 weilte Vieira wieder einmal in Portugal und anti-
chambrierte erfolgreich für gesetzliche Maßnahmen zum
Schutz konvertierter Indios und für die Ernennung eines

Gouverneurs, um sie durchzusetzen. In seinen Fastenpredig-
ten in Lissabon sprach er von der Sündhaftigkeit des alten Europa und vom Vorbild der Juden, die der Feuersäule zum
Exodus ins Gelobte Land gefolgt seien. Die Portugiesen hätten bei ihren Reisen rund um den Erdball neue gelobte Länder entdeckt, nun müssten sie nach dem Willen des Herrn in
sein Reich ziehen, besonders nach Brasilien, wo die Sünden
der Alten Welt getilgt würden und die Menschheitsgeschichte im universellen Siegeszug des Messias mündete.

Auch Vieira selbst kehrte an den Amazonas zurück. Eine
ausgedehnte Reise ins Gebirge von Ibiapaba führte 1659 zu
zahlreichen Bekehrungen. Seine Endzeit-Prophetie für das
Amazonasgebiet legte er in einem Buch unter dem Titel *Die
Hoffnungen Portugals* nieder, das er größtenteils unterwegs im
Einbaum-Kanu schrieb. Seine Doppelstrategie – Aussöhnung
mit den Weißen, Schutz der Indios – setzte er, wenn auch erfolglos, fort. 1661 rebellierten die Siedler und vertrieben die
Jesuiten vom Amazonas.

Abermals brachte Vieira die jesuitische Sache in Lissabon
vor. Er predigte über die biblischen Propheten, insbesondere
die Vision eines fünften Reichs im Buch Daniel, und bezog
sie auf die Christenheit in der Neuen Welt. Nicht dass er die
Heilige Schrift auslegen wollte – vielmehr sei es, wie er aus-
führte, die Schrift, die ihn und seine Erfahrungen kommen-
tiere. Dass deren Prophezeiungen noch nicht erfüllt seien, sei
kein Gegenbeweis und bestätige ihre visionäre Wahrheit erst
recht. Eine mysteriöse Stelle im Buch Daniel, die entweder
als »Flügel des Tempels« oder »Schiffe mit Flügeln« übersetzt
wird, hielt er für die prophetische Vorwegnahme der Kriegs-
kanus von Amazonasindios mit ihren großen Trommeln am
Bug.

Der Tod Joãos IV. im Jahr 1656 hatte antijesuitischen Kräften neuen Auftrieb gegeben. Von 1663 bis 1668 wurde über
Vieira Hausarrest, später auch Gefängnishaft verhängt. Unter

dem Druck der Inquisition war er gezwungen, die extremsten seiner Prophezeiungen zu widerrufen. In der Haft festigte sich seine Überzeugung noch, dass seine Vision eintreffen würde. Den Urteilsspruch der Inquisitoren erkannte er nicht an, doch gehorchte er der königlichen Weisung und begab sich ins selbst gewählte Exil nach Rom. Dort fand er zahlreiche Anhänger, obwohl man ihm das Predigen untersagte. Erst 1681 gelangte er wieder nach Brasilien. Mittlerweile hatte er den Gedanken aufgegeben, die Weißen in seine christliche Utopie einzubeziehen, und wandte seinen Missionseifer verstärkt den Regionen fern jeder portugiesischen Siedlung zu. Das jesuitische Novizenhaus in São Luis de Maranhão verwandelte er in ein Seminar für Amazonasmissionare. So kam es, dass er als frisch ernannter Visitor 1688 mehreren Generationen jüngerer Ordensbrüder eine Strafpredigt wegen der Vernachlässigung amerikanisch-indianischer Sprachstudien hielt. Dabei ging er so weit, von ihnen zu verlangen, sich einige jener Sprachen anzueignen, die unter afrikanischen Sklaven der Küstenregion gebräuchlich waren.

Später im Jahr hielt Vieira eine Predigt zur Feier der Geburt eines Prinzen und Thronfolgers in Lissabon. (Er sollte zum Schicksalskind werden wie der im selben Jahr in London zur Welt Gekommene, mit dessen Geburt das Ende der Stuarts besiegelt war!) Dieses Ereignis ließ ihn erneut hoffen, dass die portugiesische Monarchie ihre globale Berufung erkennen und das verheißene Fünfte Reich gründen werde. Er konnte nicht ahnen, dass der Infant nur 18 Tage zu leben hatte. 1691 zog sich der greise Missionar vom öffentlichen Leben weitgehend zurück und starb 1697 im Alter von 89 Jahren.

In den folgenden Jahrzehnten konnten Jesuiten am Amazonas manche Erfolge bei der Bekehrung und beim Schutz der Konvertiten verbuchen. Dabei mussten sie sich immer wieder gegen blindwütigen Widerstand der Siedler wehren. In den fünfziger und sechziger Jahren des 18. Jahrhunderts

wurden sie ganz aus Spanien und Portugal vertrieben, und ihr
Orden wurde unterdrückt. Die Metamorphose der brasilianischen Grenzen fing bald nach 1688 an, als sich in den Häfen
herumsprach, man habe im Binnenland Gold entdeckt – in
einer Gegend, die bald Minas Gerais (»allgemeine Minen«)
hieß. Goldfieber brach gleich mehrmals aus, ebenso Diaman-
tenfieber, es kam zu bewaffneten Auseinandersetzungen zwischen *bandeirantes* und anderen Siedlern, und zu alledem
unternahm die Regierung verzweifelte Anstrengungen, die
Profite der brutalen Pioniergesellschaft zu besteuern. In Brasilien und Portugal begann eine Ära üppiger Kirchen- und Pa-
lastarchitektur. Ihre Fassaden konnten nicht völlig verbergen,
dass jene fernen Grenzregionen zu klein geworden waren für
einen Pater Vieira und seine grenzüberschreitenden Mensch-
heitsträume.

Die Lebensumstände, an die Pater Vieiras Träume anknüpf-
ten, waren im portugiesischen Weltreich Amerika mindestens
ebenso barbarisch und schäbig wie diejenigen in Westindien,
und zwar in weit größerem Maßstab. Die Stützpunkte der
Portugiesen lagen entlang der Atlantikküste im heutigen Brasilien. Wichtige Einkommensquellen der Kolonisten und ihrer Heimatregierung stellten seit etwa 1530 die Zuckerrohr-
plantagen im Nordosten dar. Diese waren 1688 bereits im
Niedergang begriffen, während die westindische Produktion
anschwoll. Zuckergewinnung in der Neuen Welt war untrennbar mit afrikanischer Sklavenarbeit verbunden. Weit im
Süden betrieben die Portugiesen eine kleine Kolonie in Sakra-
mento am Rio de la Plata. An der Hinterpforte von Spanisch-
Amerika diente sie vor allem als Schmuggelzentrale für Silber
aus den Minen von Potosí. Ein größeres Zentrum bei São
Paulo war die Pforte zu einem verwirrenden System von Flusstälern im Landesinneren, die unaufhörlich von den berühm-
testen Pionieren Brasiliens, den *bandeirantes*, ausgeplündert

wurden. Das Geschäft der *bandeirantes* bestand darin, Indios zu versklaven. Sie waren oft selbst indianischer Herkunft oder Mischlinge, bedienten sich untereinander der Indianersprachen, konnten vorzüglich reiten und kämpfen; ihre häufigen Streifzüge machten sie mit der Geografie des heutigen Brasilien vertraut. Gründeten spanische Jesuiten gemeinsam mit bekehrten Indios in Paraguay Kolonien, dann fanden die *bandeirantes* Überfälle auf solche Niederlassungen profitabler: Dort ließen sich auf einen Schlag viele Indios zusammentreiben, die schon gelernt hatten, die Feldfrüchte der Weißen zu ernten und deren Vieh zu hüten, statt recht und schlecht von der Jagd zu leben, wie seit alters her üblich. Um die Mitte und gegen Ende des 17. Jahrhunderts bestärkten portugiesische Behörden die *bandeirantes* darin, ihre guten Landeskenntnisse und ihr Geschick beim Überleben in der Wildnis für die Suche nach Gold und anderen Edelmetallen zu nutzen.

Außer argwöhnischen Eingeborenen, marodierenden *bandeirantes* und widerspenstigen Plantagenbesitzern siedelten an den Grenzen der portugiesischen Kolonie in Brasilien hier und da auch entlaufene Sklaven in ihren so genannten *quilombos*. Die bekannteste Siedlung dieser Art, das *quilombo* von Palmares, hatte 1688 vermutlich seit über einem Jahrhundert an ein und demselben Ort bestanden. In der von Palmen – portugiesisch *palmares* – dicht bewaldeten Gegend südwestlich von Recife lebten in solchen Siedlungen manchmal bis zu 20000 Einwohner, versorgten sich ausschließlich aus eigenem Anbau und sicherten ihr *quilombo* mit bis zu vier Kilometer breiten Palisaden und bewaffneten Posten nach allen Himmelsrichtungen ab. Die *quilombos* hatten eigene Schmieden oder holten sich Nachschub an Werkzeugen und Waffen aus den Küstenstädten. Immer wieder boten sie entlaufenen Sklaven Zuflucht, und manche Portugiesen zahlten – zum Ärger ihrer Nachbarn – den *quilombos* sogar Abgaben und trieben

Handel mit ihnen, um den friedlichen Besitz ihrer Grenz-
landfarmen abzusichern.

Seit Beginn des 17. Jahrhunderts unternahmen Bürger-
wehr-Armeen portugiesischer Siedler eine Strafexpedition
nach der anderen ins unwirtliche Hinterland, um diese und
andere *quilombos* zu zerstören. Zwölf solcher Expeditionen
fanden allein zwischen 1666 und 1687 statt. Normalerweise
leisteten die Palmares-Krieger einigen Widerstand, flohen in
den Urwald, wenn die Palisaden in Flammen aufgingen, nur
um wiederzukommen und ihre Dörfer wieder instand zu setzen, sobald sich die Angreifer zurückgezogen hatten. 1677
und 1678 verstärkten die Portugiesen ihre Offensiven unter
kompetenterer Führung, doch als es ihnen immer noch nicht
gelang, die Palmares vollends zu vernichten, offerierten sie
einen Friedensvertrag und relative Autonomie innerhalb des
Ordnungsgefüges der portugiesischen Kolonie. Die meisten
Anführer waren bereit, die Bedingungen zu akzeptieren,
doch eine militante Gruppe von Jüngeren, die ein gewisser
Zumbi kommandierte, hauste weiter im Urwald und führte
den Kampf fort, bis das Abkommen im Sand verlief. Zumbi,
von dem es heißt, er habe eine Portugiesin zur Frau genommen, tat sich in den folgenden Jahren als exzellenter Militärführer hervor. Bis heute ist die Aura ausweglosen Helden-
tums in der brasilianischen Folklore mit seinem Namen
verbunden.

In den achtziger Jahren des 17. Jahrhunderts beklagten die
portugiesischen Vorsteher der Hafenstädte immer wieder
räuberische Übergriffe von Palmares ins Hinterland. Um
dem Problem ein für allemal beizukommen, forderten sie
entschlossenes Vorgehen; die vorgesetzten Behörden sollten
reguläre Truppen entsenden. Doch in der gleichen Eingabe
beschwerten sie sich wortreich über die allgemeine Armut und das Unvermögen ihrer Gemeinden, auch nur ihren
fiskalischen Verpflichtungen nachzukommen. In den Jahren

1687/88 erlebte die Region größere Attacken der Indios und eine Gelbfieber-Epidemie. Doch schon 1687 standen die Städte und die *bandeirantes* kurz vor einem Abkommen, das erst 1691 geschlossen wurde. Demnach sollten *bandeirantes* ihre Streitmacht einsetzen. Falls es ihnen gelang, die *quilombos* aus Palmares zu vertreiben, erhielten sie zum Lohn ansehnlichen Landbesitz. Im ersten Feldzug von 1692 wurden die *bandeirantes* zurückgeschlagen, doch als sie 1694 wiederkamen, hatten offenbar beide Seiten begriffen, dass es ein Krieg auf Leben und Tod war. Nach 22-tägiger Belagerung fiel Palmares, und die verbliebenen Einwohner wurden getötet oder erneut versklavt.

Wir wissen heute, dass viele brasilianische Sklaven aus Angola stammten, meistens für den grausamen Transfer über Luanda verkauft, der das Königreich Kongo nachhaltig unterminierte. In diesem Handel gelang manchen Sklaven die Flucht, bevor sie nach Luanda kamen, und manchmal konnten sie sich unter der Führung von Kriegerhäuptlingen in entlegenen Bergdörfern vorläufig niederlassen. Auch sie wurden *quilombos* genannt. Mit dem Namen war auch das Phänomen aus Angola nach Brasilien eingewandert, auf einem der grauenvollen Elendsschiffe.

4. DAMPIER UND DIE ABORIGINES

Im Januar und Februar 1688 ankerten zwei kleine britische Piratenschiffe vor der Nordwestküste Australiens in einer Felsenbucht am Rand der Wüste. Sie warteten ab, bis die kritische Saison der Stürme und widrigen Winde in den nördlichen Tropen vorüber war. Während sie den Schiffsrumpf säuberten und die Segel flickten, fand William Dampier, der auf einem der Segler diente, ausreichend Zeit zur Beobachtung der Aborigines. Bei ihrer Ankunft wurden die Engländer von den Aborigines mit hölzernen Spießen bedroht. »Um sie zu erschrecken, ließ unser Kapitän sehr laut die Trommel schlagen, und kaum hörten sie das, als sie aufs Geschwindeste davonliefen, wobei sie mit ihrer kehligen Stimme ›Gurry, gurry!‹ riefen.«

Als sich die Aborigines an ihren Anblick gewöhnt hatten, beabsichtigten die Engländer, sie als Handlanger beim Schleppen von Wasserfässern in Dienst zu nehmen, und schenkten ihnen Kleider:

»Einem gaben wir ein Paar alte Hosen, dem anderen ein schlechtes Hemd, dem dritten einen Rock, der zwar nichts mehr taugte, aber doch an anderen Orten, wo wir gewesen waren, mit großer Freude würde angenommen werden, und genau so, vermeinten wir, würden es diese Leute auch annehmen. Wir zogen ihnen diese Lumpen auch selbst an in der Erwartung, sie durch diese Auszierung dahin zu bringen, dass sie rechtschaffen arbeiteten. Darauf also führten wir unsere neuen Knechte zum Brunnen, und weil wir das Wasser allbereits in längliche Gefäße eingefüllt hatten, deren jedes ungefähr sechs Töpfe fasste und zum Wassertragen recht gemacht war, so legten wir einem jeden ein solches Gefäß auf den Buckel und zeigten ihm, dass er es zum Kanu tragen sollte, allein, alle Zeichen, die wir nur machen konnten, halfen nicht. Sie blieben vielmehr unbeweglich wie die Stöcke stehen, bleckzähnten wie die Affen und sahen einander an, denn die armen Leute waren das Tragen von Lasten gar nicht gewohnt, und ich glaube, dass ein zehnjähriger Schiffsjunge von uns eine ebenso schwere Last getragen hätte wie sie. Also mussten wir unser Wasser selbst zu den Booten schleppen, sie aber zogen ihre Kleider wieder aus und taten sie weg, gleichsam als wären sie bloß um der Arbeit willen gemacht. Mir fiel auf, dass sie die Kleider schon anfangs nicht sonderlich geschätzt hatten und dass ihnen auch von den anderen Dingen, die wir an Bord des Schiffes hatten, nichts besonders gefallen hatte.«

Über die Lebensumstände der Küstenbewohner notierte Dampier:

»Die Bewohner dieser Gegenden sind wohl die allerelendesten Menschen auf der ganzen Welt. Die Hottentotten von Monomatapa mögen so bettelarm sein, wie sie wollen, so sind sie dennoch gegen die hiesigen Eingeborenen reiche Herren, denn sie haben doch Häuser, Kleider aus Fell, Schafe, Geflügel, Früchte, Straußeneier und dergleichen, was alles diese hier nicht haben, die sich – die menschliche Gestalt ausgenommen – vom dummen Vieh nur wenig unterscheiden. Sie haben einen großen, geraden und dünnen Leib mit langen, dünnen Gliedmaßen, einen großen Kopf mit runder Stirn und starken Augenbrauen. Die Augenlider halten sie stets halb geschlossen, damit die Fliegen nicht hineinkriechen, denn diese sind dort so unerträglich, dass man sie auch durch Wedeln nicht vom Gesichte fern halten kann; wenn man nicht beide Hände gebrauchte, würden die Fliegen in die Nasenlöcher kriechen, ja, wenn man die Lippen nicht schließen wollte, gar auch ins Maul. Daher kommt es nun, dass diese Leute, die von Jugend auf durch Ungeziefer geplagt sind, nicht wie andere Menschen die Augen offen haben, und daher auch können sie nicht anders in die Weite sehen, als indem sie den Kopf in die Höhe heben, so als wollten sie nach etwas gucken, das über ihnen schwebt.

Die Eingeborenen haben eine große Nase, dicke Lippen und einen weiten Mund. Ich weiß zwar nicht, ob sie die beiden vordersten Zähne am Oberkiefer mit Absicht ausreißen, aber gewiss ist, dass diese zwei Zähne allen Manns- und Weibspersonen, alt wie jung, fehlen. Bärte haben sie auch nicht, und ihr Gesicht ist sehr lang und hässlich anzusehen, sodass niemand an ihrem Anblick das geringste Gefallen finden kann. Ihre Haare sind schwarz, kurz und kraus wie das der Mohren, nicht aber lang und glatt, wie es die Indianer sonst insgemein zu haben pflegen. Im Übrigen sind ihr Gesicht und die anderen Teile ihres Leibes ganz schwarz wie bei den Mohren in Guinea. Sie tragen keine Kleider, sondern bloß mitten um den Leib einen Gurt von Baumrinden und an demselben eine Hand voll langes Gras oder drei bis vier Zweige mit Blättern, ihre Scham zu bedecken.

Sie wohnen auch nicht in Häusern, sondern schlafen in der freien Luft und haben kein anderes Unterbett als die Erde und keine andere Decke als den Himmel. Ob jeder seinem eigenen Weibe beiwohne oder alle miteinander, weiß ich nicht, sondern nur so viel, dass ihrer eine Anzahl von 20 oder 30 Personen beisammen zu sein pflegen, da denn Männer, Weiber und Kinder durcheinander laufen. Ihre einzige Nahrung besteht in einigen kleinen Fischlein, die sie in gewissen Behältnissen fangen, welche sie in den kleinen Meeresarmen aus quer übereinander gelegten Steinen bauen. Die Flut bringt jedes Mal etliche dieser Fischlein mit sich, welche dann nach abgelaufener See oder Ebbe in den genannten Behältnissen zurückbleiben müssen, worauf sie von den Indianern mit

Eifer zusammengesucht werden. Und wenn auch große Fische vorhanden wären, welche freilich nur selten zurückbleiben, wenn das Wasser abläuft, so könnten sie diese doch nicht fangen, weil sie keinerlei Werkzeug dazu haben. Mag es nun viel oder wenig sein, was die See in jenen Behältnissen zurücklässt, die Eingeborenen sammeln es und tragen es nach ihrem Wohnplatze, wo die Alten und die Kinder auf sie warten. Sobald sie angelangt sind, legen sie das, was ihnen die göttliche Fürsorge beschert hat, auf Kohlen, lassen es da ein wenig braten und essen alle miteinander davon. Zuweilen fangen sie so viel, dass alle im Überflusse davon erhalten können, zu mancher Zeit aber nur so wenig, dass jeder Einzelne kaum etwas zu kosten bekommt: Sei es nun viel oder wenig, so erhält doch jeder seinen Teil davon, die Alten und die Kinder, die nicht auf Fischfang gehen können, sowohl als die anderen. Wenn sie gegessen haben, legen sie sich schlafen, bis die Ebbe wieder kommt; dann ist wieder alles auf den Beinen, einerlei, ob es Tag oder Nacht, Regen oder Sonnenschein ist. Sie müssen sich um ihre Leibesnahrung kümmern oder eben Hunger leiden. Die Erde trägt, soweit wir gesehen haben, weder Kohl noch Hülsenfrüchte, noch Korn, noch sonst etwas, wovon sie sich ernähren könnten. So sind auch weder Vögel noch wilde Tiere da, die sie ja ohnedies nicht einmal fangen könnten, weil sie keinerlei Werkzeug dazu haben.

Ich habe auch niemals beobachtet, dass sie bestimmten Dingen göttliche Ehre antäten. Einige Waffen haben sie, um ihre Fischbehälter zu beschützen oder ihre Feinde anzugreifen, falls jemand kommen sollte, der sie bei ihrem armseligen Fischfange beunruhigen wollte. Als wir ausgestiegen waren, sie also an die gewohnten Stellen, wo sie die Fische zusammenlasen, nicht herankommen konnten, stellten sie sich, als wollten sie uns erschrecken. Einige hatten hölzerne Schwerter, andere dergleichen Spieße: Das Schwert war in Gestalt eines Säbels gemacht, an dem einen Ende spitzig und hernach, damit es desto härter werde, im Feuer noch etwas gebrannt. Weder Eisen noch Metalle habe ich dort gesehen ...

Endlich gingen wir nach den Inseln und trafen einen Haufen Einwohner darauf an; auf der einen mochten es wohl 40 Männer, Weiber und Kinder sein.«*

Auf einem nahe gelegenen Eiland stießen sie auf weitere Aborigines. Frauen und Kinder ergriffen teils mit großem Geheul die Flucht, als sich die Fremden ihrem Lagerplatz näherten, andere blieben reglos »bei dem Feuer und stellten sich so jämmerlich an, als wenn wir etwa gekommen wären, sie zu fressen. Aber als sie sahen, dass wir nicht willens waren, ihnen etwas Böses zu tun, besänftigten sie sich, und die Fortgelaufenen kamen auch bald wieder zurück«.

Die Aborigines schienen keine Wasserfahrzeuge zu kennen. Als die Engländer einige von ihnen zwischen den Inseln hin- und herschwimmen sahen, brachten sie vier von ihnen an Bord. »Wir gaben ihnen Reis und gekochtes Schildkröten- und Seekuhfleisch, welches alles sie gierig hinunterschlangen. Sie sahen aber weder das Schiff, noch was darauf war, ein einziges Mal an, und sobald wir sie wieder an Land ließen, flohen sie so geschwinde von dannen, als sie nur konnten.«

William Dampier war ein kluger Beobachter und amüsanter Erzähler. Obwohl er nur eine mäßige Ausbildung genossen hatte, fand er begeisterte Aufnahme in der literarischen Szene Londons, und die Royal Society machte ihn zum korrespondierenden Mitglied. Die entlegensten Winkel der Erde aufzusuchen wurde sein Steckenpferd. In den achtziger Jahren des 17. Jahrhunderts war die Ära der Entdecker und Seefahrer – Kolumbus, Magellan, Barents, Hudson – längst vorüber und die Zeit der wissenschaftlichen Erforschung (von Bougainville

---

* Aus William Dampier: *Freibeuter. 1683–1691. Das abenteuerliche Tagebuch eines Weltumseglers und Piraten.* Neu hg. u. bearbeitet v. Hans Walz. 2. Aufl., Tübingen, Basel: Horst Erdmann Verlag für internationalen Kulturaustausch 1977, S. 169–174.

über Cook und Humboldt bis in unsere Zeit hinein) noch in weiter Ferne. Piraten waren diejenigen, die noch am häufigsten in unerschlossene Gebiete des Ozeans vorstießen. Über seine Reisegefährten war Dampier alles andere als entzückt, doch in seinen Schriften verschwieg er ihre Untaten und ließ keinerlei Reue erkennen. Desto ausführlicher beschrieb er die Tier- und Pflanzenwelt und die Eingeborenen ferner exotischer Länder. Tag für Tag hielt er in seiner Chronik fest, wie oft sein wohlmeinender Rat ausgeschlagen wurde: bei Raufereien etwa, wenn es Streit unter der Mannschaft gab, der meist aus Überdruss oder ständiger Anspannung entstand, weil sich die Seeräuber nicht wie ein organisiertes Verbrechersyndikat, sondern eher wie eine Motorradgang aufführten.

Im Jahr 1688 war Dampier 36 Jahre alt. Seine erste Weltumsegelung, eine zwölfjährige Reihe von Misserfolgen und Schicksalsschlägen, näherte sich gerade ihrem Ende. An der Pazifikküste von Süd- und Mittelamerika hatte sich die Piraterie nicht gerade als einträgliches Geschäft erwiesen. Lange wartete er vergebens auf das große Los, die jährliche Silberlieferung von Manila nach Acapulco. Schließlich hatten er und der Kapitän die Nase voll vom Freibeuterdasein und wollten sich der christlichen Seefahrt und dem ehrlichen Handel zuwenden. Sie bewogen die Männer, den Pazifik zu überqueren, und schafften es mit ihren Vorräten gerade noch bis Guam. Später erzählten ihnen die Matrosen freimütig, sie hätten, falls die Lebensmittel vorher ausgegangen wären, zuerst den Kapitän geschlachtet, anschließend Dampier und dann all die anderen, die diesen Kurs vorgeschlagen hatten. Wenn sich Europäer exotischen und kriegerischen Völkern näherten, fürchteten sie nicht selten, im Kochtopf zu landen, ebenso wie jene Afrikaner, die auf Sklavenschiffe verladen wurden. Aus leidvoller Erfahrung hielt Dampier aber nicht die ängstlichen und schwachen Bardi für potenzielle Menschenfresser, sondern seine englischen Landsleute.

Zunächst bemühten sie sich redlich, bei Mindanao auf den Südphilippinen Handel zu treiben. Einen Zwischenhalt an der australischen Küste nutzten Dampier und ein paar Gefährten, um in einem kleinen Eingeborenenboot nach Aceh (Atschin) am Nordzipfel von Sumatra überzusetzen. Nach weiteren Irrfahrten durch asiatische Gewässer, einem Abstecher ins heutige Nordvietnam und einer kurzen Anstellung als Kanonier auf dem elenden britischen Vorposten bei Bengkulu an der Westküste von Sumatra kehrte Dampier 1691 endlich nach Hause zurück. In London schätzte man ihn als auskunftsfreudigen und zuverlässigen Informanten über die bislang unerforschten Regionen der Erde, aber auch als unvergleichlichen Geschichtenerzähler.

Im Jahr 1693 kam es gewissermaßen zu einem Gipfeltreffen der bedeutendsten Tagebuchschreiber der englischen Literaturgeschichte, als Dampier mit John Evelyn und Samuel Pepys zu Abend aß. Evelyns Haus, wo sie sich trafen, wurde einige Zeit später an Zar Peter den Großen und sein Gefolge vermietet, die wie die Vandalen dort hausten. Dampiers Buch kam 1697 heraus und hatte beachtlichen Erfolg. Man nimmt an, dass sein Bericht von den australischen Aborigines Jonathan Swift bei der Darstellung der Yahoos in *Gullivers Reisen* inspiriert hat.

1699 war Dampier schon wieder unterwegs; diesmal als Kapitän im Dienste seiner Majestät auf einer offiziellen und legalen Expedition. Doch dann kam es zu Konflikten der Schiffe und Mannschaften untereinander, und das Unternehmen endete mit seiner schmachvollen Heimkehr, weil sein Segler wegen Holzfäule bei Ascension Island im Südatlantik untergegangen war. Die ganze Besatzung musste auf der Insel ausharren, bis ein zufällig aufkreuzender Kapitän sie auflas und mitnahm. Noch mehrmals stach er in See und schrieb Bücher darüber. Doch nie mehr war Dampier so unbefangen und begeistert von allem Neuen, das ihm begegnete, wie auf seiner Jungfernfahrt.

Schon früh hatte Dampier begonnen, außereuropäische Völker zu erkunden, als er die Miskito-Indianer an der Küste Mittelamerikas kennen lernte: exzellente Fischer, die ihres Geschicks wegen oft von Freibeutern angeheuert wurden. Dampier interessierte sich weniger für Sprachen und Verwandtschaftsverhältnisse, die Zentralthemen der modernen Anthropologie, aber er beschrieb regelmäßig die Nahrung und wie sie beschafft wurde, die Kenntnisse im Schiffsbau und rituelle Feste, an denen er teilnahm. Dass dieser geübte Beobachter bei den Aborigines-Stämmen Australiens nicht viel mehr wahrnahm als ihre materielle Armut, kann kaum überraschen. Moderne Völkerkundler mussten allerhand Fantasie und Einfühlungsvermögen aufbringen, um dieses unnahbare Volk wenigstens ansatzweise zu verstehen.

Noch bis weit ins 20. Jahrhundert lebten die Bardi, wie Anthropologen festgestellt haben, auf der Dampier-Halbinsel und trieben Fischfang nach traditioneller Art mit Dammbauten. Sie sprechen eine wohltönende Sprache; um den Gebrauch und die Bedeutung eines Worts abzuwandeln, benutzen sie 22 unterschiedliche Vorsilben. In ihren kleinen, der Exogamie verpflichteten Clans bestimmt ein System komplizierter Regeln, wer in den benachbarten Clans heiratsfähig ist und wer nicht. Auf abgesondertem Gelände, das zu keinem anderen Zweck betreten wird, vollziehen sie hoch entwickelte Rituale, namentlich beim Übergang vom Jünglings- ins Mannesalter. Sie glauben an winzige, kindähnliche Geistergestalten, die als Seelenführer einiger auserwählter Kinder zur Welt kommen und an speziellen Orten leben, Reisende begleiten und sie vor Gefahren warnen. In Träumen geben sie sich zu erkennen. Alles Wesentliche erfahren die australischen Ureinwohner im Traum. Arm an Besitztümern und unfähig, andere Bauten zu entwerfen als ihre Dämme, brachten die Bardi elementare menschliche Anlagen zur Entwicklung: Sprache, Geschichten, Rituale, Verwandtschaftsbeziehungen und Träume. Heute leben sie in den Häusern einer nahe gelegenen Siedlung, wo ihre Stammestraditionen mehr und mehr verkümmern.

Dampiers Bericht vom Aufenthalt an dieser entlegenen Küste ist bei aller deutlich erkennbaren Ironie ebenso geprägt vom wiederholten Anekdotenerzählen wie vom Weglassen und Verdrängen. Er war ein umsichtiger Lotse und pedantischer Buchhalter der Gezeiten. Das dürfte die Entscheidung mit bestimmt haben, die Reparaturen am Schiff ungestört von Ebbe und Flut in einer isolierten Bucht vorzunehmen. Wie er festgestellt hatte, kannten sich auch die Ureinwohner mit den schwankenden Gezeitenströmen aus und kamen bei Ebbe an den Strand, um nach ihren Dämmen zu sehen. Er berichtet auch, wie einige von Insel zu Insel geschwommen sind. Doch nirgends ließ Dampier durchblicken, dass er begriffen hätte, wie viel Geschicklichkeit dies den Schwimmern abverlangte. In diesen Gewässern konnte nur überleben, wer bei Ebbe oder Flut auf träges Wasser wartete und genau verstand, mit der Strömung zu schwimmen.

Mit einiger Sicherheit dürfte das Schiff, auf dem Dampier reiste, das erste gewesen sein, das die Bardi zu Gesicht bekamen. Sie errichteten keine Bauten, kannten keine Fremden, trugen fast keine Kleider. Ob sie je imstande gewesen wären, sich einen gegenständlichen Begriff von den Holzplanken des Schiffs zu machen, von seinen Masten und geblähten Segeln, von den bleichgesichtigen, bekleideten Männern? Dampier berichtet in englischer Sprache, sie hätten beim Wegrennen »Gurry, gurry!« gerufen. Wie ein Gelehrter der Bardi-Sprache von heute meint, nannten sie die Fremden möglicherweise *ngaarri* – der von ihnen am meisten gefürchtete, heimtückischste und böswilligste aller Dämonen.

TEIL II

DIE WELT DER GROSSEN COMPAGNIE

Holländische Kauffahrer folgten im 17. Jahrhundert nahezu jeder europäischen Handelsstrecke – von den spanischen Routen an der Westküste von Nord- und Südamerika und über den Ozean nach Manila einmal abgesehen. Vom Kap der Guten Hoffnung bis nach Japan segelten fast alle niederländischen Schiffe unter der Flagge der VOC (Verenigde Oost-Indische Compagnie). Dabei handelte es sich um eine zentral gelenkte, bürokratisch straff aufgebaute Handelsorganisation, gegründet von der am wenigsten zentralisierten, dynamischsten und wendigsten Großmacht in Europa. Die Geschicke der Compagnie lagen im Mutterland weitgehend in den Händen von 16 ehrbaren Direktoren, den so genannten »Herren Zeventien« (unter den insgesamt 17 Stimmen gab es eine, die unter den 16 »Herren« rotierte).

In diesem Vorstandskollegium beanspruchten Amsterdam acht, die Provinz Zeeland vier und die übrigen, kleineren Handelsstädte fünf Stimmen. Normalerweise gab demnach Amsterdam den Ton an, nicht aber, wenn die übrigen Vertreter geschlossen opponierten. Auch der Schiffsbau und der Ankauf heimischer Güter für den Versand nach Übersee oblag den »Kammern« der Compagnie in Zeeland und diversen anderen Städten.

Doch in Wahrheit war Batavia (das heutige Djakarta) die Hauptstadt dieses konsequent hierarchisierten Imperiums. Generalgouverneur und Rat ernannten bei ihren regelmäßigen

Zusammenkünften in der Festung Batavia die bevollmächtigten Kommissionäre, die alle Reisewege und Faktoreien vom Kap der Guten Hoffnung bis nach Nagasaki kontrollierten. Der Zentrale hatten die weltweit operierenden Kommissionäre regelmäßig Bericht zu erstatten; sie erließ genaue Instruktionen, welche An- oder Verkäufe zu tätigen, welche Bündnisse zu schließen waren und wie das Verhältnis zu rivalisierenden Handelsgesellschaften und zur lokalen Obrigkeit zu gestalten war. Kein holländischer Siedler in Asien durfte es wagen, mit der Compagnie und ihrem weit verzweigten innerasiatischen Handel in Konkurrenz zu treten, geschweige denn beim Export von Waren ins Mutterland.

In einem Zeitalter, als Geburt und Rang eine wichtige Rolle in Europa und Asien spielten, bot die Compagnie jedem Talent gleich welcher Herkunft eine Chance. Männer, die anfangs als gemeine Soldaten anheuerten und mitunter hoch verschuldet die Niederlande verlassen mussten, konnten es zum Generalgouverneur, Ratsherrn oder Kommandanten in größeren Niederlassungen und Inselreichen bringen. In der Festung Batavia saßen junge Sekretäre, schwitzend über die von Außenposten und Expeditionen eingesandten Berichte gebeugt, und fertigten Vorlagen für die Konferenz der Herren Zeventien an.

Im 17. Jahrhundert wurden jährlich 15 bis 25 stattliche Foliobände derartiger Abschriften nach Hause entsandt. Im Allgemeinen Staatsarchiv der Niederlande in Den Haag blieben all diese Akten wohl verwahrt. Mir und einigen anderen Historikern, die auf sonderbarsten Umwegen an sie geraten sind, haben sie zu schönen Universitätskarrieren verholfen, und noch immer enthalten sie zahlreiche ungeborgene Schätze. Diese Quellen und das Interessenkartell, dessen Struktur sie dokumentieren, machen aus der mächtigen Compagnie eines der abwechslungsreichsten und übersichtlichsten Elemente der Welt von 1688.

5. AM KAP DER GUTEN HOFFNUNG

Die Erklärung des Kommandanten und Rates der Vereinigten Ostindischen Compagnie am Kap der Guten Hoffnung vom 14. Januar 1688 lautete wie folgt:

»In Erwägung, dass einige der freien Einwohner fahrlässig ihren Sklaven Zugang zu Feuerwaffen ihrer Herrschaft gewähren und jene dieselben für frevelhafte Streiche sammeln und verstecken, wodurch unserer Kolonie womöglich großer und nicht wieder gutzumachender Schaden zugefügt werden könnte, lässt der Ehrenwerte Kommandant nach reiflicher Überlegung der Angelegenheit folgenden Beschluss ergehen: Um rasch Vorkehrungen gegen diese höchst bedenkliche Gefahrenquelle und für die Bewahrung der allgemeinen Ordnung und des friedlichen Zusammenlebens der Einwohner zu treffen, wird hiermit durch öffentlichen Anschlag verfügt, dass alle freien Einwohner, die ihren Sklaven vorsätzlich befohlen haben, ihre Feuerwaffen zu nehmen, seien es Musketen, Flinten, Karabiner oder Pistolen, ob an der Wand hängend oder anderswo gelagert, selbst wenn deren Zündung verriegelt und an einem sicheren Ort verwahrt wird, zu einer Geldstrafe von 25 Reichstalern verurteilt werden, zahlbar der Klage führenden Person oder derjenigen, die einen Beamten von dieser schwerwiegenden Nachlässigkeit und Unbotmäßigkeit unterrichtet.«

Am 20. Januar erlaubte man den Soldaten der Garnison, zweimal wöchentlich auf die Jagd zu gehen, um die Schießkünste nicht zu verlernen; am 27. September wurde diese

Maßnahme ergänzt durch ein Regelwerk von 32 Paragrafen für den soldatischen Wettbewerb im Scheibenschießen stehend und zu Pferde.

Inzwischen hatten die Niederländer selbst erlebt, wovor ihnen bangte und wogegen sie sich wappnen wollten. Am 10. März 1688 hatte der Rat über einen Bericht debattiert, wonach eine zehnköpfige Sklavenbande, angeführt von einem freien Afrikaner und einem Entlaufenen, die beide von den Kapverdischen Inseln vor Westafrika stammten, bewaffnet die Flucht ins Landesinnere ergriffen hatte. Man fürchtete nächtliche Überfälle auf einsam gelegene Farmen, Raubmord und Brandschatzung. Um die drohende Ausbreitung einer Sklavenrevolte »im Keim zu ersticken«, wurde für die Ergreifung der lebenden Anführer eine Belohnung ausgeschrieben; die übrigen entlaufenen Sklaven sollten beim geringsten Anzeichen von Gegenwehr durch Kopfschuss getötet werden, wenn die Verfolger keine anderen Maßnahmen ergreifen wollten. Am 31. März hieß es, sechs der Sklaven seien bereits wieder eingefangen, und der befürchtete Aufstand blieb aus.

Die Sklaven, deren Revolte die Holländer fürchteten, waren keine Nachkommen der Ureinwohner der Kapregion, die von modernen Forschern Khoikhoi genannt werden. Die mutmaßlichen Rebellen waren weit größer und stärker gebaut als die Khoikhoi und durchweg gewohnt, mit Schießeisen umzugehen. Mehr als die Hälfte der Sklaven am Kap hatte man in Madagaskar gekauft, jenem siedenden Hexenkessel südostasiatischer und afrikanischer Völker mit seinen unaufhörlichen Kämpfen und Sklavenjagden. Der Sklave, welcher Herkunft auch immer, war ein unfreiwilliger Einwohner am Kap, das er nicht verlassen konnte, wie er wollte – schließlich war er oder sie gegenständliches Eigentum, eine Kapitalanlage, und musste Tag für Tag den Befehlen seines Herrn nachkommen.

Doch was wissen wir von denen, die vor Ankunft der Europäer das Kap bevölkerten? Sie waren keineswegs die Vorfahren der gegenwärtigen afrikanischstämmigen Mehrheit in
Südafrika, sondern ein kleinerer Menschenschlag mit hellerer
Haut, der in holländischen Berichten und in Dampiers Schriften »Hottentotten« genannt wird. »Khoikhoi« ist einer der
Namen, mit denen sie sich selbst bezeichneten. Sie waren aus
einer Jäger-und-Sammler-Kultur hervorgegangen und hatten
erst vor 100 Jahren angefangen, Rinder und Schafe zu hüten.
1688 gab es einen Khoikhoi-Häuptling, der zu den Weißen
besonders enge Beziehungen unterhielt und von diesen Klaas
genannt wurde. Er hatte sich mittlerweile schon 15 Jahre lang
bei zahlreichen Besuchen in der Kapfestung loyal gezeigt. Er
führte Rinder und Schafe von anderen Khoikhoi her, die er
den Kolonialherren verkaufte, brachte ihnen entlaufene Sklaven zurück, bot schiffbrüchigen Niederländern Hilfe an und
bekämpfte Khoikhoi, die sich mit der Compagnie nicht abfinden wollten. Im Gegenzug erhielt er die Anerkennung der
Compagnie als ihr Agent beim Ankauf von Herden, Geschenke in Form von Weinbrand und Tabak, einen holländischen Anzug, eine Perücke und sogar das wohl ultimative
Zeichen des Vertrauens in einen verbündeten Eingeborenen:
vier Gewehre.

Am 16. Februar 1688 erschien Klaas vor dem Rat der Kapfestung, um sich über Angriffe auf ihn und sein Volk durch
einen anderen Khoikhoi-Häuptling – den die Holländer Koopman (Kaufmann) nannten – zu beschweren. Mit Koopman
führte Klaas eine langwierige Fehde. Der Rat gab Klaas etwas
Schnaps, Tabak und weitere Geschenke und erklärte sich bereit, Koopman vorladen zu lassen. Man werde ihm »mit scharfen Drohungen« erklären, dass er Frieden halten, Klaas als
seinen Oberherrn respektieren und ihm das gestohlene Vieh
zurückgeben solle. Doch 1693 zog der Gouverneur es plötzlich vor, Koopman zu unterstützen, und ließ Klaas auf der

einsamen Robben Island internieren, knapp zehn Kilometer draußen vor der Atlantikküste. Später kam Klaas wieder frei, verbrachte sechs Jahre im Schnapsrausch und kam schließlich bei einem Zweikampf in Koopmans Lager ums Leben.

Klaas' Sturz ist nur ein winziger Ausschnitt aus der langen und insgesamt wesentlich tragischeren Geschichte seines Volkes, das in der Kapregion elend zugrunde ging. Khoikhoi-Stämme brachten es auf stattliche Rinder- und Schafherden, solange es ihnen gut ging. Doch in Zeiten der Trockenheit, des Krieges, schlechter Regierung und anderer Krisen verloren sie möglicherweise alles Vieh, wurden abhängige Sklaven anderer Khoikhoi oder teilten sich in kleinere Clans, die sich als Jäger und Sammler und mit Viehdiebstahl durchschlagen mussten. Das Wenige, was die Holländer von den Khoikhoi wussten, wurde in einer Weise überliefert, dass man die »Hottentotten« im Europa des 18. Jahrhunderts als Exempel zurückgebliebener, tierischer Wildheit vorführen konnte – auf dieses Bild hatte sich auch Dampier berufen, als er die australischen Aborigines beschrieb. Doch hatten die Holländer von ihnen nichts zu befürchten, hielten sie in Wahrheit für nützliche Handelspartner und dachten nicht daran, ihnen den Garaus zu machen. Und doch machte der Handel mit Europäern den Khoikhoi die Vieh- und Schafzucht abspenstig und entzog ihnen damit die Lebensgrundlage. Jetzt behalfen sich die Clans in der Not nicht mehr nur mit Jagen und Sammeln, sondern verließen den Stammesverband der Khoikhoi, um sich bei Weißen als Lohnarbeiter zu verdingen oder in Kapstadt der Prostitution und dem Betteln nachzugehen. Eine Blatternepidemie besiegelte im Jahr 1713 das Schicksal der unabhängigen Khoikhoi-Ethnie, die aus der Kapregion spurlos verschwand.

Die Buren werden auch der weiße Stamm Afrikas genannt. Für sie ist Südafrika das Land ihrer Väter. Nirgendwo sonst spricht man ihre Sprache. Ihre Kultur steht den Niederlanden kaum näher als der Lebensstil von Amerikanern nordeuropäischer Herkunft dem britischen Lebensstil. Ein wichtiger Grund dafür, der für die Buren ebenso gilt wie für die Amerikaner, ist die Tatsache, dass dieses neue Volk aus Europäern unterschiedlichster Nationen hervorging.

Bei den Buren gibt es alte französische Nachnamen: De Villiers, Joubert, Du Toit, Le Roux, Fouché, Malan, Marais. Viele dieser Familien lassen sich auf frühe hugenottische Siedler zurückführen, die der Verfolgung im Frankreich Ludwigs XIV. entronnen waren und erstmals 1688 das Kap der Guten Hoffnung erreichten. Es wäre nicht übertrieben, ihre Ankunft als Meilenstein in der Geschichte des Burenvolks zu bezeichnen. Mit ihnen gedenken wir zugleich der vielen Hugenotten, denen wir noch in diesem Buch begegnen werden und die allesamt 1688 im Exil lebten: Pierre Bayle und viele andere in Rotterdam, den Bankiers von Elihu Yale in London.

Der holländische Stützpunkt am Kap der Guten Hoffnung war 1652 von der Ostindischen Compagnie eingerichtet worden, nicht als Vorposten für die weitere Expansion nordwärts in den Schwarzen Kontinent, sondern als Rastplatz, wo die Schiffe der Compagnie auf ihrer langen Reise von den Niederlanden nach Indien und Indonesien vor Anker gingen und mit Frischwasser, Pökelfleisch und Lebensmitteln versorgt wurden. Was die Zwecke der Compagnie betraf, so hätte das Kap ebenso gut eine Insel sein können, solange sie ausreichend Platz bot, um für den Nachschub der Schiffe Rinder und Schafe zu züchten, Gemüse und Früchte anzubauen. Die Compagnie unterhielt eigene Herden und Felder, die von Sklaven beackert wurden, und förderte die Ansiedlung freier Bürger: Holländer, die nicht im Dienst der Compagnie standen, ihre eigenen Farmen betrieben und ihre Produkte der Compagnie für die Versorgung der Schiffe verkauften. Allerdings zahlte die Compagnie für die Ernten nur schäbige Preise, und viele betrieben lieber Wirtshäuser als Bauernhöfe.

Die meisten Niederländer, die ihrer blühenden Heimat den
Rücken kehrten, hatten sich entweder mehr Muße oder mehr
Abenteuer erhofft, als ihnen das Leben auf einer kleinen Rin-
derfarm gewährte. 1688 standen noch immer rund 300 Sklaven im Dienst der Compagnie, während 400 freie Bürger und
800 Sklaven die eigentliche Kolonie bildeten. Ihre Farmen
reichten gerade mal über die eng gesteckten Grenzen der
kleinen Halbinsel hinaus. Die Obrigkeit am Kap glaubte, in
diesem Klima Wein anbauen zu können, doch fanden sich
noch nicht genügend Siedler, die etwas vom Weinmachen,
von der Essigfertigung und von der Branntweinherstellung
verstanden.

Einige Experten auf diesem Gebiet waren bereits aus
Frankreich gekommen, als der Verwaltungsrat Ende 1687 allen
Hugenotten freie Überfahrt, so viel Land, wie sie selbst bewirt-
schaften konnten, sowie großzügige Darlehen für Vieh und
Werkzeuge versprach, wenn sie den Schwur auf die Vereinigten Niederlande leisten und ans Kap emigrieren wollten. Ein
hugenottischer Geistlicher wurde von der Compagnie angestellt, um ihnen den Gottesdienst zu lesen. Zwischen Dezember 1687 und Juli 1688 waren rund 180 bis 190 Hugenotten
dem Angebot gefolgt und hatten sich zum Kap eingeschifft.
Darunter befanden sich ein wohlhabender Kaufmann, ein
Hutfabrikant, ein Stellmacher, ein Weinhändler sowie rund
30 Frauen und 50 Kinder. Einige von ihnen mochten schon
zuvor zu Schiff gereist sein, im Mittelmeer oder an der europäischen Atlantikküste, doch niemand konnte vorhersehen,
was sie auf dieser Reise erwartete. In hölzernen Frachträumen
von höchstens 100 Metern Länge mussten sie zwei oder, wenn
es zum Schlimmsten kam, fünf bis sechs Monate verbringen.
Die meisten von ihnen waren in der Wintersaison aufgebrochen, hatten die drückenden Flauten und gefahrvollen tropischen Gewässer vor Westafrika hinter sich gebracht und kamen zwischen April und August an, mitten im Winter der

südlichen Hemisphäre. Verluste durch Krankheiten und Unfälle unterwegs hielten sich für damalige Verhältnisse in Grenzen. Ende Januar 1689 müssten nach meiner Schätzung rund 150 Hugenotten das Kap lebend erreicht haben. Da es bis dato nur rund 400 freie Bürger gab, war damit die europäische Bevölkerung, soweit sie nicht bei der Compagnie angestellt war, zu einem Viertel hugenottisch. Diesen Hugenotten gab man Grundstücke im herrlichen Drakenstein Valley rund 32 Kilometer östlich der befestigten Ansiedlung am Kap: fruchtbares Land, das noch von keiner Pflugschar berührt war und dessen Urbarmachung Jahre beschwerlichster Arbeit erforderte. Im ersten Jahr waren die Siedler völlig abhängig von substanzieller Unterstützung durch die Compagnie. Man begegnete ihnen mit Argwohn, besonders während der Kriege zwischen Frankreich und den Niederlanden. Doch nach und nach lebten sie sich ein und setzten sich durch, trugen wesentlich zur Entwicklung der Kapwein-Industrie bei, brachten ihr durch Verfolgung gestähltes Selbstbewusstsein in die Mischkultur der Buren ein sowie die feste Überzeugung, dass Südafrika nunmehr die einzige Heimat für sie war.

Die großen Trecks der Buren ins Landesinnere, die im 18. Jahrhundert begannen, sorgten bereits für radikale Umwälzungen in Südafrika. Damit ging auch die Unterjochung der afrikanischen Bevölkerung einher. Doch die Angst blieb bis in unsere Zeit, und Robben Island, wo Klaas seine Jahre der Gefangenschaft verbrachte, wurde zum grausamen Kerker, in dem man die Feinde der Apartheid festhielt. Hier verbrachte Nelson Mandela 28 Jahre. Die Gefangenen bildeten konspirative Lerngruppen, und die afrikanischen Rebellenführer sprachen von der Mandela-Universität. Im März 1998 begleitete US-Präsident Bill Clinton den gebrechlichen, aber noch immer stolzen Präsidenten Mandela zu einem Besuch seiner alten Zelle auf Robben Island.

6. WELTHAUPTSTADT BATAVIA

Im kühlen Zimmer sitzt ein Blinder, der aus dem Gedächtnis diktiert. Seine Helfer geben sich alle Mühe, die Sturzflut lebhafter Einzelheiten mitzuschreiben. Schwärme von Quallen treiben auf dem Weltmeer, erklärt er, deren Kämme wie blau und purpur glänzende Segel über die Wasseroberfläche ragen. Am Horizont erscheinen Stauden mit den köstlichsten Früchten und die Silhouetten der Kokospalmen, während das Schiff auf eine der flachen Inseln zusteuert: All das steht innerlich vor ihm. Nach seinen Anweisungen vollenden die Zeichner gerade die neue Serie von Illustrationen, zum Ersatz für jene, die letztes Jahr einer Feuersbrunst zum Opfer gefallen sind. Ist die Kupfertafel der Durianfrucht *(Durio zibethinus)* schon fertig? Ja, und aufs Schönste gelungen, getreue Abbilder der schweren, dornigen Frucht und der großblättrigen Pflanze. Der Blinde muss lächeln, als ihm in den Sinn kommt, wie er das erste Mal von der Durian kostete, wie abstoßend der Geruch war und wie köstlich der Geschmack. Haben wir eine hier? Ein Junge wird auf den Markt geschickt und kommt zurück. Ein widerlicher Gestank verbreitet sich im Zimmer, und dann schmeckt er die saftige, sahnige Zibethfrucht.

Wenn wir Nachgeborenen die Gewürzinseln von 1688 nicht ausschließlich als Schauplatz enttäuschender und gewaltsamer zwischenmenschlicher Begegnungen wahrnehmen, sondern auch als faszinierende Welt von natürlicher Schönheit, mit üppigem Pflanzen- und Tierleben auf den Inseln und im Meer, so haben wir es einem genialen und von seiner Leidenschaft besessenen Deutschen zu verdanken, der in holländischen Diensten stand. Die stattlichen Foliobände des *Herbarium amboinense* und der *Amboinischen Raritäten-Cammer oder Abhandlung von den steinschaalichten Thieren, welche man Schnecken und Muscheln nennet* von Georg Everard Rumpf, genannt Rumphius, geben Zeugnis von jener forschenden, klassifizierenden und detailfreudigen Wahrnehmung und naturgetreuen zeichnerischen Wiedergabe der Umwelt, wie sie Europäern gegen Ende des 17. Jahrhunderts zu Eigen war.

Rumpf war in Hanau bei Frankfurt am Main aufgewachsen. Der Sohn eines erfolgreichen Architekten und Aufsehers bei Bauprojekten erhielt dort eine solide Schulbildung und Lateinunterricht. Aber gegen Ende des Dreißigjährigen Krieges verließen viele aufstrebende junge Deutsche ihr verwüstetes, demoralisiertes Vaterland, um nach Amsterdam und von dort zu den holländischen Stützpunkten und Handelsmissionen in aller Welt zu gehen. 1646 folgte Rumpf im Alter von 18 Jahren dem Aufruf eines deutschen Fürsten, sich einer Streitmacht anzuschließen, die unter venezianischer Flagge im Mittelmeer kreuzen sollte. In Wahrheit handelte es sich um ein Aufgebot der holländischen Westindischen Compagnie, die im Nordosten Brasiliens die letzten ihr verbliebenen Gebiete gegen die portugiesische Rückeroberung verteidigte. Das Kriegsschiff gelangte nie bis Brasilien, vielleicht ging es unter oder wurde auf See gekapert; jedenfalls verbrachte der junge Mann mehrere Jahre in Portugal. Dort hörte er vermutlich von den Wundern der asiatischen Tropen, vielleicht auch von Amboina selbst, das draußen auf den Gewürzinseln im heutigen Ostindonesien liegt. Nach einem kurzen Abstecher in seine Heimatstadt Hanau kehrte er nach Amsterdam zurück und verpflichtete sich als Soldat der Ostindischen Compagnie. Ende 1653 lag Batavia hinter ihm, und er war nach

Amboina unterwegs. Die Inseln im Osten sollte er nicht mehr verlassen, bis er 49 Jahre später auf Amboina starb.

Bei seiner Ankunft geriet er mitten in die schweren letzten Abwehrkämpfe der Einwohner gegen die holländische Übermacht und deren Monopol auf den Export von Gewürznelken. Rumpf erwies sich als fähiger Militäringenieur, doch der Soldatenstand behagte ihm wenig. 1657 erlangte er einen Posten in der Zivilverwaltung; man unterstellte ihm ein Fort am Nordrand der Insel Amboina. Hier musste er für Ruhe und Ordnung sorgen, auf hollandfeindliche Aktivitäten von Einwohnern oder Fremden achten und den Gewürzschmuggel unterbinden. Doch das nahm keineswegs seine gesamte Zeit in Anspruch. Wie andere Kommandanten auf solchen Vorposten genoss auch er die Privilegien eines Provinzherrschers und erhielt seine täglichen Naturalabgaben an Fisch, Wildbret und Obst. Das Klima an dieser Stelle der Insel war für Europäer besonders angenehm. Georg Everard Rumpf heiratete eine Einwohnerin, die mutmaßlich aus einer Mischlingsfamilie stammte, und fing an, die paradiesische Fülle des Pflanzenlebens zu studieren, von den Kokos- und Arekapalmen und Fruchtstauden über die Bäume und Rebstöcke bis zu den Schlinggewächsen des Dschungels, der bis an die Strände und Buchten heranreichte. Wenn er auf die Anlegestelle seines kleinen Forts trat, beobachtete er die Fische und Krabben im seichten Gewässer. Da er im Studium des Malaiischen und Ambonesischen rasche Fortschritte machte, ließ er sich bald von Einwohnern über die Heilkraft der Kräuter unterrichten. Gelegentlich unternahm er Ausflüge in die Umgebung. Als er 1662 von Banda zurückkam, kreuzte sein Boot einen ganzen Tag durch jenen Quallenschwarm, an den er sich noch im hohen Alter erinnern sollte.

Schließlich fasste Rumpf den ehrgeizigen Plan, ein Buch über die Pflanzenwelt von Amboina in lateinischer Sprache zu schreiben. Zur Betonung seines wissenschaftlichen Anspruchs – und in der Hoffnung auf Ruhm in der europäischen Heimat – latinisierte er seinen Namen zu Rumphius. 1668 war die Arbeit so weit gediehen, dass er um ein Jahr Urlaub von seinen Dienstverpflichtungen einkam, um das Buch zu vollenden. Aber sein Gesuch wurde abgelehnt. Dann nahm das Schicksal seinen Lauf: Um 1670 war er fast vollständig erblindet; mit einem Auge nahm er nur noch einen schwachen Lichtschimmer wahr, mit dem anderen gar nichts, und er litt entsetzliche Schmerzen, wenn er hinaus in die tropische Sonne trat. Die wahrscheinlichste Ursache ist ein Glaukom oder eine parasitäre Infektion.

Auf seinen Lerneifer und seine unstillbare Neugier reagierten die Vorgesetzten bestenfalls irritiert, doch war Rumphius ein verdienter Beamter der Ostindischen Compagnie, und sein Werk konnte gewiss von Nutzen sein, wenn er es zu Ende brachte. Daher holte man ihn in die Hauptstadt und Festung Amboina, wo er in den Rat des Generalgouverneurs berufen wurde. In dieser ehrenvollen Stellung kam ihm seine Vertrautheit mit den Einwohnern und ihrer Sprache sehr zustatten. Überdies wurde er Vorsitzender der Schöffenbank für Eheangelegenheiten, einer Art Familiengericht. Sein begabter Sohn zeichnete die Pflanzen besser, als es ihm selbst je gelungen war. Die Compagnie stellte ihm einen Sekretär zur Verfügung, dem er diktierte. Auch seine Frau war in seine Arbeit einbezogen; einer besonders schönen Orchidee gab er ihren Namen. Dann kam der Februar 1674: Die Ehefrau und die jüngste Tochter wollten ins Chinesenviertel, um die festlichen Lampions und die Prozessionen zum 15. Tag des ersten Monats im chinesischen Jahreskreis zu erleben; möglicherweise hatte Rumpf eine Nachfahrin chinesischer Einwanderer geheiratet. Es kam zu einem Erdbeben, Frau und Tochter wurden von herabstürzenden Mauerteilen erschlagen.

Die Erblindung und der Verlust seiner geliebten Angehörigen trieben Rumphius mehr denn je zu seinen wissenschaft-

lichen Studien. Da es ihm zu schwierig erschien, das Werk
auf Lateinisch zu diktieren, formulierte er jetzt auf Holländisch. Außerdem bereitete er eine Serie von Arbeiten gerin-
geren Umfangs vor: einen Bericht über das Erdbeben, einen
weiteren über die Landwirtschaft auf Amboina, Bücher über
Geografie und Geschichte der Insel, die seinem Dienstherrn
unmittelbar von Nutzen waren. Ein zweiter Sekretär der
Compagnie sowie ein Künstler wurden ihm beigegeben, und
1688 war auch sein Sohn, der im Auftrag der Compagnie reiste, wieder auf Amboina und half ihm. Auch die akademische
Anerkennung in Europa blieb nicht aus: Auf Empfehlung von
zwei Deutschen, die als Mediziner im Dienst der Compagnie
standen, hatte ihn 1680 die Academia Naturae Curiosum in
Wien zu ihrem Mitglied gewählt, und sie veröffentlichte Auszüge aus seinen Briefen in ihrer Zeitschrift.

1687 war der Text seines Hauptwerks, des *Herbariums*, nahezu fertig, und die Zeit raubende Arbeit der Zeichner kam
gut voran. Doch am 11. Januar dieses Jahres brach eine Feuersbrunst aus in der Stadt Amboina. Rumphius' Mitarbeiter
konnten gerade noch das Manuskript des Buchs retten, aber
die Zeichnungen gingen unwiederbringlich verloren. Allerdings waren weder er noch die Compagnie gewillt aufzu-
geben. Seiner Schätzung nach konnten die Zeichnungen in
anderthalb bis zwei Jahren neu angefertigt werden. Die
Compagnie heuerte einen neuen Zeichner an und versetzte
Rumphius' Sohn wieder nach Amboina. Tatsächlich sandte
Rumphius 1690 das Manuskript zu den ersten sechs von zwölf
geplanten Bänden samt Illustrationen nach Batavia. Auf Amboina suchte er sich einen Ort aus, wo er begraben werden
wollte. Die Vorstellung erscheint realistisch, dass er im Jahr
1688 seine Assistenten zur Fertigstellung von Abschriften und
Zeichnungen antrieb, ihnen beim Vorlesen fertiger Kapitel
lauschte und überlegte, was noch nachzutragen wäre. Vor seinem geistigen Auge sah er die Kokospalmen, die sich über

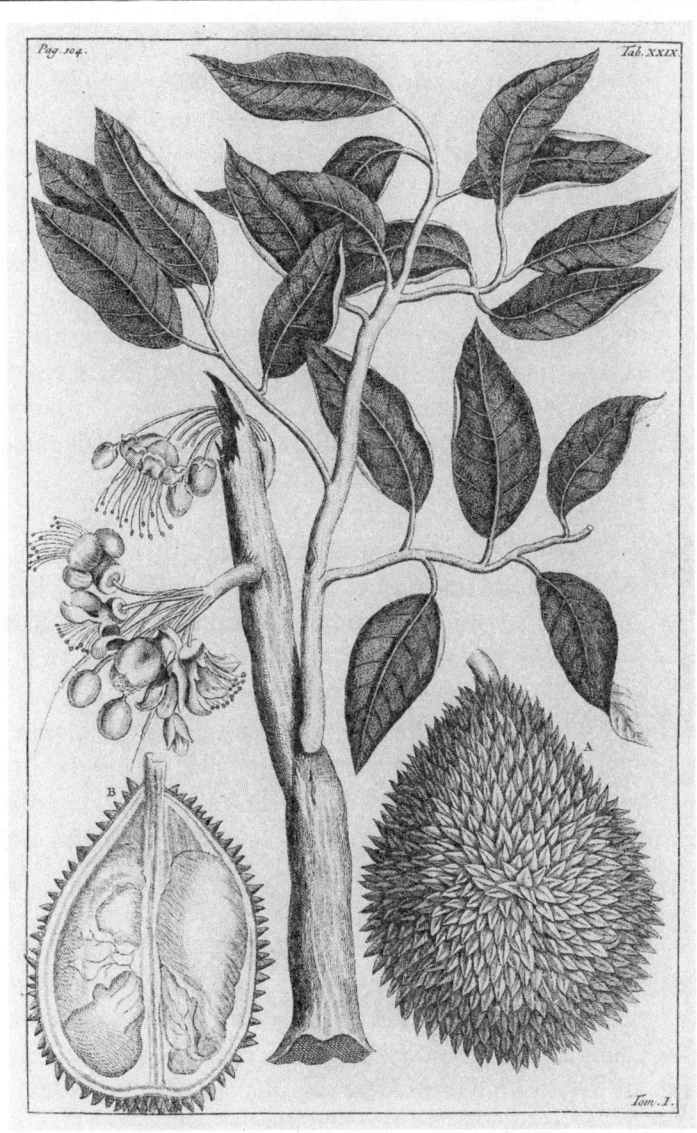

2 Illustration zur Durianfrucht
aus dem *Herbarium amboinense* von Rumphius

den Meeresspiegel erhoben, während das Schiff auf eine der flachen Inseln zusteuerte (das Emblem, mit dem sein *Herbarium* beginnt), die Gestalt der herrlichen Früchte, mit deren Duft und Geschmack und Konsistenz er gut vertraut war, die atemberaubenden Sonnenuntergänge und Morgendämmerungen, die er jahraus, jahrein auf Amboina erlebt hatte. Das letzte Buch des *Herbarium amboinense* wurde 1697 nach Batavia geschickt. Da schrieb er bereits an seiner *Raritäten-Cammer*, veranschaulichte die Schönheit der Muscheln und Seesterne, die zahlreichen Krabbenarten, darunter die berühmte Nussknacker-Landkrabbe auf Amboina (diese Blätter sind ein Musterstück exakter Beschreibung von Körperbau und Verhalten), und den ganzen übrigen Reichtum der tropischen Meere.

In seinem achten Lebensjahrzehnt, gebrechlich, blind und seit über 40 Jahren im Dienst der Compagnie, nahm Rumphius noch immer an Ratsversammlungen in Amboina teil und wandte sich nunmehr der Mineralogie zu. Am 15. Juni 1702 verstarb er. Die *Raritäten-Cammer* erschien 1705, doch das Manuskript des voluminösen *Herbarium amboinense* brachte noch eine längere Irrfahrt hinter sich. Als es den Herren Zeventien in der Heimat endlich vorlag, hatten sie größte Schwierigkeiten, ein so aufwändiges Prachtwerk zu finanzieren; erst 1741 ging es in Druck.

Batavia, das Hauptquartier der Ostindischen Compagnie in Asien, ist auf den Fundamenten einer javanesischen Ansiedlung errichtet, die nach holländischer Überlieferung einst »Jakatra« genannt wurde; heute liegt hier die moderne indonesische Hauptstadt Djakarta. Reisende, die auf dem Seeweg dort ankamen, begegneten an der ebenen Nordküste Javas mit ihren Untiefen bei sechs Grad südlicher Breite zunächst dem Gewirr indischer, indonesischer, chinesischer und europäischer

Schiffsmasten, dann einem abgetrennten Bereich der Insel, der den holländischen Herren als Freizeitanlage und der Compagnie als Werft diente, einer stattlichen Bastion, der Festung Batavia, die den Eingang zum inneren Hafen überwachte, den von Kanälen gesäumten Straßenzügen in holländischem Stil, einer blühenden und wohl organisierten chinesischen Gemeinde sowie einer Fülle von Gelegenheiten, sich dem Trunk oder der Fleischeslust zu ergeben. In den vornehmen Häusern namhafter Holländer traf man auf zahlreiche Bediente, barockes Mobiliar aus dunklem Tropenholz, blau-weiße Delfter Kacheln sowie kunstvoll geschnitzte durchbrochene Paneele über den Türen, um für Zugluft zwischen den Räumen zu sorgen und das drückende tropische Klima durch jede sich hierher verirrende Brise aufzufrischen.

Batavia und seine Inselwelt stellten sich dem Betrachter als komplexes barockes Schauspiel dar. Hinter dem äußeren Anschein von Ordnung verbarg sich ein dichtes Knäuel von Privatinteressen und Arrangements, die mit dem einheitlichen Machtapparat, den die Festung repräsentierte, nicht selten im Widerstreit lagen. Ein erheblicher Portugiesisch sprechender Bevölkerungsanteil kunterbunter Herkunft, eine einflussreiche chinesische Gemeinde mit eigenem Oberhaupt und eigenem Krankenhaus prägten ebenfalls das Bild. In den achtziger Jahren des 17. Jahrhunderts profitierten die Chinesen besonders vom Regionalhandel und vom Wiederaufleben des Verkehrs mit Händlern, die aus ihren chinesischen Heimathäfen nach Batavia kamen. Beispielsweise kauften die mit Batavia Handel treibenden Chinesen 1688 von der Compagnie Pfeffer im Wert von 8000 Gulden. Doch brachte dieser wachsende Wirtschaftszweig auch andere, für die Batavia-Chinesen weniger erfreuliche Begleiterscheinungen mit sich. Dschunken, die 1688 aus China eintrafen, brachten insgesamt 700 Passagiere mit, die sich in Java niederließen und neue Lebenschancen suchten. Schon 1687 hatten holländische Behörden über

die vielen »Bankrotteure und Vagabunden« geklagt, die mit
den Dschunken einwanderten. Der rasante Anstieg von Ta-
schendiebstählen wurde vorwiegend chinesischen Neuankömmlingen angelastet. Unter der Kriminalitätswelle hatten
ortsansässige Chinesen viel zu leiden. Die Reaktion auf die
Einwanderer gefährdete ihre hart erkämpfte Stellung, die von
Niederländern und Javanesen bis dato respektiert wurde.
1690 ergriffen die holländischen Behörden umfassende Maßnahmen, um der Einwanderungswelle Herr zu werden. In den
Ländereien rings um Batavia hatten vornehme Chinesen ihre
Zucker verarbeitenden Raffinerien errichtet, und die verarm-
ten Einwanderer lebten vorwiegend von der harten Arbeit in
der expandierenden Zuckerindustrie. Als die Chinesen auf
dem Land 1740 gegen die Holländer rebellierten, verbündeten sich die Batavia-Chinesen mit den Herrschenden statt mit
ihren Landsleuten.

Wenn Generalgouverneur und Rat in Batavia Bilanz zogen, konnten sie nicht darüber hinwegsehen, dass der Handelsverkehr mit Indien, namentlich mit indischer Baumwolle
und Seide, immer bedeutender wurde. Nirgendwo im Machtbereich der Compagnie wurde ein Monopol skrupelloser
durchgesetzt als auf den Banda-Inseln, einem winzigen Ar-
chipel, das der weltweit einzige Lieferant von Muskatnüssen
und -blüten war. In den zwanziger Jahren des 17. Jahrhunderts waren die Bandanesen beschuldigt worden, die Mono-
polkontrakte zu brechen, die sie weder ganz begriffen noch je
gebilligt hatten. Daraufhin wurden sie kaltblütig ausgerottet.
Man vertrieb sie von den Anbaugebieten auf die Hänge eines
Vulkans, wo sie verhungerten oder während der Regenzeit
erkrankten und starben. 1688 gab es fast keine Bandanesen
mehr. Der Anbau von Muskat lag fortan allein in den Händen
holländischer Unternehmer, die für die Schwerstarbeit Sklaven einsetzten. Solche Sklaven kamen aus Bali, Papua und
Indien, durch einen florierenden und noch wenig erforschten

Menschenhandel über den südostasiatischen Seeweg. In ihren Briefen von 1688 berichtete die batavische Führung nach Hause, dass auf den Banda-Inseln 160000 voll ausgewachsene, 185000 halb ausgewachsene und 315000 junge Muskatbäume standen. Die Bevölkerungszahl betrug 6642 Personen, darunter 1070 Holländer, 3716 Sklaven, nur drei freie Bandanesen sowie 25 bandanesische Sklaven. In diesen Briefen wird auch die Brutalität erwähnt, mit der die Plantagenbesitzer ihre Sklaven behandelten, aber man ging nicht näher ins Detail.

Um 1688 hatten die Holländer den Anbau von Gewürznelken fast ebenso fest im Griff wie den von Muskat. Ihre Verwaltungs- und Machtzentrale war die Insel Amboina, auf der wir bereits Rumphius begegnet sind. Das Problem beim Nelkengeschäft war, dass die Pflanzen zu leicht angebaut werden konnten und auf hartnäckige Nachfrage in Europa und Asien stießen. Wollten die Holländer nach wie vor billig kaufen und teuer verkaufen, mussten sie nicht nur alle anderen Wettbewerber ausschalten, sondern auch die Mengen strikt begrenzen, die in holländisch-kontrollierten Häfen erhältlich waren. Gelang dies nicht, würden ihre eigenen Sklaven der Versuchung erliegen, die Nelken unter der Hand weiterzugeben und in Häfen verscherbeln zu lassen, die nicht von den Niederlanden kontrolliert wurden. Seit den fünfziger Jahren hatten Holländer, mehr oder minder mit Billigung der Regionalverwaltung, skrupellos die Nelkenbäume in Gegenden gefällt, wo ihr Zugriff nicht umfassend genug war oder wo der schiere Überfluss der Natur die Nachfrage ausländischer Märkte weit übertraf. Gegen Ende des Jahres 1688 erwähnten holländische Beamte in Batavia in Briefen an ihre Vorgesetzten daheim, sie müssten noch immer mit chronischer Überproduktion kämpfen. Inzwischen wurde nur noch ein kleiner Teil der Region für die Kultivierung von Gewürznelken genutzt: genug, um durch die holländische Compagnie die Nachfrage in allen europäischen und asiatischen Häfen zu befriedigen. Früher waren regelmäßig Ausgleichszahlungen an die Bauern für entgangene Einnahmen geleistet worden, wenn sie Bäume fällten oder die Eingeborenen zum Abholzen zwangen. Inzwischen weigerte sich die Compagnie weiterzuzahlen, man fürchtete vielmehr, wenn auf einigen Inseln Bäume gefällt wurden, ein Ausweichen der Eingeborenen auf andere Inseln, wo sie vor den Holländern sicher waren und nach Herzenslust Nelken anbauen konnten. Daher unterband man das Abholzen und dachte darüber nach, wie sich Anreize für die Entwicklung agrarischer Strukturen schaffen ließen. Andererseits fürchtete man, die Bevölkerung werde nicht wunschgemäß reagieren und ihre »Faulenzerei« fortsetzen, die darin bestand, lieber Früchte zu verzehren als Reis anzubauen, der auf Amboina sowieso nicht gedieh. Überdies nahmen letzte Pläne Gestalt an, eine weitere stattliche Festung bei Amboina zu errichten.

Nördlich von Amboina, rings um die vulkanischen Inseln Ternate und Tidore, liegt eine Inselgruppe namens Maluku, die wir als Molukken kennen. Mit der Ankunft der Portugiesen zu Beginn des 16. Jahrhunderts wurde sie zum Zentrum der Gewürznelkenproduktion und ständigen Zankapfel der Europäer. Die politische Verfassung der Einwohner von Maluku gründete in der wechselseitig sich ergänzenden Polarität der beiden Bezugspunkte Ternate und Tidore. Nach ihrer Vorstellung war der Idealzustand eine ausbalancierte und gezügelte Rivalität, nicht der Sieg des einen Elements über das andere. Der Einfluss des Islam hatte das Konzept der erblichen Monarchie gestärkt, doch herrschte noch immer der Eindruck vor, ein potenzieller Kandidat für das Herrscheramt müsse vor den Ältesten der verschiedenen Gemeinden eine Probe seiner Überlegenheit und spirituellen Kraft ablegen. Es fehlte nicht an Legenden von Männern, die aus der Fremde übers Meer gekommen waren, sich als »Herren des Landes« ausweisen konnten und Könige wurden.

Der Dualismus von Ternate und Tidore hatte sich für die Einwohner von Maluku einigermaßen bewährt, solange sie mit rivalisierenden europäischen Mächten verbündet waren. Doch die Holländer vertrieben die Portugiesen aus dem Inselreich, und die Spanier gaben um 1660 den letzten ihrer Stützpunkte preis. In der Folgezeit führte die Doppelregierung von Ternate und Tidore zum Bruderzwist um die Gunst des Patriarchen – der Compagnie. In ihrer Heimat legten die Niederländer Wert auf ihre kollektive, nichtabsolutistische Regierungsform, doch in Asien fühlten sie sich wohler im Umgang mit Königen. In einer Monarchie wusste man doch, an wen man sich halten konnte und wen man einschüchtern musste, um die Geltung von Verträgen durchzusetzen. Im wachsenden Einfluss des Islam sahen manche – wohl nicht ganz zu Unrecht – eine Gefährdung ihrer Interessen. Seit den sechziger Jahren zwangen sie die Herrscher von Maluku zunehmend, europäische Sitten und Gebräuche, Kleidung und eine zentralisiertere Form der Monarchie anzunehmen. Der Sultan von Ternate gab seinen Söhnen die Namen Amsterdam und Rotterdam. Als 1675 Sultan Amsterdam den Thron bestieg, befolgte er das holländische Programm der kulturellen Assimilation und suchte auch seinen auswärtigen Einfluss zu verstärken, wobei er auf manchen Widerstand und gelegentlich sogar auf Abwehr bei den Holländern stieß. Andererseits verweigerte sich auf Tidore der Sultan Saifuddin jeder Anpassung und knüpfte an das traditionell konsensorientierte Modell der Politik an, weshalb er bei seinem eigenen Volk viel beliebter war als sein Kollege, dafür aber mit den Holländern auf Kriegsfuß stand. Als Saifuddin am 2. Oktober 1687 verstarb, griff die Compagnie ein und setzte die Nachfolge seines Sohnes durch, obwohl auch Saifuddins Bruder Ansprüche geltend machen konnte. Die Obrigkeit in Batavia hoffte auf besseres Einvernehmen mit Tidore, doch als das Jahr 1688 zu Ende ging, hieß es in den Berichten, der neue Sultan sei nicht weniger streitbar als sein Vater. Im Hafen von Ternate hatten tidorische Marodeure Fischer überfallen und sechs von ihnen geköpft. Nicht weit davon lagen Segler der Compagnie vor Anker. Als sich die Holländer darüber beim neuen Sultan von Tidore beklagten, entsandte dieser sechs seiner Untertanen und erklärte, diese könnten zum Ausgleich getötet werden. Die Holländer weigerten sich, weil »dies gegen alle christlichen Gesetze verstieß«.

Auf der anderen Seite der Sundasee vor Java liegt die große Insel Sumatra, die sich etwa 1500 Kilometer in nordwestlicher Richtung erstreckt und die Westgrenze der Straße von Malakka bildet. Teile der Insel sind gebirgig und dicht bewaldet; nur wenige Menschen, die sich an der Küste und in Hafenstädten aufhielten, drangen ins Landesinnere vor. Am Nordrand der Insel hatte das Hafenkönigreich Atjeh seine Unabhängigkeit und islamische Orientierung bewahren können. Europäische und asiatische Händler waren willkommen, sofern sie keine Monopolprivilegien oder politischen Vorrechte anstrebten. Im Landesinneren wurden beträchtliche Mengen Gold gefördert; die Holländer hatten sich einige Fördergebiete aneignen können und beuteten sie, wenn auch nicht sehr erfolgreich, mithilfe von Sklavenarbeit aus. Batavia am nächsten lagen Djambi und Palembang, die Zwillingshäfen und Königreiche an der Ostküste Sumatras, die dem Generalgouverneur und Rat stets ein Dorn im Auge waren. Ihre Herrscher pflegten einander Brüder zu nennen, doch im Hintergrund drohte stets ein Bruderzwist, der seit der Ankunft der Holländer immer schärfere Formen annahm. Besonders riskant und unerquicklich erschien den Kolonialherren 1688 die Lage in Djambi.

Beide Königreiche waren von ähnlicher geografischer Beschaffenheit. Die Hauptstädte waren zugleich Häfen. Sie lagen mehrere Tagereisen zu Schiff auf einem gewundenen Fluss landeinwärts, mitten im breiten Küstenstreifen aus

Mangrovenwäldern und Sumpfland, das regelmäßig von der Flut oder vom Hochwasser des Flusses überschwemmt wurde. Die Landschaft war so flach, dass jeder kleine Hügel auffiel; um einen dieser Hügel bei Palembang rankten sich viele Legenden von der Herkunft und den Grabstätten eingeborener Könige. Für Europäer und andere Außenstehende war das feuchte, schwüle und moskitogeplagte Gelände gesundheitlich kaum zu ertragen. In der Umgebung dieser Städte gab es wenige Anwohner oder Produktionsstätten; in ihrer Mittelstellung zwischen stärker besiedelten Gebieten im Inneren und den großen Wohlstands- und Machtzentren jenseits des Meeres waren sie lediglich Umschlagplätze des Reichtums, manchmal auch der Macht.

Der Zugang zu den Gebieten flussaufwärts hing vom Geäder der Flussläufe und ihrer Seitenarme ab. Stand das Wasser zu niedrig, waren sie unpassierbar. Im März und April, nach der Regenzeit, führten sie das meiste Wasser, dann ging es stromabwärts rasch und meist unter Lebensgefahr voran. Eine Rückfahrt gegen die Strömung war völlig unmöglich. Zu anderen Jahreszeiten konnte das Reisen unter Umständen wochenlanges Rudern bedeuten. Verlockend war das fruchtbare Land weiter oberhalb in den Flusstälern, die gerodet und mit Pfefferstauden bepflanzt werden konnten. Im 16. und 17. Jahrhundert kamen Händler aus China und Europa nach Djambi, Palembang, Banten und in andere Häfen und kauften Unmengen von Pfeffer, um die wachsende Nachfrage in heimatlichen Wirtschaftszonen zu befriedigen. Das Roden der tropischen Regenwälder mit unzureichendem Werkzeug war beschwerliche Arbeit. Nennenswerte Erträge warfen die Pfefferstauden erst im fünften Jahr nach der Anpflanzung ab. 1688 hatte sich längst die Einsicht durchgesetzt, dass seit Jahrzehnten viel zu viele Stauden gesetzt wurden und ein Überangebot drohte. Die Handelshäuser in Amsterdam und Batavia wussten kaum noch wohin mit dem Pfeffer.

Das war aber nur ein Aspekt der Schwierigkeiten, die sich aus wirtschaftlicher Expansion und holländischen Interventionen für Djambi und Palembang ergaben. Das Verhältnis zwischen Regierung und Volk, zwischen den Herrschern der im Mündungsgebiet gelegenen Hafenstädte und den vielen Untertanen, die in schwer erreichbarer Ferne lebten, war an Kategorien der Sippenzugehörigkeit orientiert. Das trifft zwar auf viele Regierungsformen zu, in denen die Macht erblich ist, doch waren die Konsequenzen hier schwerer abzuschätzen als zum Beispiel in China mit seinem gewaltigen Beamtenapparat oder im Justiz-, Adels- und Handelswesen der europäischen Monarchien. Vom Souverän in Sumatra wurde erwartet, dass er sich wie ein Stammesältester verhielt: Mit einigem Prestige, aber keineswegs absoluter Macht versehen, musste er sich die Gunst des Volkes sichern, Streitfälle schlichten und reichlich Almosen verteilen. Die Untertanen honorierten dies durch Respekt vor der Majestät, schuldigen Gehorsam und die mehr oder minder freiwillige Leistung von Abgaben. Die Unschärfe solcher Herrschaftsbeziehungen ergab sich aus der räumlichen Distanz und den Misslichkeiten des Reiseverkehrs zwischen dem im Sumpfgebiet residierenden Landesvater und den Anbaugebieten oberhalb der Flussläufe. Die Machthaber stromaufwärts entstammten oft selbst der Königsfamilie und hatten sich quasiautonome Wirkungskreise geschaffen; ging ihnen die Politik in der Hauptstadt gegen den Strich, konnten sie jederzeit dort eingreifen.

Diese Politik des Gebens und Nehmens geriet erheblich ins Wanken, nachdem sich die Holländer einen Vertrag über Pfefferlieferungen und das Recht zum Ausschluss von Wettbewerbern gesichert hatten. Denjenigen, der die strikte Kontrolle und ständige Zunahme der Pfefferlieferungen gewährleistete, würden sie als Souverän unterstützen. Doch gerade die Striktheit der Kontrolle und die Maximierung der Produktion zerstörte die prekäre Balance der traditionellen poli-

tischen Ordnung, darunter auch das zeremonielle wechsel-
seitige Sammeln von Abgaben, die man flussabwärts sandte.
Von den daraus resultierenden Spannungen blieb der 1688
in Palembang amtierende Sultan Abdul Rahman relativ unberührt; seine Stellung war lediglich durch wiederkehrende Ri-
valitäten seiner beiden Söhne belastet. In Djambi regierte mit
Sultan Ingalaga ein eher schwacher Herrscher, in dessen
Reich der Handel immer weiter abnahm. Überdies hatte sich
stromaufwärts ein Konkurrent mit betont islamischer und
antiholländischer Tendenz gegen ihn erhoben. Als die Holländer 1687 eine Strafexpedition nach Djambi schickten,
stellten sie mit Befremden fest, dass zahlreiche vornehme Familien ihrem Herrscher die Gefolgschaft versagten und seinen Sohn unterstützten, der an seiner Stelle inthronisiert
wurde. Ingalaga musste stromaufwärts fliehen. Im März 1688
kehrte er zurück und drohte mit einem Angriff auf die
Hauptstadt. Doch angesichts des Rückhalts, den sein Sohn
genoss, verlor er die Nerven und suchte Schutz bei den holländischen Militärs, die ihm ein einsames und unbehagliches
Exil in Batavia gewährten. Abdul Rahman in Palembang unterstützte den neuen Sultan von Djambi. Die Gefahr einer
antiholländischen Islamisierung war zumindest vorübergehend gebannt. Palembang florierte nach wie vor, und der
Niedergang Djambis war nicht mehr aufzuhalten.

Am 10. August 1688 traf Cornelia van Nijenroode in den Niederlanden ein. Nie zuvor in ihren 58 Lebensjahren war sie
hier gewesen. Jetzt galt es, einen Zivilprozess gegen ihren
Ehemann Johan Bitter zu führen, dem sie längst entfremdet
war. Dieser wollte sich das Vermögen aneignen, das sie von
ihrem verstorbenen ersten Mann ererbt hatte. Kleidung, Betragen und Sprache der Cornelia van Nijenroode waren einer
wohlhabenden niederländischen Dame gemäß, die aus den
Kolonien heimkehrt, doch ihre Gesichtszüge verrieten eine

exotischere Abstammung: Geboren war sie 1630 im japanischen Hirado als Tochter eines holländischen Kaufmanns und einer Dame der japanischen Oberschicht. Ihre Eltern starben früh. Sie wurde als Waise nach Batavia gebracht, von wo sie scheinbar nie weggekommen war, bevor sie sich 1687 zur Überfahrt in die fernen Niederlande einschiffte. In Europa waren die Tage viel kürzer, winterlich kalt und klamm gegen Jahresende, ganz anders als im Äquatorialklima Batavias mit seiner gleich bleibenden Tagesdauer. Ohne das Gewimmel portugiesisch schwatzender Sklaven in ihrem Anwesen in Batavia wird sie sich kaum wohl gefühlt haben, wenn sie zu Besprechungen ihren Anwalt empfing und die Klageschrift vorbereitete, die sie im November 1688 dem Hohen Gericht von Holland einreichte. Ihre Geschichte schlägt die Brücke von Batavia zurück in ihr Heimatland und lässt einen hellen, schmalen Lichtstrahl in das Dunkel fallen, das den Alltag der batavischen Oberschicht jener Ära umgibt.

Cornelias Kindheit im Waisenhaus von Batavia war vermutlich materiell abgesichert durch das Erbe ihres Vaters und scheint nicht freudlos gewesen zu sein. In der kleinen japanischen Exilantengemeinde in Batavia pflegte sie einige Bekanntschaften und schrieb offenbar regelmäßig ihren in Hirado verbliebenen Angehörigen. 1652 heiratete sie Pieter Cnoll. Zwischen 1653 und 1670 brachte sie zehn Kinder zur Welt, von denen nur eines das Erwachsenenalter erlebte. Von Pieter, Cornelia und zweien ihrer Töchter ist ein schönes Familienporträt überliefert; der Künstler hat Cornelias elegante holländische Tracht ebenso festgehalten wie ihre japanischen Gesichtszüge.

Pieter Cnoll stieg im Beamtenapparat der Compagnie in eine verantwortliche Stellung mit ansehnlichen Machtbefugnissen auf und starb 1672. Sein Testament bestimmte die Witwe zur Haupterbin und Hüterin der Kinder. Neben einem stattlichen Vermögen hinterließ er ihr eine Prachtkutsche und einen Haushalt mit 40 Sklaven. 1675 kam der Anwalt Johan Bitter von Holland nach Batavia. Seine Frau war bei der Überfahrt verstorben, und er hatte fünf Kinder zu ernähren. Sein Gehalt als Mitglied des Justizrats reichte nicht aus, um ihnen das verschwenderische Luxusleben der Oberschicht von Batavia zu ermöglichen. An Cornelia reizte ihn vor allem das Geld; sie wollte möglicherweise von seinen Rechtskenntnissen und guten Beziehungen profitieren, die ihr helfen konnten, ihr Vermögen und die einflussreiche Stellung zu erhalten. Sie bestand auf einem Heiratsvertrag, der ausschließlich ihr den Besitz ihres gesamten in die Ehe eingebrachten Vermögens und Eigentums vorbehielt. Nur knapp über sechs Monate nach Bitters Ankunft in Batavia waren sie Mann und Frau.

Doch dann wendete sich das Blatt rasch. Als sich Cornelia anschickte, auf eigene Rechnung eine kleine Investition zu tätigen, klärte Bitter sie auf, dass zwar vereinbart sei, dass er kein *Eigentum* an ihrem Vermögen geltend machen konnte, dass aber dessen *Verwaltung* im Vertrag mitnichten geregelt war. Ohne seine Beteiligung und Billigung dürfe sie nichts unternehmen. Es kam zu unschönen Auseinandersetzungen. Freunde mischten sich ein und überredeten Cornelia, sich den Ehefrieden zu erkaufen, indem sie Bitter eine stattliche Summe überließ, die sie ihm für den Fall zugestanden hatte, dass sie vor ihm sterben würde. Doch der Zwist ging weiter. Bitter schlug sie, renkte ihr die Schulter aus. Sie verließ fluchtartig das Haus, kehrte jedoch zurück. Bitter bot ihr an, sich gegen eine Barzahlung von 50000 Reichstalern von ihr zu trennen, aber sie weigerte sich. Als Cornelia die Scheidungsklage einreichte, strengte Bitter eine Gegenklage an, erklärte ihren Ehevertrag für nichtig und verlangte die Hälfte all ihrer Güter. Der Kirchenrat von Batavia zeigte sich mehr an der Eintracht in der Gemeinde interessiert als an den Rechten Einzelner. Als er auf eine friedliche Beilegung des Ehestreits drängte, unterstellte Bitter den Ratsmitgliedern zwielichtige Motive, lehnte eine Entschuldigung ab und versuchte, das Verfahren strategisch hinauszuzögern.

Cornelia bemühte sich, Teile ihres Vermögens unter dem Namen ihrer Freunde sicherzustellen. Bitter maßte sich den Zugriff auf diese Gelder an und schaffte Diamanten und einen Wechsel nach Holland. Die Diamanten wurden entdeckt, und man erhob Anklage wegen Diamantenschmuggels und Verletzung des Monopols der Compagnie gegen ihn. Er verlor seine Stellung und wurde 1680 in die Heimat zurückgeschickt. In den Niederlanden strengte er erneut eine Klage an: Cornelia sollte zur Aussöhnung mit ihm gezwungen und die Hälfte ihres bei der Compagnie deponierten Vermögens als sein rechtmäßiges Eigentum beschlagnahmt werden. Das Gericht ordnete die Aussöhnung an und ignorierte die Vermögensfrage, die für Bitter das Hauptmotiv war. Doch in der Zwischenzeit konnte er einige Etappensiege verbuchen: Die Anklage wegen Diamantenschmuggels wurde fallen gelassen, die Compagnie nahm ihn wieder in Dienst, und 1683 durfte er nach Batavia zurückkehren.

Auf Anordnung des Gerichts lebten die beiden nun wieder unter einem Dach wie Mann und Frau – wie es scheint, in erzwungener Eintracht. Es gelang Bitter, weitere 12765 Reichstaler auf sein eigenes Konto abzuzweigen, die er zum größten Teil in die Niederlande überwies. Am 5. Januar 1686 beobachteten drei Matrosen, wie ein Mann eine vornehme Dame mittleren Alters schlug, bis sie Blut spuckte, immerfort brüllend: »Du Hure, du Biest, du Hündin, komm nur, ich werde dich zertrampeln, bis dir das Blut aus der Kehle kommt...« Schließlich eilten Ordnungskräfte hinzu, doch immerhin war Bitter nach wie vor Mitglied des Justizrats, und nachdem sie eine Nacht in Ketten im Gefängnis zugebracht hatten, mochten die drei Zeugen nicht mehr gegen ihn aussagen. Jetzt forderte Cornelia vom Gericht die erneute Trennung von Tisch und Bett und wollte ihr Vermögen vor Bitter in Sicherheit bringen. Noch immer bemühten sich die Behörden um christliche Aussöhnung, doch als der Streit immer weiter eskalierte, gaben sie auf und schickten beide Parteien in die Niederlande zurück.

Cornelia suchte sich nach ihrer Ankunft im Sommer 1688 einen guten Anwalt und reichte im November Klage vor dem Hohen Rat ein. Sie verlangte die Auflösung der Ehe, die Rückerstattung der 45 500 Reichstaler, um die Bitter ihr Vermögen erleichtert hatte, sowie die Einnahmen aus dem Verkauf ihres Hauses, der Kutsche und anderer Besitztümer in Batavia. Bitter strengte eine Gegenklage an und verlangte, sie als »böswillige Eheflüchtige« zu brandmarken und ihm auf der Stelle die Hälfte ihres Einkommens sowie dessen Verwaltung zuzusprechen. Das Hohe Gericht kam erst am 4. Juli 1691 zu einem Urteil. Cornelia wurde aufgefordert, in Eintracht mit ihrem Ehemann zu leben; diesem wurde das Anrecht auf das halbe Vermögen bestätigt. Für die Zeit nach den Gerichtsferien im August waren weitere Verhandlungen angesetzt, zu denen es aber nie gekommen ist. Mit einiger Wahrscheinlichkeit ist Cornelia noch im selben Sommer verstorben. Bitter lebte fortan in Holland auf großem Fuß und starb erst 1714.

Viele Jahre ihres Lebens war Cornelia eine gute japanische Tochter gewesen, die regelmäßig Briefe aus Batavia an die Verwandten ihrer Mutter in Hirado schrieb. Jetzt lag Batavia in unerreichbarer Ferne. Musste sie noch oft an die kleine Stadt auf der Inselseite der schmalen Wasserstraße zurückdenken, an die hoch aufragende Festung des Daimyo, an flache asiatische Dschunken und hochwandige europäische Segler in den Buchten ringsum? Batavia blieb ihr gewiss gegenwärtig: die winzige Gemeinde der Japaner, der Wohlstand und die Klugheit der Chinesen, die gravitätische Würde und Bigotterie des Kirchenrats, Matrosen und Kneipen, frischer Fisch und erlesene tropische Früchte, der Kloakengestank der Kanäle, das Kichern der Sklavenmädchen, wenn sie ihre Pflichten versahen, die unaufhörlichen Schwangerschaften, als ihr erster Mann noch lebte, der Stolz, auf sich allein gestellt zu sein und erfolgreich Geschäfte zu machen. Was für ein Albtraum war aus ihrem Leben geworden, durch einen Johan Bitter, der mit Recht und Gesetz Schindluder trieb! In Holland waren die Kanäle nicht sauberer, das Gröhlen betrunkener Arbeiter und Matrosen klang vertraut, doch die Gassen waren eng, manchmal lag mitten im Jahr Frost in der Luft, und die langen Tage wurden erstaunlich rasch kürzer, wenn der Sommer allmählich zur Neige ging.

7. PHAULKON

Die Vereinigte Ostindische Compagnie trieb Handel in vielen asiatischen Häfen, wo sie keine Festung unterhielt und keine besonderen Vertragsrechte wahrnahm. Mitunter gab es an Land nicht einmal ein Kontor, und die Geschäfte wurden an Bord eines vor Anker liegenden Schiffs geführt. Doch wo immer sie in Erscheinung trat, überall registrierten ihre Bediensteten jeden getätigten Abschluss. Im späten 17. Jahrhundert neigte sie besonders dazu, über politische Verhältnisse und die Aktivitäten der Konkurrenz sorgfältig Buch zu führen. Wo es harten Wettbewerb und nur zweifelhafte Aussicht auf Profite gab, stellte sich für die Compagnie die Frage, ob sie am Ball bleiben oder sich zurückziehen sollte. Der wachsende politische und wirtschaftliche Einfluss der britischen East India Company, das weniger zielstrebige, doch mitunter beachtliche Engagement der Franzosen und sogar die dänische Präsenz in Südindien, all das erforderte ständige Wachsamkeit. Die mustergültig geführten Akten der Kommissionäre sind die maßgebliche Quelle für alles, was wir von Ayutthaya wissen, der Hauptstadt des Königreichs Siam, deren Name von Holländern als »Yudia« missverstanden und oft sogar »Judäa« buchstabiert wurde.

1688 wurde Ayutthaya zum Schauplatz der merkwürdigsten aller barocken Krisen. Ein Abenteurer griechischer Herkunft, der sich selbst Konstantin Phaulkon nannte, war zum Finanz- und Außenhandelsminister des Königreichs aufgestiegen. Er hatte zahlreiche Gegner, genoss aber das unbeschränkte Vertrauen König Narais. Narai umwarb Frankreich als Gegengewicht zur wirtschaftlichen Dominanz und zum zeitweilig erpresserischen Druck der Holländer. Ihm zuliebe ließ Phaulkon seine Beziehungen spielen und frischte das hochriskante siamesisch-französische Verhältnis wieder auf. Die Franzosen, deren Einfluss im Indischen Ozean weit hinter dem der Holländer und Engländer rangierte, zeigten sich begeistert. Der aufwändigen siamesischen Gesandtschaft nach Paris folgte 1686 ein Gegenbesuch, begleitet von einer 600 Mann starken Truppe. Manche hofften, der König werde sich zum katholischen Glauben bekehren. Doch gegen Ende 1688 waren König Narai und Phaulkon tot, und die Franzosen zogen sich mitsamt ihrer Streitmacht zurück.

Obwohl die Ereignisse von 1688 eine Menge Ärger und auch etwas Blutvergießen mit sich brachten, war die allgemeine Stabilität des Königreichs Siam nie ernsthaft gefährdet. Die französischen Wunschträume von militärischer Dominanz und Bekehrung des Königs scheiterten auf der ganzen Linie. Einzelnen Ausländern erlaubte die siamesische Politik, sich an der Administration von Handel und Finanzen zu beteiligen. Ortsansässige Chinesen hatten diese Positionen seit Jahrhunderten eingenommen, besonders als Verwalter der Tribute Siams an den chinesischen Hof, die zu einem erheblichen Anteil im Verzicht auf Zölle bestanden. Doch die Aktivitäten fremder Kaufleute stützten die königliche Macht. Der erstaunlich solide und florierende Staat mit seiner reichen kulturellen Vielfalt – Gottkönigtum, prächtige Tempel und Klöster, tief verwurzelte buddhistische Religion und Lebensweise – blieb davon völlig unberührt.

Die wichtigsten Kraftquellen des Königreichs Siam waren die großen, ertragreichen Reisfelder rings um Ayutthaya, vom modernen Bangkok aus rund 65 Kilometer oberhalb des Chao-Phraya-Stroms gelegen. Jährliche Überschwemmungen sorgten für fruchtbare Böden, und zu Missernten kam es nie.

Land gab es im Überfluss, wenn auch zum größten Teil unbe-
baut. Für sechs Monate oder ein Jahr konnten freie Männer in
königlichen Dienst berufen werden – eine Bürde, die erträglich
war, sofern ihre Angehörigen und Sklaven ausreichend ernte-
ten, um ihren Lebensunterhalt zu bestreiten. Diese Kontrolle
über die Arbeitskraft erlaubte dem König – beispielsweise im
Jahr 1688 –, ein Heer aufzustellen, das jedem fremden Ein-
dringling die Stirn bieten konnte. Freilich konnten sich auch
regionale Statthalter oder höhere Beamte dieses Aufgebots
bedienen. Im 17. Jahrhundert versuchten die Könige, der
Tendenz zur Dezentralisierung entgegenzuwirken, indem sie
die unmittelbare Kontrolle und Protektion des Handels übernahmen. In der frühen Neuzeit Südostasiens war es durchaus
üblich, dass sich die Herrscher in den auswärtigen Handel ihrer
Reiche einmischten, doch nirgends geschah dies so aktiv und
wohl organisiert wie in Siam. Niederländische Quellen berichten von siamesischen »Königsschiffen«, die bis nach Java und
Japan vorstießen.

Ayutthaya wies zahlreiche Tempel jeder Größenordnung
auf. Die eindrucksvollsten waren mit ausladenden Pagoden-
dächern gekrönt, die fromme Buddhisten mit Blattgold dekorierten. Zu manchen Tempeln führten lange Alleen buddhistischer Plastiken, in einem wurde die gigantische liegende Statue
des Erhabenen verehrt. Safrangelb gewandete Mönche waren
allgegenwärtig. Wer allem irdischen Verlangen entsagen und
am Ende des Lebens in der Seligkeit des Nirvana aufgehen
wollte, musste sich ins Kloster zurückziehen, dessen Bewohner
tiefe Verehrung genossen. Viele Knaben verbrachten einige
Jahre ihrer Kinderzeit im Kloster, wo sie erzogen wurden, bevor sie wieder in den Laienstand treten und eine Familie gründen durften. Am Königshof ging es pompös und zeremoniell
zu. Nach buddhistischer Auffassung war der König ein Chakra-
vartin: einer, der das Rad der Gesetze Buddhas dreht.

In und außerhalb der Hauptstadt gab es größere chinesische und portugiesische Gemeinden (die Letzteren oft von gemischt asiatisch-europäischer Abstammung), eine wichtige Faktorei der Ostindischen Compagnie, eine Jesuitenkirche und die zentrale asiatische Schulungsstätte der französischen Société des missions étrangères de Paris. Einige Bediente der königlichen Leibwache waren Abkömmlinge katholischer Japaner, die zu Beginn des Jahrhunderts eingewandert waren. Muslime aus Persien und Indien waren zahlenmäßig ebenfalls stark vertreten, hatten jedoch seit einigen Jahren an Einfluss verloren. König Narai, der in den Jahren 1656 bis 1688 mit beachtlichem Geschick die Regierungsgeschäfte führte, verbrachte einen Großteil des Jahres knapp 65 Kilometer weiter nördlich von Ayutthaya in Lopburi, wo ein königliches Jagdgebiet schrittweise zu einer bescheidenen Residenz mit benachbarter Klosteranlage ausgebaut worden war.

Für die Niederlande und andere europäische Handelsmächte waren in Siam keine Reichtümer zu holen. Tierhäute wurden in erheblichen Mengen feilgeboten, hauptsächlich für den japanischen Markt, ferner einige wichtige Färbehölzer. Doch um diese wenig profitträchtigen Waren führten die Händler, besonders die Chinesen, einen gnadenlosen Konkurrenzkampf. In den sechziger Jahren hatten die Holländer auf dem Weg der militärischen Einschüchterung ein reichlich durchlässiges Exportmonopol für Tierhäute durchgesetzt: Trotzdem fiel es ihrer Faktorei nicht leicht, die eigene Existenz zu rechtfertigen. König Narai war das selbstherrliche Auftreten der Holländer zuwider, weshalb er seit langem schon einen Verbündeten als Gegengewicht suchte. Die Engländer hatten sich als untauglich erwiesen. Schon 1674 hatte sich Narai für gute Beziehungen zu Frankreich eingesetzt und eine Gesandtschaft zu Ludwig XIV. befohlen, die 1681 auf See verschollen war.

Der Mann, der sich Konstantin Phaulkon nannte, war Grieche und stammte aus Kephalonia, das in den achtziger

Jahren des 17. Jahrhunderts von Venedig regiert wurde. Nach Siam war er im Dienst der britischen East India Company gekommen. Den Weg zu König Narai ebnete er sich mit Bestechungsgeldern und Empfehlungen der Engländer, die ihrerseits hofften, er werde seinen Einfluss geltend machen, um ihren Handel zu protegieren. Phaulkon erwies sich als fleißig und hochintelligent. Die Arbeit in der Hierarchie der königlichen Handelsverwaltung ermöglichte ihm, statt der zerstrittenen und inkompetenten Bediensteten der Compagnie unabhängige englische Kaufleute zu begünstigen, die unter Verletzung des britischen Monopols arbeiteten. Er vergrößerte die hofeigene Flotte und heuerte als Schiffsoffiziere Engländer und andere Europäer an. Seine ausgezeichneten Malaiisch- und Portugiesischkenntnisse ergänzte er rasch durch Siamesisch.

König Narai wurde im Jahr 1682 auf ihn aufmerksam, als Phaulkon während einer Audienz für Missionare dolmetschte. Bald führte er lange und regelmäßige Gespräche mit dem König. Nachdem er zum katholischen Glauben konvertiert war (oder zu ihm zurückkehrte), bat Phaulkon einen nach Europa heimkehrenden Missionar, sich bei den venezianischen Herrschern zugunsten seiner Familie einzusetzen. Inzwischen war er zum wichtigsten Vermittler Narais zu dessen potenziellen französischen Verbündeten geworden. 1684 streckte er seine diplomatischen Fühler nach Frankreich aus. Als Antwort entsandte Ludwig XIV. im Jahr 1685 eine eigentümliche Reisegruppe, bestehend aus dem Abt von Choisy, einem eher zynischen Lebemann, und dem Chevalier de Chaumont, der als Protestant erst kürzlich zum Katholizismus übergetreten war und entsprechend großen Eifer und Engstirnigkeit an den Tag legte. Sie sollten Lizenzen für die französischen Aktivitäten in Siam aushandeln und einen ersten Versuch zur Bekehrung des Königs zum Katholizismus unternehmen. Mehrere Astronomen des französischen Jesuitenordens, von denen wir noch hören werden, reisten auf demselben Schiff. Lopburi wurde zur Bühne der Tragödie; hier hatte man eine eigene Residenz für die Gesandten errichtet. Der König gab den Jesuiten Land für die Errichtung eines Observatoriums und kam selbst dorthin, um eine Mondfinsternis zu beobachten.

Von nun an tanzte Phaulkon über die Seile des von ihm selbst geknüpften Netzes. Katholische Eiferer wie Chaumont, die mit den Verhältnissen in Siam nicht vertraut waren, träumten von der Bekehrung des Königs und seines gesamten Reichs. Phaulkon kannte die enge Verbundenheit der Monarchie mit dem Buddhismus, die eine solche Vorstellung illusorisch erscheinen ließ, doch konnte er es sich nicht leisten, dieses elementare Interesse Frankreichs allzu brüsk abzuwehren. Setzte König Narai das französisch-siamesische Bündnis durch, dann wäre dies in erster Linie Phaulkon zu verdanken, und eine bescheidene französische Präsenz in Siam konnte Phaulkon nützlich werden, falls der König starb oder entmachtet wurde. Gebärdeten sich die Franzosen jedoch allzu dominant und aufdringlich, forderten sie Feindseligkeiten der Siamesen heraus und brächten ihn selbst in Gefahr. Vorläufig störten ihn nur die Bittschriften Chaumonts an den König, in die meist kleinere Traktate über die erlösende Heilslehre Christi eingeflochten waren. Phaulkon, der für die Gesandten dolmetschte, pflegte sie einfach wegzulassen.

Dann überzeugte er Chaumont, dass weit mehr zu erreichen wäre, wenn er Narai eine Allianz mit dem Sonnenkönig anböte. So geschah es, und der beglückte König schickte drei hochrangige Botschafter auf die weite und gefahrvolle Reise nach Frankreich. Darüber wurde viel gespottet und geschrieben, und Ludwig XIV., der seine Machtfülle auf diese weite Entfernung noch deutlicher unterstreichen wollte als im heimischen Europa, empfing sie vor seinem juwelengeschmückten Thron, der sich am Ende des Spiegelsaals auf einem

Podest erhob. Der eigentliche Drahtzieher bei diesem Austausch war der Jesuit Guy Tachard, der eine geheime Botschaft von Phaulkon überbrachte: Frankreich sollte eine schlagkräftige Truppe in Singora (Songkhla) stationieren, einem siamesischen Hafen, der an der Ostküste der Malaiischen Halbinsel lag.

Als sich die siamesische Gesandtschaft 1687 auf den Heimweg machte, wurde sie von zwei neuen französischen Vertretern begleitet. Einer von ihnen, Simon de la Loubère, nutzte seinen mehrmonatigen Aufenthalt in Siam und sammelte Material für eines der gescheitesten und faktenreichsten Bücher, die in Europa bis 1700 über irgendeinen Teil Asiens entstanden sind. Der andere war Pater Tachard, der unter der Hand die eigentlichen Befehle aus Versailles ausführen sollte, mit Wissen und Beihilfe Phaulkons. Auf sechs Kriegsschiffen reisten ferner 600 Soldaten mit, von denen 200 die Reise nicht überlebten. Gleichwohl war es noch immer ein stattliches Heer, weit größer, als Phaulkon es sich vorgestellt hatte. Zu seinem Schrecken erfuhr er, dass Tachard Befehl hatte, die Truppe im stromabwärts von Ayutthaya gelegenen Bangkok zu stationieren. Dies hätte den Franzosen den unmittelbaren militärischen Zugriff auf das Königreich gewährt.

Wollte sich Phaulkon darauf einlassen, hätten ihn wohl die meisten Siamesen des Landesverrats bezichtigt, wobei er sich in Bangkok unschwer in Sicherheit bringen könnte. Weigerte er sich, blieben die Franzosen womöglich als feindliche Eindringlinge im Land, und er könnte noch froh sein, wenn er mit heiler Haut davonkäme. Zunächst sorgte er dafür, dass er als Einziger befugt war, in dieser Sache für König Narai zu verhandeln; dann akzeptierte er die Präsenz der Franzosen in Bangkok unter der Bedingung, dass sie König Narai einen Treueid schworen. Die Truppe wurde auf den siamesischen Herrscher vereidigt und errichtete ihr befestigtes Lager mitten im Seuchengebiet der insektenschwirren-

den Sümpfe. Ihr Kommandant, der schon betagte General
Desfarges, stimmte Phaulkons Vorhaben zu. Die beiden fran-
zösischen Gesandten traten gegen Ende des Jahres 1687 die
Heimreise an.

Dann begann Phaulkons Netz zu zerfasern. König Narai
hielt sich auf seinem Landsitz in Lopburi auf, keine fünf Minuten von Phaulkons Unterkunft in der für die französische
Gesandtschaft errichteten Residenz entfernt. Gesundheitlich war es nicht gut bestellt um den König, und die Rege-
lung seiner Nachfolge wurde immer dringlicher. Phaulkon
schloss sich Narais Option an und unterstützte einen adop-
tierten Sohn namens Pra Pi. Doch der König hatte außerdem
noch zwei Brüder, die mit Phaulkon nichts anzufangen wussten, unverkennbar eigene Ziele verfolgten und schon jetzt in
quasiköniglicher Manier Hof hielten. Der gerissenste Kandidat, der zugleich den größten Vorteil aus der verbreiteten
Abneigung gegen Phaulkon und die Franzosen ziehen
konnte, war indessen ein hoher Beamter namens Phetracha.
Eine Schwester und eine Tochter von ihm gehörten zu Narais Harem. Wegen der sich abzeichnenden Regierungskrise
und zur Landesverteidigung gegen die französische Bedrohung strömten Bewaffnete von überall her nach Ayutthaya.
Phaulkon bat Desfarges um die Verlegung weiterer Truppen
in den Norden von Ayutthaya, nach Lopburi, wo sie ihm,
Narai und Pra Pi Schützenhilfe geben sollten. Desfarges
hatte sich – nach längeren Gesprächen mit einem unzufrie-
denen Kommissionär der französischen Compagnie des Indes
Orientales, der zugleich Priester der Gesellschaft für Aus-
landsmission war – inzwischen von Phaulkon abgewandt. Er
begriff, wie stark Phaulkon angefeindet wurde, und hatte wenig für dessen jesuitische Kontakte übrig. Daher weigerte
sich der General, seine Truppen weiter als bis Ayutthaya
marschieren zu lassen.

Freunde warnten Phaulkon, er schwebe in Lebensgefahr,

und rieten zur Flucht. Doch er weigerte sich. Holländischen Quellen zufolge blieb er dem Palast tagelang fern; am 19. Mai begab er sich wieder dorthin. Seine silberne Sänfte kehrte leer zurück. Unter der Folter wollte man ihm ein Geständnis und Auskunft über den Verbleib seiner Schätze abpressen. Doch gab es nicht viel zu holen: Phaulkons Vermögen steckte überwiegend in Anteilen der französischen Compagnie des Indes Orientales. Am 4. Juni 1688 wurde er enthauptet. Seinen Leichnam hieb man entzwei und bettete ihn in ein flaches Grab, aus dem ihn später die Hunde hervorscharrten.

Um diese Zeit war Pra Pi bereits tot; seinen Schädel warf man dem entsetzten Narai vor die Füße: »Da hast du deinen König!« Am 9. Juli wurden Narais Brüder mit Bambusrohr totgeprügelt; königliches Blut zu vergießen war tabu. Narai verstarb am 11. Juli, und Phetracha konnte ohne nennenswerten Widerstand den Thron besteigen. Die Holländer kamen ihm ein paar Kilometer stromaufwärts entgegen, um ihn zu begrüßen, als er am 1. August in einer prachtvollen Schiffsprozession, die auch den Leichnam des Königs Narai mit sich führte, nach Ayutthaya herunterkam.

Noch immer hielten sich die französischen Truppen in ihrem Lager bei Bangkok auf. Im August war ein Kriegsschiff mit 200 unverbrauchten Soldaten eingetroffen. Von bewaffneten Außenposten und Patrouillen zur Bekämpfung der Piraterie kamen weitere Schiffe zur Verstärkung. Über dem Lager bei Bangkok wehte die siamesische Flagge. Dennoch wollte man die Anwesenheit der Franzosen nicht länger dulden, und das siamesische Heer war ihnen trotz schlechter Ausbildung und miserabler Bewaffnung zahlenmäßig weit überlegen. Der neue Herrscher zeigte sich geneigt, die Franzosen friedlich abziehen zu lassen. Am 2. November setzten sie sich flussabwärts in Bewegung. Mit den Holländern unterzeichnete der König am 14. November einen Handelskontrakt.

Am 26. Dezember machten einige der Franzosen bei Malakka Station. Siam sei ein Sumpf, erklärten ihre Befehlshaber, wo die Grausamkeit regiert. Sie hofften inständig, dass ihr König mit solchen Menschen nichts mehr zu tun haben wolle. Und dabei blieb es.

TEIL III

GETRENNTE WELTEN: RUSSLAND, CHINA, JAPAN

Um 1550 nahm ganz Europa regelmäßigen Handelsverkehr mit den Häfen dreier Großreiche auf, von denen man genau genommen kaum etwas wusste. Noch 1688 waren alle drei aus europäischer Sicht fremde Welten. Für Europäer waren China und Japan grundsätzlich »andersartiger« als Russland, weil ihre Zivilisation nicht im europäischen Mittelmeerraum wurzelte. 1688 gab es noch keine europäische Vertretung in Edo, der Hauptstadt der japanischen Militärherrscher, und die einzigen Europäer in Peking waren ein paar hundert russische Kriegsgefangene und eine Hand voll Jesuiten. Die extrem strenge Aufsicht, der sämtliche Auslandsbeziehungen in Japan unterlagen, war eine Reaktion auf die Unterwanderung durch Missionare und japanische Neukatholiken. Doch davon abgesehen, blieben Politik und Kulturtraditionen jener beiden Völker von europäischen Kontakten unberührt.

In Europa hatten Reiseberichte aus China mehr verändert als in China die in dortigen Häfen ankernden europäischen Schiffe. Das von Jesuiten propagierte Chinabild war in den achtziger Jahren des 17. Jahrhunderts überall bekannt und sorgte dafür, dass sich neue philosophische Richtungen am angeblichen Vernunftideal der chinesischen Herrscher orientierten. Für manche Intellektuelle wurde China zur »Großen Alternative«, die neue Möglichkeiten des Denkens und eine von der eigenen Verfasstheit radikal unterschiedene Gesellschaftsstruktur aufzeigte. China, Japan, Russland – und Indien – lieferten in jeweils wechselnden Epochen bis in unsere Zeit hinein der europäischen und amerikanischen Gesellschaftstheorie die »Große Alternative«. Im Jahr 1688 begann man gerade erst, diese Länder näher kennen zu lernen und als Beispiele und Vergleichsobjekte heranzuziehen. Bis heute öffnet sich dadurch eine Schranke nach der anderen und gibt den Blick frei auf immer neue Möglichkeiten menschlicher Existenz.

8. DAS IMPERIUM PETERS DES GROSSEN

General Patrick Iwanowitsch Gordon verbrachte das ganze Jahr 1688 in der Umgebung Moskaus, sprach mit Angehörigen der Oberschicht und erfuhr manches, was er nicht einmal seinem persönlichen Tagebuch anzuvertrauen wagte. Auf dem Höhepunkt seiner Karriere als Befehlshaber der Armeen beider Zaren grauste es ihm noch immer vor der Bereitschaft zu Niedertracht und Verrat im inneren Kreis der russischen Staatsmacht. Gordon war ein Katholik aus Schottland, der mit 16 Jahren das Elternhaus verlassen hatte, um sein Glück zu machen. Im Sold Schwedens, Polens und des Heiligen Römischen Reichs Deutscher Nation stehend, hatte er siegreich gekämpft und meist unter schottischen Befehlshabern gedient. Den Entschluss, nach Russland zu kommen und seine Dienste anzubieten, hatte er auf der Stelle bereut angesichts der ihm schmuddelig erscheinenden Städte und ihrer »mürrischen« Einwohner. Doch er wusste: Als Katholik kam er aus Ländern, mit denen Russland oft kriegerische Auseinandersetzungen führte, weshalb man ihn als Spion verdächtigen und nach Sibirien schicken würde, sobald er sich anschickte, das Land zu verlassen. So kam er unter den Zaren zu Ruhm und Ehre, konnte sich in einem Feldzug gegen die Osmanen bewähren, kommandierte die Garnison Kiew, diente als Quartiermeister bei einer misslungenen Strafexpedition gegen die Tataren und wurde 1688 Oberst eines Regiments.

In Moskau gab es eine gewisse Anzahl katholischer Militärs aus Deutschland und Schottland. Ab und zu gestattete man ihnen oder ihren Söhnen die Ausreise. Mit ihren Angehörigen in der Heimat hielten sie Verbindung und waren einigermaßen gut informiert über die Geschehnisse anderswo in der Welt. Gordons Tagebuch von 1688 verzeichnet die Festnahme der sieben Bischöfe in London, die Landung Wilhelms von Oranien in England, die französische Eroberung von Philippsburg am Rhein und die habsburgischen Siege in Belgrad und Bosnien.

Im 17. Jahrhundert waren wohl die meisten Städte schmutzig, verwahrlost und voller Gefahren, aber Moskau gehörte zu den schlimmsten. Angesichts endloser Wälder ringsum, die das Holz lieferten, überrascht es kaum, dass es hier fast nur Blockhäuser gab. Wo sie bemalt und mit Schnitzwerk dekoriert waren, mochten sie den Reisenden mitunter an geräumigere und bequemere Holzbauten einer größeren Metropole weit unten im Süden erinnern: Istanbul. Enge und hoch aufragende orthodoxe Kirchen mit ihren Zwiebeltürmen prägten das Straßenbild. Die Sommertage konnten lang werden, doch mit einsetzender Winterkälte brachen die Nächte immer früher an, und im Frühling machte der Schlamm die Straßen unpassierbar.

Ein schlüpfriges Pflaster war auch die Politik in Moskau, und sie ließ ebenfalls gelegentlich an Istanbul denken. Die Kalifen des Osmanischen Reichs benötigten für weitreichende militärische Unternehmungen starke Eingreiftruppen. Diese kamen nicht aus dem eigenen Land, sondern aus tributpflichtigen Territorien und wurden von Provinzgouverneuren nach festen Kontingenten ausgehoben. Nicht anders hielten es die moskowitischen Zaren. Für die jährlich wiederkehrenden Kriegszüge mochte das angehen, doch reichte es nicht, um den Herrscher und seinen Hof vor den vielen innenpolitischen Feinden zu schützen und in der Hauptstadt für ein Minimum an Ruhe und Ordnung zu sorgen. Hierfür benötigte man Berufssoldaten im lebenslangen Dienst wie die Janitscharen in Istanbul und die Strelitzen in Moskau. Diese Elitetruppen wussten nur zu gut, dass sie die Fäden in der Hand hielten, weshalb sie sich immer wieder an den Machtkämpfen um die Thronfolge und an höfischen Intrigen beteiligten. Den jeweiligen Dienstrang konnten sie ihren Söhnen vererben, und ihre Privilegien nutzten sie schamlos aus, um in der Hauptstadt Läden zu betreiben und ihr Geld auf allerlei unsoldatische Weise zu verdienen.

Doch Moskau war Fremden gegenüber bei weitem nicht so aufgeschlossen wie das weltläufige Istanbul. Der ständige Zustrom an frischem Blut und neuen Talenten, leibeigenen Beamten und Haremsfrauen, der den osmanischen Machtapparat regelmäßig verjüngte, blieb in der russischen Hauptstadt aus. Moskau war auch keine Drehscheibe des Welthandels und des interkulturellen Austauschs. Ausländer, die sich dennoch hier niederlassen wollten, wurden auf ghettoähnliche Wohnviertel am Stadtrand verwiesen. Wer nach Russland gekommen war, um sein Glück zu machen oder Anstellung zu finden, erfuhr oft erst im Nachhinein, dass man ihn nicht ohne weiteres wieder gehen ließ. Mitten in der Stadt ragte die eindrucksvolle Festung des Kreml mit seinem Palast und den prunkvollen alten Kirchen empor. Die Zaren verließen den Kreml nur für seltene und feierliche Prozessionen.

1688 gab es in Russland zwei Zaren: Iwan V. lebte im Kreml und war 22 Jahre alt, kränklich und schwachsinnig; kaum dass er sich ohne fremde Hilfe aufrecht halten konnte. Zar Peter, Iwans Stiefbruder und erst 16 Jahre alt, verbrachte die meiste Zeit auf seinem Landsitz. Er galt als lebhaft, neugierig, übermütig und groß gewachsen für sein Alter: Schon als er elf Jahre alt war, hielten ihn Mitglieder einer schwedischen Gesandtschaft für einen 16-Jährigen. Den Kreml durfte er nur betreten, wenn es das Hofzeremoniell erforderte. Ehr-

geizige Verwandte seiner Mutter hatten, als Zar Fjodor Ale-
xejewitsch 1682 gestorben war, den Hofrat überredet, unter
Umgehung Iwans dessen vielversprechenden jüngsten Bruder
Peter auszurufen. Doch dann hatten Verwandte von Iwans
Mutter eine Meuterei der Strelitzen angezettelt, bei der zwei
von Peters Angehörigen in Stücke gehauen und vor der
Kremlmauer zertrampelt worden waren. Iwan und Peter wur-
den daraufhin zu gleichberechtigten Zaren ernannt. Die Re-
gentschaft im Kreml lag in den Händen der Schwester Iwans,
Prinzessin Sofia. Peter und seine Mutter hielt man von der
Macht fern; sie konnten von Glück sagen, dass man sie auf
ihrem Landsitz in Frieden ließ.

Und ein Glück war es wirklich. Im Kreml lebten der Zar
und seine Umgebung nach strengem Hofzeremoniell. Doch
hätte Iwan auch ohne solche Beschränkungen kaum etwas
lernen oder zustande bringen können. Peter hingegen machte
das Beste aus seiner Freiheit. Die Ausländervorstadt lag nicht
weit von seiner Residenz. Hier erfuhr er viel Wissenswertes
über die Verhältnisse in anderen Ländern, über Rohstoffe,
Naturwissenschaften und sogar Handwerkskünste – er selbst
dilettierte als Zimmermann und Schmied.

Doch vor allem war es die Kriegskunst, die ihn faszinierte.
Gemeinsam mit einer Gruppe junger adliger Freunde ging er
auf den Exerzierplatz und ins Manöver. Als Zar stand ihm die
erforderliche Ausrüstung zu, sogar Kanonen, wenn er wollte,
und von den Truppen ließ er kleine Bollwerke errichten.
Seine »Armee«, der auch manche Nichtadlige angehörten,
wurde immer größer; einige ausländische Offiziere halfen
ihm bei der Ausbildung. Peter übernahm nicht den Posten des
Obersten, sondern fing begeistert als Trommlerjunge an und
absolvierte von der Pike auf die militärische Laufbahn – allerdings sehr zügig, versteht sich. Bald unterstanden 300 junge
Männer seinem Befehl, später weitere 300 auf einem benachbarten Gut. Auch wenn sie sich mit den Strelitzen nicht mes-

sen konnten, war dies ein eindrucksvolles Beispiel für den Lerneifer und die Reformbereitschaft des jungen Zaren, besonders in militärischen Angelegenheiten. Die beiden Regimenter mit je 300 Mann wurden zur Keimzelle des berühmten kaiserlichen Garderegiments, das bis 1917 existierte.

Während Zar Peter und seine verwitwete Mutter weitgehend ausgeschaltet waren, führten Prinzessin Sofia und ihr Günstling, Prinz Wassili Golizyn, die Regierungsgeschäfte. Unter Leitung von Golizyn scheiterte 1687 ein größerer Feldzug gegen die Krimtataren: Golizyn war kein begabter Kommandant, und gegen die bewegliche tatarische Kavallerie kamen die Russen nicht an. Im Jahr 1688 behielten die Herrscher ihre Armee in Moskau. Es bestand Ungewissheit: Würden die französischen Übergriffe auf Süddeutschland das Heilige Römische Reich zu einem Separatfrieden mit der Hohen Pforte bewegen, der Osmanen und Tataren im Kampf gegen Russland den Rücken freihielte? Allem voran war die Niederlage von 1687 schmachvoll für ein Regime, das durch blutigen Putsch an die Macht gekommen war und einen der feierlich gesalbten Zaren zur Untätigkeit verdammte, während Prinzessin Sofia immer mehr autokratische Herrschaftsrechte beanspruchte.

Zu Beginn des Jahres 1688 hegte General Gordon noch immer Hoffnungen auf einen erfolgreicheren Tatarenfeldzug im Sommer. Was ihn beunruhigte, waren vor allem die ständigen Ausschreitungen der Kosaken: Russen, die der Armut und Leibeigenschaft entflohen waren, um in den endlosen Weiten der Steppe unter selbst gewählten Anführern zu leben. Die Nerven lagen diesmal besonders blank, weil zahlreiche Kosaken zu den Altgläubigen an die Wolga geflüchtet waren, in die Siedlungen derjenigen, die sich der jüngsten Liturgiereform der russisch-orthodoxen Kirche entziehen wollten. Überdies belegen Gordons Notizen die Bereitschaft des Kreml, vielen Kosakenführern Autonomie zu gewähren, damit keiner den Vorrang beanspruchen konnte. Dadurch wurde die Unruhe zusätzlich angeheizt.

Zwar kam es 1688 nicht mehr zu Ausschreitungen in Moskau, doch gab es einige Großbrände, von denen einer über 10000 Häuser zerstört haben soll. Die Darlehen für den Wiederaufbau von Häusern leerten die Regierungskassen, weshalb Gordon und anderen Offizieren der Sold nicht ausgezahlt werden konnte. Von dem gereizten politischen Klima im Zentrum der Macht bekam Gordon offenbar allerlei mit, doch nur in Ausnahmefällen vertraute er sein Wissen seinem Tagebuch an, beispielsweise in der Erwähnung rätselhafter »geheimer Verbindungen«. Zar Peter zog von Jahr zu Jahr mehr Pfeifer und Trommler von Gordons Truppe und anderen Regimentern ab.

Über die bemerkenswerten Fortschritte in der Ausbildung des jungen Zaren berichtet uns Gordons Tagebuch von 1688 nichts. Von einem aus Frankreich zurückkehrenden Diplomaten hatte sich Peter einen Sextanten erbeten; der Kaufmann Frans Timmerman, ein Niederländer, demonstrierte ihm, wie man damit umgeht. Im Juni besichtigten er und Timmerman zufällig ein Lagerhaus auf einem kaiserlichen Gutshof und entdeckten den umgedrehten Rumpf eines kleinen Segelboots westlicher Bauart. Peter war entzückt, als er hörte, dass man mit einem solchen Boot hart am Wind segeln und teilweise sogar gegen ihn kreuzen konnte. Ein anderer Holländer wurde hinzugezogen, der den Rumpf flickte, ein Segel aufzog und das Boot auf einem nahen Fluss zu Wasser ließ. Peter begeisterte sich ebenso dafür wie zuvor für Drill und Kanonenfeuer. Bald richtete er eine kleine Werft ein, wo mehrere Boote gezimmert wurden, und er arbeitete gemeinsam mit den Konstrukteuren, um ihr Handwerk zu erlernen. Keines dieser Schiffe wurde vor Einbruch des Winters fertig, doch im folgenden Jahr setzten sie die Arbeit fort, und die Begeisterung für Boote und Seefahrt ließ Peter nicht mehr los. Das

Boot, das er und Timmerman entdeckt hatten, ist noch heute erhalten und wird im russischen Marinemuseum ausgestellt.

Im Jahr 1689 führte Golizyn einen neuen Feldzug gegen die Tataren, diesmal bis hinauf zur Krim, machte dann aber kampflos wieder kehrt. Bei seinem Eintreffen in Moskau ließ er sich als Sieger feiern, doch die Wahrheit sprach sich bald herum. Prinzessin Sofia hielt die Zeit für gekommen, die ganze Macht an sich zu reißen. Einige von Peters Anhängern erzwangen eine Entscheidung, indem sie ihn aus dem Schlaf rissen und vor den vermeintlich herannahenden Strelitzen warnten. In seiner Todesangst flüchtete Peter in ein befestigtes Kloster, wo er Adlige und Generäle um sich versammelte. Auch die Offiziere fremder Herkunft ließ er rufen. Gordon wollte sich zuvor mit Golizyn beraten. Dieser zeigte sich unschlüssig und nervös, und Gordon entschied sich für Peter. Andere Ausländer folgten seinem Beispiel. Golizyn wurde an den Polarkreis verbannt, Prinzessin Sofia in ein nahe gelegenes Kloster. Zar Iwan V. verzichtete auf die Regierungsgewalt. Jetzt hatte Peter der Große, wie man ihn bald nennen sollte, die unbeschränkte Macht.

In den neunziger Jahren des 17. Jahrhunderts schuf er die Grundlagen für die einschneidenden Reformen der nächsten Jahrzehnte. Er reiste nach Archangelsk und in die Arktis, wo er zum ersten Mal das Weltmeer sah. Mit einer eindrucksvollen Gesandtschaft besuchte er Frankreich, England und die Niederlande, wo er in einer Schiffswerft arbeitete. In Amsterdam traf er mit dem Staatsmann und Philosophen Nicolaas Witsen zusammen. In England verwandelten er und seine Begleiter John Evelyns Landhaus in eine Ruine. Grausam unterdrückte er einen Aufstand der Strelitzen. Nach der Regierungszeit Peters des Großen waren Russland und Europa nicht wiederzuerkennen.

In seinem Reich sah sich Zar Peter mit unterschiedlichsten Herausforderungen konfrontiert, oft über größte Entfernungen hinweg und manchmal unter den harten klimatischen Bedingungen des russischen Winters. Unser Jahr bietet zu Beginn und gegen Ende eine Fülle von Beispielen.

Fjodor Alexejewitsch Golowin, der als Botschafter der Zaren Peter und Iwan einen Friedensvertrag mit dem Reich der Qing (ausgesprochen wie »Ching«) aushandeln sollte, verbrachte die Zeit vom 25. Januar bis zum 25. März 1688 im russischen Vorposten Selenginsk, südöstlich des Baikalsees. Der Ort war von Mongolen umstellt. Endlich trafen Kosaken zum Entsatz ein und schlugen die Mongolen zurück, aber keinen Tag zu früh: Die Nahrungsmittel gingen schon zur Neige, den Reittieren versagten die Kräfte. Waren die Lebensumstände schon innerhalb der Palisadenfestung schwierig, so dürfte es den Belagerern in den Filzjurten kaum besser ergangen sein. Die beschwerliche Einkesselung mitten im grausamen sibirischen Winter lässt darauf schließen, dass die Mongolen sehr wohl wussten, was bei der Gesandtschaft Golowins auf dem Spiel stand.

Das rasante Vordringen von russischen Händlern und Siedlern nach Sibirien war wohl die größte geopolitische Leistung im 17. Jahrhundert. Angefangen mit dem legendären Kosaken Jermak um 1580 nutzten russische Kundschafter das System der Flüsse und Nebenflüsse und erreichten 1639 den Pazifik. Die von ihnen gegründeten Vorposten entwickelten sich mit der Zeit zu Handelsmärkten. Von der Bevölkerung wurden Pelze gekauft oder als Tribut erhoben *(jasak)*, wie er seit jeher den regionalen Oberherren zustand. In geringer Zahl ließen sich Siedler, darunter viele Strafgefangene und Analphabeten, in der Nähe dieser Vorposten nieder. Sie legten Rodungen an und erschlossen um 1640 fruchtbare Böden für den Weizenanbau im Tal des Amur, an der jetzigen Nordostgrenze der Volksrepublik China und in nördlicher Nachbarschaft zu den Mandschu-Völkern, die das Qing-Reich begründeten. In den fünfziger Jahren hatten sie die Russen aus dem Amurbecken verdrängt, doch dann ließ die Wachsamkeit der Qing nach, und die Eindringlinge kehrten zurück. Erst 1683, nachdem sie Taiwan erobert hatten, versuchten die Qing erneut, die Russen zu vertreiben – sei es durch Diplomatie oder, wenn nötig, mit Gewalt. Der Vorposten in Albazin wurde 1686 belagert; die Russen zogen sich zurück, um bald darauf wiederzukommen. Nach einer weiteren Belagerung im Jahr 1685 gaben die Qing auf, als sie erfuhren, dass sich ein russischer Unterhändler auf den Weg gemacht habe, um ein Friedensabkommen zu schließen.

Vierhundert Jahre zuvor hatten die Mongolen über Peking und Nanking, Kiew und Moskau, Isfahan und Bagdad geherrscht. Nach dem Niedergang ihres Weltreichs wurden sie in ihre Heimat zurückgedrängt, doch ihre außerordentlich schnelle und kriegerische Reiterei war noch immer gefürchtet. Die Feuerwaffen ihrer sesshaften Gegner hatten allerdings das Gleichgewicht der Kräfte zu ihren Ungunsten verändert. Das russische Vordringen gefährdete sie noch in anderer, subtilerer Weise. Nicht dass die Russen stärker oder die strittigen Territorien für die Mongolen lebenswichtig gewesen wären. Vielmehr gerieten die Mongolen durch die russische Expansion in eine heikle geopolitische Lage. Sowohl die Qing als auch die Russen fürchteten ein Bündnis des jeweiligen Partners mit den Mongolen, obwohl sie einander überhaupt nicht kannten. Namentlich der Verlauf der Amurgrenzlinie war umstritten. Solange die Russen und die Qing Frieden hielten, hatte keine der beiden Parteien zu fürchten, dass die mongolische Reiterei vom Wohlstand und von den Feuerwaffen der anderen profitierte. Beide konnten ihre Randgebiete in der mongolischen Steppe einigermaßen ungestört kultivieren. Die Mongolen blieben außen vor, eingeklemmt im Schraubstock zwischen den Großmächten Russland und China.

Gegen Ende des Jahres 1687 schickten Golowin und der
Kangxi-Kaiser Gesandte nach Urga, ins bedeutendste politische und religiöse Zentrum der Mongolen. Mag sein, dass
der Qing-Vertreter zur Belagerung von Selenginsk angestif-
tet hatte. Jedenfalls war den Mongolen die weit vorgescho-
bene und exponierte Stellung der Russen ein Dorn im Auge.
Die Belagerung spornte Golowin erst recht an, Verhandlungen mit den Qing aufzunehmen, und aus Peking kamen
Kundschafter mit der Nachricht, dass man eine Unterredung in Selenginsk akzeptiere. Doch mit dem Jahr 1688
wandelte sich das gesamte Geflecht der mongolischen Politik. Selenginsk wurde unzugänglich für die Qing; der Kaiserhof musste sich seinerseits stark einschränken und um Frieden bemühen. Galdan kam als Khan der Dsungaren aus der
westlichen Mongolei, um mit den Khalkhas die engsten Verbündeten der Qing vernichtend zu schlagen. Die Khalkhas
wurden weit nach Südosten getrieben; Hunderttausende
suchten Asyl in den Gebieten der Qing. Galdan war bereit,
sich entweder mit den Qing oder den Russen zu verbünden,
doch beide wollten Frieden schließen, und keiner von ihnen
hätte gern einen ehrgeizigen neuen Mongolenführer aufge-
wertet.

Botschafter Golowin traf schließlich im Jahr 1689 mit einer
chinesischen Delegation in Nertschinsk, östlich von Selenginsk, zusammen. Da man sich sprachlich nicht anders verständigen konnte, machten sich die Delegationen die
Lateinkenntnisse zweier Jesuiten von der Mission in Peking
und eines Polen in russischen Diensten zunutze. Im historischen Vertrag von Nertschinsk erklärten die Russen ihre Bereitschaft, sich hinter den Amur zurückzuziehen. Die Grenze
der Mongolei wurde nicht festgelegt, doch traf man Verein-
barungen über den Handel mit sibirischen Pelzen auf dem
chinesischen Markt. Die Russen durften ungestört Sibirien
urbar machen, und Kangxi konnte sich wieder auf die Be-

kämpfung der Dsungaren konzentrieren. Der Kaiser selbst leitete 1696 eine Strafexpedition und entmachtete Galdan in einer Schlacht bei Urga, nicht weit vom modernen Ulan Bator, womit sich der Schraubstock noch enger um das Steppenvolk spannte.

In der Finsternis der kürzer werdenden Tage im Winter 1688 warteten Truppen des Zaren ab, bis der Onegasee einige Meter tief gefroren war. Dann stießen sie über das Eis zum Kloster Paleostrowskij vor, das auf einer Insel mitten im See lag. Beißender Frost herrschte am 23. November, und das Tageslicht währte nur fünf Stunden. An diesem Tag erstürmten die Angreifer die Zinnen des Klosters, das von Altgläubigen besetzt war. Die Verteidiger wichen zur oberen Kapelle zurück, zogen die Leitern hoch und setzten alles in Flammen. Als das Kloster niedergebrannt war, durchsuchten die Männer des Zaren die rauchenden Trümmer und zogen sich dann über das Eis zurück. Bald wurden die Tage noch kürzer, und frischer Schnee bedeckte alles. Wie es heißt, waren rund 1500 Altgläubige im Feuer ums Leben gekommen.

Für die Menschen des 17. Jahrhunderts waren die Wälder in Nordrussland beängstigend. Verschlammte Böden, Sümpfe und Schwärme von Insekten machten in den Sommermonaten die Mühsal des Reisens zur Qual. Leichter war es, sich im Winter auf Skiern fortzubewegen, über Schnee und gefrorene Teiche hinweg, doch herrschte nur wenige Stunden Helligkeit, die Kälte war unerbittlich, und ein plötzlicher Schneesturm bedeutete für Reisende, die fern von ihrem Obdach weilten, den sicheren Tod. Die schönen und gespenstischen Waldgebiete rings um die Binnenseen Ladoga, Onega und Wyg Osero zwischen dem Finnischen Meerbusen und dem Weißen Meer wurden im späten 17. Jahrhundert zum zentralen Schauplatz des Konflikts zwischen Zarenreich und Staatskirche einerseits und den Altgläubigen andererseits, welche jene für Teufelswerk, wenn nicht gar für die apokalyptische Herrschaft des Antichristen hielten. Der Streit hatte in den fünfziger Jahren begonnen, als der russisch-orthodoxen Kirche durch ihr Oberhaupt, Patriarch Nikon, eine Liturgiereform verordnet wurde. Widersprüche sollten beseitigt, die Messordnung insgesamt der Praxis der griechisch-orthodoxen Bruderkirche angeglichen werden. Die schwerwiegendste dieser Bestimmungen bestand darin, das Kreuzzeichen fortan nicht mehr, wie bisher üblich, mit zwei, sondern mit drei Fingern zu schlagen. Das erschien frommen russischen Christen als blanke Ketzerei. Für sie wurde die Gemeinschaft des Glaubens, die Verbindung des Menschen mit dem Allerhöchsten, immer wieder erneuert, wenn in den hohen steinernen Kathedralen oder ländlichen Holzkapellen der schlichte Wohlklang der Chöre erscholl, wenn Ikonen im Zwielicht schimmerten, aber auch in jeder Bewegung, jeder winzigen Geste des Priesters und des Betenden. Ein Abweichen von der Tradition hätte die göttliche Harmonie zerstört. Schließlich war Russland seit dem Niedergang der Alten Welt und seit dem Verlust von Byzanz das dritte Rom geworden, der letzte Hort des wahren Christentums! Wer dessen Rituale der gottvergessenen Neuzeit anpassen wollte, setzte den Glauben selbst aufs Spiel.

Die Gegner der Nikonschen Reformen betrachteten diese als Indiz dafür, dass die »Zeit des Leidens« angebrochen sei und der Weltuntergang bevorstand. In den letzten Tagen der Menschheit sollte der Fromme die reine Lehre wahren, die böse Welt fliehen und in der Wüste leben, um sich zu kasteien und das Ende zu erwarten. Diese Prophezeiungen und Ideen waren fast so alt wie das Christentum selbst, und seit Menschengedenken gab es Eremiten in Russland, die in den unermesslichen Wäldern ihre »Einsiedelei« fanden oder lose anachoretische Grüppchen um sich sammelten. Gegen Ende des 17. Jahrhunderts gesellten sich zu dieser religiösen Weltflucht auch diesseitige Motive, wenn Bauern sich der neuen Gesetzgebung entzogen, die sie als Leibeigene an die Scholle binden sollte.

Zum bewaffneten Widerstand der Altgläubigen gegen die Staatsmacht kam es zunächst im Winter 1675/76 auf einem Inselkloster im Weißen Meer. 1667 hatte die Obrigkeit die bedingungslose Unterwerfung des Klosters gefordert und eine Blockade verhängt. Sie endete über acht Jahre später in fast arktischem Frost mit der Plünderung des Klosters und der Ermordung fast aller Bewohner, von denen nur 14 überlebten. Die lange Belagerung hatte die Mönche radikalisiert und bewirkt, dass sie sich mittlerweile jeder staatlichen Autorität widersetzten, das Gebet für den Zaren verweigerten, ihn sogar in »entsetzlichen« Worten verfluchten und möglicherweise auch Teilnehmer eines blutig niedergeschlagenen Aufstands beherbergten. Die Bauern in der Umgebung hatten mit ihnen sympathisiert und Lebensmittel ins Kloster geschmuggelt. Einigen Mönchen war es gelungen, den Belagerungsring zu durchbrechen und ihre Lehren als Wanderprediger zu verbreiten. Als noch beunruhigender erwies sich die Meuterei der Strelitzen in Moskau von 1682. Altgläubige hatten sich den Rebellen angeschlossen, einer ihrer Sprecher bezichtigte die Regentin Sofia persönlich. Auch dieser Aufstand konnte niedergeschlagen werden. Doch unter dem Eindruck einer durch religiöse Dissidenz beflügelten Militärrevolte nahm der Hof nunmehr den Kampf mit den Altgläubigen auf.

Die Altgläubigen versuchten gar nicht erst, sich mit der Staatsmacht auszusöhnen, die ihnen den Garaus machen wollte. Vorsorglich zogen sie sich in entlegene Gebiete zurück und leisteten entschlossene Gegenwehr, wo immer sie eingekesselt wurden. Erlagen sie der Übermacht, winkte ihnen der Lohn des Martyriums. Das Paradies erschien verheißungsvoller als ein Weiterleben bis zum Jüngsten Tag unter dem zaristisch-antichristlichen Schreckensregiment. Seit den sechziger Jahren hatten immer wieder ganze Gemeinden von Altgläubigen den Freitod gesucht und ihre Kirchenbauten und Forts angezündet, in denen reichlich Feuerholz, Teer und Stroh lagerten. Der bedeutendste geistliche Führer der Altgläubigen, Erzpriester Awwakum, errichtete sich 1682 selbst den Scheiterhaufen. Angesichts der asketischen Tradition mit langwierigen, peinigenden Übungen zum Abtöten der Fleischeslust und Läutern der Seele erschien manchen Fanatikern der Feuertod als prompter, spektakulärer und vollständiger Läuterungsprozess verlockend.

Zu Beginn des Jahres 1687 stürmten Altgläubige zu Hunderten das im Onegasee gelegene Inselkloster Paleostrowskij – eine eindeutige Provokation, um den unvermeidlichen Endkampf mit dem Antichristen herbeizuführen. Die in der Umgebung stationierten Streitkräfte reagierten sofort und brachten das Paleostrowskij-Kloster in ihre Gewalt. Am 4. März 1687 verbarrikadierten sich die Altgläubigen im Dachstuhl ihrer mit Heu und Strohballen gefüllten Kapelle, zogen hinter sich die Leitern hoch und zündeten das Gebäude an. Angewiesen, möglichst viele Gefangene zu machen, versuchten die Soldaten verzweifelt, mit Äxten und Gewehrsalven einzudringen. Doch die Flammen breiteten sich rasch aus und töteten über 2000 Altgläubige. Eine ähnliche Selbstverbrennung fand noch im selben Sommer im Gebiet des Weißen Meeres statt, und auch hier sollen mehrere Tausend den Tod gefunden haben. Einer der Besetzer von Paleostrowskij war der Katastrophe entronnen und sammelte in aller Stille neue Jünger aus den verborgenen Waldsiedlungen der Altgläubigen um sich. Mit ihnen eroberte er am 20. September 1688 das Kloster zurück, wo sie sich ungestört verschanzen konnten, weil unbeständiges Herbstwetter ihre Widersacher vom Seeufer fern hielt. Doch dann wurde es so kalt, dass die Wasseroberfläche gefror. Die Befehlshaber des Zaren konnten ihre Männer und Kanonen über das Eis und vor die Klostermauern führen. Nun wiederholte sich die Tragödie vom März 1687 mit zusätzlichen, unfreiwilligen Märtyrern – jenen Mönchen, die von Altgläubigen bei der Besetzung ihres Klosters eingekerkert worden waren.

9. ÜBERLEBENDE UND VISIONÄRE

Genesen wollt' ich, doch mein Leiden dauert an.
Die Blässe meiner Wangen lässt kein Trunk erglühen.
Ein Tag des Nichtstuns mehr. Wen könnt' um Rat ich
    fragen?
Der Himmel weist wie stets die Wege uns. Es schneien
die Pflaumenblüten in den Bach wie welke Träume.
Die erste Schwalbe hofft, zurückgekehrt, auf Paarung.
Noch blätt're ich in Dokumenten, flieh den Schlummer,
Und hör die Grille zirpen im Papier.

Wechsel der Jahreszeiten, Spätzeit des Lebens, allmähliche
Genesung von Krankheiten: geläufige Themen in einer Kultur, die nicht jugendlichen Sturm und Drang, sondern die
Abgeklärtheit des Greisenalters goutiert. Der berühmte Gelehrte Wang Fu-chi stand in seinem 70. Lebensjahr, als er
1688 dieses Gedicht schrieb. Nach wie vor widmete er sich
mit ganzer Kraft seiner Arbeit. Mehr als 60 Bände voll geistreicher, eigenartiger und problematischer Weisheit und Mo-
ralphilosophie der jüngeren konfuzianischen Tradition hatte
er bereits vorgelegt. Nun schrieb er eine Serie von Anmerkungen zur Geschichte der Song-Dynastie. Ein weiteres Werk,
das umfangreichste seines Lebens, kommentiert eine berühmte
Universalgeschichte Chinas, die unter den Song entstanden ist.
    Dass Wang im Herbst seines Lebens historische Studien
trieb, erscheint durchaus angemessen. Wie jeder Jünger der

reichen Überlieferung, die wir konfuzianisch nennen, schätzte Wang die Geschichte als wichtigste Lehrmeisterin. Kung Dsi (551–479 v. Chr.), den die Jesuiten und ihre europäischen Leser schon 1688 Konfuzius nannten (eine Latinisierung des Namens Kong-fu-tse, »Meister Kong«), wollte selbst kein schöpferischer Denker sein. Er hielt sich vielmehr für den Vermittler von Institutionen und Zeremonien, die 500 Jahre vor seiner Zeit von den weisen Königen des Altertums und den Gründern der Chou-Dynastie geschaffen worden waren.

Der »Edle« – das heißt: der vornehme Konfuzianer – war gemeinhin hochgebildet und wusste für alle Probleme der Gesellschaft, Moral und vor allem Politik eine Antwort. Wollten ihn die Herrscher in Dienst nehmen, so Konfuzius, würde sich alles zum Rechten wenden. Aber was, wenn die Zeiten wieder einmal schlecht und die Herrschenden böse waren? Dann blieb einem nichts übrig, als sich zurückzuziehen, charakterfest zu verharren und die ererbten Weisheitslehren als Refugium zu nutzen. Wang Fu-chi spielte seine eigene Version dieses Rollenmodells durch – als Minister einer untergegangenen Dynastie, der sich weigerte, dem neuen Regime zu dienen. 1644 hatten berittene chinesische Banditen Peking, die Hauptstadt der Ming-Dynastie, gestürmt und den letzten Ming gezwungen, sich im kaiserlichen Garten zu erhängen. Keine zehn Wochen später ergriffen die Rebellen ihrerseits die Flucht angesichts des massiven Ansturms mandschurischer Truppen auf Peking, die mit der Qing-Dynastie ein neues Herrschergeschlecht ausriefen. Angeblich wollten sie den Tod des Ming-Kaisers ahnden und die Ordnung im gesamten Reich wiederherstellen, was ihnen auch in bemerkenswert kurzer Zeit glückte: Kanton (Guang-zhou) hatten die Qing schon 1650 vollständig unterworfen, und der Letzte, der die Thronfolge der Ming beanspruchte, wurde 1659 aus dem Südwesten Chinas nach Burma vertrieben. Wang Fu-chi hatte sich an dem Versuch beteiligt, im Süden ein legitimistisches Ming-Regime zu begründen, das sich der Machtübernahme der Qing widersetzte. Dieses Regime, dem er sich als untergeordneter Beamter zur Verfügung stellte, war wie die gesamte späte Ming-Politik ein Sumpf der Korruption und der Intrigen, gestützt auf die Waffengewalt ehemals Mingfeindlicher Bauernrebellen und abgefallener Bündnispartner der Qing.

Als er sich nach über einem Jahr im aktiven Dienst und vier Jahren innerer Anteilnahme und wiederholter Kontakte dieser hoffnungslosen Verstrickung entziehen wollte, kehrte Wang in seine Heimatprovinz Hunan zurück, um ein Gelehrtendasein in aller Stille zu führen. So lebte er noch über 40 Jahre, reiste selten, verkehrte nur mit wenigen Schülern und Freunden. Manche aus seiner Generation weigerten sich aus Prinzip, unter den Qing ein Staatsamt zu übernehmen; sie wollten nicht abtrünnig werden, nachdem sie bereits von den Ming vereidigt oder mit Ehren überhäuft worden waren. Wang ging einen Schritt weiter. Er lehnte die von den Qing eingeführte neue Kleiderordnung für Gelehrte und Beamte ebenso ab wie den Zopf im Mandschu-Stil – rasierter Vorderschädel und langer Filzzopf bis über den Rücken –, den die Qing allen männlichen Chinesen aufnötigen wollten. Der Zopfzwang stieß auf tiefen Abscheu, gelegentlich auch auf Trotz, bis die neuen Herren klarstellten, dass einen Kopf kürzer gemacht würde, wer den Haarschopf behielt. Die Provinzbeamten in Hunan wussten mit Sicherheit von Wangs unbotmäßiger Kleidung und von seiner Ming-Frisur, doch der Respekt vor der Wissenschaft, vielleicht auch der Schutz, den ihm die Vornehmen in der Region gewährten, ließen sie beide Augen zudrücken.

Wang Fu-chi hatte sein Leben lang das *I Ging* studiert. Dieses mysteriöse und ungeheuer einflussreiche Buch, teils Orakel, teils Erläuterung der subtilen Balance und der gegenseitigen Entsprechung von Handeln und Dulden, Fortschritt und Stagnation, Licht und Dunkel, vermittelt ein ganzheitliches Verständnis des Lebens in innerer Harmonie. Als Wang sich 1652 zum letzten Mal in die politischen Wirren des Ming-Widerstands stürzen wollte, hatte er sich dem *I Ging* zugewandt – nicht um die Zukunft zu deuten, sondern weil er aus dem Weisheitsbuch moralische Einsicht schöpfen wollte. Eine erste Befragung ergab, dass ihm nichts Böses drohte, selbst wenn er mit schlechten Menschen verkehrte, dass er sogar mit seinem Fürsten zusammentreffen werde, doch in der weiteren Folge zeigte sich eine Konstellation, die nichts Gutes mehr erhoffen ließ. In jenen fünfziger Jahren, als Wang in der Auflehnung der Ming-treuen Opposition keinen Sinn mehr sah, kurz vor seinem 40. Geburtstag, verfasste er seine gehaltvollsten und bahnbrechenden philosophischen Schriften. Die erste von ihnen, ein Kommentar zum *I Ging*, vollzieht den radikalen Bruch mit dem konfuzianischen Glauben an überlieferte Werte aus ältester Zeit.

Viele Gelehrte wollten den Einrichtungen aus der frühen Chou-Epoche und den Lehren des Konfuzius Vollkommenheit und unwandelbare Geltung beimessen. Doch woher stammte diese Weisheit? War es nicht möglich, dass gewandelte Umstände andere Lehren und andere Einrichtungen notwendig machten? Ausgehend von seinen Anmerkungen zum *I Ging*, zeigte sich Wang zunehmend bereit, jeden existenziellen »Weg« *(dao)* – also auch die Wege der Alten Herrscher – im Verhältnis zu konkreten Situationen zu betrachten, das heißt im Kontext institutioneller und praktischer Gegebenheiten. Ausschlaggebend sind die konkreten Situationen; solange Ordnung herrschte, brauchte man sich um den entsprechenden universellen Weg nicht zu sorgen.

Die Weisen hatten dies seit jeher gewusst, nicht jedoch die Mehrzahl der streitenden Gelehrten; Menschen aus dem einfachen Volk kamen besser damit zurecht als Intellektuelle.

Der Möglichkeit nach gab es viele Wege, die nie existiert hatten; neue würden sich eröffnen, wenn die konkrete Situation wechselte. Ausgerechnet Wang, der gründlichste Kenner der konfuzianischen Klassik, aus welcher jeder andere Konfuzianer die ewigen Gesetze des sozialen und politischen Lebens ableitete, verlangte in seinen tiefgründigsten Kommentaren nach größerer Offenheit für den Wandel der Verhältnisse, der auch traditionelle Werte infrage stellt und umgestaltet.

In einer anderen Abhandlung aus den fünfziger Jahren erschließt uns Wang die Strukturen und sittlichen Lehren der Geschichte Chinas, wie er sie unter der Fremdherrschaft aus eigener Anschauung erlebt hatte. Dabei begründet er seine radikale Ablehnung der Qing-Legitimität wie folgt:

»Doch als die Gattungen der Dinge klarer unterschieden und die Grenzlinien zwischen ihnen festgelegt waren, richtete sich jedes Einzelne in seiner Stellung ein, und alles Lebendige war in seinen Schranken geschützt... Himmel und Erde haben diese unterschiedlichen Kategorien nicht hervorgebracht, weil sie Trennung und Teilung begünstigen wollten, sondern weil es unter gewissen Umständen nicht möglich ist, dass Elemente miteinander kooperieren und dem Konflikt ausweichen... Die Chinesen sind mit ihrem Knochenbau, ihren Sinnesorganen, ihrer Geselligkeit und Abgeschlossenheit nicht von den Fremden zu unterscheiden und müssen doch streng von den Fremden unterschieden werden... Wenn sich die Chinesen nicht von den Fremden absondern, wird das Grundprinzip alles Irdischen verletzt. Denn weil Himmel und Erde die Menschheit ordnen, indem sie einzelne Menschen voneinander abgrenzen, wird, sobald sich diese nicht selbst wechselseitig abgrenzen und an der unüberwindlichen Schranke zwischen ihren Gemeinschaften festhalten, das menschheitliche Prinzip verletzt... Es mag Abdankungen, Thronfolgen und sogar einen Wechsel im Mandat des Himmlischen geben, doch einer ausländischen Dynastie darf niemals gestattet werden, die Abfolge [der chinesischen Kaiser] zu unterbrechen.«

Enthaltsam lebend und nur ein wenig besorgt über die Zeit, die ihn der Nachmittagsschlaf kostete, schrieb Wang Fu-chi im Jahr 1688 unermüdlich an seinem größten Einzelwerk, einer Folge von Marginalien zur Geschichte des 11. Jahrhunderts von Sima Guang unter dem Titel *Allgemeiner Spiegel zum Nutzen der Regierung*, sowie an einer weiteren Kompilation von Anmerkungen zur Geschichte der Song-Dynastie. Letztere wurde 1691 fertig, ein Jahr vor seinem Tod. In den Notizen zum *Allgemeinen Spiegel* bemerkt Wang, es gäbe an Klassikern und konfuzianischen Weisheiten immer noch viel zu studieren, aber: »Die Einrichtungen der Alten wurden erdacht, um die alte Welt zu regieren, und können heute nicht mehr notwendig überall Anwendung finden; der Weise wird sie der Nachwelt nicht als Vorbild überliefern.«

Bis um die Mitte des 19. Jahrhunderts waren Wangs Werke wenig bekannt und ungedruckt. Dass sie wiederentdeckt wurden und größte Verbreitung fanden, ist dem Interesse konservativer Reformer zu verdanken, die sich mit Dampfbooten und europäischen Eindringlingen auseinander setzen mussten. Diese Entwicklung konnte Wang zwar nicht vorhersehen, doch seine Bereitschaft, Institutionen umzuwandeln, damit sie wechselnden konkreten Situationen gerecht werden, und China auf diese Weise vor fremden Invasoren zu schützen, erschien plötzlich hochaktuell. Zu Beginn des 20. Jahrhunderts gründeten junge Gelehrte aus der Huan-Provinz eine Wang-Gesellschaft zur Erforschung seines Lebenswerks. Auch Mao Tse-tung war eine Zeit lang Mitglied dieser Gesellschaft.

Im zehnten Mondmonat des 27. Regierungsjahres des Kangxi (1688) schenkte der berühmte Maler Shitao seinem Freund Ding Peng eine hinreißende Bildrolle. Sie zeigt eine Berglandschaft mit einem winzigen Haus, das sich vor steilen Klippen unter Bäume duckt, und darinnen – nur schwer erkennbar – eine sitzende Figur. Dieses Sujet drückt die Zuversicht aus, dass selbst ein so winziges Geschöpf wie der Mensch inmitten beklemmender Naturgewalten eine Zuflucht findet. Als Shitao seine Rolle pinselte, war es schon mindestens 700 Jahre gebräuchlich und hatte viele der genialsten Maler Chinas inspiriert. Eine weitere Konstante war die kreative Spannung zwischen Beobachtung und Abschilderung der Natur einerseits und der Offenbarung des Künstlercharakters andererseits. Bei Shitao waltet der Drang zum Ausdruck seiner Persönlichkeit vor.

Werden in der chinesischen Malerei Felsen, Bäume und Pflanzen skizziert, bedienen sich die Künstler eines Repertoires wiederkehrender Flecken, Striche, Kreise und Blattsilhouetten. Bei näherem Hinsehen sind sie deutlich zu unterscheiden, tritt man aber zurück, gehen sie in der überzeugenden Darstellung einer realistischen Landschaft auf. Doch in der Bildrolle, die Ding Peng 1688 von Shitao zum Geschenk erhielt, und in vielen ähnlichen Werken bleiben Shitaos Punkte und Kreise Punkte und Kreise, ganz gleich, aus welcher Distanz man sie betrachtet. Die Klippen werden durch Pinselstriche angedeutet, die einen virtuosen Gebrauch von Borsten und Tusche aus wasserverdünntem Ruß erkennen lassen. Allein die Formelemente! In der Klippe, die drohend aufragt, trennt eine scheinbar willkürlich gesetzte Diagonale das Ensemble hochgereckter Striche von anderen, die sich horizontal erstrecken. Im Vordergrund ist eine Felsengruppe zu sehen, die anscheinend aus dem Gleichgewicht gerät; Oberflächen und Spalten wirken uneinheitlich. Der Betrachter des Bildes kann sich nicht in stiller Einkehr versenken, sondern wird zum Wanderer durch unwegsames Gelände, der vielleicht kriecht oder strauchelt, vor jähen Abgründen zurückschreckt, über ihm lauernde bröckelnde Felsvorsprünge meidet. Ihm bangt vor den Mächten des Erdreichs, die achtlos über den Menschen hinweggehen und ihn doch tief im Innersten berühren. Das rastlose und ausdauernde Skizzieren, das Anhäufen von Varianten aus der Ausdruckswelt der chinesischen Tuschzeichnung zehrt bei Shitao, wie es scheint, von der Gestaltungskraft, die das Gebirge selbst erschaffen und die Felsklippen in entlegenste Himmelsrichtungen verteilt hat.

Auf dem Bild, das Ding Peng »mit Dank für seine Kritik« übersandt wurde, findet sich neben der Widmung Shitaos von 1688 auch ein Gedicht, das schon aus dem Jahr 1679 stammt:

> Wie Löwen krallen grimmig sich die Felsen,
> wie Pferde stürzen durstig sie zum Quell.
> Ringsum dräut Sturmwind, zieht ein Regen auf,
> mit Wolken in Gestalten tausendfach.
> Doch jenseits liegt ein anderer Bezirk,
> der keinen Schmerz und keine Freude kennt.
> In Pinseln, Tusche fließen Leidenschaften,
> und wahrer Friede jenseits Tusch' und Pinsel.
> Der Kenner ruft bewundernd aus: »Nichts hab' ich
> auf Erden je erblickt, das diesem gleicht!«

Die Qing-Machtergreifung gab vielen Zeitgenossen die Chance, an militärischen Abenteuern und politischen Intrigen teilzunehmen und Reichtümer anzuhäufen. Shitao wurde aus seiner gewohnten, halbwegs behaglichen Muße heraus in ein unbehaustes, weitgehend von Mäzenen abhängiges Dasein geschleudert. Er war 1641 als Abkömmling einer prinzlichen Seitenlinie der Ming-Kaiserfamilie zur Welt gekommen, die seit zwei Jahrhunderten in der entlegenen südwestlichen Stadt Kuei-lin residierte. Diese gewässerreiche Landschaft mit ihren nebelverhangenen Bergketten hatte schon 1000 Jahre zuvor chinesische Künstler inspiriert.

Von Ming-Prinzen wurde erwartet, dass sie sich auf ihre Güter zurückzogen und auf Einmischung in politische oder militärische Angelegenheiten verzichteten. Doch das Mysterium ihrer Abstammung rückte diese unerfahrenen, mit dem Volk kaum verkehrenden Prinzen in den Mittelpunkt des Widerstands gegen die von den Mandschu-Mongolen und ihren chinesischen Verbündeten betriebene Qing-Eroberung. Ein kurzfristiges Aufbegehren unter Führung von Shitaos Vater wurde im Keim erstickt, nicht von der Übermacht der Qing, sondern von einer rivalisierenden Fraktion von Ming-Legitimisten. Sie wurde vom Begründer einer Dynastie von Piratenkönigen unterstützt (und später verraten). Shitaos Vater fiel unter dem Henkerbeil; das Leben seines Sohnes war offenbar nicht unmittelbar bedroht. Er wuchs ungestört auf in der Obhut jener durchlässigen und einander überschneidenden Zirkel, denen hartnäckige Ming-Legitimisten ebenso angehörten wie manche prominente Chinesen, die ins Lager der Qing gewechselt waren. Wie viele Angehörige der Ming-Familie und legitimistische Intellektuelle hatte sich Shitao eine Glatze scheren lassen und war buddhistischer Mönch geworden, um seinen Verzicht auf weltliche Ambitionen unter Beweis zu stellen.

Als er die Landschaft malte, die er später Ding Peng verehrte, lebte er in der Nähe des Huangshan-Gebirges, wo herrliche Aussichten wie diese nicht selten sind. Freilich darf man nicht erwarten, eine zu dieser Darstellung passende Szenerie vorzufinden; wie die meisten chinesischen Maler sammelte Shitao immer wieder Eindrücke, aus denen sich erst später im Atelier sein inneres Bild zusammenfügte. 1680 übersiedelte er in die Gegend von Nanking, wo er 1684 mit dem Kangxi-Kaiser zusammentraf, der damals seine erste große Reise nach Süden unternahm. Eine Reihe von Kontakten zum Hof des Usurpators schloss sich an, die in den neunziger Jahren des 17. Jahrhunderts einen längeren Aufenthalt in Peking zur

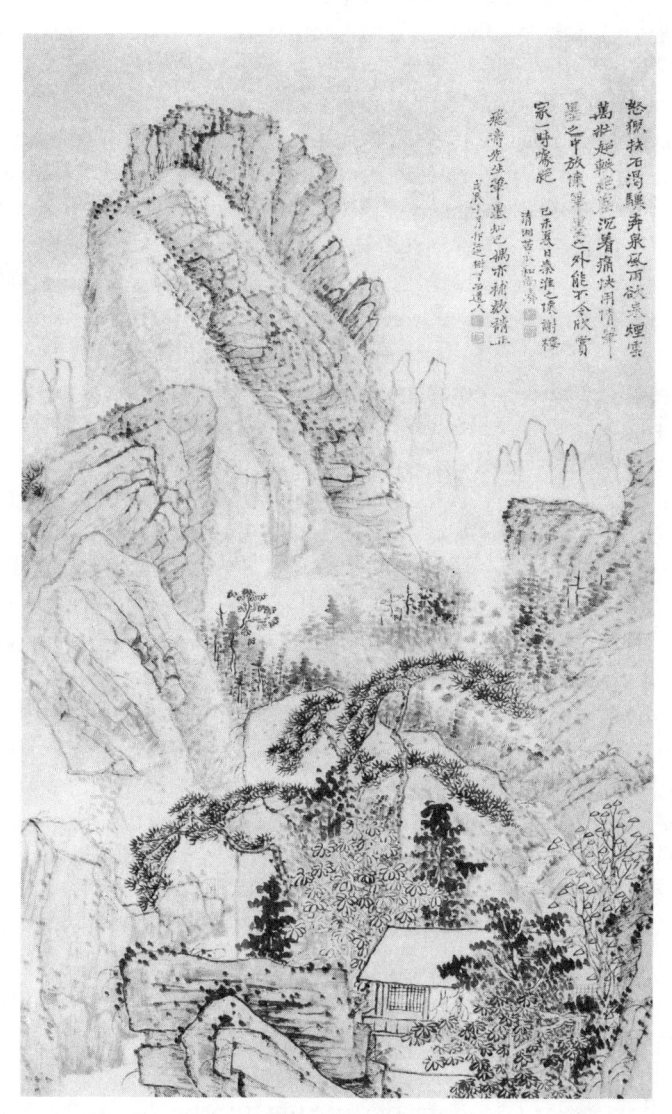

3 Berglandschaft von Shitao mit einer Widmung an Ding Peng
aus dem Jahr 1688

Folge hatten; hier erhielt Shitao Zugang zu den reichen Bil-
derkollektionen, die von den Qing-Vornehmen gehortet wurden. Das Jahr 1688 verbrachte er in Yangzhou, ein damals auf-
blühendes Zentrum des Handels und der Kultur.

Als Maler und als Schriftsteller, der über Malerei schrieb,
legte Shitao hervorragendes Talent, Ehrgeiz und Kreativität
an den Tag. Die meisten seiner Kollegen folgten dem Vorbild
älterer Meister oder entwickelten einen eigenen, komplexen
Personalstil, der den meisten ihrer Einzelwerke eine gewisse
Familienähnlichkeit verleiht. Shitao probierte gelegentlich
aus, was er im Stil eines anderen zu leisten vermochte, und
einmal gestand er ein, dass er nicht annähernd die Effekte des
strengen Landschaftsschilderers Ni Chan nachzuahmen vermochte. Meist ließen sich seine Bilder mit denen anderer
überhaupt nicht vergleichen und wichen dabei voneinander
so stark ab, dass man sie ebenso gut einem Dutzend verschiedener Maler hätte zuordnen können.

Diese außergewöhnliche Vielfalt der Malstile ist die zentrale These in Shitaos *Gesammelten Bemerkungen über Malerei
(Hua Yu Lu)*. Alle Malstile, heißt es dort, haben ihre Quelle
in einem ursprünglichen, ungeteilten Einen Strich. Der Einzelne vermag für sich selbst diesen Einen Strich zu erfassen,
und wenn es ihm gelingt, wird ihn die Weigerung, sich auf
einen Stil festzulegen, zu einer Vielzahl von Stilen führen, die
in sich zur Perfektion ausgebildet werden, ohne dass es größerer Anstrengung bedarf. Jedes Bild wird die äußere Struktur zeigen und zugleich die inneren Kräfte und Spannungen,
die den Bergen, Flüssen, Menschen, Vögeln, Waldtieren, Grä-
sern, Bäumen und Bauwerken innewohnen. Shitaos Aufsatz
fasste rund 500 Jahre scharfsinniger Kritik der Landschafts-
malerei zusammen, die er zugleich auf eine höhere Stufe der
intellektuellen Auseinandersetzung führte. Konfuzianisches
Gedankengut, Zen-Buddhismus und vor allem die Grundsätze des Taoismus gingen in seine Argumentation ein, bis der

Eine Strich stark an den ungeteilten einfachen Weg erinnerte, aus dem alle Einzelwesen hervorgehen sollen.

Der Eine Strich schuf die vielen Stile, und die vielen Stile, die jeweils individuell und in sich geschlossen und stimmig waren, bildeten im Geist des Betrachters keinen einheitlichen Stil, sondern einen Kosmos fortwährender Überraschungen und unübersehbarer Vielfalt. Zweifellos hat Shitao vom indischen Ursprung der buddhistischen Lehre gewusst, die er seit vielen Jahren studierte, aber davon abgesehen lässt sich bei ihm keinerlei Interesse an der Welt jenseits der Grenzen Chinas nachweisen. Doch sein malerisches Genie und seine Ideen kommen dem Kunstkonzept am nächsten, das der Welt des Jahres 1688 entspricht. Der Geschichtsschreiber, der diese Welt skizzieren möchte, wird sich nicht auf einen einzigen Stil festlegen, auf keine begrenzte Auswahl von Fragen, er wird vielmehr jedem Hinweis nachgehen und sich von einem zum nächsten leiten lassen. Wie Shitao, der den Einen Strich in unterschiedlichsten Formen aufscheinen lässt, meidet er den Schematismus, entrollt vor den Leserinnen und Lesern Bilder, in denen sich die unendliche Vielfalt, die Pracht und die Fremdartigkeit des menschlichen Lebens widerspiegeln.

10. AM HOF DES KANGXI

Im Jahr 1688 herrschte Friede im Reich der Erhabenen Qing. Eingeweihte hörten zwar von fortdauernder Unsicherheit in den Beziehungen mit Russland, von der Erhebung der Dsungaren unter Galdan und von der Flucht der Khalkhas bis an die Große Mauer, doch all das schien sehr weit weg. In den Gemeinden von Wu-Han im mittleren Jangtse-Tal brach unter Soldaten, denen die Demobilisierung drohte, eine Meuterei aus, die jedoch umstandslos niedergeschlagen wurde.

Nur die Älteren erinnerten sich, dass es früher anders gewesen war. Fünfzig Jahre zuvor streiften berittene Banden plündernd durch die nördlichen Ebenen Chinas, verfolgt von kaiserlichen Ming-Truppen, die fast ebenso unberechenbar waren. Der Aufstieg eines besonders blutrünstigen Rädelsführers im wohlhabenden Gebiet des Szechuanbeckens konnte kurzfristig unterbrochen werden. Doch in den fruchtbaren Reisanbaugebieten des unteren Jangtse-Tals war die Lage außer Kontrolle geraten. Das Eindringen von Rebellen aus dem Norden hatte gewaltsame Aufstände von Kleinpächtern und Fronbauern nach sich gezogen. Die Südküste war damals in der Hand asiatischer Piratenkönige; wenn sie den Kaiser unterstützten, geschah es weitgehend nach den von ihnen diktierten Bedingungen. An der Nordostgrenze des Reichs hatte sich ein Mongolenstamm, der den Ming-Kaisern seit langem tributpflichtig war, die Dschurdschen, militärisch straff organisiert und den Namen Mandschu angenommen.

Jetzt ging er dazu über, nordchinesische Städte zu annektieren.

Im Jahr 1644 stürmten chinesische Banditen Peking. Anderthalb Monate später wurden sie ihrerseits von Mandschus vertrieben, die von sich behaupteten, die Ordnung wiederherstellen und das Martyrium des letzten Ming-Kaisers rächen zu wollen. In Wahrheit etablierten sie mit der Qing-Dynastie ihr eigenes Herrscherhaus. Die Machtergreifung wurde mit aller Brutalität und in kürzester Frist durchgezogen: Schon 1650 kontrollierten die Qing fast das gesamte Reichsgebiet. In den siebziger Jahren führte in den Südprovinzen ein Putsch führender, mit den Qing verbündeter chinesischer Generäle zum Aufruhr, der jedoch kläglich scheiterte. Die verbliebenen Gegenspieler der Qing-Herrschaft, Abkömmlinge der letzten in Taiwan regierenden Piratenkönige, hatten 1683 aufgegeben.

Mit wenigen Ausnahmen – darunter Wang Fu-chi – waren die Anhänger des Konfuzianismus der Überzeugung, die Sittenlehre ihres Meisters könne von jedem, auch von Nichtchinesen studiert werden. Immerhin hatte der Einfluss konfuzianischer Kultur eine Reihe von Anrainerstaaten erfasst, darunter Korea, Vietnam und die Ryukyu-Inselkette. Bekannt war auch die Ausstrahlung auf Japan schon in frühester Zeit. Obwohl man vom Japan der achtziger Jahre wenig wusste, hätte man sich kaum über einen amtierenden Shogun gewundert, der ernsthaft das *I Ging* studierte und seiner Kriegerkaste einen minder grausamen Verhaltenskodex vorschrieb. Als Staatslenker traten die Mandschus ein zentralasiatisches Vermächtnis an, das gar nicht so verschieden war von dem der Moguln und Osmanen, doch schon vor 1644 hatten sie sich als – wenn auch nicht unkritische – Hüter und Erben der politischen Tradition Chinas ausgegeben.

1688 stand der herrschende Qing-Kaiser im 27. Jahr seiner Kangxi-Regierung. Obwohl es nur eine Jahresdevise bezeich-

net, auf die man zur Periodisierung von Regierungsjahren zu-
rückgriff (sie bedeutet so viel wie »Leuchtender Lichter-
glanz«), benutzten schon seine Zeitgenossen den Begriff
kangxi für die Person des amtierenden Kaisers, was wir hier
übernehmen. Mandschu war die Muttersprache des Kangxi-
Kaisers, obwohl er eine einwandfreie chinesische Ausbildung
genossen hatte und seine chinesischen Studien sehr ernst
nahm. Von den täglichen Unterredungen mit seinen Ministern sind ausführliche Berichte erhalten, und es überrascht
nicht, dass dabei auch altehrwürdige konfuzianische Gemein-
plätze wie »Regieren ist das Werk der Menschen, nicht der
Gesetze« eine Rolle spielten. Er deutet an, weshalb der Kaiser
und sein Hofstaat so viel Mühe darauf verwandten, einzelne
Kandidaten für frei werdende Posten zu prüfen, ihre Stärken
und Schwächen zu ermitteln oder eine passende Strafe für
Verfehlungen eines Beamten festzulegen, ohne dessen künftige Brauchbarkeit aufs Spiel zu setzen.

Um sich den Fleiß und Ehrgeiz der Vornehmen im Dienste
der Zentralmacht zunutze zu machen, rief man seit etwa
1000 n. Chr. zu den kaiserlichen Staatsexamen auf, die sich
entsprechender Beliebtheit erfreuten. Auch im April 1688
versammelten sich Studierende aus dem ganzen Reich zu
Hunderten, um das Examen in der Hauptstadt abzulegen. Bei
einer Vorprüfung durch regionale Beamte hatten sie zunächst
in ihrem Heimatort den Rang »offizieller Gelehrter« erlangt.
Dieser gewährte ihnen eine geachtete gesellschaftliche Position und einige Steuererleichterungen, war aber keine Quali-
fikation für ein Amt und nicht von Dauer. Sie mussten weiter
lernen und sich regelmäßig neuen Prüfungen unterziehen.

Die nächste Hürde war die schwerste, denn viele hundert
Gelehrte versammelten sich alle drei Jahre zum Examen in
allen Provinzhauptstädten, um in langen Reihen von Be-
helfshütten eingeschlossen zu werden und tagelang Abhandlungen über klassische und zeitgenössische Staatskunst zu

schreiben. Die Versammlung der Kandidaten in einer Provinzhauptstadt war ein aufregendes Ereignis. Man debattierte über Themen der Wissenschaft und Politik. Das einfache Volk achtete auf die Namenliste der Besten und schloss Wetten ab, welche Kandidaten eingetragen würden. Die Erfolgsquote dieses Examens mochte nicht viel höher liegen als zwei bis drei von hundert. Diejenigen, die es schafften, hatten sich für eine untergeordnete Beamtenstellung und die Prüfung in Peking qualifiziert. Nicht alle entstammten vornehmen Familien. Oft wurden die Reisekosten eines armen Prüflings von einem Mäzen bestritten, der viel von dessen Klugheit hielt und, wenn dieser einmal Regierungsbeamter wäre, auf Vergünstigungen hoffte.

Das Hauptstadtexamen fand im konfuzianischen Kaisertempel im Osten des Palastbezirks statt. Wieder wurden die Kandidaten voneinander isoliert, um eine Serie von Prüfungsarbeiten niederzuschreiben. Hatte man eine Auslese derjenigen getroffen, die in den Rang eines *jin shi*, eines geprüften Wissenschaftlers, erhoben wurden, kam es zum letzten Schritt, der sich Palastexamen nannte. Hierfür genehmigte der Kaiser persönlich die Prüfungsfragen und beteiligte sich an der Auswertung der Ergebnisse. Dabei wurde auch die Rangfolge der erfolgreichen Kandidaten festgesetzt. Wer sich unter den Besten wiederfand, war schon jetzt ein gemachter Mann, durfte höchste akademische Posten in der Hauptstadt bekleiden und hatte hervorragende Aussichten auf eine steile Karriere.

Am 28. April 1688 stellten die Prüfer dem Kangxi-Kaiser eine Liste von 176 Absolventen des Hauptstadtexamens vor und zehn Abhandlungen, die sie als die besten herausgepickt hatten. Der Kaiser war gut vorbereitet. Bei den zehn führenden Kandidaten erkundigte er sich nach ihren persönlichen Eigenschaften, wobei die Fragen oft einem aus derselben Gegend stammenden Berater gestellt wurden. Den Aufsatz eines gewissen Cha Sihan erkannte er, noch bevor das Siegel gebrochen und der Name enthüllt wurde; wie er sagte, hatten ihm bereits Musterstücke von Chas Schönschrift vorgelegen. Cha entstammte einer vornehmen Familie aus Chekiang im Südosten, die trotz sporadischer Ming-Sympathien einen sehr guten Ruf genoss. Nachdem der Kaiser mehrere Abhandlungen gelesen und ihre Vorzüge mit seinen Beratern erörtert hatte, erhob er Cha vom vierten Platz auf den zweiten. Doch damit wären die ersten drei Plätze von Männern aus Chekiang belegt worden. Dies hielt der Kaiser selbst für untunlich und warf die Rangfolge noch weiter durcheinander. Anderntags wurden die neuen *jin shi* an den Kaiserhof zitiert. Im Saal der Höchsten Harmonie vollzogen sie ihre *keitous* (nach gewöhnlicher Umschrift Kotau, was bedeutete, dreimal das Knie zu beugen und sich neunmal niederzuwerfen) vor dem Kaiser, dessen Thron fast unsichtbar im Schatten stand.

Doch der konfuzianischen Spruchweisheit zum Trotz gehörte mehr zum Regieren, als Beamte auszuwählen und sie zur Bildung und zu anderen Tugenden anzuspornen. Das Volk lebte auf dem Land und ernährte sich von den Erträgen der Landwirtschaft. Die Herrscher verlangten Abgaben, die reichen mussten, um die Ordnung zu gewährleisten, die Einwohner vor Räuberbanden und Angreifern zu bewahren, den Begabtesten Unterricht zu erteilen, Lebensmittelvorräte für Zeiten der Hungersnot anzulegen, Transport- und Bewässerungskanäle zu graben und Dämme gegen Hochwasser zu errichten. Zugleich waren Steuerlast und Arbeitsverpflichtungen möglichst gering zu halten und gerecht zu verteilen. Wenn chinesische Politiker solche Probleme erörterten, griffen sie naturgemäß auf die Vorzüge und Schwächen der verschiedenen Systeme zurück, die seit Begründung der Han-Dynastie um 200 v. Chr. ausprobiert worden waren.

Eine Herausforderung besonderer Art bestand schon in viel älterer Zeit. Noch vor 2000 v. Chr. soll ein legendärer

Staatslenker namens Yu die Welt vor einer Sintflut gerettet haben, indem er Kanäle grub und die Wassermassen in den Ozean ableitete. Daraufhin wurde er als der Beste für den Kaiserthron erwählt und durfte festlegen, welche Güter ihm jede Region als Tribut entrichten sollte. Als ein hochrangiger Sekretär in einer Diskussion des Jahres 1688 den klassischen Text *Die Tribute des Yu* erwähnte, bemerkte der Kaiser, eine solche Anspielung auf längst vergangene Zeiten hätte man eigentlich von jemandem erwartet, der das zu erörternde Thema nicht kennt. In Wahrheit war die Weisheit des Yu – sein Graben von Kanälen, um die Flut abzuleiten, das Rekrutieren eines Arbeiterheers und seine Beharrlichkeit im Kampf gegen das nasse Element – von besonderer Aktualität für jene, die sich am Gelben Fluss und am Großen Kanal derselben Aufgabe widmeten.

Der Gelbe Fluss ergießt sich aus Hochplateaus, die mit feinem Lössboden bedeckt sind. Ungezügelt, wie er einst war, wechselte er mitunter die Richtung, wobei er mitgeführten Schlamm in gewaltigen Mengen über die nordchinesische Ebene verteilte. Schon in vorkonfuzianischer Zeit hatten Chinas Herrscher versucht, einen Teil dieser Region zu entwässern und urbar zu machen, um anschließend den Gelben Fluss zu kanalisieren. Das Ergebnis war, dass sich der Schlamm vorwiegend zwischen den Dämmen ablagerte und das Flussbett mit der Zeit über die umgebende Landfläche emporschwoll.

In der Ming- und Qing-Ära verkomplizierte sich die Lage durch den lebenswichtigen Großen Kanal, der den reichen Überschuss der Reisernte vom Unterlauf des Jangtse in die Hauptstadt transportierte und durch viele Verzweigungen mit dem Gelben Fluss, dem weiter südlich verlaufenden Huai-Strom sowie einer niedrig gelegenen Seenplatte im Schwemmland verbunden war. Das gesamte System erforderte ständige Überwachung und zentrale Lenkung, wofür die Ming-Dynastie in ihren letzten Jahrzehnten immer seltener einstehen konnte. Das Mündungsgebiet des Huai, das dessen Wassermassen in den Ozean lenkt, verschlammte. Niedrigere Kanäle baggerte man kaum noch aus, was zur Anhebung der Flussbetten und Seegründe führte.

Immer häufiger kam es zu Überschwemmungen. Größere Anstrengungen, das System in den Griff zu bekommen, wurden erst wieder 1677 unternommen, als man Jin Fu zum Aufseher am Gelben Fluss ernannte. Jin Fu leitete die Baumaßnahmen beim Ausbaggern von Kanälen und bei der Errichtung neuer Deiche. Doch noch immer fanden Überschwemmungen statt, und einige seiner Maßnahmen lösten heftige Proteste aus.

Um den Problemen ein für allemal auf den Grund zu gehen, entschloss sich der Kangxi-Kaiser, am 8. und 9. April 1688 alle mit dem Gelben Fluss befassten höheren Beamten zu einer Konferenz in seiner Gegenwart zu versammeln. Der schärfste Kritiker Jin Fus war der Gouverneur der Hauptstadtprovinz Yu Chenglong. Er beschuldigte Jin Fu, das Ausbaggern der wichtigsten Flussmündungen zu vernachlässigen, womit er die Verheerung fruchtbarer Felder zwischen Huai und Jangtse durch Hochwasser in Kauf genommen habe. Die Rekrutierung zur Zwangsarbeit überschreite jedes vernünftige Maß. Außerdem habe Jin Fu private Grundstücke, die nicht ordnungsgemäß in Steuerlisten aufgeführt waren, in Garnisonseigentum überführt. Mit solchen Ländereien wurden normalerweise militärische Einrichtungen unterhalten; in diesem Fall sollten sie den Dammbauprojekten dienen. Das einfache Volk, erklärte Yu, verspüre gute Lust, Jin Fu umzubringen und zu verspeisen.

Jin verteidigte sich mit der Beteuerung, lediglich den Missbrauch der Macht durch regionale Eliten abgestellt zu haben. Der Kaiser war bei diesem Konflikt stets im Bilde, stellte detaillierte Fragen, deckte Wissenslücken seiner Minister auf, erinnerte sie daran, dass er bei seiner Reise nach Süden selbst auf den wichtigsten Deichen gewandert war. Wieder und wieder betonte er die Notwendigkeit umfassender Perspektiven und plädierte gegen eine kurzsichtige Begünstigung der Anwohner, die sich nichts daraus machen würden, notfalls die ihre eigenen Felder bedrohenden Fluten in die Nachbarregion abzuleiten. Wies er einem Beamten Irrtümer oder Widersprüche nach, so musste sich dieser zu Boden werfen und den Kotau vollziehen. Am Ende war es so weit, dass Jin Fu für das unpopuläre, von ihm betriebene Garnisonsland-System und das gescheiterte Ausbaggern der Flussmündungen die persönliche Verantwortung übernahm und um seine Entlassung bat. Eine weiter gehende Bestrafung, die Jin Fu drohte, setzte der Kaiser jedoch aus; warten wir sechs oder sieben Jahre ab, erklärte er, ob es ein anderer besser macht.

Auf seiner zweiten Reise in den Süden im Jahr 1689 besichtigte der Kaiser erneut das Kanalsystem. Erst jetzt erkannte er, wie viel der Entmachtete tatsächlich geleistet hatte und wie gewaltig diese Aufgabe war. Umgehend setzte er Jin Fu wieder in sein Amt ein, das dieser bis zu seinem Tod im Jahr 1692 versah. Noch 1688 hatte Jin Fu die Freundschaft mit dem Großsekretär Mingju angreifbar gemacht, dessen Verlust der kaiserlichen Gunst nicht weit zurücklag. Der Kaiser wusste sich die politische Großwetterlage zunutze zu machen, doch nicht weniger schätzte er Kompetenz und Realitätssinn, besonders beim Umgang mit dem gewaltigen, unberechenbaren Strom.

Der Hintersinn von Zeremonien bei der Gewährung und dem Entzug ihrer Huld und beim Unterstreichen ihrer majestätischen Würde war allen Herrschern der Frühmoderne bewusst. Darin unterschied sich Kangxi kein bisschen von seinen Zeitgenossen Aurangzeb oder Ludwig XIV. In China bildete das maßgebliche konfuzianische Gedankengut einen zusätzlichen Ansporn zur Sorgfalt und Selbstvergewisserung. Kangxi, der von Jugend auf den chinesischen Wertekanon ebenso verinnerlicht hatte wie den seiner Mandschu-Vorfahren, präsentierte sich selbst als dankbarer Zögling guter Lehrer und als kindlicher Enkelsohn.

Am 9. August 1688 gewährte der Kangxi-Kaiser dem seebefriedenden Herzog, seebefriedenden General und Kommandanten der Marinestreitkräfte der Fukien-Provinz Shi Lang eine Audienz. 1683 hatte die Flotte unter Shi Langs Kommando die Insel Taiwan erobert, den letzten organisierten Widerstand gegen die Qing-Herrschaft über ganz China ausgemerzt und Taiwan erstmals dem Reich einverleibt. Bei der Audienz nahm der Kaiser seinen eigenen, mit spezieller kaiserlicher Drachenseide gesäumten Plastron ab und legte ihn Shi um den Hals. Am 10. August wurde Shi noch einmal am Qianqing-Tor empfangen, einem geräumigen, verandaähnlichen Anbau, der oft für informelle und geschäftsmäßige Konsultationen genutzt wurde und hinter den offiziellen Empfangssälen der Pekinger Residenz lag. Dort setzte ihm der Kaiser Leckerbissen aus den Schüsseln der eigenen Mittagstafel vor.

Das waren schon Gesten außergewöhnlicher Gunst, die penibel vermerkt wurden. Nie versäumte der Kaiser, seinem Hofstaat zu demonstrieren, wie freigebig er treue Dienste belohnte, und daran zu erinnern, wie viel besser als jeder Berater er selbst die Menschen und die politische Lage einschätzen konnte. Dass ein Herrscher Beamte auswählt und beurteilt, gehört zu den wichtigsten Grundmotiven konfuzianischer Staatskunst, doch die gelegentliche persönliche Ermahnung und Selbstbeweihräucherung war ein eigener Charakterzug und typisch für den Regierungsstil des Kangxi. Ebenso ließ er seine Beamten mitunter wissen, dass er ihre Schwächen kannte, und erinnerte an Fehlverhalten, wobei den Betreffenden meist erlaubt wurde, im Amt zu bleiben. So blieben unter Kangxi die Bürokraten und Militärs an der langen kaiserlichen Leine, waren zu gebührender Dankbarkeit verpflichtet und wurden das Gefühl nie los, überwacht und auf die Probe gestellt zu werden.

Nach der zweiten Audienz zeichnete der Kaiser Shi Lang noch dadurch aus, dass er den alten Haudegen in die privaten Gemächer seiner Qianqing-Residenz vorließ, die normalerweise für alle außer dem Kaiser, seinen Frauen und der Eunuchen-Palastwache tabu waren. Dort wurde die folgende Unterredung protokolliert:

»Kaiser: Hast du mir noch irgendetwas mitzuteilen?

Shi: Euer Diener hat als Kommandant der Seestreitkräfte von Fukien gedient. Allein durch Eure ehrfurchtgebietende Machtfülle und den unermesslichen Segen Eurer Kaiserlichen Regierung konnte der Frieden unserer Seegrenze hergestellt werden. Ich weiß von nichts, was Eure Majestät beunruhigen sollte.

Kaiser: Zuvor hast du 13 Jahre lang als Hoher Minister des Inneren Hofs gedient. Zu dieser Zeit gab es jene, die deine Verdienste schmälerten, weil du aus Fukien stammst. Wir allein haben sie erkannt und begegneten dir mit Großmut. Danach haben sich die Drei Vasallen erhoben und Unser Volk bedrängt, doch einer nach dem anderen wurde besiegt, und nur die Seeräuber blieben Uns als Plagegeister, die Taiwan abspenstig machen und Fukien schädigen wollten. Nur du schienst der rechte Mann, wenn Wir dieser Banditen Herr werden wollten. So trafen Wir die Entscheidung, aus Unserer eigenen Überzeugung heraus, dir eine besondere Beförderung und Ernennung angedeihen zu lassen. Wie sich herausstellte, hast du dich darin bewährt, dich mit voller Kraft und ganzem Verstand eingesetzt, nie deine Pflichten vernachlässigt, mit Eifer und ohne Rücksicht auf dich selbst, bis die Banditen, die Uns seit 60 Jahren keine Ruhe ließen, und jeder verbliebene Widerstand hinweggefegt waren. In jüngster Zeit wird, wie

Wir erfahren haben, über dich behauptet, du hättest dir Ehren angemaßt und wärst hochmütig geworden. Jetzt bist du
in die Hauptstadt gekommen, und es wurde Uns geraten,
dich hier zu behalten und dir nicht zu erlauben, zurückzukehren. Doch ziehen Wir in Betracht, dass Wir Uns deiner
bedient haben, als die Banditen überhand nahmen, und du
Unser Vertrauen nicht enttäuscht hast. Sollten Wir dir jetzt,
da in Unserem Himmelskreis überall Frieden herrscht, miss-
trauen und dir die Rückkehr nicht erlauben? Wird dir nun befohlen, auf deinen Posten zurückzukehren, dann wirst du ins-
künftig vorsichtiger sein, um den Ruhm deines Namens zu
bewahren. Wenn in der Vergangenheit mitunter sehr ver-
diente Beamte ihre Laufbahn nicht ohne Fehltritt abschreiten
und zu Ende bringen konnten, dann nur, weil sie nicht vor-
sichtig genug waren, hierin musst du dich mehr anstrengen.
Auch musst du dafür sorgen, dass Eintracht zwischen den
Soldaten und dem Volk herrscht, und den Frieden in deinem
Amtsbereich sichern, auf dass du Unserem Wunsch gemäß
die Soldaten liebst und dem Volk die Bürde erleichterst und
das Musterbild eines verdienten Ministers unbefleckt er-
hältst.

Shi: Die Befriedung der Seebanditen ist einzig und allein
der unerforschlichen Strategie und dem durchdachten Kalkül
Eurer Majestät zu verdanken. Die taktischen Pläne, die Eurem Diener übermittelt wurden, haben den Erfolg erst möglich gemacht, denn wie könnte Euer geringer Diener diese
Kraft aufbringen? Eure Kaiserliche Hoheit hat die Truppen
ausgehoben, um das Volk zu schützen; was könnte Eurem
Diener anderes einfallen, als diese Weisheit des Erbarmens
nachzuahmen und für Eintracht zwischen Truppen und Volk
zu sorgen? Mehr noch, weil Fukien meine Heimat ist, wird
Euer Diener alles tun, den Frieden zu sichern. Euer Diener
hat die Himmlische Gnade des Kaisers im Überfluss empfangen, wurde zum Hohen Minister des Inneren Hofs ernannt,

dann in den erblichen Rang eines Herzogs erhoben. In Eurem Himmelskreis wird die kaiserliche Dynastie 10000, 100000 Jahre lang herrschen, und die Nachkommen Eures Dieners werden dieses unerschöpflichen Glückes teilhaftig sein. Auch habe ich die Gunst von Eurer Kaiserlichen Majestät erhalten, dass ein Kleidungsstück von Eurer Majestät abgenommen und Eurem Diener angelegt wurde, Euer Diener von Eurer Majestät eigenem Mahle gespeist wurde, eine besondere Gnade, die von alters her ohne Beispiel ist. Doch Euer Diener ist nur ein elendes Geschöpf von schlichtem Verstand und hastiger Rede, weshalb ich oft Menschen kränke; um meine Laufbahn zu vollenden, bin ich gänzlich auf Eure Kaiserliche Majestät angewiesen. Euer Diener ist alt und seine Körperkraft verbraucht. Die Aufgaben im Grenzland sind eine schwere Bürde, und ich fürchte, meine Energie wird nicht ausreichen, sie zu meistern.

Kaiser: An Generälen wird die Klugheit geschätzt, nicht ihre Körperkraft. Wir nahmen dich deiner Klugheit wegen in Dienst, wie kann das eine Frage der Stärke von Hand und Fuß sein? Du musst dich in dem bewähren, was deine Aufgabe ist.«

Shi Lang lebte bis 1696. Im Jahr 1688 hatte sein Wort noch Gewicht in der Küstenregion Fukien. Er veranlasste sogar neue Unternehmungen wie die Gesandtschaft nach Madras im selben Sommer, derer wir später noch gedenken. Doch mehr Zeit denn je verbrachte er im Ruhestand auf seinem Landsitz, und seinen Einfluss in den Hafenstädten musste er mit Abgesandten der neuen Institution zur Eintreibung der Seezölle und anderer Zweige der Kangxi-Bürokratie teilen.

Am Ende ihrer Unterredung nahm der Kaiser, wie die Annalen des Hofs festhalten, Rücksicht auf die Gebrechlichkeit des greisen Shi Lang und zitierte eigens eine Palastwache zu sich, die seinen Gast auf dem Weg nach draußen stützte.

Langwieriger und weit tragischer war das Zusammenspiel von
Zeremonie und Politik, das zu Anfang des Jahres 1688 mit der
Erkrankung der Erhabenen Kaiserinwitwe begonnen hatte. In
der Dämmerung des 3. Januar 1688 führte der Kangxi-Kaiser
eine schier unübersehbare Prozession von Prinzen, Herzögen
und Angehörigen des niederen Adels, hohen Militärs und
Zivilbeamten aus der Inneren Residenz durch alle Tore und
Innenhöfe der Verbotenen Stadt hinaus und schließlich fast
zwei Kilometer südwärts durch Peking bis zum riesigen Park
des Himmelstempels. Alle gingen zu Fuß, darunter auch – in
einer Demutsgeste, die nur selten vorkam – der Kaiser selbst.

Der Runde Hügelaltar des Himmelstempels besteht aus
einer hoch gelegenen Marmorterrasse ohne Bebauung oder
Schmuck, nur mit einer kreisförmigen marmornen Brüstung
eingefasst. Diese wiederum ist von zwei weiteren Brüstungen
auf tiefer liegenden Terrassen umgeben. Erst 14 Tage zuvor
war der Kaiser persönlich hier erschienen, um dem Hohen
Himmel das Opfer der Wintersonnenwende darzubringen –
der weihevollste Augenblick im zeremoniellen Jahreskreis
dieser Staatsreligion. Ungefähr seit 1000 v. Chr. hatten sich
die chinesischen Herrscher »Söhne des Himmels« genannt
und für sich beansprucht, ein himmlisches Mandat zu vertreten. Das himmlische Mandat, die einem speziellen Herrscherhaus zukommende Gnade, blieb nicht unwandelbar
gleich. Sie konnte wieder entzogen werden, was den Sturz
einer Dynastie herbeiführte, wenn die Herrscher keine wirk-
same Regierung gewährleisteten oder ihre Lebensführung
kein sittliches Vorbild mehr bot.

Ein solcher »Wechsel des Mandats« hatte nach chinesischer Auffassung zum Niedergang der Ming-Dynastie geführt, weshalb der Thron im Pekinger Palast 1644 dem Vater
des Kangxi zugefallen war. So erschien der Kaiser am Runden
Hügelaltar in der kühlen Morgendämmerung nicht als
Machthaber, sondern als Knecht, fast als Bittsteller, womit er

die moralische Zweifelhaftigkeit seiner Stellung grundsätzlich anerkannte.

Vielleicht ebenso althergebracht, wenn auch für uns zeitlich nicht ohne weiteres fixierbar, war das Verständnis dafür, dass der Sohn des Himmels, der sich dem Himmel ehrfürchtig näherte, zum Dreh- und Angelpunkt in den Sphären des Weltalls, der Erde und des Menschen wurde. Die gehörige Abfolge der Jahreszeiten, der rechtzeitig für die Ernte eintreffende Regen, die termingerechte Aussaat durch die Bauern, all das hing von der korrekten Führung des Kalenders durch kaiserliche Beamte, vom richtigen Verhalten des Kaisers und seiner Bediensteten beim Vollzug der wiederkehrenden Rituale im Jahreskreis ab. Ich glaube zwar nicht, dass die Mehrheit der Untertanen des Kangxi daran zweifelte, dass die Tage nach der Wintersonnenwende selbst dann länger wurden, wenn der Kaiser die Zeremonie nicht vorschriftsgemäß absolvierte. Doch war hier auch ein Reflex von Schicksal, Verantwortlichkeit und Unwägbarkeiten erkennbar.

Sowohl im Ritual der Wintersonnenwende als auch in der speziellen Zeremonie am 3. Januar war der eigentlich schlichte Akt von Emblemen der Autorität umgeben: Inschriften, Abzeichen, rangbezeichnende Schärpen, der vorgeschriebene Standort und die ordnungsgemäße Abfolge der Gesten. Der Kaiser stieg allein zur höchsten Terrasse des Altars empor, alle anderen standen in angemessenem Abstand hinter ihm oder auf niedrigeren Stufen. Er vollführte einen tadellosen Kotau – drei Kniebeugen, jede gefolgt von einer Niederwerfung auf das Pflaster – vor einer Tafel, die in goldenen Lettern auf dunkelblauem Hintergrund, zweisprachig, in chinesischen und Mandschu-Schriftzeichen, die Worte »Alleinherrscher des Himmels, Herr des Höchsten« trug. Ein Tempeldiener verlas den Text des kaiserlichen Gebets, und der Kaiser erneuerte den Kotau.

Doch die Zwecke der beiden Rituale waren ganz verschie-

den. Am 25. Dezember 1687 war die geliebte Großmutter des
Kaisers, die Erhabene Kaiserinwitwe Xiaochuang, schwer erkrankt. Von da an hielt sich der Kaiser fast ununterbrochen in
ihren Gemächern auf, kleidete sich nicht mehr aus, schlief in
der Nähe ihres Krankenbetts und bereitete ihr selbst die Medizin zu. Am 31. Dezember hoffte er, schlechte Einflüsse abzuwehren und die kosmischen Mächte zu besänftigen, indem
er einen Gnadenerlass für die Mehrzahl der Strafgefangenen
im Reich verkündete. Jetzt war er zu Fuß hergepilgert, um
den Allmächtigen Himmel um einen Aufschub der Lebenszeit seiner Großmutter zu bitten. Das Gebet, das er rezitieren
ließ, lautet wie folgt:

»Oh! Im 26. Jahr des Kangxi, im zyklischen Jahr *ding mao*,
am ersten Tag des zwölften Monats, am zyklischen Tag *yi si*,
wagt es dein Diener und erwählter Sohn des Himmels, dem
Allmächtigen Himmel und Gebieter in der Höhe zu erklären:
Dein Diener hat die Hilfe des Himmels empfangen und seiner Großmutter, der Erhabenen Kaiserinwitwe gedient, er genießt ihren Schutz seit vielen Jahren und fand Ruhe und Frieden im Vertrauen auf sie. Doch jetzt ist sie auf einmal schwer
erkrankt, und innerhalb von zehn Tagen hat sich gezeigt, dass
es sehr ernst ist und dass es jederzeit zum Schlimmsten kommen kann. Dein Diener hat sich Tag und Nacht keine Ruhe
gegönnt, keinen Gedanken an Schlafen oder Essen ver-
schwendet, eigenhändig ihre Medizinen gemischt und überall
nach Ärzten und Heilmitteln geforscht, doch nichts hat geholfen. Alle im Palast waren fassungslos vor Schmerz, und
niemand wusste sich einen Rat. Dieser Demütige erinnert
sich, wie barmherzig und gütig das Herz des Himmels ist und
dass es keinen Ort gibt, den sein Baldachin nicht beschirmt.
Desto inniger sollte sich dein Diener, dieser Nichtswürdige,
ihrer Pflege widmen. Mehr noch, dein Diener, dieser Nichtswürdige, hat in der Vergangenheit die Segnungen ihrer Liebe
genossen. Ich weiß noch, wie ich im frühesten Kindesalter

meine Eltern verlor und mich in den Schoß meiner Großmutter flüchtete. Über 30 Jahre lang hat sie mich genährt, gelehrt
und ermahnt, bis ich zum Mann heranreifte. Ohne meine
Großmutter, die Erhabene Kaiserinwitwe, wäre dein Diener
nie geworden, was er heute ist. So grenzenlos war die Gnade,
die mir erwiesen wurde, dass ich sie mein Lebtag nicht ent-
gelten könnte. Jetzt, wo sich alles in gefährlicher Weise zuge-
spitzt hat, habe ich gewagt, mich zu reinigen und einen Tag
zu bestimmen, und in aller Ergebenheit meine Diener her-
geführt, um den Großen Himmelsbogen anzurufen und zu
beschwören, ihn unterwürfig zu bitten, Erbarmen und Gnade
walten zu lassen und in ruhiger Besonnenheit auf sie herab-
zublicken, dass diese beklagenswerte Krankheit rasch vor-
übergehen und sie ein reifes Greisenalter erreichen möge.
Und wenn vielleicht ihr überreiches Maß erschöpft sein
sollte, fleht dieser Diener, so soll seine eigene Lebenszeit ver-
kürzt und mögen diese seine Jahre der langen Reihe von Jahren der Erhabenen Kaiserinwitwe zugezählt werden. Dafür
werfe ich mich hier am Altar nieder und beschwöre dich, von
flehentlicher Inbrunst überwältigt, um deinen erhabenen
Beistand.«

Diese Zeremonie fand ein ebenso intensives und dauerhaf-
tes Echo wie die beim Ritual der Wintersonnenwende. Der
Familienhierarchie haben alle überlieferten Kulturen große
Bedeutung beigemessen, doch nirgends stand kindliche Ehr-
furcht vor den Eltern als gesellschaftlicher Wert so hoch im
Kurs wie in China. Jeder klassisch gebildete Chinese hätte die
Anklänge an die Geschichte des ruhmreichen Herzogs von
Dschou wiedererkannt, der um 1000 v. Chr., als sein könig-
licher Neffe sterbenskrank war, an dessen Stelle sein Leben
dem Himmel anbot.

Doch der Kangxi-Kaiser war Mandschu, kein Chinese.
Auch wenn er im Chinesischen bis 1688 eine respektable klassische Bildung erworben hatte, sich als Hüter der Tradition

ausgab und zum Teil sehr ernsthaft auch persönlich für das klassische Erbe interessierte, war die Amtssprache bei Hof doch Mandschu, und das Gebet wurde sowohl in chinesischer als auch in Mandschu-Sprache vorgetragen. Überdies war die Erhabene Kaiserinwitwe eine Mongolin, Mitglied des kaiserlichen Borjigit-Clans, der vom Welteroberer Dschingis-Khan und seinen Brüdern abstammte. Sie und ihre Tante waren mit Hung Taiji verheiratet worden. Als zweitletzter Kaiser vor der Eroberung hatte er den Ausbau der Macht der regierenden Mandschu-Dynastie betrieben und seine mächtigen chinesischen und mongolischen Verbündeten mit entsprechenden Ämtern versorgt, bevor der Zugriff auf China erfolgte. In jenen fernen Tagen boten Besuche am Mandschu-Hof Anlass zu Massenfeierlichkeiten bei den gelben kaiserlichen Zelten, die weit draußen in der Steppe errichtet wurden, mit Festmählern, Jagdausflügen und Pferderennen.

Hätte der Kaiser sein Mandschu-Erbe abschütteln und ein rein chinesischer Herrscher werden wollen – was er offenbar nicht beabsichtigte –, so hätte er sich unweigerlich mit den Mandschu-Fürsten seines Hofs und seinen mongolischen Vasallen überworfen. Zu Beginn des Jahres 1688 waren einige mächtige Mongolenprinzen drauf und dran, sich gegen die Mandschu-Dominanz zu erheben, und ganz besonders fürchteten die Qing ein drohendes Bündnis mit den Russen. Doch die Ehrfurcht vor den Eltern war nicht bloß ein chinesisches Ideal, wie der Kaiser wenige Wochen später seinen Beamten erklärte: »Wer wäre ohne Familienbindung?« Was Blutsbande betrifft, so hegten Mandschus, Mongolen und Chinesen zwar unterschiedliche Vorstellungen, doch demonstrative Liebe zu den Altvorderen war ihnen allen nicht fremd. In diesem besonderen Fall sahen die Chinesen einen Kaiser, der ihre klassische Kardinaltugend vorbildlich erfüllte; den Mandschus fiel die Reverenz auf, die der Kaiser einem Symbol der glorreichen Qing-Kontinuität seit der Ära vor der Eroberung erwies; und die Mongolen konnten gutheißen, dass es eine der Ihren war, der seine liebevolle Fürsorge galt.

Aber es gab auch noch aktuellere Probleme auf der politischen Tagesordnung. Seit etwa 1679 wurde der Hof von Beamten dominiert, die mit dem Mandschu-Großsekretär Mingju unter einer Decke steckten. In diesen Jahren waren die Beamten offenbar unverhohlen darauf aus, in die eigene Tasche zu wirtschaften. Im Zusammenhang mit Anstellungen ist immer wieder von Schmiergeldern die Rede, und mitunter musste der Kaiser erleben, dass seine Auswahl schon eingeschränkt war durch diejenige, die Mingju und andere vor ihm getroffen hatten. Was Mingjus Einfluss möglicherweise entgegenwirkte, war das wachsende Zutrauen zu chinesischen Akademiker-Beamten, die in ihren Denkschriften bereits die Korruption und die Misswirtschaft unter Mingju kritisierten. Doch ihre Proteste waren in der reinen chinesischen Tradition verwurzelt, in der für Mandschus und Mongolen kein Platz war; die Kritik war oft weltfremd und unzweckmäßig und schien in bedenklicher Weise auf den Kaiser selbst zu zielen. Mehr noch, der Kaiser verachtete die diffizile, auf personelle Verbindungen und kulturelle Errungenschaften zielende Strategie der Gelehrten.

Ein weiteres denkbares Gegengewicht zu Mingju war der Einfluss seines Rivalen Songgotu. Songgotu war Kammerherr der kaiserlichen Palastwache und Onkel der Kaiserin. Dieser hochbegabte Mann zählte schon in den frühen sechziger Jahren zu den Unterstützern des Kaisers, dennoch wurde ihm 1679 ein Großteil seiner Macht beschnitten. Durch seine Verwandtschaft mit der Kaiserin pflegte Songgotu nach wie vor besonders enge Beziehungen zum Thronanwärter, dem 13-jährigen Sohn des Kaisers. Es wäre daher unklug gewesen, den ganzen Hof durch einen Emporkömmling dominieren zu lassen, dessen Macht so nah an den Thron heranreichte – zumal der Junge bereits Anzeichen des Trotzes und der Unbe-

ständigkeit zeigte, die später zu seiner Entmachtung und Einkerkerung führen würden. Dass der Kaiser seine Besorgnis
über die Krankheit seiner Großmutter so auffällig zur Schau
stellte, förderte sein Ansehen bei wesentlichen Gliedern seines Hofstaats und dehnte seine Macht aus, statt die Abhängigkeit von einer Clique auf die nächste zu verschieben. Zugleich hatte er dem Thronerben und jedem, der sich mit
diesem gegen ihn verbünden wollte, eine Lektion in kindlicher Ehrfurcht erteilt.

Das soll aber nicht heißen, dass der Kaiser Kummer und
Sorge nur vorgeschoben hatte. Sein Vater war gestorben, als
er sieben, seine Mutter, als er neun war. Seine Großmutter
war es gewesen, die ihn aufzog, ernährte und ihm beistand,
als er mit 15 Jahren beschloss, die Macht selbst zu ergreifen
und seinen Regenten den Laufpass zu geben. Ich nehme an,
er wäre ohne ihre Hilfe tatsächlich nie ein so tüchtiger und
mächtiger Herrscher geworden.

Am 12. und 14. Januar knieten die kaiserlichen Minister
vor dem Tor zum Palast der Erhabenen Kaiserinwitwe und
bedrängten den Kaiser, sich ein wenig Ruhe zu gönnen. Er
weigerte sich. Die Staatsgeschäfte waren beinahe zum Stillstand gekommen; ein einziges Mal hatte der Kaiser in den
letzten Wochen seine Ratgeber zur Besprechung zitiert. Die
Erhabene Kaiserinwitwe starb in der Nacht vom 26. auf den
27. Januar gegen Mitternacht. Der Kaiser »schlug sich an die
Brust, stampfte mit dem Fuß auf, jammerte und schrie, rief
den Himmel und die Erde an, weinte unaufhörlich, aß und
trank nichts mehr«. Am anderen Vormittag hatten sich Fürsten und Minister versammelt, die ihn beschworen, sich den
Verlust nicht so zu Herzen gehen zu lassen.

Die Klassiker rieten davon ab, die Trauer derart zu über-
treiben, dass die Trauernden Schaden an ihrer Gesundheit
nähmen, wie viel mehr gelte das für den Sohn des Himmels,
von dessen Persönlichkeit das Schicksal der Minister und des

Volkes abhing! Der Kaiser erwiderte, die bisher regierenden
Herrscher hätten fast nie die Trauerzeit von 27 Monaten eingehalten, sondern »Monate in Tage verwandelt« und die rituelle Trauer auf 27 Tage beschränkt. In den Chroniken hatte
der Kaiser nur eine einzige Ausnahme entdeckt, gegen Ende
des 5. Jahrhunderts n. Chr. Er selbst gedachte, die vorgeschriebenen 27 Monate voll auszuschöpfen.

Sofort begehrten die Minister auf: Das sei nicht möglich.
Die Ausübung politischer Funktionen während der Trauerzeit
– die Lektüre von Denkschriften, das Einhalten von Terminen,
die Bestätigung von Gerichtsurteilen und so weiter – war
offenbar kein prinzipielles Hindernis, solange er die Trauer-
bekundungen entsprechend mäßigte und auf seine Gesundheit achtete. Die eigentliche Schwierigkeit bestand in seinen
zeremoniellen Pflichten. Zu den Ritualen, die der Kaiser üb-
licherweise vollziehen musste, gehörten viele mit »guten
Omen« verknüpfte, darunter das der Wintersonnenwende
und die regelmäßigen Ehrfurchtsbekundungen im Tempel
der Kaiserlichen Vorfahren. Diese durfte der Herrscher nicht
in seinem Trauergewand vollziehen, das wäre ein schlechtes
Omen gewesen. Würden diese Zeremonien nicht korrekt
durchgeführt, warnten die Minister, dann könne »der Geist
der Erhabenen Kaiserinwitwe gewiss auch keine Ruhe finden
im Himmel«. Tag und Nacht fuhr der Kaiser fort, zu jammern
und zu wehklagen. Hilflos sahen seine Minister mit an, wie
sich sein Zustand verschlechterte. Seine Miene drückte Er-
schöpfung aus. Schlimmer noch, von ihnen wurde erwartet,
den nicht enden wollenden Kummer des Kaisers zu teilen.

Der 2. Februar war der erste Tag des chinesischen Mond-
jahrs, normalerweise einer der festlichsten Tage überhaupt.
Doch diesmal wurde nicht gefeiert, und der Kaiser dispen-
sierte sich und seine Beamten nur widerwillig einen Tag lang
von der Trauer vor dem Sarkophag. Dann setzte das Wehklagen erneut ein, und auch der Streit über die »Verwandlung

von Monaten in Tage« ging weiter. Irgendwann stellte der Kaiser die Frage: »Wie kann ich mein eigenes Gelübde brechen?«, doch am 6. Februar musste er schließlich klein beigeben und Abstand von seinem Vorhaben nehmen, die Tote 27 Monate lang zu beweinen.

Am 12. Februar begleitete ein gewaltiger Trauerzug den Sarg der Erhabenen Kaiserinwitwe hinaus aus der Verbotenen Stadt zu einem vorläufigen Ruheplatz im Nordosten Pekings. In klirrender Kälte ging der Kaiser zu Fuß hinter dem Sarg her und weinte bitterlich, und viele von den höheren Beamten, die am Straßenrand niederknieten, wo der Sarg vorüberkam, fürchteten um die Gesundheit ihres Herrn. Er wollte eine behelfsmäßige Unterkunft suchen, um dem Sarg seiner Großmutter näher zu sein, doch seine Minister redeten ihm zu, es sei seine Pflicht, der dynastischen Tradition gemäß in die Verbotene Stadt zurückzukehren. Er erklärte sich einverstanden, doch beschloss er, die Nächte nicht in seinem gewohnten komfortablen Palast zu verbringen, sondern in einem Zelt, das bei einem der inneren Tore aufgestellt wurde. Dort schlief er zwar etwas geschützt vor nördlichen Steppenwinden, doch gewiss in unwirtlicher Kälte.

Normalerweise hielt der Kaiser fast täglich eine Besprechung mit seinen höchsten Beratern ab, doch in den anderthalb Monaten seit jener Prozession zum Runden Hügelaltar am 3. Januar war es nur einmal dazu gekommen. Am 24. Februar nahm er die Arbeit wieder auf und befasste sich umgehend mit den hartnäckig anhaltenden Problemen der Hochwasserkontrolle am unteren Gelben Fluss. Am 9. März erließ er ein langes Pamphlet gegen die Selbstbedienungsmentalität und Cliquenwirtschaft der Minister und gegen jene unteren Beamten, die sich stillschweigend damit abfanden, statt offen gegen Klüngel und Korruption aufzutreten. Am Ende entließ er Mingju und dessen engste Vertraute aus ihren Ämtern. Mutmaßlich verdankte Mingju ein Gutteil seines Einflusses

den Beziehungen zur Erhabenen Kaiserinwitwe oder zu ihrem Hofstaat, weshalb ihr Tod seine Stellung geschwächt
hatte. Der Kaiser nutzte die neue politische Konstellation
dazu, weitere Beamte zu entlassen und andere in Gnaden
wieder aufzunehmen. Songgotu wurde mit den lebenswichtigen chinesisch-russischen Verhandlungen betraut. Mit dieser
Ernennung ging für Songgotu ein erheblicher Machtzuwachs
einher. Zugleich wurde er beschäftigt und wenigstens in den
folgenden anderthalb Jahren weit genug vom Hof entfernt,
während der Herrscher in Peking seine eigene Stellung ausbauen konnte.

Im Mai begleitete Kangxi den Sarkophag der Erhabenen
Kaiserinwitwe zur Kaiserlichen Grabanlage, knapp 100 Kilometer östlich von Peking. Seine Minister nannten dies eine
beispiellose Kundgebung der Elternliebe. Zwanzig Tage lang
blieb er dem Kaiserpalast fern. Im Juni war er erneut an ihrem
Grab, obwohl seine Minister ihn davor warnten, sich der som-
merlichen Hitze auszusetzen. Schon im November trat er die
Reise wieder an, um die Tafeln mit den Herrschertiteln der
Erhabenen Kaiserinwitwe zu begleiten. Die chinesische Monarchie stützte sich auf die mit aller Rhetorik beschworene
patriarchalische Fürsorge für das Wohl der Bevölkerung. In
Wahrheit war sie vom Volk gänzlich isoliert, und man spürt
die Fassungslosigkeit der Hofchronisten, wenn sie in den kaiserlichen Annalen von einer direkten Begegnung berichten
müssen.

Als er Peking im November verließ, bemerkte der Kaiser,
dass in den Straßengräben Leichen lagen. Wir wissen nicht,
ob es sich um Opfer von Gewalttaten, Hungersnot oder Seuchen handelte. Sie waren nicht bestattet worden, was bei den
Menschen, denen der Kaiser ein unübersehbares Beispiel
kindlicher Treue vorleben wollte, besondere Abscheu hervor-
rief. Der Kaiser befahl, den Gemeindevorstehern fünf Unzen
Silber aus seiner Schatulle zu geben, um die Unglückseligen

ordnungsgemäß zu bestatten. Die Gemeindevorsteher dank-
ten mit den Worten: »Der weise Regent liebt das einfache
Volk, seine Gnade erstreckt sich selbst auf die Leichen am
Straßenrand; für diese Großmut der Regierung gibt es wahrlich kein Beispiel, nicht einmal aus ältester Zeit!« Die Massen
drängten sich in den Straßen, jauchzten und sangen und
weinten mit dem Kaiser, wo immer er vorüberkam.

11. CHINA UND DIE JESUITEN

Am 11. März 1688 säumten die Bewohner des nordwestlichen Viertels von Peking die Straßen, um einen Trauerzug zu sehen, der viel bescheidener war als jener, mit dem einen Monat zuvor der Sarg der Erhabenen Kaiserinwitwe aus der Verbotenen Stadt gebracht worden war. Gleichwohl war dieses Begräbnis von besonderem, ja einzigartigem Interesse. Zu den Teilnehmern gehörte eine Delegation höchster kaiserlicher Beamter unter Führung von Tong Guowei, dessen Familienangehörige, wie es hieß, »den halben Hofstaat ausmachten«. Schon Kangxis Mutter war eine Tong gewesen, und jetzt gehörte eine Tochter Tong Guoweis zu den wichtigsten Nebenfrauen des Kaisers. Als Familie, die in beiden Kulturen wurzelte, hatten die Tong ihre Talente sowohl bei den Mandschu als auch in der chinesischen Gesellschaft zur Geltung gebracht. Zur Macht gelangten sie in den siebziger Jahren als kaiserliche Agenten, die während der Feldzüge gegen den »Aufstand der drei Vasallen« in die Provinz entsandt wurden.

In Anwesenheit der Beamten wurde der lackierte Sarg des Verstorbenen auf die Straße getragen und unter einem Baldachin aus weißer Seide – der in China üblichen Trauerfarbe – abgesetzt. Schluchzend warfen sich die Trauernden vor dem Sarg nieder, während sich die Prozession formierte. Vorweg marschierte eine Musikkapelle, gefolgt von einer Gruppe, die eine große, golden beschriftete Tafel mit dem Namen und den Titeln des Verstorbenen trug: Nan Huairen, Vorsitzender der kaiserlichen Kommission für Astronomie. Dann kamen zahlreiche Flaggen und Banner sowie ein schweres Kreuz, das zwischen zwei Reihen chinesischer Christen getragen wurde. Jeder von ihnen hielt eine brennende Kerze und ein Taschentuch, um die Tränen zu trocknen. Es folgte ein stattliches Bildnis der Jungfrau Maria und des Jesuskinds mit der Welt in Seinen Händen. Ein Porträt des Verstorbenen und daneben eine Trauerode, die der Kaiser persönlich gedichtet und auf ein Banner aus gelber Seide geschrieben hatte, wurden flankiert von chinesischen Christen und jesuitischen Missionaren im Trauerflor. Getragen von 60 Männern und begleitet von hochrangigen Delegationen des Hofs und einer Gruppe Höflinge und Minister zu Pferd, bewegte sich schaukelnd der Sarg. Den Schluss bildeten 50 Kavalleristen, die schweigend und in bemerkenswerter Haltung aufzogen.

Von den ersten Missionaren bis in unsere Zeit hinein hat noch jeder Ausländer, der sich der chinesischen Umgebung anpassen wollte, einen Namen in chinesischem Stil angenommen. Er sollte den europäischen Namen gewissermaßen lautmalerisch nachahmen und zugleich etwas von den Werten und Interessen mitschwingen lassen, die der Träger nach China mitbrachte. Nan Huairen hieß ursprünglich Ferdinand Verbiest und war ein flämischer Jesuit. *Nan* griff eine Silbe aus seinem Taufnamen auf. *Huairen*, »freudiges Wohlwollen«, unterstrich seine Verpflichtung auf den höchsten und anspruchsvollsten aller konfuzianischen Werte, der vollkommene Uneigennützigkeit, Hingabe für den Nächsten und ständige moralische Selbstprüfung verlangt. Solchen Konfuzianismus konnte jeder fromme Jesuit ohne Gewissenspein vor sich selbst und vor seinen chinesischen Täuflingen vertreten.

Verbiest war ein würdiger Nachfolger seiner Jesuitenbrüder Matteo Ricci und Johann Adam Schall von Bell. Alle drei beherrschten die riskante Taktik, ihre naturwissenschaftliche, technologische und weltliche Bildung in den Dienst des chinesischen Kaiserhofs zu stellen, um dafür einen Freiraum der stillschweigenden Duldung christlicher Missionstätigkeit im Reich einzutauschen. Ricci hatte tiefen Eindruck bei einigen wichtigen, hervorragenden Intellektuellen der späten Ming-Zeit hinterlassen. Sein Ruhm, seine Gelehrsamkeit und die europäischen Uhren, die er mitbrachte, verschafften ihm genug Rückhalt am Hof der späten Ming-Zeit, dass der Kaiser ihm bei seinem Tod ein Stück Land für das Begräbnis überließ, wo später mehrere Jesuiten ihre letzte Ruhestätte fanden. Zu diesem Friedhof in Zhala vor dem Nordwesttor der Stadt wurde nun auch Verbiests Sarg getragen.

Schall von Bell hatte sich geschickt durch die letzten Jahre der Ming, die Zeit der Bauernaufstände und die Eroberungspolitik der Qing laviert. Anschließend hatte er die Gunst und Freundschaft des Shunzhi-Kaisers gewonnen, der Kangxis Vater war und als erster Qing in Peking regierte. Doch nach Shunzhis Tod wurde er, in seinem letzten Lebensjahr, eingekerkert und beinahe sogar enthauptet. Den Ming- und Qing-Herrschern hatte Schall von Bell die Überlegenheit der europäischen Mathematik und empirischen Astronomie nachweisen können, weshalb ihm die bedeutende Aufgabe zugewiesen wurde, jährlich den kaiserlichen Kalender vorzubereiten. Auch Adam Schall von Bell ist in Zhala beigesetzt.

Verbiest war 1623 in einem Dorf bei Kortrijk in Westflandern zur Welt gekommen und später – von einem unangenehmen Jahr in der jansenistisch dominierten Universität Löwen abgesehen – in der Obhut von Jesuiten erzogen worden. Nach seinem jesuitischen Noviziat und seiner Aufnahme in den Orden hatte er sich zunächst bemüht, als Missionar nach Südafrika entsandt zu werden, bevor er sich 1657 für China entschied. Um 1660 war er in Peking, das er – mit Ausnahme zweier Reisen jenseits der Großen Mauer, auf die er den Kangxi-Kaiser begleitete – nicht mehr verlassen sollte.

Nachdem Schall von Bell verstorben war, herrschte jahrelang Unsicherheit, weil drei Jesuiten in Peking unter Hausarrest standen, während alle anderen Missionare in Kanton festgehalten wurden. Doch am Weihnachtstag 1668 brachten Hofeunuchen die Pekinger Jesuiten unerwartet vor den Thron, um den jungen Kaiser in Fragen der Astronomie und des Kalenders zu beraten. Die Jesuiten staunten über die lebhafte Intelligenz, die Neugier und politische Reife des 16-jährigen Kangxi-Kaisers, der sie wiederholt auf die Probe stellte. Als sich ihre Überlegenheit herausstellte, jagte er ihre Konkurrenten und Kritiker fort und gab den Jesuiten die alten Privilegien als verantwortliche Leiter der astronomischen Kommission zurück.

Der Kaiser nahm persönlichen und aufrichtigen Anteil an den Jesuiten, ihren Lehren und ihren technischen Fertigkeiten. In den folgenden zwei Jahrzehnten mussten die Jesuiten oft in der Dämmerstunde ausreiten, um dem Kaiser in einer Vorstadtresidenz Unterricht in Astronomie, Physik und Algebra zu erteilen. Der Kaiser interessierte sich auch ein wenig für die Musik des Westens und freute sich über die von Jesuiten konstruierten raffinierten Wasserorgeln und mechanischen Spielzeuge. Unter ihrer Aufsicht wurden mehrere kleine Kanonen gegossen, die er gegen die rebellierenden Vasallen im Süden einsetzen ließ. Einige Angehörige des bikulturellen Hofs hatten sie bekehren können. Dafür nahmen sie die Peinlichkeit hin, dass zynische Höflinge und Kurtisanen ihre Kirche heimsuchten, und ließen sich unverblümte Rückfragen des Kaisers nach offenkundigen Widersprüchen ihrer Lehre von der Dreieinigkeit gefallen. Außerdem dienten sie als Übersetzer für portugiesische und niederländische Gesandtschaften und wurden mittlerweile auch an den Verhandlungen mit Russland beteiligt.

Manche dieser weltlichen Aktivitäten waren den Jesuiten anstößig und schienen unvereinbar mit ihrer missionarischen

Berufung. In den Jahren nach 1668 verhalf ihr Aufstieg auch anderen Orden zur kaiserlichen Erlaubnis, sich in den Provinzen niederzulassen. Ihre gefestigte Stellung in der Umgebung des Hofs trug dazu bei, dass Missionare von den Provinzbeamten schonend behandelt wurden. Sporadisch bahnte sich seit 1688 eine Debatte an, die 1692 einen offiziellen kaiserlichen Erlass zur Folge hatte: Danach stand der römischkatholische Glaube nicht im Widerspruch mit der Staatsordnung und der kulturellen Orthodoxie; daher sei es den Untertanen der Qing erlaubt, das Christentum anzunehmen.

Kehren wir zum Jesuitenfriedhof zurück, wo die Missionare beteten und die katholischen Begräbniszeremonien vollzogen. Dann knieten sie nieder, als Tong Guowei den kaiserlichen Nachruf verlas. Der Herrscher lobte die guten Dienste, die Verbiest den Qing geleistet habe, und brachte seine Trauer um den Verstorbenen zum Ausdruck. Anschließend ergriff Pater Thomas Pereira das Wort, sprach vom schmerzlichen Verlust, den man erlitten habe, dankte für die gnädige Botschaft des Kaisers und für die Entsendung hochrangiger Vertreter. Später erfuhren die Jesuiten, mit welcher Freude der Kaiser diese Dankesworte vernommen hatte: Er hatte Verbiest posthum neue Ehrentitel verliehen und Silber gespendet, damit auf dessen Grab eine Stele errichtet und der Wortlaut seines Nachrufs in Marmor verewigt werde.

Unter den Jesuiten, die an jenem Märztag 1688 an Verbiests Grab knieten, befanden sich fünf Neulinge, die erst vor kurzem nach Peking gekommen waren – zu spät, um noch den Segen des Paters Verbiest zu empfangen, der am 28. Januar 1688 verstorben war. Dass sich das Begräbnis um sechs Wochen verzögert hatte, lag mit einiger Wahrscheinlichkeit daran, dass während der kaiserlichen Trauer um die Erhabene Kaiserinwitwe keine derartigen Staatsakte stattfinden durften. Die fünf Neuen waren sämtlich Franzosen. Dass ihre Ankunft mit dem Tod des letzten wegweisenden Hofjesuiten zusammenfiel, lässt die ersten Monate des Jahres 1688 als Wendepunkt der Missionsgeschichte erscheinen. Schon vorher hatte die Mission Ordensbrüder aus ganz Europa nach China gelockt, doch unterstand sie zunächst dem Oberbefehl der portugiesischen Krone. Diese konnte nach den Verträgen, mit denen seit Kolumbus die Welt zwischen Spanien und Portugal aufgeteilt worden war, die gesamte katholische Missionsarbeit in Asien für sich beanspruchen. Zwar bildeten die Franzosen eine willkommene Bereicherung für das Personal und Potenzial der Niederlassung, doch stellten sie zugleich das portugiesische Monopol infrage. Ihre Bildung und ihre literarischen Ambitionen waren überdies geeignet, den alten Streit über den richtigen christlichen Umgang mit dem Erbe Chinas und seinen traditionellen Werten aufs Neue zu entfachen.

Aus der Geschichte der jesuitischen Auseinandersetzung mit China seit den Zeiten Riccis werden manche Aspekte der globalen Verflechtung der frühen Moderne deutlich. Auf immer weiter ausgedehnten Seereisen waren die Europäer unbekannten Völkern begegnet, von denen sich viele in die vorgegebene europäische Klassifizierung der Menschheit einfügen ließen. Die Ureinwohner von Nord- und Südamerika sowie der Gebiete Afrikas südlich der Sahara galten als Tiere, bestenfalls »edle«, häufiger jedoch kannibalische oder sonstwie unmenschliche Wilde. Die Muslime des Indischen Ozeans nahm man nicht als Fremde wahr, sondern schlicht als »Mohren«, Anhänger des epileptischen Hochstaplers Mohammed und Widersacher der christlichen Lehre. Buddhisten und Hindus waren Götzen-, oft sogar Teufelsanbeter und glaubten an die Lehre von der Seelenwanderung, die sie vermutlich von den Schülern des Pythagoras übernommen hatten.

Was die Europäer in China vorfanden, passte allerdings in keine ihrer von der griechisch-römischen Antike abgeleiteten Kategorien. Keine einzige bisherige Begegnung in der Geschichte globaler europäischer Kontakte war vergleichbar mit der chinesischen Bürokratie gelehrter Männer, die ihre moralische Haltung nicht von einem Gott oder Göttern, sondern aus einer geheiligten Tradition weiser Herrscher und Lehrer ableiteten, ihrer guten Staatsordnung, ihrer Volkstümlichkeit und dem Reichtum ihres Landes. Ricci war zutiefst beeindruckt von der profunden Bildung und strengen Moral befreundeter chinesischer Gelehrter; sie nicht weniger von ihm. So festigte sich die Überzeugung des Missionars, wonach zahlreiche Elemente der chinesischen Überlieferung mit dem Christenglauben vereinbar seien oder übernommen werden konnten, ohne sie erheblich zu modifizieren. Allem voran konnte man den Konfuzianismus der weltlich-bürgerlichen Weltanschauung einverleiben, analog zur Bereicherung frühchristlichen Denkens mit hellenischer Kultur durch Paulus oder zur Verknüpfung christlichen Glaubenseifers mit dem Studium griechischer und römischer Klassiker in der Renaissance, von der auch Ricci und seine Ordensbrüder geprägt waren.

Riccis Diplomatie der Anpassung an die zeremoniellen Bräuche und die Terminologie Chinas stieß selbst in der Societas Jesu (SJ) immer wieder auf Kritik. Doch wurde sie unter den Missionaren wohl überlegt und ergebnisoffen diskutiert, bis in den dreißiger Jahren des 17. Jahrhunderts Dominikaner und Franziskaner anfingen, von ihren Stützpunkten in Manila aus Mission in China zu betreiben. Ihre Missbilligung der Anpassungspolitik Riccis teilten sie direkt nach Rom mit. Der ratlosen Kurie lagen keine objektiven Berichte aus China vor, weshalb sie jeder Seite zustimmte, die ihre jeweilige Sicht der Verhältnisse in China darstellte, und widersprüchliche Direktiven ausgab, mit denen keinem geholfen war. Verhandlungen mit den Ende der sechziger Jahre nach Kanton verbannten Missionaren führten nur zu kurzfristigem Einvernehmen, und auch das wurde gebrochen, als der

begabte dominikanische Polemiker Fernández Navarrete aus
Kanton flüchten konnte, nach Europa zurückkehrte und mit
seinen Flugschriften und Intrigen am Heiligen Stuhl eine
Kampagne gegen das diplomatische Ricci-Modell ins Werk
setzte. Verbiest gab sich alle Mühe, Navarretes Denunziation
zu widerlegen. 1688 war all das noch in der Schwebe. In den
folgenden anderthalb Jahrzehnten entwickelte sich der »Ri-
tenstreit« in Europa zu einer heftigen Kontroverse. Dass der
Papst eine Delegation nach Peking entsandte, um die Aufsicht
des Vatikan über die missionarischen Praktiken und über die
bekehrten Chinesen sicherzustellen, erzürnte den Kangxi.
Damit geriet die fragile Vertrauensbasis ins Wanken, die Verbiest und seine Ordensbrüder geschaffen hatten.

In den achtziger Jahren schien es jedoch, als sei China
trotz kirchenrechtlicher Desorientierung und schwelender
Konflikte um Riccis Anpassungsmodell ein vielversprechen-
des Feld für die katholische Mission. Die Befürworter einer
französischen Beteiligung an missionarischen Aktivitäten entwickelten bald Pläne, eine Gruppe französischer Jesuiten
nach Fernost zu entsenden. Diese Missionare sollten vollkommen unabhängig arbeiten. Um ihre Aufnahme in Peking zu
erleichtern, wurden dazu studierte Mathematiker, Astronomen und andere Naturwissenschaftler ausersehen. Mehr
noch, in einem wundervoll barocken Gebrauch der zeitbe-
dingten Leidenschaft für Fakten und Landkarten wurde ihre
Weigerung, sich anderen kirchlichen Autoritäten zu beugen,
damit begründet, dass sie nicht als Missionare unterwegs waren, sondern als wissenschaftliche Beobachter, die geografische und astronomische Daten für die Akademie der Wissenschaften sammelten.

Sechs Jesuiten traten Anfang 1685 von Brest aus die Überfahrt an. Mit ihnen begaben sich die siamesische Gesandtschaft, der Sieur de Chaumont und der Abt von Choisy auf
den Weg nach Ayutthaya. Fünf der Missionare reisten 1687 in

einer Dschunke weiter nach China und landeten im Juli in Ningbo. Kangxi war entzückt, als die Ankunft mathematisch und astronomisch versierter Europäer gemeldet wurde, die wissenschaftliche Bücher und Instrumente mit sich führten, und er befahl sie umgehend zu sich in die Hauptstadt. So kam es, dass auch die Neulinge aus Frankreich unter den prominenten Trauergästen bei Verbiests Begräbnis waren. Einen von ihnen, Jean-François Gerbillon, sollte der Auftrag, geografische Daten zu sammeln, weiter in die Ferne führen, als er sich träumen ließ. Eine hochrangige Delegation, die der gestürzte Songgotu zusammen mit dem Onkel des Kaisers Tong Guogang leitete, sollte eben zu einem Treffen mit jenen russischen Botschaftern aufbrechen, die den Winter in Selenginsk verbracht hatten. Sprachbarrieren, die einer früheren Verständigung mit den Qing im Wege gestanden hatten, meisterten die Russen inzwischen, indem sie ihren Gesandten einen oder zwei polnische Sekretäre mitgaben, die alles ins Lateinische übersetzten, was die Jesuiten von Peking den Gesprächspartnern auf Chinesisch und Mandschu mitteilen sollten. Daher hielt man es für ratsam, der Qing-Gesandtschaft zwei Jesuiten mitzugeben. Einer von ihnen sollte Thomas Pereira sein, der seit 15 Jahren in Peking lebte und die besondere Gunst des Kaisers genoss, weil er ihm westliche Musik beigebracht hatte. Zu seinem Gefährten wurde Gerbillon bestimmt.

Am frühen Morgen des 30. Mai 1688 brach Gerbillon, der sich erst ein knappes Jahr in China und seit vier Monaten in Peking befand, in einer imposanten Kolonne von 70 oder 80 Beamten und rund 1000 berittenen Soldaten nach Norden auf. Der »älteste Sohn« des Kaisers gab ihnen das Geleit. Vermutlich handelte es sich um den 13-jährigen Thronanwärter, dessen unsteter, moralisch wenig gefestigter Charakter die gefühlvolle Demonstration der Elternliebe durch den Kaiser vor und nach dem Ableben der Erhabenen Kaiserinwitwe notwendig gemacht hatte.

An jedem Abend seiner viermonatigen Expedition durch
die asiatische Steppe führte Gerbillon sein Logbuch, in das er
die Entfernung und Himmelsrichtung der Tagesmärsche, auf-
fallende Eigenarten der natürlichen Umgebung, der Flora und
Fauna sowie der Bevölkerung eintrug. Schließlich war er For-
schungsreisender im Auftrag der Akademie der Wissenschaften und sammelte fleißig Erkenntnisse durch genaue und
detaillierte Beobachtung, nicht anders als Rumphius und weitere in diesem Buch erwähnte Gelehrte wie Hans Sloane,
Claude Perrault, Locke und Leibniz. In den ersten Tagen beschrieb er die mächtigen Bollwerke, mit denen die Täler
nördlich von Peking überwacht wurden, und die sie verbin-
dende gewaltige Mauer, die »in steile Abgründe hinabführt
und zu den höchsten Gipfeln unbezwingbarer Felsen empor-
steigt«. Sosehr ihn die meisterliche Architektur beeindruckte,
ihren Beitrag zur Landesverteidigung, die schon weitgehend
durch das Bergmassiv gewährleistet war, schätzte er gering,
und an vielen Stellen erschienen ihm die Wachtposten unter-
besetzt.

Am 2. Juni erreichte die Expedition Baoan. »Die Stadt hat
zwei Befestigungsringe, ganz aus Stein gemauert. Das Land
ringsum ist das beste und fruchtbarste, das wir in diesem Tal
gesehen haben; Weizen und andere Feldfrüchte gedeihen vorzüglich, obwohl der Boden ein wenig zu trocken wirkt. Die
Chinesen haben das Geheimnis entdeckt, ihn zu bewässern,
indem sie das Quellwasser der Umgebung in die von ihnen
ausgehobenen Kanäle leiten; das Wasser pumpen sie von
Hand auf die Felder.« In der nächsten Stadt gab ein wohlhabender Kaufmann ein Festbankett für Tong Guogang, und
Gerbillon erfuhr, dass sogar Händler aus Usbekistan und Persien hierher anreisten. Dieses Gebiet stand noch ganz unter
der Herrschaft der Qing. Beamte aus der Umgebung sprachen
vor, um Tong Guogang und Songgotu ihre Aufwartung zu
machen. Auf kaiserlichen Befehl brachten die Bauern regel-

mäßig Rinder und Schafe für den Lebensunterhalt der Expedition.

Am 7. Juni sah Gerbillon sein erstes Mongolen-Zeltlager, beschrieb genauestens die Beschaffenheit einer Jurte und streute beiläufig seine Eindrücke von der Armut und den rohen Sitten dieses Volks ein. Wie man sich denken kann, wusste er nichts mit Lamas anzufangen, jenen Mönchen und geistigen Führern des tibetischen Buddhismus, die als Reinkarnationen gottähnlicher Gestalten oder heiliger Weisheitslehrer gelten und »von den Mongolen über alle Maßen verehrt werden«. Die rücksichtsvolle Behandlung, die ihnen der Qing-Kaiserhof angedeihen ließ, führte Gerbillon allein auf dessen mongolische Interessen zurück; in Peking gewöhnten sie sich angeblich rasch an vornehme Kleidung und kauften sich die schönsten Sklavinnen »unter dem Vorwand, sie mit ihren Sklaven zu verkuppeln«.

Vom 15. bis zum 17. Juni kampierte die Reisegruppe bei Huhhot, das damals schon ein größeres Mongolenzentrum war und heute die Hauptstadt der Autonomen Region der Inneren Mongolei in China bildet. Gerbillon begleitete Tong Guogang und Songgotu zum höchsten Tempel des Lamaismus und war erschüttert über die Unterwürfigkeit, mit der sie dem jungen Mann begegneten, der als Reinkarnation des Bodhisattva verehrt wurde. Beide warfen sich nieder vor dem »vermeintlichen Gott«, der seine Hand auf ihre Hände legte und ihnen erlaubte, seine Gebetsperlen zu berühren.

Der »Lebende Buddha« trug einen langen safrangelben Seidenumhang mit vielfarbiger Bordüre, einem katholischen Priesterrock nicht unähnlich, der seinen Körper ganz bedeckte. Als er nach einer Tasse Tee griff, sah Gerbillon, dass die Arme unter seinem Umhang nackt waren und er nur die schlichte gelbrote Mönchskutte um die Schultern gelegt hatte. Bei dem anschließenden Mahl wurden schmackhafter Reis und Suppe serviert, doch auch einige widerliche getrocknete Früchte, ölige Kuchen und halbgare Fleischstücke. Danach besichtigten sie diejenigen Räume des Tempels, die reinlich und schön geschmückt waren, und trafen ein Kind an, das als »Lebender Buddha« ebenfalls größte Verehrung genoss.

Gerbillon pflegte regelmäßig die Höhe des Sonnenstands zu messen und den Umfang der Sonne zu berechnen. Gelegentlich hielt er fest, wie kalt es nachts wurde und wie heiß um die Mitte des Tages. Als die Reisegruppe Huhhot verließ, wandte sie sich ziemlich genau nach Norden, wo man auf den Khan der ostmongolischen Khalkhas zu treffen hoffte. Bebaute Felder und vereinzelte Bäume, wie man sie von Zeit zu Zeit noch an der Straße nach Huhhot gesehen hatte, schwanden allmählich. Viele Kaninchen gab es hier, Antilopen, wilde Ziegen, Fasane und Wildgänse; fast täglich gingen die Soldaten auf Jagd. Gerbillon war entzückt, als ihm ein delikates Omelette aus Fasaneneiern serviert wurde. Die Gruppe teilte sich auf und folgte drei unterschiedlichen Routen. Nun stießen sie auf Zeltlager der Khalkhas, die Gerbillon noch heruntergekommener erschienen als die Mongolen weiter südlich. Die Suche nach Wasser für Hunderte von Pferden und Kamelen, die der Treck mit sich führte, wurde zur täglichen Hauptsorge.

Am 8. Juli traf die Reisegruppe auf ein Elendscamp von 25 bis 30 Khalkha-Jurten. Einige dieser Menschen kamen aus dem Norden, wo sie von eindringenden Truppen Galdans und der Dsungaren vertrieben worden waren. Angeblich war selbst der höchste Lama, ein Bruder des Khans der Khalkhas, auf der Flucht nach Süden. Anderntags wandte sich dieser Teil des Trecks südwärts und vereinigte sich wieder mit den anderen beiden, damit ihre Befehlshaber über die neue Situation beraten konnten. Als sie am 22. Juli Songgotu und seiner Gruppe begegneten, hatte dieser kaiserlichen Befehl erhalten, dass sie den Heimweg antreten und an den russischen Gesandten in Selenginsk schreiben sollten, um neue Abma-

chungen für eine Zusammenkunft zu treffen. Alle waren erleichtert, denn die Hitze nahm ständig zu, die Pferde waren
mit der Zeit abgemagert und entkräftet, und die beunruhi-
genden Nachrichten aus dem Norden ließen es äußerst frag-
lich erscheinen, ob man noch diesen Sommer nach Selenginsk
gelangen würde.

Bei der Rückkehr nach Peking erfuhr die Reisegruppe, dass
den mongolischen Vasallen der Qing die Mobilisierung ihrer
Reiterei gegen die Dsungaren befohlen worden war. Manche
aus der Gruppe sollten an der kaiserlichen Jagd teilnehmen,
die nördlich vom Gubei-Pass stattfand und in diesem Jahr
noch stärker als sonst an ein Militärmanöver erinnerte. Am
12. August wohnte Gerbillon einem der weniger erfreulichen
Jagdvergnügen bei, als sich zwei Reihen Soldaten und Treiber
in einen Kreis stellen mussten, der immer enger gezogen
wurde, während verängstigte Hasen zu entkommen versuchten und zwischen den Beinen der Männer hindurchschlüpf-
ten. In knapp drei Stunden brachte man 157 Hasen zur
Strecke. Am 29. August konnte Gerbillon die Kadaver eines
Wolfs und einer Art Antilope untersuchen, die bei der Jagd
erlegt worden waren.

Nun führte der Weg wieder in lieblichere Regionen, wo es
galt, eine steil abfallende Schlucht zu überwinden; unterwegs
konnten sie Aprikosen und saure Wildkirschen pflücken. Am
27. September erreichten sie das Lager der kaiserlichen Jagd-
gesellschaft. Gerbillon zeigte sich sehr beeindruckt, wie ak-
kurat es angelegt war: Die Zelte der Leibwächter und hochrangigen Offiziere standen dem Kaiserzelt am nächsten, das
unwesentlich größer oder prunkvoller erschien als die anderen, nur dass der Zeltfirst golden leuchtete. Die Beamten und
die Jesuiten zogen hinaus, um nach Einbruch der Dunkelheit
am Straßenrand die Rückkehr des Kaisers von der Jagd abzu-
warten. Seine Majestät entbot einen höflichen Gruß und bemerkte mitfühlend, sie müssten wohl sehr müde sein.

Anderntags setzte die Gruppe ihren Rückweg in die
Hauptstadt fort. Hier war die Berglandschaft reizvoll und weniger unwegsam als weiter im Norden, und an der Strecke
wuchsen sogar Pfirsichbäume und etwas wilder Wein. Auch
die Straße selbst war viel angenehmer, denn hier entlang
pflegte der Kaiser oft zur Jagd zu reiten. Am 6. Oktober war
die Gruppe wieder in Peking; der Kaiser langte am 11. an. Am
9. Dezember versammelten sich die Jesuiten an den Gräbern
von Ricci, Schall von Bell und Verbiest zu einer weiteren,
vom Kaiser angeordneten Zeremonie, bei der dessen Trauer-
edikt auf Mandschu rezitiert wurde.

Es war ein unvergleichliches Abenteuer gewesen, die wenigen Einblicke in den Prunk des Kaiserhofs waren unschätzbar,
die gesammelten Informationen sicherten ihnen den Dank
der Akademie der Wissenschaften. Doch Pereira und Gerbillon fanden nur ein- bis zweimal Gelegenheit, das Gespräch
auf religiöse Fragen zu bringen, und mussten die Zähne zu-
sammenbeißen, als die mächtigen Führer der Expedition vor
einem »Lebenden Buddha« auf dem Bauch lagen. Dabei war
doch die Rettung der Seelen das Ziel, für das die Jesuiten ihre
Angehörigen zurückließen, auf heimische Bequemlichkeiten
verzichteten und derart weite und gefährliche Reisen unternahmen. Die Gunst des Kaiserhofs war maßgeblich für die
Sicherheit und Kontinuität ihrer Missionstätigkeit, deren
Früchte freilich nur sehr langsam reiften. Manche Angehörige
der vornehmen Gesellschaft Pekings hatten sich zur Taufe
entschlossen, darunter einige Mandschus des kaiserlichen Fa-
milienklans und einige Verwandte der Tongs. Wie es heißt,
lebten rund 80000 Konvertiten in der Umgebung von Shang-
hai, wohin Ricci seine ersten bedeutenden Missionsreisen unternommen hatte.

Andere Zentren des katholischen Glaubens waren bedeutend kleiner, dafür aber einigermaßen beständig: In der Ge-

gend um Fuan in der Provinz Fukien, die von Dominikanern aus Manila betreut wurde, gab es zahlreiche eifrige Christen, die vielen Bedrängnissen im 18. Jahrhundert zum Trotz standhaft an ihrem Glauben festhielten. Seelsorger gab es allerdings nie genug, und wo sie erschienen, wurden sie als Ausländer beargwöhnt und waren, selbst wenn die offizielle Politik ihnen wohl wollte, vor Nachstellungen nicht sicher. Nicht wenige verloren das Leben, bevor sie durch Lernfleiß und Eingewöhnung imstande gewesen wären, sich mit den Einwohnern zu verständigen. Die ersten Missionare verzweifelten an den Schwierigkeiten, die das Latein ihren Täuflingen bereitete, und manche hielten den Charakter der Chinesen für unvereinbar mit den harten Anforderungen geistlicher Berufe. Doch mit der Zeit freundeten sich die Missionare mit der Vorstellung an, dass auch Landeskinder zu Priestern geweiht wurden.

So kam es, dass am 1. August 1688 drei Chinesen – Liu Wende, Wan Qiyuan und Wu Li – vor Bischof Gregorio Luo Wenzao in einer Kirche in Macao niederknieten und die Ordination als Priester der Societas Jesu erhielten. Als Mensch war Luo einzig in seiner Art; erzogen und geweiht von Dominikanern in Manila, opponierte er nur halbherzig gegen Riccis diplomatischen Umgang mit der chinesischen Tradition. Wan Qiyuan hatte Aufnahme in der vornehmen Gesellschaft von Hangzhou gefunden, wo es seit der späten Ming-Ära eine gut besuchte Christengemeinde gab.

Als Mitglied der astronomischen Kommission hatte sich Liu in Peking unter Einfluss der Jesuiten den westlichen Beinamen Blaise Verbiest zugelegt. Wu Li war ein Konvertit, wie ihn sich die Jesuiten nur wünschen konnten: ein Dichter und Maler, der in erlesenen künstlerischen und vornehmen Kreisen geachtet wurde, zum moralischen und intellektuellen Establishment der frühen Qing-Zeit gehörte und im Christentum, wie es die Jesuiten seit Ricci proklamiert hatten, die

ideale Ergänzung und Vervollkommnung seiner konfuzianischen Überzeugungen fand.

Wu Li war 1632 geboren und zu jung, um noch unter den
Ming-Kaisern vor 1644 seine Examina abgelegt zu haben. Daher war er der alten Dynastie formell nicht verpflichtet. Doch
zu Beginn der Qing-Ära waren die Karrierechancen für Exa-
mensabsolventen sehr gering, und er neigte ohnehin mehr
zur Malerei und Poesie, weshalb sich Wu Li in den sechziger
Jahren einigen im Reich höchst anerkannten Meistern zu-
wandte. Im folgenden Jahrzehnt verkehrte Wu Li in den gelehrten und literarischen Zirkeln, die sich vor allem für Literatur der Song-Dynastie begeisterten. Diese stieß mit ihren
lebhaften Schilderungen weltlicher Realitäten und historischen Themen in Lyrik und Drama auf ein besonderes Echo
bei allen, die das Drama des Übergangs von den Ming zu den
Qing durchlitten hatten.

Außerdem schloss Wu sich einem Kreis von Menschen an,
die ihre konfuzianische Überzeugung durch Zusammen-
künfte zum Zweck der moralischen Erbauung und durch ge-
meinsame Lektüre klassischer Texte zum Ausdruck brachten.
Doch nur die wenigsten konnten die Kluft zwischen utopi-
schen Träumen von sozialer und kosmischer Harmonie und
den Unzulänglichkeiten der Gegenwart ertragen. Zu groß war
das Ausmaß an Enttäuschungen und Schikanen, die der übliche Zyklus von Aufstieg und Fall der Dynastien mit sich
brachte. Solche Männer suchten einen »einzigen Herrn«, dem
sie folgen und ihre Verehrung darbringen konnten und der
ihnen ein neues Verständnis für den Ursprung und das Wesen
der Welt ermöglichte.

Die meisten Konfuzius-Anhänger, die sich an dieser Suche
beteiligten, wandten sich dem Buddhismus zu oder bemühten sich, einen der vielen Nebenzweige der chinesischen
Volksreligion und Heldenverehrung wiederzubeleben. Wu Li
schloss sich 1679 der winzigen Minderheit an, die den er-

staunlichen Kultursprung vollzog und sich zu einem fremd-
ländischen Glauben bekannte. Anfangs hatte er vor, Pater
Philippe Couplet SJ nach Europa zu begleiten, er blieb dann
aber in Macao und wurde Novize in der Societas Jesu. Mehrere Gedichte aus jener Zeit lassen sein Talent zum Beobachten und Beschreiben erkennen: die kleinen weißen Häuser
der Sklavenquartiere; die nachts heimkehrenden chinesischen
Fischer; die Sklaven, die bei einem Kirchenfest zur Gitarre
singen und tanzen; Wu und seine europäischen Brüder, wie
sie sich gegenseitig um Verständnis bemühen und manchmal
in unterschiedlichen Schriften notieren müssen, was sie einander sagen wollen.

Übrigens schlug sich sein wachsendes Verständnis des
Christentums auch in seiner Lyrik nieder. Ein Gedicht offen-
bart zu Beginn das konventionelle chinesische Mitgefühl mit
dem mühseligen Alltag eines Fischers, dann heißt es, kürzlich
erst sei der katholische Glaube in das Dorf gekommen, und
einige Fischer hätten den Beruf gewechselt: »Jetzt sind sie
Menschenfischer!« Es endet mit einem trockenen, natürlichen Beiklang, der selbst den besten Liederdichtern gut an-
gestanden hätte, als dem Fischer klar wird, dass Konvertiten
mit ihren kirchlichen Fastengeboten bessere Kunden für seinen Fisch abgeben.

Die Jesuiten steuerten einen riskanten Kurs der Assimilation an die chinesische Kultur. Einige ihrer Kritiker waren
überzeugt, dass die chinesischen Täuflinge unter jesuitischen
Oberhirten bestenfalls Krypto-Christen geworden seien, denen jeder Sinn fehle für die schreckliche Tragik des Kreuzes,
die Auferstehung des Gottessohns und die allen Sündern
verheißene Erlösung. Solche Anklagen sind jedoch haltlos,
wie schon ein flüchtiger Einblick in Wu Lis christliche Lyrik
zeigt:

Von Natur aus habe ich mich dem Weg immer nahe
    gefühlt;
Wenn meine neuen Gedichte aufgesagt waren,
    pflegte ich mich im Geist zu sammeln.
Wer mag schon, bevor das Ende naht, an die Freuden
    des Paradieses glauben?
Nach dem Ende wird man über die Wahrheit des
    Höllenfeuers staunen!
Erfolg und Ruhm in dieser vergänglichen Welt: Spur einer
    Gans im Schnee.
Dieser Körper, diese Muschelschale lebenslanger Qualen:
    Staub unter dem Pferdehuf.
Und wichtiger noch: Der Lauf der Zeit drängt uns zur Eile.
Lasst uns gut überlegen, welches Gewässer uns zur
    wahren Quelle führt.

Das Folgende verfasste er vielleicht in Zusammenhang mit
seiner Priesterweihe am 1. August 1688 und mit der ersten
von ihm geschriebenen Messe:

Abermals wäscht er die Hände,
    wendet sich dann um.
Er betet: Mögen er und all die Sünder
gereinigt werden, dass kein Fleckchen bleibt:
Auf dass sie nicht die Leiden
Christi ihres Herrn verraten.
Warum aber schlägt er wieder und wieder das Kreuz?
Der Erlöser fand daran geschlagen den Tod.

Um China zu gewinnen, setzten die Jesuiten alles aufs Spiel.
Viele Chinesen respektierten ihre Arbeit, und manche ließen
sich bekehren. Die überlegenen Methoden der Jesuiten wurden von mathematischen und astronomischen Experten anerkannt und übernommen. Doch der religiöse und kulturelle

Einfluss der missionarischen Botschaft blieb schwach und auf wenige Orte begrenzt. Die Taufe Wu Lis wurde nicht zum Auftakt einer Bekehrungswelle. Ricci hatte das Glück, dass China in der Zeit seines Wirkens für kulturelle Neuerungen ungewöhnlich aufgeschlossen war und herkömmliche Denkmuster hinterfragte. Im Jahr 1688 war die intellektuelle Krise beigelegt, ohne dass es einer fremden Religion bedurft hätte. Die chinesische Kultur war im Wandel begriffen und selbstkritisch, aber es herrschte kein unstillbarer Drang nach Neuerungen, und vor 1900 gab es keine prinzipielle, der *Querelle des anciens et modernes* in Frankreich vergleichbare Debatte über Tradition und Modernität. Es fehlte nicht an Interesse für neue Erkenntnisse und fremde Länder, doch war es bei weitem nicht so leidenschaftlich und ausgeprägt wie in der europäischen Kultur des 17. Jahrhunderts.

Die unübersehbare chinesische Presse brachte kaum Nennenswertes über jene Länder, aus denen Händler und Missionare anreisten, während um 1688 in Europa – und ganz besonders in Frankreich – eine Welle von Publikationen über China einsetzte, die ihren Gipfelpunkt zur Jahrhundertwende erreichte und bis weit ins 18. Jahrhundert anhielt. Dass Voltaire und andere führende Köpfe der Aufklärung den Chinaberichten der Jesuiten manche Spitze für ihre antiklerikale Polemik entlehnten, gehört zur Ironie der Geschichte. Mitte 1687 erhielt das europäische Denken neue Impulse aus der konfuzianischen Überlieferung, als in Paris der *Confucius Sinarum philosophus*, ein stattlicher Folioband von mehr als 500 Seiten, gedruckt wurde. Die 1688 erschienene ausführliche Zusammenfassung im *Journal des sçavans*, Rezensionen in der *Bibliothèque universelle* und in den *Acta eruditorum* sowie ein Auszug in französischer Sprache von Jean de la Brune unter dem Titel *La morale de Confucius, philosophe de la Chine* sorgten für die Verbreitung unter Gelehrten in ganz Europa. Das Werk enthielt drei der »Vier Bücher«, die als

Grundlagentext des Neo-Konfuzianismus gelten und angeblich vom Meister selbst und seinen unmittelbaren Schülern geschrieben wurden, in kompletter lateinischer Übersetzung. Außerdem bot es eine kurze Biografie des Konfuzius. Über 100 Seiten erstreckt sich ein chronologischer Abriss von mehr als 3000 Jahren chinesischer Geschichte. Der Widmung des *Confucius Sinarum philosophus* an König Ludwig XIV. folgt eine einleitende Erklärung, in der es heißt, das Buch sei nicht »für die Kurzweil und Neugierde jener bestimmt, die in Europa leben«, sondern zu Nutz und Frommen der Missionare.

Das war nicht ganz aufrichtig; schließlich sollte es die Mission an europäischen Höfen und in vornehmen Kreisen bekannt machen und verherrlichen und den besonderen Ansatz der Jesuiten in China rechtfertigen. Richtig ist vielmehr, dass die Texte in 80-jähriger gemeinsamer Anstrengung gesammelt worden waren. Eine ganze Generation von Missionaren hatte versucht, jene Lehren nachzuvollziehen, deren Bedeutung für Lebensführung und Weltanschauung gebildeter Chinesen, die sie für das Christentum gewinnen wollten, kaum zu überschätzen war. Das Ergebnis ihrer Arbeit wurde nachfolgenden Missionaren vermittelt, die sich ihrerseits bemühten, die Übersetzungen zu vervollkommnen.

Diese Einleitung ist ein wichtiges Zeugnis dafür, wie die Jesuiten seit der Ära Ricci mit dem konfuzianischen Erbe umgegangen waren. Betont wird, dass die chinesischen Klassiker in manchen Passagen dem Himmel eine Art Bewusstsein zuschrieben, mit dem er sich um die Menschheit kümmere und dem Einzelnen ein moralisches Gewissen einflöße. Seltener werde auch auf den Herrn in der Höhe angespielt, was noch am ehesten als Andeutung einer monotheistischen Gottesidee verstanden werden könne. Doch die Kommentatoren der Song-Dynastie hatten ihrerseits einen organischen Naturalismus zum System erhoben, der ebenfalls seit ältesten Zeiten in China lebendig war. Sie beharrten darauf, der

Herr in der Höhe stehe nur für den Himmel selbst, und der Himmel symbolisiere eine fest gefügte Ordnung des Kosmos, verdanke seine Existenz ausschließlich sich selbst und habe keine transzendente Gottheit als etablierte Institution der Verehrung nötig. Ricci hatte sich in der späten Ming-Dynastie von Kritikern der Song-Doktrin inspirieren lassen und einen Nachhall ältesten Wissens von Gott in den bewussten Passagen vermutet.

Zudem unterstellte er, jeder Beleg, dass die alten Chinesen bis Konfuzius und darüber hinaus dem einen und wahren Gott gehuldigt hätten, sei von den Song-Kommentatoren absichtlich unterdrückt worden. Was dieses Wissen von einst am meisten verdrängen half, sei das Eindringen des Buddhismus im 1. Jahrhundert n. Chr. gewesen, meinte er. Die christliche Lehre, die Ricci nach China bringen wollte, nahm für sich in Anspruch, die schon von konfuzianischen Denkern weithin kritisierte buddhistische Überformung zu beseitigen und den Ernst konfuzianischer Selbstbesinnung und moralischen Handelns mit dem Glauben an den einen Gott zu stärken.

Dieses riskante Denkmodell, mit dem sich die Ausländer der gebildeten Elite als wahre Deuter ihrer klassischen Texte empfahlen, kränkte manche Intellektuelle in China, während es anderen reizvoll erschien und einige wenige zum Wechsel ins Christentum motivierte. In der einleitenden Erklärung schlug es sich im Lobpreis der »schlichten Reinheit des Goldenen Zeitalters« nieder, als weise Herrscher noch den Herrn in der Höhe oder einen aktiven, gnädigen Himmel verehrten, und im Nachweis von unberechtigten Entstellungen solcher Passagen durch »neuere Interpreten« – das heißt, durch Kommentatoren der Song-Dynastie. Hier und da fällt aber auch an den Übersetzungen auf, dass sie frisiert wurden, um die Texte als Vorgriff auf christliches Gedankengut erscheinen zu lassen.

Beispielsweise kehrt mehrmals die Wendung von der »hellen Tugend« wieder, die sich auf ein reiches Potenzial tugendhaften Handelns bezieht, das »heller werden« oder entwickelt werden kann. Einmal jedoch übersetzen die Jesuiten diesen Ausdruck mit »Vernunftnatur«, ein andermal leiten sie daraus die Behauptung ab, dass diese Tugend vom Himmel verliehen werde, um darin Anspielungen auf die christliche Idee einer unsterblichen Seele zu entdecken. Letztendlich verfälscht dies den unverwechselbaren chinesischen Sinn für das sittliche Potenzial des Menschen, das in seinem organischen Verhältnis zur Welt rings umher gründet. An dessen Stelle tritt das Konzept einer »Vernunftnatur«. Es ist so eng mit abstrakten Debatten über Seele und menschliche Vernunft verknüpft, dass es unschwer aus der Verankerung im christlichen Drama von Opfer und Gnade gelöst und von der Aufklärung gegen das Dogma der Kirche ausgespielt werden konnte.

Den frühesten Berichten aus China konnten europäische Leser um 1600 erste Eindrücke von den chinesischen Weisheitslehren und von dem Reichtum, der Bevölkerungsmasse und der guten Regierung des Reichs entnehmen. Was ihnen fehlte, war eine konkrete Vorstellung von Land und Leuten. Dies änderte sich abrupt nach dem Sturz der Ming-Dynastie, als die ersten Augenzeugenberichte der Missionare vom »Einfall der Tataren« erschienen. Zunächst schien es sich um den Zusammenbruch einer ehrwürdigen Zivilisation zu handeln, dem Untergang des römischen Weltreichs vergleichbar. Dann aber setzte sich die Auffassung durch, dass trotz aller Gewalttaten der Eroberer und des tragischen, wenn auch vergeblichen Ming-Widerstands unverzüglich eine neue und effektive Ordnung etabliert worden war. Viele dieser Schriften hatten erzählenden Charakter und konzentrierten sich auf Herrscher oder andere einzelne Akteure. Was geschah und geredet wurde, mochte melodramatisch wirken, aber nicht exotisch.

Die Tragödie, die sich hier abspielte, war im 17. Jahrhundert in Europa nicht unbekannt. In einigen Berichten werden die Mandschus als tapfere Krieger geschildert, die sich im Gegensatz zu den »erschlafften Chinesen« als fähig erwiesen hätten, die Ordnung wiederherzustellen. Dieser Aspekt entsprach dem Herrscherideal der Europäer und ihren eigenen Werten mindestens ebenso wie der chinesischen Wirklichkeit in der frühen Qing-Periode und dem chinesischen Modell der Regierung durch gelehrte Beamte.

Die *Geschichte der beiden Eroberungen Chinas durch die Tataren* von Pierre Joseph d'Orléans SJ, die 1688 in französischer Sprache gedruckt wurde, ist ein vortreffliches Beispiel für dieses Genre und zeichnet ein farbiges Bild des Qing-Hofs aus Sicht der Jesuiten. Zugleich enthält sie Aufzeichnungen über die beiden Reisen jenseits der Großen Mauer, die Ferdinand Verbiest im Gefolge des Kaisers unternahm, der dem Jesuitenpater viele Vergünstigungen erwiesen und gemeinsam mit ihm die Sternbilder beobachtet hatte.

Einen wesentlicheren Beitrag zum europäischen Wissen über China leistete die *Neue Geschichte Chinas* von Gabriel de Magalhaens, die 1688 in französischer und englischer Übersetzung herauskam; der portugiesische Originaltext ist verschollen. Magalhaens hat sein Manuskript wohl um 1675 abgeschlossen, als er im siebten Lebensjahrzehnt stand und seit 35 Jahren in China weilte. Seine Ausbildung hatte er in den Jesuitenkollegs von Goa und Macao absolviert, bevor er 1640 in die malerische und kultivierte, am berühmten Westsee gelegene Stadt Hangzhou entsandt wurde. Bald schon wurde er weitergeschickt, um Luigi Buglio in Szechuan zu helfen. Nach einer langen und gefahrvollen Reise den Jangtse flussaufwärts kam er gemeinsam mit Buglio in noch größere Bedrängnis, als sie erst in die Gefangenschaft eines grausamen Rebellen gerieten und dann den argwöhnischen Mandschu-Eroberern in die Hände fielen. Nachdem er sich 1648 in Peking niedergelassen hatte, blieb Magalhaens dort bis zu seinem Tod im Jahr 1677,

mit Ausnahme einer einzigen Reise nach Macao. Dem Bestre-
ben von Schall von Bell und Verbiest, die Gunst des Hofs zu
erlangen, stand er distanziert gegenüber.

Magalhaens' Werk liefert ein gutes Beispiel für die Darstellung chinesischer Geschichte und Philosophie, wie sie sich in
den meisten Jesuitenschriften findet. Was es vor allem aus-
zeichnet, ist der Sinn für die Erschütterungen des riesigen
Weltreichs und seiner Hauptstadt und die Art, wie es mit den
Widersprüchen umgeht. Der Autor bietet eine exzellente,
wohl von seiner Reise nach Macao zehrende Beschreibung
des Großen Kanals und seiner Schleusentore, wo durch die
Arbeitskraft von Hunderten über Seilwinden die Weizen-
frachtkähne auf höheres Kanalniveau gehievt wurden. Das
Kapitel über die Hauptstadt ist besonders interessant wegen
seiner Schilderung der Kaiserpaläste. Magalhaens nimmt den
Leser mit auf einen Spaziergang, der südlich des Tors in einer
Gegend beginnt, die wir heute Tiananmen nennen, und schildert, was zu sehen ist, wenn man von jedem einzelnen der hohen Tore in den nächsten Hofgarten kommt. Unter den letzten Ming-Herrschern soll alles viel prunkvoller gewesen sein,
wie ihm die Leute erzählten, »doch noch immer findet sich
im Inneren das, was die Fantasie beflügelt und die Größe des
Reichs anschaulich macht«.

Er gibt eine ganze »gewöhnliche Audienz« wieder, bei
der sich die Hauptstadtbeamten versammeln, um sich im er-
habensten der Palasthöfe vor dem Kaiser niederzuwerfen, in
weitem Abstand von seinem Thronsitz, der im Schatten
steht. Zählen wir die Höfe zusammen, die der Autor und sein
Leser auf dem imaginären Spaziergang entlang der Haupt-
achse des Palasts passieren, haben sie schon 15 hinter sich,
wenn sie am Nordtor des Palastgebäudes wieder auftauchen,
eine breite Straße überqueren, ein weiteres, dreifaches Tor
durchschreiten und auf einen riesigen ungepflasterten Platz
kommen. Hier liegen Stallungen für einen Teil der kaiser-

lichen Pferdezucht; will der Kaiser ausreiten, dann wässert man zuvor den Platz, damit kein Staub aufwirbelt.

Hinter dem nächsten Tor erstreckt sich ein schöner Park mit fünf künstlichen Hügeln, die man aufgeschüttet hat, als die Teiche im Westen des Palasts gegraben wurden; Park und Hügel kann man übrigens noch heute in Peking finden. Sie sind »bis zur Kammhöhe über und über bepflanzt mit Bäumen, alle in peinlich genauer Symmetrie angeordnet und mit runden oder quadratischen Sockeln versehen. In diese hat man Löcher gebohrt für Kaninchen, die darin hausen, oder Hasen, die Zuflucht darin suchen, von denen es auf diesen kleinen Hügeln wimmelt. Der Park ist auch reich an Damwild, Ziegen und Vögeln. Der Kaiser kommt oft hierher, um auszuruhen und die Tiere zu beobachten«.

Ludwig XIV., der Herrscher von Versailles, pflegte nicht viel zu lesen, doch möchte ich vermuten, dass er einiges von diesen Berichten las oder vernahm und neidisch wurde. Der Herrscher von Versailles dürfte auch begriffen haben, was an Magalhaens' Analyse der chinesischen Politik am meisten überraschte:

»Wer Vizekönig oder Gouverneur einer Provinz werden will, muss, bevor ihm seine Berufung sicher ist, mindestens 20000, 30000, 40000, manchmal auch das Dreifache, bis zu 70000 Kronen ausgeben [eine Krone entspricht etwa einer Unze Silber]. Dennoch ist der König [Kaiser] weit davon entfernt, auch nur einen Heller von diesem Geld zu bekommen, weshalb er von diesem Schacher nie etwas erfährt. Nur die mächtigen Minister des Reichs, die *colaos* oder offiziellen Berater, und die sechs höchsten Richterkollegien bei Hof verkaufen auf eigene Rechnung alle Ämter und Anstellungen an die Vizekönige und mächtigen Mandarine der Provinzen. Diese sind andernorts bestrebt, ihrer Habgier Genüge zu tun und sich für die Kosten ihrer Beförderung schadlos zu halten, und erpressen stattliche Schenkungen von der Obrigkeit der Bezirke und

Städte, die sich dann ihrerseits an den Vorstehern der Dörfer und Gemeinden bereichern, und diese oder, besser gesagt, alle zusammen arbeiten wiederum Hand in Hand, um ihre Geldbeutel auf Kosten des beklagenswerten Volks aufzufüllen. Daher ist es in China ein geflügeltes Wort, dass der König ahnungslos Henker, Raubmörder, hungrige Wölfe und reißende Hunde auf die Ärmsten hetzt, um das Volk auszuweiden und zu verschlingen, wenn er neue Mandarine ernennt, die es regieren sollen. Kurz, es gibt keinen Vizekönig, Inspektor oder vergleichbaren Beauftragten in der Provinz, der am Ende seiner dreijährigen Amtszeit nicht mit 600000 oder 700000 oder manchmal sogar einer Million Kronen heimkehrt.«

Der Kangxi-Kaiser war sich gewiss darüber im Klaren, dass niemand ein Amt anstrebte, ohne sich bereichern zu wollen. Er wird gewusst haben, welcher Mittel man sich bediente, wenn man in der Hauptstadt um eine Berufung einkam. Magalhaens' Darstellung einer fortwährenden und systematischen Praxis des Ämterkaufs wird zwar von gleichzeitigen chinesischen Quellen nur hin und wieder bestätigt. Doch hatte er in Peking viel Zeit damit verbracht, den Menschen der verschiedensten Stände zuzuhören. Seine persönlichen Erfahrungen in China, vielleicht auch die Vorbehalte gegen den Enthusiasmus, mit dem sich seine Ordensbrüder in der Gunst des Kaisers sonnten, ließen ihn von der Hofgesellschaft nur das Schlechteste denken.

Die Biografie des Wu Li lässt darauf schließen, dass manche der von Jesuiten Bekehrten echte Christen wurden. Magalhaens stellt unter Beweis, dass andererseits die Patres der chinesischen Kultur Respekt erweisen und die Majestät des Kaisers würdigen konnten, ohne verzückte Sinophile zu werden. In dieser Begegnung der Kulturen hegte keiner der Partner Furcht vor Widersprüchen oder Komplexität. Gerade deshalb ist sie noch heute so lehrreich für jeden, der die Welt der Frühmoderne verstehen will.

12. KANAZAWA, EDO, NAGASAKI

In den ersten Tagen des elften Monats im ersten Jahr des Genroku – spät im November 1688 – spazierten Einwohner der japanischen Stadt Kanazawa durch ihre adrett geschmückten, sauberen Straßen und wurden von Bettlern angesprochen, die als Leprakranke kostümiert waren. Manche wurden der Jahreszeit erst gewärtig, als sie merkten, dass den Leprösen gar keine Finger, Ohren oder Nase fehlten. Passanten, die den Bettlern etwas gaben, wurden mit einem Segenswunsch bedacht, der sie vor der grauenhaften Krankheit schützen sollte.

Der japanische Zyklus des Jahres bot Festtage für jede und jeden: Neujahr, das Mädchenfest, das Knabenfest, im Sommer das Sternenfest und die Feier zum Andenken der Vorfahren. Zu einer sorgfältig nach Berufs- und Standesgruppen strukturierten Gesellschaft wie Japan passte es, dass viele dieser Gruppen eigene Feste hatten. Die Schmiede feierten jeden Achten des zehnten Monats, die Kaufleute zwölf Tage später, wobei sie ihre Läden dekorierten, Rabatte gewährten und Stammkunden kleine Geschenke offerierten. Bettler hatten ihre Zunft für sich, mit einem von der Regierung anerkannten Sprecher. 1688 verbreitete sich Unruhe unter ihnen, weil immer mehr Bettler auftauchten, die nicht zünftig organisiert waren. Tatsächlich gab es *zwei* anerkannte Bettlerzünfte; die falschen Leprösen gehörten nicht der Hauptzunft, sondern einer kleineren, gesonderten Gilde an, die hartnäckig

an ihrer Autonomie festhielt. Sie bewohnten ein eigenes
Viertel hinter dem Shinmei-Tempel und wurden *monoyoshi*
genannt, »Bettler, die das Glück bringen«. Zusätzlich zur Bet-
telei fertigten sie Sandalen und – für Regenwetter – Holz-
schuhe an, die sie verkauften, und sie pflegten Leprakranke.
Das ganze Jahr über versammelten sie sich an bestimmten
Weihetagen vor wohlhabenden Häusern, überhäuften die
Bewohner mit Glück- und Segenswünschen, wenn sie etwas
Essbares bekamen, und verfluchten sie, wenn nichts abzu-
stauben war.

Diese genau dosierten und zulässigen Schimpfreden gehörten wie die vorgetäuschte Konfrontation mit den Schrecken
der Lepra zum öffentlichen Auftreten der »Bettler, die das
Glück bringen«. Sie dienten als Ventil und Gefühlsausdruck
und machten das Dasein in der japanischen Gesellschaft mit
ihren streng fixierten sozialen Rollen und spärlich dosierten
Emotionen erst erträglich. Kanazawa selbst war in mancher
Hinsicht beispielhaft für den Wandel, der sich im 17. Jahrhundert in Japan vollzog. Mit rund 100000 Einwohnern gehörte es
1688 zu den 20 größten Metropolen der Welt. Wie die meisten
japanischen Städte war Kanazawa relativ jung; vor 1540 hatte
es an dieser Stelle nur eine kleine Ansiedlung gegeben. Das
Stadtbild war geprägt von der Festung, wo die Maeda-Familie
der Daimyo (Regionalfürsten) residierte, doch selbst die ältesten Steinmauern waren keine 100 Jahre alt.

Die Anfänge des Shogunats im 17. Jahrhundert, das viele
Historiker mittlerweile als direkten Vorläufer der weltläufi-
gen, produktiven und hochmodernisierten japanischen Gesellschaft von heute betrachten, gehen hauptsächlich auf die
Daimyo zurück. Seit Mitte des 16. Jahrhunderts hatten sie für
sich eine eigene Infrastruktur aus Militärmacht, politischer
Lenkung und Wirtschaftsaktivitäten schaffen wollen. Mehrere Oberdaimyo versuchten es mit Bündnissen unter ihrer
Leitung, die ganz Japan unterjochen sollten. Einem von ihnen,

Tokugawa Ieyasu, war es um 1600 schließlich gelungen. Der Form nach wurden er und seine Erben von untätigen, zeremoniellen Kaisern zum Shogun (Generalissimus) ernannt; auf diese Weise regierten sie bis 1868. Die mit ihnen verbündeten Daimyo, selbst die von ihnen bezwungenen Gegner wurden als Herrscher über ansehnliche, provinzähnliche Gebiete eingesetzt. In Angelegenheiten der inneren Verwaltung durften sie unabhängig schalten und walten, und den Tokugawas waren ihre Ländereien nicht abgabepflichtig. Ihre Loyalität war durch die militärische Übermacht der Tokugawas und ihrer treuesten Verbündeten abgesichert – und durch die Bedingung, dass Daimyo ihre Familien als Geiseln in der Shogun-Hauptstadt Edo (dem heutigen Tokyo, das selbst eine Stadtgründung des 17. Jahrhunderts ist) zurücklassen und abwechselnd selbst dort wohnen mussten. Eine Hegemonialstellung hatten die Maedas selbst nie erstrebt; zur Macht waren sie als tatkräftige Alliierte des vielversprechendsten Mitstreiters gelangt. Zum Lohn erhielten sie ein Lehen, das nach und nach zur größten nicht vom Shogun beherrschten Domäne in Japan anwuchs. Unangefochten herrschten sie über ein wohlhabendes, für jeden Rivalen begehrenswertes Gebiet. Es nahm allerdings innerhalb Japans keine strategische Schlüsselstellung ein und lag, von Edo und anderen Hauptstädten durch eine Gebirgskette getrennt, an der Westküste der Hauptinsel.

Gegen Ende des 16. Jahrhunderts hatten die Daimyo die Einrichtung politischer Institutionen betrieben, die ihre Gewalt über Bevölkerung und Ressourcen innerhalb der Territorien stärken sollten. Sie legten einen Zensus an, der Auskunft über die Einwohner, ihren Landbesitz und ihre Steuerverpflichtungen gab. Die früher durchlässige Standesgrenze zwischen Samurai (der Kriegerkaste) und Bürgern wurde durch Erblichkeit unüberwindlich; den Bürgern wurde untersagt, Waffen zu tragen. Als schwer zu kontrollierendes Element

mussten sich die Samurai einem strengen Reglement von Ver-
haltensnormen beugen, in die Stadtfestungen ihrer Herren
umsiedeln und von Zuwendungen leben, die aus den gesammelten Erträgen der Daimyo-Güter finanziert wurden. Anders
als sonstige waffentragende Eliten der Frühmoderne kannten
die Samurai keinen Interessenkonflikt zwischen den Funktionen als Steuereintreiber und Landbesitzer. Ihnen fehlte die
ökonomische Unabhängigkeit, aus der heraus sie gegen ihre
Herren hätten rebellieren können. Kein Wunder, wenn loyale,
disziplinierte japanische Angestellte von heute voller Faszination und Respekt der Samurai von einst gedenken.

Kaufleute und Handwerker, besonders die für die Kriegsrüs-
tung unverzichtbaren, erhielten Monopole und Marktprivile-
gien sowie Grundstücke für Werkstätten und Lagerhäuser, damit sie sich unter einem Daimyo – nicht unter seinem Rivalen – niederließen. Auch friedlichere Künste und Geschäfte
wurden gefördert, ebenso wie die Urbarmachung von Land
und landwirtschaftliche Neuerungen, die dem Steueraufkommen des Daimyo zugute kamen. In der unruhigen Zeit vor und
nach 1600 unternahmen Daimyo alles, um ihre Kampfkraft zu
steigern, und bis in die dreißiger Jahre hinein war die Stabilität
der neuen Ordnung noch so ungewiss, dass jeder Fürst für eine
möglichst starke Landesverteidigung sorgte. Allgegenwärtige
Kontrolle und unablässige Bemühungen, den Reichtum und
die Machtbefugnisse im Herrschaftsgebiet der Daimyo zu vermehren, wurden zur Gewohnheit, je länger der Tokugawa-
Friede anhielt und sich durchsetzte. Das System der Vasallen-
Residenzpflicht in Edo erwies sich als riesiger Kostenfaktor für
die fürstlichen Kassen und veranlasste die Daimyo, neue Einkommensquellen zu erschließen. Disziplinierte Samurai sorgten ebenso effektiv für Ruhe und Ordnung, wie sie zuvor die
Gegner ihrer Herren erschlagen hatten.

Um 1688 war es so weit, dass man auf dem Land zahlreiche Neubauten und andere Anzeichen des Wohlstands er-

blickte. In den expandierenden Metropolen wurden Baugrundstücke von Ortsgouverneuren des Daimyo zugeteilt. Alle Einwohner waren in Bürgerwehr-Verbänden organisiert, jedes Wohnviertel hatte seine Wache, nachts wurden die Tore verschlossen, und auf Märkten und in den Werkstätten herrschte reges Treiben. In einer von Kriegen und Gefahr bestimmten Welt war es einzigartig, dass Kanazawa und andere japanische Städte 1688 zu den sichersten Orten der Welt gehörten – beschützt von Männern, die mit Anekdoten von Heldenmut und Opferbereitschaft aufgewachsen waren und mit den besten Klingen der Welt fochten. Über 70 Jahre lang hatte es in Japan keine gewalttätige Auseinandersetzung mehr gegeben.

Eine weitere Besonderheit: Die Außenseiterstellung war in beiden Bettlerzünften erblich. Es gab ähnliche Zünfte, die »unreinen« Berufen wie der Lohgerberei nachgingen. Doch alle sprachen dieselbe Sprache, waren von gleicher Rasse und Kultur. Seit 1640 war Japan gegen Fremde vollständig abgeriegelt. In Edo, Kyoto oder Osaka tauchten mitunter holländische oder koreanische Gesandtschaften auf. Nicht so in Kanazawa, das wohl als größte ausländerfreie Zone des Jahres 1688 gelten muss. Seit Jahrzehnten hatte es hier keine Fremden mehr gegeben, und ihr nächster Besuch sollte 170 Jahre auf sich warten lassen.

In Edo für Ordnung zu sorgen war ein mühsameres Geschäft, als die Fürsten von Kanazawa ahnen mochten. Auch Edo war eine neue Stadt: In den neunziger Jahren des 16. Jahrhunderts hatte Tokugawa Ieyasu im Bündnis mit Hideyoshi, dem seinerzeit wichtigsten Militärführer, die fruchtbare Ebene um den Meerbusen annektiert, der heute als Bucht von Tokyo bekannt ist. Auf diesem Boden errichtete er seine Festung oberhalb eines Fischerdorfs namens Edo. Nachdem er ganz Japan in seiner Gewalt hatte, machte er aus Edo den Sitz seines *bakufu*

(»Zeltregierung«), das Hauptquartier des Shoguns und obersten Militärdiktators. Der Shogun wurde formell vom Kaiser ernannt, der seine Abstammung in ungebrochener Linie auf die Sonnengöttin zurückführte. Der Kaiser residierte in der alten Hauptstadt Kyoto, hatte keinerlei Macht, wurde aber von Tokugawa gut behandelt und großzügig versorgt. Für alle Daimyo und dienenden Samurai hatte das Tokugawa-Shogunat detaillierte Verhaltensregeln erlassen. Gelegentlich entsandte der Shogun Spitzel oder Inspekteure in ihre Gebiete, doch im Allgemeinen durften die Daimyo ihre eigene Politik treiben und das Land nach Gutdünken verwalten. Gleichwohl waren alle Daimyo der Gnade ihres Shoguns unterworfen, der ihnen neue Lehen zuweisen oder sie ganz aus ihren Ämtern entlassen konnte. Der letztgenannten Maßnahme stand allerdings entgegen, dass dann die Samurai herrenlos zurückblieben, und herrenlose Samurai – *rônin*, »Schwankende Männer« – neigten oft zu Verbrechen, Widerstand und Aufruhr.

Die Tokugawas hatten ihre Übermacht in einem längeren Prozess durchgesetzt, der 1688 eine Zeit lang zum Stillstand gekommen war und dann wieder von vorn begann. Das *bakufu* war zu einer gut funktionierenden Samurai-Bürokratie geworden, die den großen unmittelbaren Herrschaftsbereich des Shoguns verwaltete und die übrigen Gebiete scharf überwachte. Ein wichtiger Kontrollmechanismus bestand darin, den Daimyo jedes zweite Jahr die persönliche Residenzpflicht aufzunötigen und ihre Familien dauerhaft in Edo anzusiedeln. Der Grundriss der Stadt entspricht dieser komplexen Machtstruktur.

In der Mitte ragte, hinter hohen Steinmauern und mehreren Burggräben, die gewaltige Festung Edo empor (seit 1868 Kaiserpalast), wo der Shogun und sein Hofstaat lebten. Nicht weit davon hatten die vornehmeren Daimyo, die seit den Anfängen mit den Tokugawas verbündet waren und höchste Ämter des *bakufu* bekleideten, ihre Besitzungen. Dahinter lagen die bescheideneren Residenzen der Tokugawa-Vasallen, die Hausmänner oder Bannermänner genannt wurden. Noch weiter weg residierten die »äußeren« Daimyo, die den frühen Tokugawas nicht so nahe standen oder sich aktiv widersetzt hatten; ihnen war der Zugang zu offiziellen *bakufu*-Ämtern verwehrt. Ihre Besitzungen in Edo gehörten zu ihrem Lehnsgebiet; innerhalb ihrer Mauern galt ihr eigenes Recht, kein Tokugawa-Recht. Viele Läden und Wohnhäuser standen innerhalb der eindrucksvollen Tempelbezirke der Buddhisten und der Shinto-Schreine, die ebenfalls ein gewisses Maß an Verwaltungsautonomie genossen.

Von Mauern und Torwegen waren auch die schlichteren bürgerlichen Viertel durchbrochen. Imposante hölzerne Tore schmücken noch heute die Tempel und andere Überreste frühneuzeitlicher Architektur; sie können als Sinnbild jener Kultur des raschen Wachstums, der verfeinerten Ästhetik und alles beherrschenden Kontrolle gelten.

Mit einer Einwohnerzahl von über 900000 gehörte Edo zu den größten Städten der Welt von 1688. Die überwiegende Mehrheit des einfachen Volks unterstand der Gerichtsbarkeit von zwei Magistraten. Beide wechselten einander monatlich ab, empfingen ihre Instruktionen von den Vorgesetzten in der Festung, nahmen Beschwerden entgegen und hielten Gericht; der jeweils andere arbeitete hinter verschlossenen Türen an Klageschriften, die er im Vormonat angenommen hatte. Die Magistrate verfügten über eine minimale Polizei- und Wachtmeistertruppe, weniger als 300 für die ganze Stadt. Außerdem gab es eine Hierarchie von Nicht-Samurai-Ortsältesten, die von den drei erblichen Bürgermeisterposten über Nachbarschaftsvorsteher bis hinunter zu einfachen Bürgern reichte. Diese Letzteren waren in Gruppen von fünf Familien eingeteilt, die Kontakt mit den Nachbarschaftsvorstehern hielten und für die gute Führung ihrer Mitglieder kollektiv verantwortlich waren.

Alle Einwohner, ob einfache Leute oder Samurai, mussten für Nachtwächter sorgen, um Verbrechen vorzubeugen und Brände zu verhüten. Jedes Viertel unterhielt und stellte eigene Torposten und Schildwachen. Edo verfügte über 900 derartige Wachthäuser. In Peking gab es Meldepflicht für Privathaushalte, in Amsterdam und Istanbul ließ man, wie wir noch erfahren werden, Nachtwächter patrouillieren, doch keine andere Großstadt konnte 1688 einen derart lückenlos durchorganisierten Sicherheitsapparat vorweisen.

Die Herrscher von Edo wünschten, dass alle Einwohnerinnen und Einwohner den ihnen zugewiesenen Wohnort, Rang und Platz behielten. Dennoch entwickelte und veränderte sich die Stadt unaufhörlich. Reihen von Marktständen wucherten zu neuen Straßen aus, Klapptische verwandelten sich in feste Ladenlokale. Abgesehen davon, dass sie die öffentliche Ordnung bedrohten, schürten ungenehmigte Bauten in der fast ausschließlich aus Holz errichteten Stadt die Brandgefahr. Feuersbrünste hatten im Jahr 1657 ganze Viertel erfasst. Außer den Hauptgebäuden der Edo-Festung zerstörten sie nach offizieller Schätzung 160 Daimyo-Residenzen, 350 Tempel und Schreine und machten 750 Banner- und Hausmänner sowie 50000 Kaufleute und Handwerker obdachlos.

Ein zweiter Großbrand dieser Art musste unter allen Umständen verhindert werden. Daher gründeten die Behörden mehrere neue Wohnviertel, die der Übervölkerung der bestehenden abhelfen sollten. Einige abgebrannte Grundstücke wurden nicht neu bebaut, sondern zu Feuerschneisen erklärt. Eine dieser Schneisen hieß Edobashi, die »Edo-Brücke«; sie war im frühen 17. Jahrhundert aus einer Abraumhalde entstanden und bis 1657 als nobles Geschäftsviertel genutzt worden. (Die Trödelmärkte am Ufer dürften lichterloh gebrannt haben.)

Einwohner, denen man in einem Teil von Edobashi den Wiederaufbau genehmigte, wurden verpflichtet, Wachen und

Patrouillen zu stellen, um Unbefugte von der Feuerschneise fern zu halten. Das war eine schwere finanzielle Bürde, der sich die Anwohner entledigten, indem sie Parzellen in der Schneise an fliegende Händler vermieteten, beispielsweise an Verkäufer von Kiefernzweigen und Bambus zur Neujahrsdekoration. Es dauerte nicht lange, bis es wieder Teehäuser, Bouquinisten, Wahrsager und vieles andere gab. Doch genehmigte man ihnen nur bescheidene Stände ohne anliegende Unterkünfte, damit die Stände rasch abgebrochen und weggeschafft werden konnten, falls ein Feuer ausbrach oder der Shogun auf dem Fluss vorbeikam. Um 1688 gab es Schiffskontore und Fischgroßhändler in der Nähe, die auf bestimmte Ufergrundstücke in der Feuerschneise drängten. Im Verlauf des 18. Jahrhunderts schritt die Wiederbesiedlung von Edobashi noch weiter voran.

Edo war eine Großstadt für Verbraucher, kein Zentrum der handwerklichen Produktion, verglichen mit der alten Hauptstadt Kyoto und ihrer merkantil geprägten Nachbarstadt Osaka. Literarische und künstlerische Modetrends entstanden gewöhnlich in Kyoto und Osaka und erreichten Edo erst später in abgeschmackter Gestalt. Mit Paris oder London messen konnte sich Edo daher allenfalls als Amüsierzentrum für Vergnügungssüchtige und solche, die soziale Anerkennung durch demonstrativen Konsum erstrebten.

Mit erheblichem Aufwand veranstalteten die Daimyo auf ihren Besitzungen Nô-Schauspiele: Tanzvorführungen, die in kultivierter, formvollendeter, subtiler und treffender Weise das Menschlich-Allzumenschliche schilderten. Überdies legten sie herrliche Landschaftsgärten an. So geht der berühmte Kôrakuen auf Tokugawa Mitsukuni zurück, den Daimyo von Mito, der als Oberhaupt einer erlauchten Nebenlinie des Shogun-Herrscherhauses zugleich ein Schutzpatron der konfuzianischen Studien war. Beim Entwurf des Gartengrundrisses ließ er sich von einem kundigen Chinesen beraten, der als

Ming-Loyalist geflohen war und höchste klassische Gelehrsamkeit in Mitsukunis akademische und publizistische Projekte einbrachte. Schon seine bloße Anwesenheit im Land
überzeugte manche Japaner, dass unbescholtene und charak-
terfeste Männer in China kein Zuhause mehr fanden, wohl
aber in Japan geachtet wurden.

Für die seriöse, vergeistigte und kulturell ambitionierte
Elite war das alles gut und schön. Doch in Edo wimmelte es
nur so von Samurai, von Haus- und Bannermännern des Tokugawa, von Geiseln, die durch Daimyo gestellt wurden und mit
ihrer Zeit nichts anzufangen wussten, und von mehr oder minder neureichen Angehörigen des gehobenen Bürgertums – zu
den wohlhabendsten gehörten die Trödelhändler. Für alle diese
gab es jede Menge Zeitvertreib auf trivialerem Niveau. In
einem Viertel namens Yoshiwara, das vermutlich für die Samurai tabu war, durfte Prostitution legal betrieben werden. In seinen Straßen tummelte sich alles Volk; man schäkerte mit den
billigeren Huren und erzählte sich von den berühmten und zurückgezogen lebenden Luxuskurtisanen, die sich gemeinhin
von hochrangigen Samurai und vermögenden Bürgern aushal-
ten ließen. Bücher mit wunderschönen Schwarz-Weiß-Dru-
cken wurden feilgeboten, die alle denkbaren amourösen Exzesse abbildeten; die lebensgetreuen Silhouetten der Leiber
standen in seltsamem Kontrast zu den geometrischen Formen
von Möbeln und Kleidern. Man nannte sie *shunga*, »Frühlings-
bilder«, und sie hatten ihren Ursprung in den phallischen Elementen und Fruchtbarkeitsriten der japanischen Religion.
Manche waren als Aufklärungsliteratur für Anfänger getarnt.
Doch wer noch unschuldig war, mochte weniger erregt als ab-
geschreckt werden, wenn die Eleganz des Federstrichs plötzlich unterbrochen wurde und der Rest des Drucks auf eine
hoch aufgereckte, behaarte Rute hinauslief, die auf eine ähnlich überzeichnete behaarte Spalte zielte.

In mindestens drei Distrikten der Stadt gab es Kabuki-

Spielstätten. Die früheste uns bekannte Namen- und Rangliste von Kabuki-Spielern stammt aus dem Jahr 1687. Kabuki-Aufführungen waren ebenso aufwändig wie Nô-Spiele und wesentlich stärker an der Handlung orientiert. Obwohl die Dramen oft nichts als ruhmvolle Episoden aus der japanischen Geschichte behandeln – das Kabuki-Theater konnte seine Aura von Dekadenz und Sinnlichkeit nie ganz abschütteln (und wollte es wohl auch nicht). Zu Beginn des Jahrhunderts noch hatten Frauen, die dabei mitwirkten, einen sehr schlechten Ruf genossen. Inzwischen waren sie ganz von der Bühne verbannt, und die weiblichen Rollen wurden von jungen Männern übernommen, die den Reichen und Mächtigen mit homosexuellen Neigungen oftmals verlockender erschienen. In Edo kamen um 1688 besonders gut Kabuki-Spiele an, in denen aktuelle politische Konflikte thematisiert wurden. Die Namen wurden natürlich verschlüsselt, blieben aber jedem erkennbar. Einige wenige Stücke behandeln den Freitod von Liebenden, die wegen sich allmählich abzeichnender Klassenunterschiede nicht heiraten können.

Ein perfektes Gegenstück zum Kabuki als Kunstform in Edo war das *jôruri*-Puppentheater. Chikamatsu Monzaemon, der zwar den Gipfel seines Ruhms damals noch nicht erreicht hatte, doch bereits als begabter und erfolgreicher Dramatiker galt, schrieb für beide Bühnen, und einige seiner besten Werke sind dem *jôruri* gewidmet. Die Puppen von über einem Meter Höhe waren stilvoll und lebensecht gestaltet. Die Spieler, die sie bedienten, waren mitunter auf der Bühne zu sehen. Ausschlaggebend für die Wirkung waren die Kunstfertigkeit der Figuren, die Pracht ihrer Kleider und die Muster, die sie bildeten. Wichtigster darstellender Künstler war der Rezitator des Textes. Der damals populärste *jôruri*-Spielleiter war Yamamoto Tosa-no-jô. Kenner kritisierten allerdings seine zusammenhanglosen Fabeln, die primitive Sprache und das gelegentliche Einstreuen von Bordellszenen.

Der Shogun, der 1688 in der Festung Edo regierte, war Tokugawa Tsunayoshi. Man nannte ihn Hunde-Shogun, denn er
war berühmt für seine Sturzflut von Dekreten, mit denen er
Grausamkeiten gegen Hunde und andere Tiere verhindern
und Tierquäler streng bestrafen wollte. Das Volk glaubte, er
wolle unter dem Einfluss eines buddhistischen Mönchs aus
religiösen Gründen nichts Lebendiges leiden lassen oder
fühle sich Vierbeinern besonders verpflichtet, weil er im Jahr
des Hundes geboren war. Zweifellos waren sich die Einwohner von Edo bewusst, dass bei ihrem Herrscher das »Mitgefühl für Tiere« ganz groß geschrieben wurde; eine Sammlung
von *bakufu*-Dokumenten enthält neun Dekrete für 1687,
eines für 1688. Spätere Gerüchte über sein wunderliches Verhalten beruhen freilich darauf, dass sich gehässige Nachkommen hochrangiger *bakufu*-Bürokraten für die Bevorzugung
anderer persönlicher Favoriten durch den Shogun rächen
wollten.

Tsunayoshis Sympathie für Haustiere setzte offenbar 1686
ein, als erstmals verfügt wurde, Hunde und ihre Besitzer re-
gistrieren zu lassen. In mehreren Dekreten von 1687 wird die
Durchführung genauer geregelt, in anderen das Aussetzen
oder Verjagen kranker Pferde untersagt. Ein Daimyo wurde
verbannt, weil sein Koch einen Wurf Katzen ertränkt hatte.
Doch so ungewöhnlich die regelmäßige Ermahnung zum
»Mitgefühl für Tiere« in den Erlassen sein mag, es lässt sich
nicht leugnen, wie wichtig derartige Vorschriften für die öffentliche Ordnung und Sicherheit in einer Großstadt sind.
Die hochgezüchteten und oft als Jagd- oder Wachhunde trainierten Hunde konnten sich losreißen und die Bewohner der
dünnwandigen Verschläge belästigen, und auch die Hygiene
wurde durch frei laufende kranke Pferde in den überfüllten
Straßen gewiss nicht verbessert.

Übrigens verfolgten auch diese Maßnahmen das langfris-
tige Ziel, die Samurai zu bändigen und an das Zivilleben zu

4 Rezitator und zwei Puppenspieler bei einer
jôruri-Aufführung

gewöhnen. Tsunayoshi war der erste Shogun, der sich kaum
für Kriegführung und militärischen Drill interessierte. Vielmehr vertiefte er sich in den Konfuzianismus und hielt in den
neunziger Jahren eine Reihe von Vorträgen über das *I Ging*.
1684 ließ er eine Verbrecherbande von Hausmännern und *rônin* hochgehen, die Edo unsicher machten; eine ähnliche
Rotte von Nichtadligen flog zwei Jahre später auf. »Mitgefühl
für Tiere« war ein Element der milderen, zivileren Ethik, die
der Shogun fördern wollte. Wer seine Tiere grausam behandelt, wird mit Menschen oft nicht viel besser umgehen. Die
Samurai sollten lernen, dass sie nicht einmal ihre Hunde
misshandeln durften, geschweige denn das einfache Volk.

Tsunayoshi verfolgte diese Politik bis zu seinem Ableben
im Jahr 1709. Wer die japanische Geschichte des Shogunats
studiert, dem fällt es oft schwer, die kuriosen Anekdoten über
den Hunde-Shogun mit anderen Eindrücken aus jener Epoche zu vereinbaren. Das Jahr 1688 war das erste einer neuen,
mit Genroku bezeichneten Zeitperiode, wie sie in Japan für
die Kalenderzählung üblich war. Unter Historikern wurde
Genroku zum Leitbegriff für eine städtisch geprägte, kon-
sumorientierte und friedliche Blütezeit. Doch allzu weit war
es mit Frieden, Luxusleben und Vorlesungen über Tierschutz-
ethik nicht her. 1701 ging ein Daimyo in der Festung Edo
mit dem Schwert auf einen unhöflichen *bakufu*-Beamten los.
Daraufhin wurde ihm befohlen, Hand an sich zu legen. Zwei
Jahre später stürmten 47 seiner Samurai, jetzt *rônin*, im Fes-
tungsbezirk die Wohnung des Beamten, der ihren Herrn pro-
voziert hatte, und ermordeten ihn. Auch sie wurden zum
Selbstmord verurteilt. Doch fand die Legende von der Vasal-
lentreue der 47 *rônin* überall Verbreitung und half mit, den
Geist der Samurai durch die kommenden Jahrhunderte des
Friedens weiterzutragen.

Im Jahr 1688 stand Nagasaki seit über einem Jahrhundert im Brennpunkt der seltsamen Beziehungen, die Japan zur Außenwelt unterhielt. Das hatte nicht zuletzt mit seiner Lage am oberen Rand einer langen, schmalen Bucht an der Westküste der Insel Kyushu im Süden Japans zu tun. Seit 1540 hatten portugiesische Kauffahrer hier nach neuen Märkten gesucht; ihnen folgte bald darauf der heilige Franz Xaver. Ehrgefühl und entschlossener Kampfgeist, die er bei den Japanern antraf, imponierten sowohl dem Jesuiten als auch dem spanischen Hidalgo, der er war. Während der politischen und kulturellen Wirren des späten 16. Jahrhunderts versuchten rivalisierende Landesfürsten, den portugiesischen Handel in ihre Häfen zu locken, und das gelang wesentlich leichter, wenn sie die Jesuiten gastfreundlich empfingen.

Japaner aus allen Ständen hielten die Religion, die von den Missionaren gepredigt wurde, für eine schlüssige und fundierte Antwort auf die moralische und intellektuelle Krise ihrer Zeit. 1580 gab es schon über 100 000 christlich getaufte Japaner. Im selben Jahr vermachte ein Daimyo die Insel Nagasaki der Societas Jesu als Lehen. Keine sieben Jahre später begann der Oberdaimyo Hideyoshi, dessen Aufstieg sich bereits abzeichnete, im Christentum eine Vorhut der portugiesischen und spanischen Macht zu fürchten, und wollte die Missionare vertreiben. Seit 1612 erließen die Tokugawa-Shogune immer strengere Gesetze gegen die Missionstätigkeit und das von Japanern praktizierte Christentum. 1622/23 wurden in Nagasaki und Edo knapp 100 Missionare und Täuflinge hingerichtet, die meisten durch Kreuzigung. Andere japanische Christen gingen in die Emigration. Sie arbeiteten als Steinmetze an der Fassade der Kirche São Paulo in Macao, vertraten die spanischen Interessen in Manila, bildeten die königliche Leibwache in Ayutthaya und ließen sich sogar in Batavia nieder.

Viele Christen in Japan blieben auch unter grausamsten

Foltern standfest. Den traurigen Höhepunkt brachten die
späten dreißiger Jahre in Nagasaki. Nicht weit davon, in
Shimabara, wurde ein Aufstand christlicher Bauern niedergeschlagen. Das Shogunat folgerte, dass die Portugiesen mit den
Jesuiten unter einer Decke steckten, und vertrieb sie gleich
mit. Eine portugiesische Gesandtschaft, die um Versöhnung
bitten wollte, wurde fast bis auf den letzten Mann nieder-
gemetzelt.

Die Holländer, die ihren Handel auf Hirado weiter nördlich vor der Küste von Kyushu trieben, wurden nach Nagasaki
verbracht, wo man ihnen Deshima zuwies, eine eigens für
diesen Zweck errichtete künstliche Insel. Die Chinesen durften ihre Geschäfte ebenfalls nur noch in Nagasaki abwickeln,
sich aber innerhalb der Stadt frei bewegen. Auch der oft von
japanischen Christen betriebene Auslandshandel japanischer
Schiffe war seit den dreißiger Jahren sukzessiv eingeschränkt
worden und wurde jetzt gänzlich untersagt. Diese freiwillige
Abschottung sollte unabsehbare Konsequenzen haben: Hätte
sich ein asiatischer Seehandel mit aktiver japanischer Präsenz
entwickelt, wären die Verhältnisse des Jahres 1688 vollkommen anders gewesen.

Nagasaki wurde dadurch das einzige bedeutende Schaufenster zur Welt für eine politische Elite, die von Kontakten
mit dieser Welt das Schlimmste befürchtete. Die Stadt unterstand der unmittelbaren Kontrolle von Abgesandten der Tokugawa-Shogune und gehörte nicht zum Einflussbereich
eines Daimyo. Das Shogunat lehnte mehrere Hilfsgesuche
von Vertretern des Ming-Widerstands gegen die Qing-Eroberung ab. Über die Wirren in China hielt man sich auf dem
Laufenden, indem die Kapitäne anlandender chinesischer
Dschunken systematisch verhört wurden. Einige wenige Chinesen durften sich in Japan als Sprachdolmetscher und Vermittler zwischen den Kulturen niederlassen. In Nagasaki gab
es zwei herrliche chinesisch-buddhistische Tempel. Seefahrer

aus China frequentierten die Vergnügungsviertel am Hafen und besonders die schönen Frauen mit ihren unverkrüppelten Füßen. Jahr für Jahr mussten die holländischen Händler eine Delegation nach Edo entsenden, um dem Shogun zu huldigen, ansonsten blieben sie weitgehend isoliert auf ihrer künstlichen Insel Deshima. Prostituierte kamen dorthin, um ihre Dienste anzubieten; japanische Übersetzer nahmen bei den Holländern Sprachunterricht. Von japanischen Künstlern sind einige lebhafte Darstellungen überliefert, auf denen die fremdartigen Gewänder, die merkwürdige Haarfarbe, die linkischen Manieren und das kleine Ensemble asiatischer Bediensteter der Holländer zu erkennen sind.

Der Ausweisung portugiesischer Händler und der Begrenzung von Holländern und Chinesen auf Nagasaki folgten einige Jahrzehnte, in denen sich das Shogunat trotz allem mit dem drohenden Wiederaufleben des Christentums und anderen maritimen Sicherheitsrisiken auseinander setzen musste. Ferner bemühte man sich darum, den Abfluss von Kupfer, Silber und Gold japanischer Herkunft zu regulieren, der mit dem Export verbunden war. In den siebziger Jahren des 17. Jahrhunderts setzte sich die Einsicht durch, dass es kaum möglich sei, den Export des einen oder anderen Edelmetalls umstandslos zu verbieten. Stattdessen richtete man ein sinnvolleres System streng überwachten Blockhandels ein, bei dem sämtliche Preise von Beamten in Nagasaki festgelegt wurden. Kein anderes politisches System hätte 1688 eine so gründliche und effektive Kontrolle des Außenhandels durchführen können. Nach innen war Japan eine Ansammlung gewaltsam befriedeter, gut organisierter und rivalisierender Kleinstaaten; der Welt gegenüber zeigte es sich, wie so oft in Kriegs- und Friedenszeiten der jüngsten Vergangenheit, als einheitliche politische Kraft.

Nach der Eroberung von Taiwan 1683 hatten die Qing-Herrscher zu Anfang des Jahres 1685 den Seehandel von den

Häfen Fujian und Guangdong aus legalisiert – gerade noch
rechtzeitig für die Kapitäne, die Frühlingsfahrt nach Japan anzutreten. Am Ende des Jahres hatten 85 Dschunken diesen
Weg zurückgelegt, mehr als dreimal so viel wie sonst im Jah-
resdurchschnitt. Dieser Anstieg weckte den alten Argwohn
erneut, den Japan auswärtigen Besuchern entgegenbrachte.
Ein portugiesischer Segler traf aus Macao ein mit 15 schiffbrüchigen Japanern an Bord; die Portugiesen wurden unter
strengen Arrest gestellt und erhielten Befehl, so schnell wie
möglich abzulegen und nie wiederzukommen. Auf einem
Frachter aus China fand sich eine chinesische Druckschrift,
die angeblich Informationen über die römisch-katholische
Kirche enthielt; die Verantwortlichen wurden hingerichtet,
ihr Schiff und ihre Waren verbrannt. Als die Insel Taiwan erobert worden war, kamen zwei Qing-Agenten nach Nagasaki.
Möglicherweise sollten sie nach oppositionellen Landsleuten
Ausschau halten, die sich noch nicht ergeben hatten. Die *bakufu*-Verwaltung entsandte eine Sonderkommission nach Nagasaki, um die Chinesen zu verhören und auszuweisen; deren
Auftraggebern ließen sie die Warnung ausrichten, sie dürften
nie wieder Beamte nach Japan schicken. In holländischen
Quellen heißt es, dass die Japaner fürchteten, die überwälti-
gende Zahl chinesischer Handelsdschunken solle als Tarnung
eines Überraschungsangriffs der Qing auf Japan dienen.

Während die Importe aus China 1685 zunahmen, stellten
die *bakufu*-Verwaltung in Edo und die Obrigkeit von Nagasaki ihre Sicherheitsbedenken zurück und versuchten vielmehr, das Handelsvolumen durch direkte Eingriffe zu steuern. Sie verlangten, den holländischen Importhandel auf
einen Umfang von 300000 Unzen Silber im Jahr zu begrenzen, den chinesischen auf 600000 Unzen. Im Januar 1686 ordnete die japanische Obrigkeit an, die im Hafen von Nagasaki
verbliebenen Dschunken müssten noch vor dem neuen
Mondjahr ablegen. So geschah es, doch gingen sie in der Nähe

vor Anker, wo man die Restriktionen durch Schmuggel unterlaufen wollte. Einige japanische Schmuggler wurden erwischt und gehenkt.

Manche Chinesen, die man ausgewiesen hatte, kehrten nach Neujahr wieder zurück und durften unter Einhaltung der Quoten von 1686 weitermachen. Im Frühling und Sommer 1686 landeten 112 Dschunken in Nagasaki. Die mit kleiner Ladefläche durften alles verkaufen; wer größere Mengen im Wert von bis zu 100000 Silberunzen mitführte, durfte nur Güter im Wert von maximal 25000 verkaufen. Die japanischen Höchstmengen erlaubten immer noch zahlreichen Dschunken die Anfahrt und den legalen Verkauf einer gewissen Warenmenge in Nagasaki, worauf sie sich in entlegenere Gewässer zurückzogen und von dort den Rest ihrer Ladung an Land schmuggelten.

Das Interesse, mit Japanern Geschäfte zu machen, ließ keineswegs nach; 1687 gingen 136 Dschunken auf die Reise, 1688 waren es gar 192. Der Schmuggel kam ebenso wenig ins Stocken wie die Hinrichtungen von Japanern, die sich darauf einließen. Am 9. August 1688 erklärten die Aufseher in Nagasaki, von den 165 bereits im Hafen ankernden Dschunken dürften nur 120 ihre Ladung löschen und sich am Verkauf der Güter bis zur Höchstgrenze von 600000 Unzen beteiligen. Die übrigen Schiffe und wohl auch die später eintreffenden sollten mit versiegelter Ladeluke auf der Stelle ablegen. Im September hieß es, künftig werde nur 70 Dschunken jährlich der Warenverkehr genehmigt, mit festgelegten Anteilen der jeweiligen Heimathäfen und -provinzen: 10 aus Jiangnan, 12 aus Ningbo, 13 aus Fuzhou, 6 aus Kanton und so weiter.

Ferner wurde in Nagasaki ein ummauertes Wohnviertel für Chinesen errichtet, nicht viel anders als das berühmte Deshima der Holländer, das aber, aus der Vogelperspektive gesehen, nicht ganz so abgeschnitten von der Umgebung wirkt. Das Viertel war bald fertig; schon 1689 konnten die

Chinesen einziehen. Die Stadt durften sie seitdem nicht mehr betreten. Die Waren wurden ihnen weggenommen, um sie anderswo zu lagern.

Mit solchen Maßnahmen wollte man einerseits der 1685 erlassenen Höchstmengenregelung Geltung verschaffen, andererseits vermeintlichen Gefahren für die Sicherheit Japans (zumindest die innere) vorbeugen, die von der Ankunft einer so gewaltigen Flotte mit zahlreichen Ausländern an Bord ausgehen mochten. Höchstmengen für das Handelsvolumen schienen den Japanern ein probates Mittel, ihre Importe mit anderen als Gold- und Silberexporten auszugleichen, und tatsächlich gelang es ihnen, Edelmetalle weitgehend im Land zu behalten. Der Kampf gegen den Schmuggel dauerte viele Jahre. Die einzige effektive Lösung bestand darin, japanische »Ersatzindustrien« zu protegieren, besonders bei der Seidenproduktion. Die Quoten, die man über den Chinahandel verhängt hatte, wurden im 18. Jahrhundert sogar noch gesenkt.

13. SAIKAKU UND BASHÔ

D as ewig während Schatzhaus Japans *(Nippon eitai-gura)* von Ihara Saikaku erschien 1688 und beginnt wie folgt: »Der Himmel spricht nicht, und der ganze Erdkreis wächst und gedeiht unter seiner stillen Herrschaft. Auch Menschen werden von der Tugend des Himmels berührt, und dennoch sind sie in ihrer überwiegenden Mehrheit heuchlerische Geschöpfe. Sie kommen, scheint es, mit hohlen Seelen zur Welt und müssen ihre Eigenschaften ganz aus ihrer Umgebung beziehen. So hohl geboren zu werden, in diesen modernen Zeiten, im Durcheinander aus Gutem und Normwidrigem, und dennoch sein Leben auf ehrlichem Kurs bis zum Triumph des Erfolges zu lenken – das ist den Leitbildern unserer Gattung vorbehalten, diese Aufgabe überfordert die Kräfte des Durchschnittsmenschen.

Doch die erste aller Sorgen ist, bis ins hohe Alter, der Lebensunterhalt. Und was das betrifft, müssen wir uns alle vor der himmlischen Göttin der Sparsamkeit verneigen (nicht nur die Shinto-Priester, auch die Samurai, Bauern, Händler, Handwerker und sogar buddhistische Bonzen) und müssen mit Gold und Silber haushalten, wie uns die Gottheit befiehlt. Auch wenn uns Mütter und Väter das Leben schenken, Geld allein hilft uns, es zu bewahren.«

Im ersten Kapitel seines Werks fährt Saikaku fort mit der Geschichte von einem Tempel, bei dem sich Pilger zum Abschied als Glücksbringer drei, vier oder zehn Kupfermünzen

ausleihen und jeweils im folgenden Jahr die doppelte Summe
erstatten. Eines Tages kommt ein schlicht gekleideter Mann
und bittet um 1000 Münzen. Bevor die fassungslosen Priester
wissen, wie ihnen geschieht, und überlegen, ob sie das Geld
je wiedersehen, ist er verschwunden. Der Mann verleiht
die Münzen in Glücksbringerketten zu je 100 an Fischer,
bekommt sie jedes Mal mit Zins zurück und begleicht regelmäßig die dem Tempel geschuldeten Zinsen. Nach 13 Jahren
bringt er 8 192 000 Münzen in den Tempel zurück. Saikaku
schließt mit der Moral: »Wer nichts von seinen Vätern ererbt
hat und sich durch bloßes Geschick ein Guthaben von über
500 *kanme* Silber verschafft, gilt als vermögender Mann. Jene,
deren Vermögen 1000 *kanme* Silber übertrifft, nennen wir
Millionäre. Allein durch die Zinsen lässt sich dieser Schatz zu
Tausenden und Zehntausenden vermehren. Deren Silberstim-
men singen den Nachkommen ihres Besitzers vom Glück, das
Zehntausende von Jahren währt.«

Saikakus *Schatzhaus* enthält viele Geschichten über
Reichtum, der durch Umsicht, Sparsamkeit und Klugheit gewonnen wird. Er berichtet von einem Mann, der keine Klei-
nigkeit vernachlässigt, mit der sich Gewinn machen ließe, der
auf dem Rückweg vom Begräbnis des Nachbarn stehen bleibt,
um Heilkräuter zu pflücken, und sich bückt, wenn er Kiesel
findet, die als Feuersteine zu verwenden sind. Eine Witwe hat
Schulden geerbt, die sie aus eigenen schwachen Kräften nie
zurückzahlen könnte, und beschließt, ihr Haus zu verlosen.
Durch den Losverkauf nimmt sie genug ein, um ihre Schulden zu zahlen und ein neues Leben zu beginnen. Eine Dienst-
magd vom Land hat das Los gezogen und kommt auf diese
Weise für ein paar Groschen zu eigenen vier Wänden.

Saikakus Buch besteht aus 30 Kapiteln, von denen jedes
mehrere Anekdoten dieser Art enthält. Manchmal sind sie
eindeutig miteinander verknüpft, in anderen Kapiteln fehlt
jeder Bezug und lässt sich nur über eine Assoziation mit Wor-

ten oder Namen herstellen. Darin ist wohl der fortwirkende Einfluss der *haikai*-Versform zu erkennen, in welcher der Autor früher zu dichten pflegte und bei der ein Bild oder Wort eines Verses in ganz anderer Bedeutung im folgenden Vers verwendet wird. Zu Lebzeiten war Saikaku berühmt für diesen virtuosen Gebrauch der *haikai*-Form und für die Schlüssigkeit der aneinander gereihten Anspielungen aus Literatur und damaliger Wirklichkeit. Einige seiner Kritiker tadelten seine Schreibweise allerdings als »holländischen Stil«, wobei der Begriff »holländisch« in der japanischen Literaturkritik wohl für alles Exotische und Überladene stand, etwa wie heute manchmal der Begriff »barock« gebraucht wird.

Ihara Saikaku ist das Pseudonym für einen Autor, der schon früh im Leben durch Erbschaft reich geworden war. Obwohl er sich gewiss mit der japanischen Geschäftswelt von damals auskannte, wird er sich nicht allzu viel mit der Verwaltung des Familienvermögens abgegeben haben, denn er war ein außerordentlich schreibseliger Autor. Die Komposition von *haikai* war traditionell Gruppenarbeit, das heißt, einer begann mit dem ersten Gedicht, ein befreundeter Lyriker schrieb das zweite als Echo auf das erste, darauf kam ein nächster, und schließlich knüpfte sich eines an das andere, bis ein potenziell unendlicher poetischer Kettenbrief daraus wurde.

Saikakus erste Publikation war eine Auswahl von 300 Gedichten aus über 10 000, die er und 150 Kollegen während einer zwölftägigen Session zu Papier brachten. Nach dieser erstaunlichen Leistung brachen er und einige andere Lyriker mit der Tradition, indem sie die *haikai*-Ketten nicht mehr im Kollektiv, sondern für sich allein produzierten. 1683 stellte Saikaku einen Rekord auf, den nach ihm niemand mehr zu übertreffen versucht hat, als er in einem Tag und einer Nacht nicht weniger als 23 500 *haikai*-Gedichte niederschrieb. Doch noch im selben Jahr begann Saikaku, seine überschäumende literarische Kreativität in novellenartige Prosaformen zu lenken. Damit begab er sich auf ein Gebiet, das in der älteren Literatur Japans außerordentlich selten berührt worden war. Dennoch ist es dem Autor gelungen, ein wachsendes Publikum aus Händlern, städtischen Samurai und möglicherweise auch wohlhabenden, lesekundigen Bauern für seine Bücher zu gewinnen. Und obwohl die japanische Literatur seit den *Genji*-Romanen des 10. Jahrhunderts keineswegs als prüde galt, waren Saikakus detaillierte Schilderungen von käuflichem und obsessivem Sex in solcher Freizügigkeit und unsentimentalen Beleuchtung bis dato unerhört gewesen.

Sein erster Prosatext, *Das Leben eines Verliebten*, kam 1682 heraus und handelt von einem Mann, der sich »freiwillig für die Qualen der Liebe entschied und im Alter von 54 Jahren von sich sagen konnte, dass er mit 3742 Frauen und 725 jungen Männern angebändelt hatte«. Manche Kenner halten *Fünf Frauen, die die Liebe liebten* für sein bestes Werk, dessen nymphomanische Heldinnen bis auf eine der Hinrichtung, dem Selbstmord oder dem Nonnenschleier anheim fallen. Der buddhistischen Gottheit, die erschienen ist, um sie zu warnen, ruft eine von ihnen zu: »Mach dir keine Sorgen darum, was aus uns wird! Wir sind es zufrieden, wenn wir diese verbotene Affäre mit dem Leben bezahlen dürfen!«

Andere Sammlungen wie die *Geschichten von der Pflicht der Samurai* bringen neue Legenden – und alte in neuem Gewand – von der samurai-gemäßen selbstlosen Treue und vom beharrlichen Streben nach Vergeltung, freilich ohne die grenzenlose Bewunderung, die sich bei früheren Autoren findet. Offenbar gehen die Samurai nicht aus persönlicher Verbundenheit für ihren Herrn in den Tod, sondern weil es die Pflicht derer ist, die in einen Kriegerhaushalt hineingeboren sind. Dasselbe gilt für Kaufleute, die niemals ihre Zeit verschwenden oder auf einen Pfennig verzichten. So gesehen sind vielleicht auch die leidenschaftlichen Erotomanen zu verstehen, die allein ihrer Fleischeslust folgen, nur ein Minimum an Charakter an den Tag legen und sich kaum für die Persönlichkeit derer interessieren, deren Körper sie genießen.

Es will scheinen, als habe dieser bemerkenswerte Autor mit seinem untrüglichen Sinn für die Leere des menschlichen Daseins unter der neuen, differenzierten Sozialordnung in Tokugawas Reich nicht länger am alten, geschlossenen Weltbild festhalten wollen. Noch in den klassischen Romanen über *Genji*, den aristokratischen Krieger-Literaten, war die Tapferkeit und erotische Abenteuerlust des Helden stets vom buddhistischen Wissen um die Vergänglichkeit des Lebens und der Liebe abgemildert. An seine Stelle tritt mit Saikaku ein Panoptikum unverwechselbarer Typen, die auf intelligente oder borniert Weise, mit mehr oder weniger Glück, den Pflichten und Neigungen nachgehen, die das Schicksal über sie verhängt hat.

Im letzten Teil des *Schatzhauses* schreibt Saikaku: »Diese unbefriedigende Welt ist mir fremd. Verleiht niemals ungeprüft Geld, und wenn eure Tochter verheiratet wird, lasst nicht den Heiratsvermittler schalten und walten, wie es ihm beliebt. Selbst wenn ihr auf der Hut bleibt, sind die Gelegenheiten immer noch reichlich gesät, bei denen ihr Geld verlieren könnt... Es gibt heute mehr Geld denn je, Gewinnen und Verlieren geschieht in größerem Maßstab. Wann, wenn nicht jetzt, wäre Handel ein lohnendes Unterfangen? Sorgt also dafür, dass keiner von euch riskiert, beim Geldverdienen stümperhaft vorzugehen!« An anderer Stelle schildert der Autor das Elend der Armen in einer Pfandleihe: Ein Mann muss im Regen heimkehren, nachdem er den Schirm verpfändet hat, eine Frau gibt den einzigen Kochkessel der Familie weg, eine andere versetzt ihre Unterwäsche und muss im durchsichtigen Kleid die lüsternen Blicke der Männer ertragen.

Doch selbst am untersten Ende der Skala gibt es noch

Hoffnung. Ein armer Mann in Edo ist arbeitslos geworden
und sieht müßig zu, wie die Menschenmenge die Nihon-
Brücke überquert. Neubau und Restauration der luxuriösen
Daimyo-Residenzen geben den Tischlern so viel zu tun, dass
zufriedene Tischler und ihre Lehrlinge nach Feierabend über
die Brücke wandern; dabei hinterlassen sie eine Spur aus
Holzspänen und Splittern. Unser Held beginnt, die Holzreste
aufzusammeln und zu verkaufen, wie sie sind, gründet eine
florierende Essstäbchen-Schnitzwerkstatt und endet schließlich als Holzgroßhändler mit eigenem Anwesen, Lagerplät-
zen und Grundstücken im Waldgebiet.

Obwohl die meisten Geschichten, die Saikaku von gewon-
nenen oder verlorenen Reichtümern erzählt, in der Stadt angesiedelt sind, sollte nicht vergessen werden, dass die Verstädte-
rung in Japan erst wenige Generationen zuvor eingesetzt hatte.
Das Landleben war dem Autor und seinen Lesern keineswegs
so fremd, wie es vielen Stadtbewohnern heute vorkäme. Die
überzeugendsten Beispiele dafür, wie sich Sparsamkeit und
Umsicht lohnen, stammen aus der Landwirtschaft. In einer
Geschichte streut ein Bauer zu jedem Neujahrsfest getrocknete Bohnen als Glücksbringer aus. Einmal kommt er auf die
Idee, eine Bohne zu pflanzen, die wie durch ein Wunder keimt
und gedeiht. Die von dieser Pflanze geernteten Hülsenfrüchte
steckt er ebenfalls in die Erde und dehnt die Bohnenplantage
aus, bis sie ansehnliche Gewinne abwirft.

Das Anfangswunder hat einen stark buddhistischen Ein-
schlag. Schon die frühesten buddhistischen Lehren sind voller Gleichnisse der Aussaat von Güte und Mitgefühl, die später heilige Früchte und Blumen trägt. Einen Teil seines
Einkommens nutzt der Bauer dafür, eine steinerne Laterne
aufzustellen, die nächtlichen Reisenden die Straße beleuchtet. »Als ›Bohnenlaterne‹ ist sie bekannt und leuchtet noch
heute … Alles wächst und wird mit der Zeit groß, und kein
Ehrgeiz ist zu kühn, um nicht auf Erfüllung zu hoffen.«

An das Ende seiner Sammlung oft weltlicher und zynischer Geschichten stellt Saikaku die von einem Bauernhaus bei Kyoto, wo Großvater, Vater und Sohn mit ihren Frauen wohnen – in vollendeter Harmonie, wohlhabend und bei bester Gesundheit. »Sie lebten in solcher Zufriedenheit, verehrten die Götter und erwiesen den Buddhas größten Respekt, dass ihre Herzen von Natur aus mit reichsten Tugenden bedacht wurden.« Als der Großvater das 88. Lebensjahr erreichte, kamen viele, ihn zu sehen und sich, wie es bei ehrwürdigen Männern seines Alters der Brauch war, eine Messlatte für Korn aus Bambus von ihm schneiden zu lassen. Alle Händler, die solche Messlatten benutzten, machten gute Geschäfte; ein Millionär benutzte die Latte, um das Silber zu messen, das er unter seinen drei Söhnen verteilte. Saikaku schließt mit den Worten: »Geld findet sich immer noch an vielen Orten, und wo es liegt, liegt es im Überfluss. Wann immer ich Geschichten davon gehört habe, notierte ich sie in mein nationales Kontobuch auf, und damit künftige Generationen sie studieren und Nutzen daraus ziehen, hinterlegte ich sie im Schatzhaus, das den Nachfahren aller Familien dient. Hier liegen sie nun, sicher behütet wie der Friede in Japan.«

Matsuo Toshichirô, der sich den Dichternamen Bashô (»Bananenbaum«) zulegte, verbrachte den größten Teil des Jahres 1688 auf Reisen und besichtigte die schönsten Landschaften Japans in der jeweils besten Saison. Unterwegs versuchte er, wie seiner Meinung nach alle schöpferischen Künstler, in allen vier Jahreszeiten eins mit der Natur zu sein. Manchmal musste er eingestehen, dass ihm ein berühmtes, malerisches Reiseziel keine frische Inspiration mehr verlieh. Damals war er schon ein hervorragender Lyriker; sein bestes Gedicht, das berühmteste *haiku* der gesamten japanischen Literaturgeschichte, war zwei Jahre zuvor erschienen:

Der alte Weiher.
Ein Frosch springt hinein –
Wasserplatschen!

Bashô war ein geselliger Plauderer von 44 Jahren, nicht mehr
bei bester Gesundheit, doch hatte er sich jahrelang rigorosen
Meditationsübungen bei einem zen-buddhistischen Meister un-
terzogen. Der wichtigste Grundsatz der Lehre Buddhas lautet,
dass unsere Wünsche illusorisch und unbeständig sind. Wenn
wir die Dinge dieser Welt begehren, sie lieben und an ihnen
hängen, bringt uns das in diesem Jammertal nur Leid und endlose Wiedergeburten ein. Stattdessen können wir uns der
Selbsttäuschungen und Begehrlichkeiten allmählich entledigen,
wachsende Einsicht in die wahre Natur der Dinge gewinnen
und den Kreislauf der Wiedergeburten endlich ganz verlassen.
Zen war eine Version dieser Lehre, die sich um 650 n. Chr. in
China, Korea und Japan herausbildete. Ihre hoch entwickelte
Meditationstechnik unter Anleitung eines Meisters bereitet den
Schüler auf einen Moment der Offenbarung vor, auf die blitz-
artige Vision der hinter den Trugbildern verborgenen Realität.

Bashô suchte sowohl in den Meditationsübungen als auch
beim Reisen in schöne Gegenden dichterische Inspiration.
Als Künstler war er notgedrungen teils Seher, teils Schamane
und durfte keine Einsichten erwarten, wenn er sich um
persönliche Sicherheit und Bequemlichkeit scherte. In den
Gefahren und Unwägbarkeiten einer Reise spiegelte sich die
grundsätzliche Anfälligkeit und Ungewissheit des menschlichen Daseins. Durch frühere Besuche buddhistischer Heiliger waren landschaftliche Schönheiten mit einem dichten
Kreis von Assoziationen umwoben.

Schon das gewöhnlichste Erlebnis konnte Erleuchtung
bringen, sowohl in artistischem als auch buddhistischem
Sinne. Der Platscher eines Froschs im Wasser mag ein scho-
ckierendes Aufblitzen der Erkenntnis in der stillen Versen-

kung einer Zen-Meditation bewirkt haben. Die Bananen-
bäume liebte der Dichter auch deshalb, weil ihre Stämme zu
nichts nütze waren. Dahinter verbarg sich eine Anspielung
auf einen grundlegenden, von den Adepten des Zen-Buddhismus hoch geschätzten chinesischen Text des 3. Jahrhunderts
v. Chr. über den sinnlos verknäulten Baum als Gleichnis für
den »unnützen« Menschen, der überlebt, weil er mehr weiß
als der »nützliche«. Selbst ein Kastanienbaum ließ Bashô, ausgehend von den Schriftzeichen für »Kastanie« (栗, kombi-
niert aus »Westen« über »Baum«), an das Paradies im Westen
denken und stärkte ihn in dem Glauben an die erhabene
buddhistische Gottheit, die dort weilte.

Bashôs Reisen waren oft unbequem und riskant, doch
1688 hatte er das Glück, Buddhas Geburtstag im behaglichen
Komfort der alten, prunkvollen Stadt Nara zu verbringen.
Nara war von 710 bis 783 die Hauptstadt Japans gewesen, auf
dem Gipfel der enthusiastischen Aufnahme des Buddhismus
und der chinesischen Regierungsmodelle. Bashô liebte die
imposante Architektur der Tempel von Nara, die Zinnen seiner Paläste, die Kirschbäume. Die klösterlichen Haine mit
ihren Wildtieren sind noch heute eine Zierde der Stadt.
Buddhisten denken bei ihrem Anblick an den Wildpark bei
Benares in Indien, wo Buddha seine erste Predigt hielt und
seine Jünger anwies, den Mittleren Pfad zu wählen, statt sich
an die Unbeständigkeit der Welt zu klammern oder der As-
kese und Selbstabtötung zu frönen wie die heiligen Männer
der Hindus. In Bashôs Reaktion auf die uralten Bäume und
sanften, Pflanzen fressenden Tiere ist zwischen dem Buddhisten, Ästheten und Menschen kein Unterschied zu erkennen.
Bei dem Besuch von 1688 entstand auch ein *haiku*:

> Nach welchem Ratschluss,
> Frage ich, kommt dies Reh zur Welt
> An Buddhas Geburtstag?

Im Herbst 1688 beschloss Bashô, einen Abstecher in das
Dorf Sarashina zu unternehmen, um den Aufgang des Voll-
monds über dem Berg Obasute zu sehen. Das war der »Tan-
tenberg«, wo zumindest dem Namen nach in alter Zeit die
Dorfbewohner ihre greisen Mütter ausgesetzt haben sollen. Die Kiso-Straße, die in das Dorf führte, wand sich über
mehrere Berge. Der Große Buddha hatte die Unbeständigkeit und Erbärmlichkeit aller Dinge gelehrt. Dass dieser
schwächliche und gealterte Poet eine gefahrvolle Reise antrat, um den zu- und abnehmenden Mond an einem Ort vollendeter Schönheit zu sehen, dem zugleich eine grausige Erinnerung anhaftete, wies ihn als würdigen Schüler Buddhas
aus.

Unterwegs trafen Bashô und seine Reisegruppe einen alten Priester, der mit einer ungeheuren Last umherhumpelte.
»Meinen Gefährten tat er Leid, und als sie dem Priester die
schwere Last von der Schulter nahmen, legten sie alles mit ihrem eigenen Gepäck zusammen, das mein Pferd für sie trug.
So kam es, dass ich auf der hoch aufgetürmten Ladung
thronte. Über mir ragten Berge über Berge, zu meiner Linken
gähnte ein steiler Abgrund, und 300 Meter tiefer gurgelte ein
Fluss ohne den geringsten Streifen Ufer dazwischen, sodass
mich, auf meinem hohen Sattel kauernd, bei jedem Aufbäu-
men des Pferds namenloses Entsetzen packte.«

Endlich saß Bashô ab und lief, immer noch verängstigt und
taumelnd, zu Fuß weiter. »An meiner Stelle bestieg der Diener das Pferd und verschwendete nicht den mindesten Gedanken an die Gefahr. Im Reiten nickte er häufig ein und fiel
mehrmals um ein Haar kopfüber in den Abgrund. Jedes Mal,
wenn ich sah, wie er den Kopf sinken ließ, jagte es mir einen
Schreck ein. Bei näherer Überlegung aber wurde ich gewahr,
wie jeder von uns Menschen diesem Diener gleicht, bei stür-
mischem Wetter durch die wechselnden Felsklippen der Welt
wandelt, vollkommen blind für lauernde Gefahren, und dass

uns ein Buddha von oben mit den gleichen bangen Gefühlen beobachtet wie ich den Diener.«

Auf dem Berg Obasute schrieb Bashô ein Gedicht:

Gelber Baldrian
Mit schlankem Stängel
Steht verziert
Von Tautröpfchen.

Heißer Rettich
Biss mir in die Zunge,
Während Herbstwind zugleich
Mein Herz durchbohrte.

Rosskastanien
Von den Bergen Kisos:
Meine Mitbringsel
Für Städtebewohner.

Lebewohl wünschend
Mit Lebewohl verabschiedet
Trat ich hinaus
In den Herbst von Kiso.

TEIL IV

POLITISCHE WELTEN: VERSAILLES, LONDON, AMSTERDAM

Politisch bewusste Europäer blickten 1688 nach Frankreich, wo ein prunkvoller Königshof das Zentrum eines mächtigen und kämpferischen Staats bildete; nach London, Hauptstadt einer Seemacht, deren Einfluss und Reichtum ständig wuchs und nur von religiösen und familiären Streitigkeiten ihrer Monarchen gehemmt wurde; und nach Amsterdam, der europäischen Handelsmetropole inmitten einer Föderation von Städten und Provinzen, deren Kräfteverhältnis raffiniert ausbalanciert war und das rascher Entschlüsse kaum fähig schien. Aus erweiterter politischer Perspektive bezog man das dezentral organisierte Heilige Römische Reich, die Anarchie des Wahlkönigtums in Polen, das legalistische, argwöhnische Spanien und viele mehr in das europäische Konzert ein.

Beobachter aus anderen Teilen der Welt – Indien, China, Russland, dem Osmanischen Reich – hätten diese Unterschiede weniger stark empfunden und eher die Einzigartigkeit der Tatsache vermerkt, dass die politische Welt Europas keinen imperialen Mittelpunkt kannte: kein Peking, kein Agra, kein Istanbul. Die in Rom gekrönten deutschen Kaiser beanspruchten die Herrschaft über ganz Europa, doch reichte ihre Macht kaum über Deutschland und Italien hinaus; nur die Balkangrenze konnten sie dauerhaft gegen die Muselmanen verteidigen, mit deren Übermacht im Osten inzwischen sogar Wien konfrontiert war.

Der nackte Kampf ums Überleben nötigte anpassungsfähigere Elemente dieses länderübergreifenden Systems, neue Strategien zu entwickeln, um Landbesitz, Reichtum und Macht zu erhalten. Deshalb war das Europa des Jahres 1688 auch ein Experimentierfeld, auf dem neue Formen des politischen Lebens ausprobiert wurden. Machtvolle Verwaltungsapparate bildeten sich heraus, die zur Zentralisierung des Staatswesens beitrugen, erstmals gab es aber auch Ständeversammlungen mit echten, die Verfassung selbst tangierenden Befugnissen. Allgemeine Billigung fand die Regel, dass der Souverän zu bestimmen hatte, welches religiöse Bekenntnis in seinem Reich praktiziert wurde. Das aber führte mitunter bei Herrschern und Beherrschten zu zynischen Machenschaften in Glaubensangelegenheiten. Angesichts der fortwirkenden Feindseligkeit der großen Konfessionen gegeneinander wandten sich manche ganz vom rechtgläubigen Christentum ab, wurden Schwärmer und Sektierer, während andere eine Verinnerlichung und Individualisierung des Glaubens erstrebten. In der Verwaltung gelang es neuen Organisationsformen wie der holländischen Ostindischen Compagnie oder der Societas Jesu, ungeahnte Kräfte und Talente zu entfalten und die europäische Präsenz und Dominanz in fast allen Winkeln der Erde durchzusetzen.

Auf dem Schachbrett der europäischen Politik kam es immer wieder zu kritischen Situationen. 1688 kulminierten sie unter anderem bei der Wahl des amtierenden Kölner Erzbischofs und Kurfürsten und bei der Geburt eines Kronprinzen in London. Frankreich mobilisierte seine Truppen und holte zum militärischen Schlag aus, um seinen Einfluss zu sichern. Eine hochgerüstete niederländische Flotte kreuzte im Ärmelkanal auf und brachte ein Invasionsheer an die englische Küste. Doch als das Jahr zu Ende ging, zeigte sich auf dem Schachbrett eine gänzlich gewandelte Konstellation. Mittlerweile hielt der schmale Kanal die wichtigsten Streithähne auf Abstand. Und daran sollte sich vom Jahresende 1688 bis zum Sturz Napoleons im Jahr 1815 nichts mehr ändern.

14. DER SONNENKÖNIG UND
DIE DAMENWELT

Marly, Sire? Marly, Sire?« Die prächtig aufgeputzten Damen machen tiefe Knickse und wagen kaum zu flüstern, wenn der Sonnenkönig den Saal betritt. Alles hängt davon ab, wen er eines Blickes würdigt. Er umgibt sich gern mit hübschen Frauen, besonders, wenn er einen seiner Ausflüge in das nahe gelegene Lustschloss Château de Marly unternimmt. Noch vor einiger Zeit hätte er sich wohlgefällig unter ihnen umgeschaut und eine oder mehrere als neue Mätressen mitgenommen. Doch Versailles hat eine neue Bewohnerin, die in schlichtem Kleid und mit einigem Abstand von ihm – denn sie ist nicht die gekrönte Königin – den Saal durchmisst. Immerhin ist sie heimlich mit dem König vermählt, und Madame de Maintenon hat viel Einfluss bei Hof. Der König liebt und bewundert sie; ihr zuliebe ist er monogam geworden.

Der Palast von Versailles stand 1688 noch nicht lange, und noch immer wuchs der riesige Komplex. In diesem Jahr wurde das klassische Trianon am anderen Ende der Gärten fertig gestellt. Von der imposanten Eingangshalle zum Spiegelsaal und weiter bis zur offenen Säulenhalle des Trianons gab es viele schöne Aussichtspunkte, die an überdimensionale Bühnenbilder für eine barocke Oper denken ließen. Die von den Renaissancefürsten Italiens gepflegte, jetzt nördlich der Alpen weiterentwickelte politische Kultur machte zwischen Bühnen- und Staatskunst keinen grundsätzlichen Unterschied. Als einziger Schauspieler von maßgeblichem Rang musste der Souverän die Wirkung jeder seiner Redensarten und Gesten genauestens abwägen.

In dieser theatralischen Staatskunst war Ludwig XIV. unangefochtener Meister, und Versailles hatte er zu seiner Bühne bestimmt. 1688 währte sein Bemühen schon über 20 Jahre, die Freizügigkeit des französischen Adels abzuschnüren. Er setzte alles daran, die Fürsten seiner königlichen Huld zu unterwerfen. Statt wie einst auf ihren Schlössern zu hocken oder sich in Provinzhauptstädten zu versammeln, wo sie doch nichts als Ränke zur Vergrößerung ihres Einflusses oder zum Sturz des Königtums schmiedeten, mussten sie unter Ludwig XIV. monatelang im schlechteren Komfort der Suiten von Versailles herumlungern, jedem kleinsten Klatsch auf den Leim gehen, jedem öffentlichen Auftritt des Königs beiwohnen und ängstlich darüber wachen, mit wem er zu sprechen geruhte, wer in seiner Nähe geduldet war, wer den Kerzenleuchter halten durfte, wenn er sich zur Nachtruhe legte, und wer ihm beim Aufstehen den Morgenrock reichte.

Zeit seines Lebens hatte Ludwig XIV. gelernt, höchsten Wert auf aristokratisches Auftreten zu legen. Er war 1638 geboren, in einer Zeit unsäglicher Ausschreitungen und Wirren in Frankreich. Der Tiefpunkt war 1651 erreicht, als eine tobende Meute den Pariser Louvre-Palast stürmte und den jungen König zu sehen wünschte. Seine Mutter musste sich fügen, und er stellte sich schlafend, bis es ihr gelungen war, die Leute loszuwerden. Während er aufwuchs, entwickelte er tiefsten Abscheu vor der Hauptstadt – und vor der Unordnung. Später ließ er Versailles und andere, kleinere Schlösser im Umland von Paris errichten; in den Louvre kam er nur noch ausnahmsweise. Als junger Mann absolvierte er eine eher formelle und oberflächliche Ausbildung. Doch erwies sich sein Premierminister, Kardinal Mazarin, der vermutlich Ludwigs Mutter geheiratet hatte, als exzellenter Lehrmeister in der Staatskunst und in der Gewandtheit des Hoflebens. Als

Mazarin 1661 verstarb, kündigte Ludwig umgehend an, das
Amt des Ministers künftig selbst zu versehen und die binden-
den Entscheidungen allein zu treffen. Bald darauf erklärte er
seinen Ministern sinngemäß, er selbst sei der Staat. Schon
früher hatten Frankreichs Könige die Metapher der gleißen-
den, Leben spendenden Sonne bemüht – allerdings nicht als
Zentrum eines Planetensystems, das hätte der herrschenden
christlichen Lehre widersprochen –, um die Monarchie zu
charakterisieren. Ludwig bediente sich ihrer ständig und un-
missverständlich; beim Hofballett machte er eine gute Figur,
wenn er als Sonne oder Sonnengott Apollo maskiert auftrat.
Zeit seines Lebens tarnte er mit protokollarischen Formalien
und den nur scheinbar lasziven Amüsements seines Hoflebens die eigentliche Arbeit des Regierens, die in der Lektüre
von Akten und in Konferenzen mit seinen Staatsministern
bestand. Seit 1664 wusste er mit Jean-Baptiste Colbert einen
perfekten, detailversessenen und methodisch vorgehenden
Minister an seiner Seite.

Colbert und seinem bescheidenen Stab von Beamten und
Provinzkommissaren gelang es unter erheblichen Mühen,
zahlreiche ungerechtfertigte Ansprüche des Adels und viele
Fälle betrügerischer Steuerbefreiung aufzudecken. Unnütze
Beamtenstellen wurden gestrichen, die Staatsverschuldung,
die den königlichen Etat stark belastete, wurde gesenkt und
die Steuererhebung durchsichtiger und effizienter gestaltet.
Bis 1671 hatten sich die Einkünfte der Staatskasse mindestens
verdoppelt. In vielen Bereichen gab es ähnliche Initiativen
zur Stärkung der Ordnung, Zentralisation und Hierarchie. Paris und andere Städte erhielten eine effizientere Regierung,
die Macht der Gerichtshöfe und Provinzialstände wurde drastisch beschnitten und die Zensur verschärft. Die Adligen
mussten hinnehmen, dass sie in der Provinz keine Gegen-
kräfte mehr mobilisieren konnten. Wollten sie sich Zugang zu
den vielen lukrativen, dem König jetzt direkt unterstellten

Ämtern und ihren Söhnen eine Karriere in den wachsenden
Armeen des Königs verschaffen, so mussten sie die regionale
Machtbasis verlassen und einen Großteil ihrer Zeit am könig-
lichen Hof verbringen.

Hätten der junge Ludwig und Colbert solche Maßnahmen
in einem gut geführten und blühenden Staatswesen ergriffen,
dann wären sie jetzt am Ziel gewesen, hätten stolz auf ihr
Werk zurückblicken und nach 1671 eine ausgewogenere Politik betreiben können. Doch waren sie wohl noch weniger an
der Wohlfahrt und Sicherheit des einfachen Volks interessiert
als ihre Amtskollegen im 17. Jahrhundert. Für sie waren
Wohlstand und Ordnung nur Mittel zur Verherrlichung der
Majestät: Ruhm und Ehre, Vorrang und Dominanz über andere Staatsoberhäupter. Als Erstes hatten sie es auf den Erb-
feind Spanien abgesehen, schon wegen der traditionellen Rivalität zwischen Bourbonen und Habsburgern und den drei
spanischen Territorien, die Frankreich an drei Ecken benach-
bart waren: hinter den Pyrenäen, in Flandern und im Osten in
der Franche-Comté. Man rechnete damit, dass der schwächliche Carlos II. in Kürze ohne Thronerben sterben würde.
Ludwig XIV. wollte seinem Reich im Umweg über seine Königin – 1660 hatte er eine Tochter Philipps IV. von Spanien
geheiratet – einen Teil der an Frankreich grenzenden Gebiete
einverleiben, vielleicht auch noch weitere in Italien oder in
den unermesslichen amerikanischen Besitzungen Spaniens.
Mit raffinierten diplomatischen Schachzügen, offener Bestechung und verdeckten Subsidien an fremde Herrscher gelang
es dem König, unter Ausnutzung verbreiteter Antipathien gegen die Habsburger ein kompliziertes Geflecht von Bündnissen zu bilden.

Doch die Vorstöße Frankreichs in die Spanischen Niederlande – Flandern und Brabant, in etwa das heutige Belgien –
riefen die Holländer auf den Plan. Ludwig XIV. machte einen
Rückzieher, fühlte sich aber zutiefst in seinem Adelsstolz ge-

kränkt, um den ihn diese Bande unbedarfter Pfeffersäcke und Spießbürger zu beneiden schien. Colbert war es leid, dass die Holländer den Seehandel auf Dauer dominierten. Mit seinen neuen königlichen Einkünften konnte es sich Ludwig leisten, 1672 die größte und bestgedrillte Armee Europas in Holland einmarschieren zu lassen, das er um ein Haar erobert hätte. Die Holländer mussten die Schleusen öffnen, um seinen Truppen Einhalt zu gebieten. Wilhelm III. von Oranien kam an die Macht und setzte fortan alles daran, eine schlagkräftige Allianz gegen Ludwig XIV. zustande zu bringen.

Nachdem der Krieg in vollem Gang war, wuchs der Druck auf die Staatskasse, weshalb Colbert Steuern erhöhen, neue Kredite aufnehmen und andere Finanzierungstricks anwenden musste, deren Abschaffung er zuvor mit Mühe und Not durchgesetzt hatte. Ludwig gab klein bei, und sein Vormarsch in die Spanischen Niederlande kam zum Stillstand. Stattdessen versuchte er es auf unspektakuläre Weise, ließ die ihm hörigen Gerichte ermitteln, dass Frankreich in einigen Grenzgebieten Herrschaftsrechte beanspruchen dürfe, und nahm diese in Besitz. Ohne jeden Vorwand dieser Art wurde Straßburg 1681 erobert. Nichts war geschehen, was eine offene Kriegserklärung zur Folge haben musste, aber ständige Provokationen sorgten für den Übertritt deutscher und anderer Fürsten in das Beziehungsgeflecht der antifranzösischen Allianz.

Als der Kurfürst von Köln im Juli 1688 starb, strengten sich Frankreich und die Habsburger mächtig an, Einfluss auf die Wahl eines Nachfolgers zu nehmen. Der von Franzosen unterstützte Kandidat erhielt die Mehrzahl an Stimmen der Kölner Domherren, nicht aber die Zweidrittelmehrheit, die nach Meinung seines Gegners erforderlich war. Daraufhin rückte ein französisches Heer nach Köln vor und entfesselte, nachdem Bonn und andere kurkölnische Schlüsselstellungen besetzt waren, den Pfälzischen Krieg. Mithilfe des Papstes sowie kaiserlicher und brandenburgisch-holländischer Truppen konnte sich der Wittelsbacher Joseph Clemens als Kurfürst durchsetzen, der sich später wieder Frankreich annäherte. Sein Engagement im antifranzösischen Bündnis sollte dem Kurfürsten von Brandenburg, Friedrich III., der seit 1688 regierte, die preußische Königswürde eintragen.

Die französischen Kampagnen am Rhein waren Lehrbeispiele militärischer Organisation. Dem Ansturm einer Armee, die unter persönlichem Kommando des Dauphins stand und mit Vauban den bedeutendsten Festungsingenieur Europas auf ihrer Seite hatte, konnte die süddeutsche Stadt Philippsburg nicht standhalten; sie ergab sich den Belagerern am 29. Oktober.

Es gab noch eine weitere, den Sonnenkönig betreffende europäische Krise. Seit 1660 die Stuarts die Königsmörder gestürzt und den englischen Thron zurückerobert hatten, unterstützte und finanzierte Frankreich die britische Monarchie, deren religiöse und politische Einstellung man angeblich teilte. Jetzt schien die Gelegenheit günstig, die Früchte dieser Politik zu ernten: Mit Jakob II. war ein unverhohlener Katholik König von England geworden. Der französische Hof ahnte nichts vom tief verwurzelten Antikatholizismus und anderen innenpolitischen Spannungen, die Jakobs Position gefährdeten.

Dass Wilhelm von Oranien mit dem Rückhalt seiner Landsleute den Einmarsch vorbereiten, eine erfolgreiche Landung durchführen und im Namen seiner Gemahlin – der ältesten Tochter Jakobs II. – den Thron beanspruchen könnte, erschien zunächst völlig abwegig. Gewiss hätten die Holländer ihre Regimenter nicht für eine Invasion riskiert, wenn Ludwigs Armeen nach Flandern vorgerückt wären. Doch gegen Ende 1688 marschierte Ludwig XIV. in die *falsche Richtung* – nicht nordwärts nach Flandern, sondern in nordöstliche Richtung an den Rhein. Als das französische Heer dieserart fixiert war, konnte der Oranier alle Kräfte für die Überquerung des Kanals mobilisieren. Am Ende des Jahres hatte Wilhelm von Oranien gesiegt, und die vereinte Streitmacht Englands und der Niederlande bildete das Herz seiner antifranzösischen Allianz.

Daraufhin bereitete Ludwig weitere Interventionen in Deutschland vor. 1689 sollte er, unter dem Vorwand dynastischer Ansprüche seiner Schwägerin Elisabeth Charlotte (bekannt als Lieselotte von der Pfalz) auf einen Teil des Territoriums, die Pfalz besetzen, wobei seine Truppen abscheuliche Verwüstungen anrichteten und das Heidelberger Schloss niederbrannten. Doch zu diesem Zeitpunkt hatte sich bereits eine mächtige Koalition gegen ihn verschworen, und bis 1715 lag Frankreich mit dem größten Teil Europas fast ununterbrochen im Krieg.

Gleichzeitig hatte Ludwigs rastloses Streben nach Vorrang und Glorie ihn beinahe zum völligen Bruch mit dem Papsttum geführt. Dabei handelte es sich nicht in erster Linie um theologische Kontroversen. Frankreichs Kirche beanspruchte weitreichende »gallikanische« Sonderrechte bei Bischofsernennungen und Abgaben auf französischem Boden; der Vatikan akzeptierte dies nur teilweise. Doch der eigentliche Konflikt des Jahres 1688 drehte sich um »Gerechtsame«, die extraterritorialen Privilegien der Botschafter auswärtiger Mächte in Rom. Die meisten Monarchen Europas hatten diese Vorrechte modifiziert oder ganz auf sie verzichtet, nur Ludwig weigerte sich und sandte sogar einen aufstrebenden Militärführer mit 1000 Soldaten nach Rom, um den Palast der französischen Botschaft zu besetzen und als Festung auszubauen. Ende 1687 wurde der Botschafter vom Papst exkommuniziert. Im Herbst 1688 ließ Ludwig XIV. Avignon, die päpstliche Enklave in Südfrankreich, durch Truppen einnehmen. Vermutlich hat nur der Tod des renitenten Papstes Innozenz XI. im Jahr 1689 beiden Seiten das endgültige Schisma erspart.

Eine der reichhaltigsten Quellen zum Hofleben von Versailles im Jahr 1688 ist das Tagebuch des Marquis de Dangeau,
Philippe de Courcillon. 1688 stand der Marquis schon im
51. Lebensjahr. Wie viele Adlige seinerzeit hatte er als junger
Mann militärische Erfahrungen im Ausland gesammelt, nämlich in Spanien, wo er es zum Obersten eines neuen Infante-
rieregiments gebracht hatte. Doch zum Befehlen war er weniger talentiert als für das Hofleben. Die spanischstämmige
Königinmutter Anne und Ludwigs XIV. spanische Gemahlin
Marie-Thérèse freuten sich, in ihrer Muttersprache mit ihm
reden zu können. Die Höflinge verkürzten sich die Abende
damit, bei simplen Kartenspielen Goldmünzen zu verwetten,
und Dangeau war ein *erstklassiger* Kartenspieler – man munkelte sogar, er habe durch solche Spiele ein Vermögen gemacht. Ein Staatsmann war er nicht, und er nahm an keiner
der Sitzungen teil, bei denen der König oft stundenlang Depeschen las und Politik machte, doch das Alltagsleben bei Hof
schildert er uns in allen Details.

Nachrichten aller Art, die in diesem Buch erörtert werden,
erreichten 1688 die Höflinge von Versailles: über die Unruhen in Istanbul, die venezianischen Vorstöße gegen die Türken und Morosinis Wahl zum Dogen während des Feldzugs,
die Ankunft einer üppigen Silberladung in Cádiz und sogar
über den Tod des Herzogs von Albemarle auf Jamaika. Die
Hofgesellschaft kommentierte auch die Geschenke – nicht
gerade exquisit, hieß es –, die der König von Siam dem französischen König überreichen ließ. Viel wurde über den Konflikt mit dem Heiligen Stuhl diskutiert. Im Herbst waren alle
begierig auf die Neuigkeiten aus dem belagerten Philippsburg, wobei viel von den Heldentaten des Dauphin und adliger Offiziere die Rede war. Im November und Dezember gab
es verwirrende und widersprüchliche Berichte aus Holland
und England, die große Unruhe und Erstaunen und schließlich Verzweiflung auslösten. Tatsächlich finden wir in Dan-

geaus Memoiren weit mehr über die Ereignisse anderswo in Europa als über Frankreich selbst, von Versailles einmal abgesehen.

Der Hauptgegenstand seiner Aufzeichnungen war das Leben bei Hofe. Der König und sein Bruder gingen fast täglich auf die Jagd oder zu Schießübungen. An vielen Abenden wurden Konzerte oder Theateraufführungen gegeben, und bei jeder passenden Gelegenheit traf man sich zum Kartenspiel. Dabei war meist auch der König zugegen; zwar verbrachte er viel Zeit bei Sitzungen seines Rats und mit der Lektüre von Depeschen, aber ein Gutteil seiner königlichen Funktionen – das Beurteilen der Menschen und die Zu- oder Aberkennung seiner Gunst – erledigte er bei scheinbar frivolem Zeitvertreib. Ständig blieb er auf der Hut; sein Auftreten und seine Bewegungen waren perfekt stilisiert. Neulinge am Hof brauchten einige Zeit, um das Entsetzen vor seinem Anblick zu überwinden.

Im März und April 1688 schilderte Dangeau die prächtigen neuen Gewänder – rot und blau, mit Silber und Gold abgesetzt –, die der König sich für die Wolfsjagd schneidern ließ. Exakt listete er auf, wer bei Hof erschien und wer den König wohin begleiten durfte, was im Mikrokosmos von Versailles eine ebenso wichtige Rolle spielte wie die königlichen Ernennungen und Geschenke. Hier wird hinter dem glitzernden Schleier der Zerstreuungen und Zeremonien die Käuflichkeit der französischen Hofgesellschaft sichtbar. Bei jeder Ernennung, jeder Zuwendung, jedem Todes- und Erbfall hielt Dangeau den Wert der Transaktion fest.

So hat am 30. März 1688 »Monsieur de Montgou, Oberst bei den Kürassieren, Mademoiselle d'Heudricourt geheiratet. Als Angebinde erhält er eine Pension von 1000 Écus von Seiner Majestät und von der jungen Dame 2000; zusätzlich besitzt sie 22 000 Écus in gemünztem Silber, und Madame de Miossens, ihre Tante, hat ihr 40 000 Livres als Erbteil verspro-

chen.« Zum 8. April heißt es: »Der König gewährt Monsieur
de Villette, dem Kommandanten einer [Marine-]Schwadron,
eine Erhöhung seiner Pension um 1000 Écus. Der Chef der
Leibwache Caillavel hat die Herrschaft von Dax erhalten, die
nach dem Tod des seligen Monsieur de Poyane vakant geblieben war; dieses Amt liegt in seiner Heimatregion und bringt
ihm Einnahmen von mindestens 1000 Écus.« Und so weiter.

Ein Name erscheint fast immer in Dangeaus Liste derjenigen, die den König bei Ausflügen begleiteten: der Name der
Marquise de Maintenon. Als Erzieherin der Kinder seiner früheren Maitresse, der Marquise de Montespan, war sie in Ludwigs XIV. Leben getreten. Wahrscheinlich gewann sie ihn in
einer Lebensphase für sich, in der Wüstlinge mittleren Alters
dazu neigen, ein wenig kürzer zu treten und sich dem Ernst
des Lebens zu stellen. Keine sechs Wochen nach dem Tod der
Königin Marie-Thérèse im Jahr 1683 heiratete er die Marquise de Maintenon. Ihr Rang reichte nicht aus, um sie zur
Königin zu krönen, weshalb die Ehe geheim gehalten wurde,
auch wenn viele die Wahrheit ahnten.

Abgesehen vom Glauben an sein eigenes Gottesgnaden-
tum war Ludwig nie besonders religiös gewesen. Mit dem
Papst stand er permanent auf dem Kriegsfuß, und in die Politik hatte ihn Mazarin eingeführt, der Erzfeind aller politischen »Frömmler«. Doch die Marquise de Maintenon war
entschiedene Katholikin, und unter ihrem Einfluss begann er,
regelmäßig die Messe zu besuchen und anderen christlichen
Geboten nachzukommen. In die Regierung ihres Ehemanns
durfte sie sich nicht allzu offen einmischen, doch dass er ihrem Urteil vertraute, versteht sich von selbst, und gelegentlich erkundigte er sich zärtlich und respektvoll: »Wie denken
Euer Liebden darüber?« Wie Dangeau bemerkte, wurden
1688 die Schauspieler italienischer Komödien gewarnt, künftig auf alle Zweideutigkeiten in ihren Dialogen zu verzichten.
Immer wieder gibt man der Marquise de Maintenon die

Schuld an einer besonders berüchtigten – oder vielmehr ruchlosen – Entscheidung, die Ludwig XIV. in den achtziger Jahren traf. 1685 widerrief er das Edikt von Nantes und kündigte
damit dem Protestantismus in jeglicher Gestalt die Duldung
auf, weshalb die Hugenotten zu Tausenden nach Holland,
England, Preußen und sogar bis nach Südafrika emigrierten.
Doch selbst wenn sich die Marquise de Maintenon wie die
meisten französischen Katholiken über die religiöse »Vereinheitlichung« des Landes gefreut haben dürfte, konnte sie
kaum eine Politik bewirken, die bereits in vollem Gang war,
bevor sie das Wohlwollen des Königs gewann. Religiöse Toleranz als Prinzip lag im Jahr 1688 noch weit jenseits des Hori-
zonts intellektueller Debatten; selbst die aufgeschlossenen
Herrscher der Niederlande hielten sich für verpflichtet,
Bücher zu unterdrücken, in denen fundamentale christliche
Lehren hinterfragt wurden.

In Frankreich standen Katholiken und Protestanten einander seit langem als politische Kräfte, in den Gemeinden auch
als Parteien gegenüber, und beide Seiten sparten nicht mit
Hass und Gewalttaten. Ludwig XIV. war der Überzeugung,
dass jede Fraktion seiner Untertanen, die besondere Privilegien genoss – wie jene, die das Edikt von Nantes den Protestanten zubilligte –, seine Souveränität verletze und die Einheit des Reichs bedrohe. Herausragende und seriöse Vertreter
beider Konfessionen arbeiteten damals schon an Formulie-
rungen, um die ökumenische Eintracht der Christenheit wiederherzustellen, was für die Katholiken mit Sicherheit, wenn
auch mit einigen Abstrichen, die Rückkehr der Protestanten
zur römisch-katholischen Kirche bedeutete. Solche Projekte
unterstanden meist der Schirmherrschaft der Habsburger im
Kaiserreich und waren daher für Frankreich kaum interessanter als die Pläne des Heiligen Stuhls, sich die gallikanische
Kirche zu unterwerfen. Obwohl sich auch Männer mit ach-
tenswerten Grundsätzen für die Wiedergewinnung franzö-

sischer Protestanten für den Katholizismus einsetzten, war
die Stoßrichtung genauso zynisch und zielstrebig wie die Taktik Ludwigs XIV., sich nach und nach die Territorien am
Rheinufer einzuverleiben.

Mit Dutzenden von Erlassen hielt er die Hugenotten von
allen Berufen fern, die ihnen nicht ausdrücklich durch das
Edikt von Nantes zugestanden worden waren – nicht einmal
protestantische Hebammen durften praktizieren. Ein eigener
Fonds wurde gestiftet, um Gelder an die zum Katholizismus
Bekehrten zu zahlen. Die Hetze des Pöbels und die Verfolgung protestantischer Geistlicher führten zu Schreckensmaß-
nahmen wie der Einquartierung königlicher Truppen in den
Häusern widerspenstiger Protestanten, was seinen Niederschlag in der französischen Sprache mit dem Begriff *dragon-
nade* und im Englischen mit *to dragoon* (in der Bedeutung von
»zwingen, bedrücken«) gefunden hat. Zahlreiche Protestanten fügten sich schließlich und wurden zumindest nominell
Katholiken; andere verließen ihre Heimat für immer.

Doch an Ludwigs Hof fabulierte man 1685 viel von wun-
derbaren Bekehrungen, ohne jede Einschüchterung und ohne
jeden Bekenntniszwang, versteht sich. Daraus mochte der
König umstandslos schließen, dass sein Werk der religiösen
Einigung fast vollendet und die definitive Aufhebung der alten Privilegien nur noch eine Formsache sei. Das stimmte
freilich nicht ganz, und weil protestantische Laien inzwischen die Landesgrenzen nicht mehr überschreiten durften,
ergriffen viele auf dem Land- oder Seeweg die Flucht. Mit
sich nahmen sie einen Teil ihres Vermögens, ihre Handwerkskunst und ihren Unternehmergeist, die noch jeden protestantischen Staat zu höchster Blüte führten. Der Terror, von
dem sie berichten mussten, nahm immer schrecklichere Formen an. Er befleckte den glanzvollen Ruhm des Sonnenkönigs und seines Hofs; protestantische Fürsten und Politiker
sahen sich in ihrem Abwehrkampf gegen die französische

Bedrohung bestätigt. Aus dem Jahr 1688 sind in Frankreich nur noch wenige Berichte über Maßnahmen gegen die Hugenotten überliefert – zu diesem Zeitpunkt waren sie längst nominell bekehrt, geflohen oder unauffindbar abgetaucht.

Allerdings war die Marquise de Maintenon für die Beteiligung des Sonnenkönigs an einem Projekt verantwortlich, das die maskuline Welt der Belagerungen und Wolfsjagden und den käuflichen Glanz von Versailles nicht direkt tangierte. Vielmehr bildete es zum allgemeinen Dünkel der Aristokratie ein Gegengewicht der bescheidenen und frommen Redlichkeit. Das Fräuleinstift in Saint-Cyr war eine Erziehungsanstalt für 250 Töchter verarmter Adliger, vorzugsweise solcher, die in königlichen Diensten den Tod gefunden hatten oder kriegsversehrt waren. Mädchen im Alter von sieben bis zwölf Jahren fanden hier Aufnahme. Ihre Uniform waren schlichte, spitzengesäumte braune Kleider und weiße Spitzenhauben, die mit Bändern geschmückt waren: Rot für die Jüngsten, dann Grün, dann Gelb und schließlich Blau für die Ältesten. Jede der Lehrerinnen, die keine Ordensschwestern waren, scharte eine familienähnliche Gruppe von Schülerinnen um sich, denen sie nach einem festen Lehrplan Unterricht in Schreiben, Lesen, Religion und vor allem in Sticken und Nähen erteilte.

Madame de Maintenon nahm an pädagogischen Fragen ernsthaften Anteil. Sie hatte eine freudlose Kindheit verbracht und sich in ihren besten Lebensjahren um die Bastarde des Königs kümmern müssen. Nachdem sie den König überredet hatte, Saint-Cyr zu gründen und finanziell zu unterstützen, konnte sie hier ihr Ideal der Mädchenerziehung verwirklichen, das von Fröhlichkeit und – wenn auch nicht klösterlicher – Frömmigkeit geprägt war und Liebreiz und Schönheit honorierte. Manche Absolventinnen mögen den Weg ins Kloster gewählt haben, viele wurden aber später tüchtige Ehefrauen und Gastgeberinnen angenehmster und seriöser Salongesellschaften. In den Karnevalstagen des Jahres 1688 führten die Mädchen schulintern biblische Szenen und Auszüge aus den Tragödien von Corneille und Racine auf. Am Ende des Jahres wurde fleißig geprobt für einen der größten Triumphe der Marquise de Maintenon: eine Aufführung von *Esther*, einer Tragödie von Racine, die am 26. Januar 1689 in Gegenwart des Sonnenkönigs und seiner Gemahlin von einer Mädchenklasse gegeben wurde. Sie schildert die alttestamentarische Geschichte der frommen, ergebenen und tugendhaften Frau, die an der Seite eines Königs zu höchster Machtfülle aufsteigt.

Doch zu dieser Zeit fand Madame de Maintenon am Stift Saint-Cyr schon manches auszusetzen. Schließlich lag es nicht weit von Versailles, und Abstecher waren zum beliebten Zeitvertreib der Höflinge geworden. Deren Neugier säte allerhand Unruhe unter Lehrerinnen und Mädchen. Am 10. Dezember 1688 ordnete der König unvermittelt die Entlassung der jungen Schulleiterin an; womöglich hatte sie sich von den Reizen des Hoflebens verführen lassen. Es war nicht leicht für Madame de Maintenon, einen Mittelweg zwischen den engherzigen Beschränkungen des Stiftslebens und den wenig damenhaften Exzessen des Freimuts und der Raffinesse zu finden. Allmählich gewannen die Prinzipien des Stifts die Oberhand, und seit den neunziger Jahren mussten alle Lehrerinnen ein Gelübde ablegen und Ordensschwestern werden.

Zwar sorgte das Christentum der Marquise de Maintenon mitunter dafür, dass Ausschweifungen der Männerherrschaft ausgeglichen oder abgemildert wurden; ernsthaft infrage gestellt hat es sie nicht. Doch das trifft nicht auf alle Frauen zu, die ihr Leben der Frömmigkeit weihten. Die merkwürdige Gestalt der Jeanne-Marie de Guyon bereitete der Maintenon im Jahr 1688 viel Kummer und dem Sonnenkönig zumindest einigen Verdruss. Schon als Kind hatte Madame de Guyon ihr Leben unausgesetzt im stillen Gebet verbringen wollen. Was sie unter ihrem Ehemann und ihrer Schwiegermutter erdulden musste, verwies sie noch mehr auf ihr Innerstes, während sie alles Leiden als »Kreuz« auf sich nahm.

Nachdem ihr Ehemann verstorben war, widmete sie sich ganz dem stillen Gebet und den größten Teil ihrer bescheidenen Mittel der Bekehrung von Protestanten in der Umgebung von Genf. Später machte sie eine schwere Phase der völligen spirituellen Vereinsamung durch, bevor sie zum »reinen Glauben« jenseits aller Visionen und Verzückungen fand. Als sie zu schreiben begann, wunderte sie sich selbst über manche Ansicht, die sie in ihren eigenen Schriften fand. Außer den schweren Krankheiten, die sie als besondere Prüfung des Himmels ansah, befiel sie mitunter kindische Naivität und eine besondere Hingabe für das Jesuskind.

Viele, die ihr begegnet sind, zeigten sich von der äußeren Seite dieser Mischung aus Mystizismus, mütterlicher Gesinnung (obwohl sie angeblich gar keine gute Mutter war) und selbst gewählter, naiver Einfalt irritiert. Bischöfe ließen sich von ihren tiefsinnigen Sprüchen faszinieren, hatten es dann aber eilig, sie wieder loszuwerden. Als sie 1686 nach Paris kam, war ihr berühmtestes Werk, *Moyen court et très facile de faire oraison* (»Kurze und sehr leichte Anweisung zum Gebet«), eben erst erschienen. Das Gebet von Herzen bedarf keiner Formalien und keiner Worte oder wenn, dann nur ganz geläufiger wie im »Vaterunser«; es kann von jedem und unter jeglichen Umständen fortgesetzt werden.

In den frommen Kreisen der Hauptstadt erregte Madame de Guyon einiges Aufsehen, doch bald zeigten sich viele bestürzt. Ihre Lehren kamen dem Quietismus des spanischen Jesuiten Molinos, der 1685 in Rom verhaftet worden war, gefährlich nahe. Außenstehenden mag der Unterschied zu herkömmlichen katholischen Glaubenssätzen minimal erschei-

nen. Bedenklich war vielmehr, dass jede Lehre, die den
Einzelnen in seiner Beziehung zu Gott ohne priesterliche
Vermittlung bestärkte, die Autorität der Kirche zu bedrohen
schien. Da die Beteiligten am Dogma des römisch-katholischen Christentums festhielten oder festhalten wollten, be-
rührte diese Debatte den Alltag der einfachen Leute nicht so
wie die katholisch-anglikanisch-puritanischen Auseinandersetzungen in England. Doch etwas Prinzipielles war damit
angesprochen: die Diskrepanz zwischen dem Bemühen des
Königs, gemeinsam mit den Bischöfen religiöse Disziplin
durchzusetzen, und dem unstillbaren christlichen Bedürfnis
nach Innerlichkeit und Exklusivität des individuellen Glaubens, den Madame de Guyon repräsentierte. Und manchen
war natürlich schon der Gedanke unerträglich, dass eine Frau
sich mit theologischen Problemen auseinander setzte.

1687 erschienen mehrere Streitschriften gegen die *Kurze
und sehr leichte Anweisung zum Gebet*, die letztlich dazu führten, dass sie 1689 auf den *Index librorum prohibitorum*, die Liste der vom Vatikan verbotenen Bücher, gesetzt wurde. Ein
Priester wurde verhaftet, der Madame de Guyons geistlicher
Berater gewesen war. Am 29. Januar 1688 kam sie selbst in
Haft und wurde dem Visitationskonvent überstellt, in dem
sie keine Fürsprecher hatte. Die strenge Behandlung, die sie
erfuhr, nahm sie als erneute Prüfung passiv hin. Einige ihrer
Anhänger konnten sich jedoch bei der Marquise de Maintenon Gehör verschaffen. Nach gründlicher Prüfung ließ sie
sich von der aufrichtigen Frömmigkeit der Madame de
Guyon beeindrucken, in der sie keine Gefahr für die Orthodoxie oder die öffentliche Ordnung erkennen konnte.

Am 13. September 1688 wurde die Witwe Guyon aus der
Haft entlassen. Doch der Streit über Quietismus und Pietismus ging, wie andere innerkatholische Konflikte in Frankreich, mit unverminderter Heftigkeit weiter.

Wie der Marquis de Dangeau berichtet, verabschiedete

sich der König an einigen Tagen im Januar des Jahres 1688, um sich mit einer kleinen Schar von Begleitern zum Trianon am anderen Ende des Parks von Versailles zu begeben. Einst hatte hier ein kleiner, aber feiner Palast von erlesener Schönheit gestanden, dessen Fassade mit Porzellankacheln verziert war. Inzwischen war er abgerissen worden, und der König wollte die letzte Bauphase des Grand Trianon überwachen, eines umfassenden und strengeren Neubaus. Dieser wurde berühmt für seine hohen Säulen aus bräunlichem, leuchtend rosa geädertem Marmor, die strenge klassische Form im Kontrast zum warmen Farbenspiel und das schwarz-weiße Rautenmuster der Fliesen im Hof und in den Kolonnaden.

Es war ein herrlicher Ort für Spaziergänge im Sonnenschein und die wohl schönste Bühne für das Welttheater des Sonnenkönigs. Irgendwie gelang es ihm und seinen Getreuen auch, im Trianon ein kleines Gelage auszurichten, dessen Zutaten wie alle königlichen Speisen aus weit entlegenen Küchen herangeschafft wurden. Manche Historiker fragen sich, ob Ludwig XIV. je eine warme Mahlzeit zu sich genommen hat. Erst am 13. November konnte Dangeau vermelden, dass der Bau »fertig gestellt und möbliert« worden sei. Am 3. Dezember wurde dort in Gegenwart des Königs und eines Großteils des Hofs eine italienische Komödie aufgeführt. Musiker und Tänzer vom Pariser Opernhaus führten am 18. Dezember eine Oper, am 27. Dezember ein Ballett auf.

Inzwischen hatte der französische Hof erfahren, dass sich die britische Königin und der neugeborene Sohn Jakobs II. nach Frankreich abgesetzt hatten, während Jakob bei seinem Fluchtversuch aufgegriffen und zurückgebracht worden war. Am 30. und 31. Dezember 1688 wie auch am Neujahrstag 1689 waren Ludwig XIV. und sein Hof vollauf damit beschäftigt, die – nur vom Streit zweier Herzöge über das Vortrittsrecht getrübte – Zeremonie der Aufnahme von drei Klerikern und 24 Adligen in den Orden vom Heiligen Geist vorzunehmen.

15. FAMILIENKRACH
UND GLORIOUS REVOLUTION

Die Tragödie, die sich in den letzten zwei Monaten des Jahres 1688 in England abspielte, ließe sich auch als unübersichtliche barocke Stegreifoper für zwei Könige, mehrstimmige Pairs, Chöre einmarschierender Soldaten und aufmüpfiger Londoner Stadtbürger sowie ein Obligato für Zeitungspresse aufführen. Am 10. Oktober gab Wilhelm von Oranien einen Erlass heraus, der die geplante Invasion in England motivieren sollte. Darin sind sämtliche »Verbrechen und Missbräuche« der jakobitischen Regierung aufgelistet, die nach seiner Meinung das protestantische Christentum in England gefährdeten. Doch schrieb Wilhelm die Schuld nur den »ruchlosen Beratern« des Königs zu und forderte lediglich die Untersuchung durch ein unabhängiges Parlament. Der kindliche Prince of Wales wurde zwar als Usurpator bezeichnet, doch leugnete Wilhelm jede Absicht, den Thron seines Schwiegervaters selbst einzunehmen.

Sechzigtausend Exemplare dieser Erklärung wurden gedruckt, über verschiedene geheime Kanäle nach England gebracht und auf einen Schlag verteilt. Ende Oktober hatte Wilhelm von Oranien in Den Briel bei Rotterdam eine gewaltige Flotte und eine Truppe von mindestens 21 000 Mann zusammengezogen, darunter erprobte holländische Regimenter, die den Armeen Ludwigs XIV. jahrelang die Stirn geboten hatten, sowie ein gewaltiges Aufgebot an Kanonen, Pferden und Nachschub wie bei kaum einem anderen Feldzug des 17. Jahrhunderts.

Die Flotte bot einen erhebenden Anblick, als sie am 30. Oktober bei bestem Wetter in See stach, doch bald geriet sie in einen heftigen Sturm. Fässer brachen los und rollten unter Deck aneinander, von den 4000 Pferden kamen 500 bis 1000 ums Leben, weil sie in Laderäumen bei geschlossener Luke erstickten oder mit den Schädeln an die Reling schlugen, wo sie angebunden standen. Die Flotte nahm Kurs auf holländische Häfen, wurde in kürzester Frist wieder instand gesetzt und setzte am 12. November erneut die Segel. Wohin sie steuern würde, war nicht ganz klar. Im Nordosten Englands saßen wichtige Verbündete Wilhelms, dort war auch die Landung unproblematisch. Doch der Überraschungseffekt wäre größer, wenn man anderswo landete, und die Truppen im Nordosten konnten die Region auch allein in ihre Gewalt bringen. Am 13. November passierte die Flotte unter voller Beflaggung die Straße von Dover, während zu beiden Seiten auf den Klippen eine Menschenmenge zusah. Der »protestantische Wind«, der ihre Segel schwellen ließ, hielt die britischen Seestreitkräfte in ihren Häfen fest. Doch auch als diese endlich ablegten, verfolgten sie die Angreifer nur langsam, vermutlich weil der Kommandant seine Fahne bereits nach dem politischen Wind gedreht hatte.

Schon schien die Flotte im Ostwind die guten Häfen an der Ostküste Devons hinter sich zu lassen und ins stark befestigte Plymouth zu treiben, doch dann wendete sie, und die Invasoren gingen bei Tor Bay vor Anker. Ein Fischer namens Peter Varwell trug den kleinen, schmächtigen Oranier an den Strand und ließ ihn in seiner engen Hütte übernachten. Nach kontinentaler Zeitrechnung war es der 15. November, doch in England, wo noch immer der alte Kalender in Gebrauch war, verzeichnete man den 5. November. Dieses Datum, noch heute »Guy Fawkes Day« genannt, erinnerte an einen 1605 von Katholiken angestifteten Anschlag auf das britische Parlament.

Wilhelms erster Tag an Land wurde festlich begangen, mit
Trommelwirbel und Flaggenaufziehen, und der Wirt der nahe
gelegenen Dorfkneipe konnte sich glücklich schätzen. Wenige Tage später wurden in der ersten Stadt, Newton Abbot,
die Glocken geläutet, und der Erlass des Oraniers wurde verlesen. Doch dem Alltag seiner Leute entsprach eher der Ge-
waltmarsch im kalten, regnerischen Spätherbst durch die
engen und verschlammten Straßen Devons. Am 9. November
bildete man mit Pauken und Trompeten eine regelrechte
Parade, die durch die Tore Exeters einmarschierte. Wilhelm
befahl den Geistlichen in der Kathedrale, das Beten für den
Prince of Wales einzustellen. Für Verpflegung und Beklei-
dung der Soldaten zahlte er eine Kompensation in klingender
Münze, die ihn auf der Stelle zum Volkshelden machte, und
er achtete auf strenge Disziplin in der Truppe. In mehreren
Berichten wird erwähnt, dass Soldaten schon wegen Hühner-
diebstahls gehenkt wurden. In einer Rede, die er am 15. November hielt, bediente sich Prinz Wilhelm zum ersten Mal
der königlichen »Wir«-Form *(pluralis majestatis)*.

Am 20. November brach er bei scheußlichem Wetter wieder auf, während sich unter den Soldaten Krankheiten ausbreiteten. Doch es gab auch Positives zu vermelden. Führende Adlige im Westen des Landes hatten sich auf seine
Seite geschlagen, die Verbündeten im Nordosten hatten York,
Nottingham und Newcastle eingenommen. Am 24. November trafen John Churchill, General und Vertrauter König
Jakobs II., und der Herzog von Grafton den Oranier bei Ax-
minster. Wilhelm bediente sich der Worte des Königs David
aus dem ersten Chronikbuch des Alten Testaments: »So ihr
kommet im Frieden zu mir und mir zu helfen, so soll mein
Herz mit euch sein«; und Churchill antwortete mit derselben
Bibelstelle: »Dein sind wir, David, und mit dir halten wir's,
du Sohn Isais. Friede, Friede sei mit dir! Friede sei mit deinen Helfern! Denn dein Gott hilft dir.«

Am 26. November nahm Wilhelm einen Tag Urlaub und ging auf die Jagd. Von seiner Erklärung und von der Rede, die er in Exeter gehalten hatte, ging eine weitere Auflage in Druck. Anschließend besuchte er ein Dorf, wo seine Vorhut einen der insgesamt nur zwei Kämpfe während der gesamten Invasion ausgefochten hatte, wobei auf beiden Seiten etwa 15 Männer gefallen waren. Am Morgen des 4. Dezember hielt er Rast in Wilton House vor Salisbury, dem Landsitz der Herzöge von Pembroke, um die berühmten Gemälde des Anton van Dyck zu sehen. Es war ein prunkvolles Anwesen, errichtet von einem Neffen des großen Inigo Jones und wie geschaffen für einen Clan, der seit fast 200 Jahren Posten in unmittelbarer Nähe zum Thron bekleidete und dessen Angehörige diese klug genug nutzten, um ein Leben im großen Stil zu führen und die Künste zu fördern. Einer lokalen Überlieferung zufolge sollen Shakespeare und seine Theatertruppe hier die Dramen *Was ihr wollt* und *Wie es euch gefällt* uraufgeführt haben.

Der schönste van Dyck war ein Familienporträt des vierten Herzogs, Kammerherr im Schlafgemach Jakobs I. An den späteren Herzögen von Pembroke lässt sich erkennen, welche Möglichkeiten der begüterten Aristokratie in den Jahren der Restauration offen standen. Der siebte Herzog war wegen Mordes verurteilt und im Tower eingekerkert worden; er hatte Schulden in solcher Menge aufgehäuft, dass ein Großteil der Einrichtung von Wilton House unter den Hammer kam, als er 1683 starb. Sein Bruder, der achte Herzog, war ein hochgebildeter Mann und Förderer von John Locke. An den Auseinandersetzungen der Jahre 1688/89 nahm er lebhaften Anteil, er diente später Wilhelm und Maria in vielen hohen Staatsämtern, konnte das Familienvermögen mehren, gründete die berühmte königliche Wilton-Teppichfabrik und erwarb eine kostbare Buch- und Kunstsammlung.

Angesichts all der Bildnisse und der symmetrischen Auf-

teilung der Zimmer in Wilton House dürfte Wilhelm sich für
ein kleineres, viereckiges Van-Dyck-Porträt der drei jüngsten
Kinder von Karl I. am meisten interessiert haben (vorausge-
setzt natürlich, es wurde Besuchern gezeigt und hing nicht
etwa in der Londoner Stadtwohnung der Pembrokes). Links
erkennt man den künftigen Karl II., alt genug, um en minia-
ture angefertigte Erwachsenenkleidung zu tragen. Rechts war
Prinzessin Maria selbst zu sehen, die künftige Ehefrau Wilhelms II. von Oranien und Mutter von Wilhelm III., in einem
Damenkleid in Kindergröße. In der Mitte, im langen Kleid
des Infanten, stand der künftige Jakob II., Wilhelms jetziger
Schwager, auf dessen Sturz der Vorstoß durch das Königreich
abzielte.

Noch am selben Tag hielt Wilhelm einen triumphalen,
stilvollen Einzug in Salisbury, wo sein königlicher Widersacher erst vor zehn Tagen durchgereist war. Das Heer marschierte, ohne nennenswertem Widerstand zu begegnen, weiter, hielt kurz inne, um das Phänomen der Steinkreise von
Stonehenge zu besichtigen und zahlreiche merkwürdige
Erklärungen zu diskutieren. Am 6. Dezember erreichte Wilhelm Hungerford, und am 8. empfing er dort Abgesandte König Jakobs II., der in Unterhandlungen treten wollte. Die Zeit
war auf Wilhelms Seite. Der König war am Boden zerstört.
Wäre es jetzt zu einer gütlichen Einigung gekommen, so
hätte er noch immer vom allgemeinen Respekt vor der Monarchie profitieren können. Wilhelm setzte alles daran, um
ein Zusammentreffen mit seinem Schwager oder gar Zugeständnisse an ihn unter allen Umständen zu vermeiden.

An Versuchen, die Vorgänge der Glorious Revolution späteren Generationen verständlich zu machen, hat es nicht ge-
fehlt. »Glorreich« an diesem Machtwechsel war, dass er sich
beinahe ohne Blutvergießen vollzog und den Weg frei machte
für die unterschiedlichen konstitutionellen Regierungsfor-

men, die wir heute kennen und schätzen. Die Declaration of Rights von 1689 sorgte für die Einrichtung eines gewählten Parlaments, das die maßgeblichen Beschlüsse über Besteuerung und Gesetzgebung fasst und der königlichen Machtbefugnis klare Grenzen setzt. Diese Grundsätze wurden in den folgenden Jahrhunderten weiterentwickelt, nicht nur von parlamentarischen Regierungen englischer Tradition wie in London, Ottawa, Neu-Delhi und anderswo, sondern auch von parlamentarischen Regierungen ganz unterschiedlicher Kulturen, Sprachen und Ursprünge wie in Paris, Prag oder Tokyo sowie in der nichtparlamentarischen Demokratie der Vereinigten Staaten.

Die Glorious Revolution wurde außerdem mit Recht als Höhepunkt eines Familienkrachs bezeichnet, weil es Wilhelm von Oranien war, der seinen Schwager vom Thron vertrieb. Wie wir gesehen haben, standen die internationalen Beziehungen Europas vor einer Wende, weil der schon seit einem Jahrhundert schwelende anglo-französische Konflikt zum Ausbruch kam. Und schließlich gipfelte ein Jahrhundert dramatischen politischen Wandels in Großbritannien in der Glorious Revolution. Im Jahr 1688 brachten Engländerinnen und Engländer ihre politischen und religiösen Überzeugungen mitunter durch Gedenktage zum Ausdruck. Der Guy-Fawkes-Tag war dem Andenken an einen bizarren katholischen Anschlag von 1605 gewidmet, als das Parlament in die Luft gesprengt werden sollte; Royalisten, Katholiken und Protestanten trauerten einmütig am Jahrestag der Hinrichtung König Karls I. im Jahr 1649; frustrierte Radikale sehnten sich nach dem großen Freiheitsrausch der vierziger Jahre oder sogar nach der Ära des Oliver Cromwell zurück.

Mit den politischen Wirren des 17. Jahrhunderts, die über England hereinbrachen, gingen gewaltige Veränderungen in Kultur und Gesellschaft, mehr noch solche der religiösen und politischen Orientierung einher. Zahlreiche Männer und

Frauen waren gezwungen, *für sich selbst* zu entscheiden, wie
sehr sie in ihren Anschauungen dem König und der Kirche
verpflichtet waren. Protestanten konnten sich nicht auf die
autoritäre Führung einer Universalkirche berufen. Die anglikanische Kirche war protestantisch, aber hierarchisch organisiert und der staatlichen Autorität unterstellt. Wer glaubte,
sie sei noch zu stark im Katholizismus verwurzelt, arbeitete
von innen an ihrer »Reinigung« oder verwarf ein für allemal
die Idee einer durch staatlichen Zwang vorgeschriebenen Ein-
heitskirche – der Ansatz der Separatisten. Jedenfalls waren
alle Protestanten grundsätzlich aufgerufen, in dieser Frage
eine individuelle Entscheidung zu treffen; das Seelenheil jedes Einzelnen hing davon ab. Religiöse Debatten mündeten
unweigerlich in politische: Welche Rechte hatten König und
Parlament, über die Orientierung der Church of England zu
bestimmen? Davon abgesehen akzeptierte man nahezu einhellig die Notwendigkeit einer Monarchie mit echter Autorität – doch hatte das Parlament ältere Rechte, namentlich das
Recht zur Steuerbewilligung, und war entschlossener denn je,
sie zu stärken und auszudehnen.

Die Idee eines Grundrechts für frei geborene Engländer
legte solche Entscheidungen allen ans Herz, die lesen konnten und für politische Fragen einigermaßen aufgeschlossen
waren. Das erneute Beharren der Königstreuen auf dem Got-
tesgnadentum, nicht zuletzt angefacht vom Beispiel der französischen Monarchie, heizte das Klima der Debatte zusätzlich an. Es hagelte Argumente und Widerreden im Parlament,
auf den Landgütern, in den Kaffeehäusern Londons und in
der Presse. Gebildete Engländer sahen sich angesichts der politischen und religiösen Alternativen vor die Qual der Wahl
gestellt, nicht nur als Mitglieder von Parteien, Gesellschaften
oder gar Sekten, sondern auch als individuelle Leser von Flugschriften, Zeitungen und gedruckten Predigten.

Ein erster wichtiger Wendepunkt in diesem Drama war 1629 erreicht, als der Stuartkönig Karl I. dem von Puritanern dominierten Parlament untersagte, sich in seine Politik der – gegen den Puritanismus gerichteten – Vereinheitlichung der anglikanischen Kirche einzumischen. Bis 1640 gelang es ihm, ohne Parlament zu regieren. Als schließlich beide, König und Parlament, ihre Ansprüche auf die Entscheidungsgewalt durchsetzen wollten, kam es zum Bürgerkrieg. Ende 1646 lieferten die Schotten Karl I. als Gefangenen dem Parlament aus. Doch dann bröckelte die Fronde, die der königlichen Willkürherrschaft getrotzt hatte. Machtvolle religiöse Impulse, darunter apokalyptische Prophezeiungen eines Tausendjährigen Reichs, verleiteten manche Zeitgenossen, ihre puritanische Lebensführung der gesamten Gesellschaft aufzwingen zu wollen; andere träumten von radikaler Gleichheit und lehnten jegliche Obrigkeit ab. Es war das erste bedeutende Beispiel in der neueren Geschichte dafür, dass autoritäre Eliten eine volkstümliche revolutionäre Bewegung für ihre Zwecke benutzen. Sie bedienten sich, wie noch heute so oft, einer schlagkräftigen Armee.

1649 wurde Karl I. vor Whitehall durch Truppen des Parlaments hingerichtet; seinen Kopf hielt man der schweigenden, entsetzten Menge demonstrativ hin. Die Armee führte mehrere Säuberungen im Parlament durch und sorgte dafür, dass Oliver Cromwell zum Lordprotektor des neuen Commonwealth ernannt wurde. Cromwell war ein kluger und kompetenter Politiker, von dessen Militärdiktatur auf schmaler politischer Grundlage und mit ungenügender Legitimität man größtmögliche religiöse Toleranz erhoffte. Nach seinem Ableben im Jahr 1658 war es nur noch eine Frage der Zeit, bis das richtige Zusammenspiel militärischer und politischer Manöver Karl II. zur allgemeinen Erleichterung die Rückkehr auf den väterlichen Thron ermöglichte. Die Restaurationsära unter Karl II. brachte eine überspitzte Kehrtwende: Die puri-

tanischen Moralvorschriften wurden abgeschafft, allen voran
widmete sich der König selbst käuflichen Mätressen und
maßloser Verschwendung. Dass sich sein Hof am Vorbild
Frankreichs unter Ludwig XIV. orientierte und dem römischen Katholizismus zuneigte, verstand sich von selbst. Dissi-
denten der anglikanischen Orthodoxie mussten viele rechtliche Beschränkungen hinnehmen.

Der Schlachten des Bürgerkrieges in den vierziger Jahren,
der Belagerungen von Städten und Schlössern, der entzwei-
ten oder ihrer Ernährer beraubten Familien eingedenk, hatte
man sich widerstrebend die Bevormundung unter Cromwell
gefallen lassen. Dann kam der Umschwung der Restauration
mit weiteren Unwägbarkeiten: Besitztümer wurden konfis-
ziert oder zurückgegeben, alte Rechnungen beglichen. Para-
doxerweise legten aber das Commonwealth und die Ära der
Restauration dauerhafte Grundlagen für einen ungeahnten
wirtschaftlichen Wohlstand, dessen sich das Land im Jahr
1688 erfreute. England wurde, anders als noch zu Beginn des
Jahrhunderts, zu einem wichtigen Faktor der internationalen
Politik, indem es eine wachsende Oberschicht an innenpolitischen Entscheidungen beteiligte. Die Öffentlichkeit nahm in
jenen Jahren leidenschaftlichen Anteil an den Religionsfragen
und Verfassungsstreitigkeiten über die Rolle von König und
Parlament. Gutsbesitzer arbeiteten ständig daran, die Produktivität des Ackerbaus zu verbessern.

Unter Cromwell, später auch unter Karl II., suchte man
mit merkantilistischen Maßnahmen, den Außenhandel des
Königreichs auf Kosten der Konkurrenz, namentlich der Holländer, zu steigern. Selbst die berüchtigte Ära der Restauration hatte ökonomisch ihre Berechtigung, denn die Vornehmen des Reichs und ihre Söhne steckten ihre gesamten
Einkünfte und einiges an Darlehen in ihre prunkvollen Land-
häuser, in Stadtwohnungen und weltliche Vergnügungen in
London. Die Hauptstadt wurde zum Schmelztiegel der Früh-

moderne, mit Caféhäusern, wo man über Politik diskutierte, Geschäfte anbahnte, die dekadente und erregende Literatur- und Theaterszene verfolgte und in einem Wust von Gazetten, Flugschriften und Zeitungen neuesten Klatsch sowie Schreckensnachrichten erfuhr.

Der Mann im Mittelpunkt der alt-neuen Ordnung, König Karl II., gehörte zu den Herrschern, die der Dekadenz ihren guten Namen leihen. An seiner Mätressenwirtschaft und seinem Luxusleben nahmen sich viele vornehme Adlige und deren Söhne ein Beispiel. Karls Bruder Jakob, der Herzog von York, machte aus seinem katholischen Glauben keinen Hehl. Obwohl er persönlich selbst zum Katholizismus neigte, von Frankreich Geld nahm und mehr oder minder prokatholischen Interessen diente, wusste Karl II. nur zu gut, dass sein Volk radikal antikatholisch dachte. Er selbst konvertierte erst auf dem Sterbebett zum katholischen Glauben. Die Zugeständnisse, mit denen sich sein Vater den Verbleib auf dem Thron erkauft hatte, waren noch immer in Kraft; seither war die Monarchie dem Konstitutionalismus und parlamentarischen Beschränkungen einen Riesenschritt näher gekommen. Doch konnten Karls raffinierte und zynische Manöver die abgrundtiefe Spaltung Englands nicht länger verkleistern.

1678 brach sie wieder auf. Unmittelbarer Anlass waren spekulative Enthüllungen einer »papistischen Verschwörung«, bei der man angeblich den König ermorden, die Protestanten niedermetzeln und Jakob als König mit einem jesuitischen Kronrat einsetzen wollte. Zu Beginn des folgenden Jahres gewann die antihöfische Partei eine Mehrheit in den Parlamentswahlen, doch als durch ein Gesetz Jakob von der Thronfolge ausgeschlossen werden sollte, bot König Karl II. den Radikalen die Stirn und löste das Parlament auf. Der Ausschlussplan darf als revolutionär gelten; erstmals mischte sich ein Parlament in Erbangelegenheiten der Monarchie ein.

Die »Exklusionisten« wussten eine Mehrheit zu organisieren und im Unterhaus wählen zu lassen, doch allmählich regte sich Widerstand – als Reaktion auf Ausschreitungen des verhetzten Pöbels, auf Hinrichtungen katholischer Priester wegen fadenscheiniger Anklagen, aber auch wegen des tief sitzenden Respekts vor der Monarchie. Man gewöhnte sich an, die antihöfischen, meist auch exklusionistisch gesinnten Gemeinen »Whigs« zu nennen, während die Unterstützer der Monarchie »Tories« hießen. Damit war die Polarisierung, aus der die Revolution von 1688 hervorging, komplett. Karl II. hatte die Abgeordneten entlassen und regierte bis zu seinem Tod im Februar 1685 ohne Parlament.

Während der allgemeinen Konjunktur hatten die Steuern, die man dem König auf Lebenszeit bewilligt hatte, ausgereicht, um seine Regierung zu stützen. Aber sein Heer war notgedrungen klein. Aus Frankreich erhielt er ansehnliche Subsidien von Ludwig XIV. Im Jahr 1682 griff er mit seinen weitreichenden Befugnissen in die Gemeindeverfassungen ein, nahm den Städten ihre Freiheitsbriefe, schaltete politische Gegner aus und stellte sicher, dass künftig hoffreundliche Abgeordnete ins Parlament gewählt würden. Die Lage der Whigs schien aussichtslos. Ihr Hauptproblem war, dass nur wenige Extremisten unter ihnen antimonarchistisch dachten; und wenn sie Jakobs Thronfolge bekämpften, wen sollten sie dann begünstigen? Als Herzog von Monmouth und unehelicher Sohn des alten Königs war Jakob zwar populär, aber kein bewährter und zuverlässiger Staatslenker. 1683 beteiligten sich einige radikalere Whigs an einem fehlgeschlagenen Komplott zur Ermordung des Königs und des Herzogs in Rye House. Die meisten wurden hingerichtet; die Monarchie ging eher gestärkt daraus hervor.

Als Jakob II. im Februar 1685 die Nachfolge Karls II. antrat, erschien seine Stellung unanfechtbar. Ein neues Parlament gewährte ihm Einkünfte auf Lebenszeit, die dem entsprachen, was sein Bruder bekommen hatte. Eine Erhebung in Schottland und eine weitere, die der Herzog von Monmouth anführte, wurden rasch niedergeschlagen. Doch Jakob fehlte der Sinn für Strategie und Verstellung. Aus seinem Katholizismus machte er kein Geheimnis, und er äußerte öffentlich die Hoffnung, dass sich einst alle seine Untertanen mit der allein selig machenden Kirche aussöhnen würden. Als ersten Schritt in diese Richtung wollte er die Testakte beseitigen – ein Gesetz, das Beamten und Offizieren den Suprematseid und das Abendmahl nach anglikanischem Ritus aufzwang und so die Katholiken von höheren Rängen in der Armee fern hielt.

Dass sein Wunsch, einige katholische Offiziere zu ernennen, im Parlament auf verhaltene Kritik stieß, stimmte ihn wütend. Der zutiefst royalistische Ansatz der Tories gefiel ihm; in der Church of England, der die meisten von ihnen aus Überzeugung anhingen, erkannte er eine hierarchische Organisation, die sich gar nicht so sehr von der römischen Kirche unterschied, aber er konnte nicht begreifen, wie sie den Anglikanismus mit ihrem radikalen Antikatholizismus vereinbaren wollten. Vom Parlament und den anglikanischen Bischöfen enttäuscht, ließ er nicht nach, für die Toleranz gegenüber dem römisch-katholischen Glauben und seinen Messfeiern zu werben. Einige Kontakte knüpfte er zu Protestanten außerhalb der Church of England, die unter denselben gesetzlichen Beschränkungen litten wie die römisch-katholischen Untertanen. Über den Vernichtungsfeldzug, der in Frankreich gegen die Hugenotten geführt wurde, zeigte er sich ehrlich empört.

Was die Tories im Parlament noch mehr verunsicherte, war Jakobs grundsätzliche Toleranz, die sogar extreme Sekten wie die Quäker einschloss. Obwohl jedermann die königliche Macht, in besonderen Fällen die Ausübung eines Gesetzes zu »dispensieren«, anerkannte, hegte man einige Zweifel, ob der König ein Gesetz außer Kraft setzen könne, das nicht vom Parlament aufgehoben worden war. Obwohl er das antiprotestantische Vorgehen in Frankreich verdammt hatte, schien es vielen Untertanen, als strebe er nach derselben unbeschränkten Macht wie Ludwig XIV. Was sollte man auch anderes erwarten von einem König, der sich zu einer autoritären Religion mit Absolutheitsanspruch bekannte? Schlimmer noch, Jakob nutzte die lebenslangen Einkünfte, die ihm das Parlament bewilligt hatte, zum Aufbau eines stehenden und ständig wachsenden Heers, das zum größten Teil auf der Hounslow-Heide vor London kampierte.

Als sturer und beherzter Militär hielt Jakob den Aufbau einer Truppe für selbstverständlich. Sie musste zuverlässiger sein als die regionalen Milizen, die selbst den zusammengewürfelten Haufen des Herzogs von Monmouth nur mit knapper Not eine Niederlage bereitet hatten. Doch die Soldaten auf der Hounslow-Heide waren in der Mehrzahl katholische Iren und glichen in den Augen seiner Untertanen verdächtig jenen Dragonern, die dem französischen Protestantismus den Garaus machten. Kaum einer machte sich klar, dass niemand imstande wäre, mit militärischen Mitteln einer Konfession Geltung zu verschaffen, der im ganzen Königreich höchstens ein Prozent der Bevölkerung anhing.

Wäre es ihm gelungen, ein fügsames Parlament wählen zu lassen, das die Testakte zurücknahm, hätte Jakob seine Ziele ohne schmerzliche Kompromisse durchsetzen können. Exklusionistische Whigs der späten siebziger Jahre hatten vorgemacht, wie man die Lokalpolitik manipuliert und dem undurchsichtigen Wahlsystem auf Gemeindeverbands- und County-Ebene eine Mehrheit mit wunschgemäßer Orientierung abgewinnt. Auf diese Weise machten auch Karl II. und später Jakob II. ihre königliche Autorität geltend und verschafften sich fügsame Mehrheiten. Jetzt war es so weit: Zum Jahresende 1687 wandte sich der König an potenzielle Kandidaten der Tories für die County-Parlamentswahlen und verlangte von ihnen, die Rücknahme der Testakte zu befürworten. Vielen dieser Männer, die seine natürlichen Verbündeten waren, wurde der Druck unerträglich, und sie wandten sich von ihm ab. Doch im Frühjahr und Sommer 1688 setzte er seine Bemühungen um Einflussnahme fort.

Im 17. Jahrhundert lag der Gedanke an den Tod nie fern. Wäre Jakob ohne Sohn und Thronerben gestorben, dann hätte seine Tochter Maria, die mit Wilhelm von Oranien vermählt war, die Nachfolge angetreten. Antikatholische Ressentiments der Protestanten hatten seit jeher Wilhelms strategischen Kampf gegen die französische Vorherrschaft in Europa begünstigt. Radikalen Whigs und Hugenotten bot Holland immer wieder Zuflucht. Jakobs Argwohn, sein Schwiegersohn könne die Landung des Herzogs von Monmouth in Dorsetshire unterstützt haben, wurde nur teilweise gemildert, als Wilhelm drei britische Regimenter nach England entsandte und drei schottische mehr oder weniger permanent in Holland stationiert wurden. 1687 hatte sich Prinz Wilhelm ausdrücklich geweigert, Jakobs Bemühungen um Toleranz für die Katholiken in England und Schottland zu unterstützen.

Die zweite Ehe Jakobs II. mit Maria von Modena war nicht unfruchtbar geblieben, aber ein Sohn war noch nicht daraus hervorgegangen. Daher waren Ende 1687 die Nachrichten von einer möglichen Schwangerschaft der Königin von höchster Brisanz. Ein Prinz, katholisch getauft und erzogen, würde für Jahrzehnte den katholischen Zugriff auf das enorme Prestige und Mysterium der Monarchie sichern. Jakob, Maria und ihre katholischen Höflinge hielten den Atem an und gaben sich den schönsten Hoffnungen hin, während die Protestanten vor dem Verhängnis zitterten und auf radikale Auswege sannen.

Am 27. April 1688 wiederholte König Jakob die illegitime Indulgenzerklärung von 1687, mit der die Testakte aufgehoben wurde, und befahl, sie von allen Kanzeln im Reich herab zu verkünden. Am 18. Mai sprach eine Delegation von Bischöfen bei ihm vor und erklärte, sie würden nichts dergleichen tun, der König habe nicht das Recht, die Gesetze des Reichs auf diese Weise zu annullieren. Voller Zorn ließ Jakob drei Wochen verstreichen und endlich, am 7. Juni, sieben der Bischöfe im Londoner Tower einkerkern.

Großstädte gab es 1688 nicht allein im abendländischen Teil der Welt. Doch nur das christliche Europa und das Osmanische Reich mit seiner Hauptstadt Istanbul kannten Metropolen, die für jede Tat von religiöser und politischer Relevanz entscheidend waren und als Bühnenkulisse für Schicksalsdramen aller Art galten. Die Debatten der Griechen in der Agora, die Triumphzüge im alten Rom, die Prozessionen des Mittelalters zu den Kathedralen waren an der Ausformung dieses urbanen Zuschnitts maßgeblich beteiligt. Herrscher mochten den Großstadtpöbel fürchten, aber sie schmeichelten ihm auch und mobilisierten ihn für ihre Zwecke.

In den achtziger Jahren war die Mehrheit der Londoner erzprotestantisch gesinnt und jederzeit imstande, gewaltsam gegen »Papisten« und ihre Kirchen vorzugehen. Doch im Verlauf des Jahres 1688 gab es überraschend wenige Ausschreitungen dieser Art. Während der Krise mit den sieben inhaftierten Bischöfen machte sich das Volk auf differenzierte und höchst rührende Weise Luft. Am 8. Juni notierte der Tagebuchschreiber John Evelyn, die Bischöfe seien »vom Staatsrat in den Tower geschickt worden, weil sie keine Kaution für ihr Erscheinen vor Gericht (wegen der Anklage, die Erklärung über Gewissensfreiheit nicht verlesen zu haben) aufbringen wollten, denn die Zahlung einer Kaution hätte ihre Pairswürde verletzt. Ergreifend war die Anteilnahme des Volks. Eine unendliche Menge von Menschen kniete nieder, bat um ihren Segen und betete für sie, als sie aus dem Kahn stiegen, den Pier des Towers entlangschritten etc.«

Am 10. Juni hörte Evelyn Kanonenböller im Tower und Glockenläuten anlässlich der Geburt des Prince of Wales. Als die Bischöfe am 15. Juni nach Westminster geführt wurden, wo die erste Verhandlung ihres Gerichtsprozesses stattfand, »stand eine Menschenkette von King's Bench bis zum Themseufer, und wo die Bischöfe vorüber- und zurückkamen, kniete alles nieder, um ihren Segen bittend. In dieser Nacht gab es Freudenfeuer, und die Glocken läuteten, was vom Hof außerordentlich missbilligt wurde«.

So kam es, dass inmitten eindringlicher Demonstrationen der Untertanen gegen die Politik der Krone die Königin einen gesunden Jungen zur Welt brachte. Augenblicklich verbreitete sich das Gerücht, die Geburt sei nur vorgetäuscht, man habe das Kind einer anderen mithilfe einer Bettpfanne ins Wochenbett geschmuggelt. Derartige Geschichten wären so oder so erzählt worden; immerhin war die Angelegenheit wichtig genug, dass viele Menschen ihre stillschweigende Loyalität zum Erbkönigtum unterdrückten, um das Verhängnis einer dauerhaft katholischen Regierung abzuwenden. Der abgebrühte Soldatenkönig, der taub für die antikatholischen Affekte seiner Untertanen war und erwartete, dass sie in einer so persönlichen Angelegenheit seinem guten Glauben vertrauten, reagierte verstört und gekränkt. Schlimmer war der Schnitzer, dass hochgestellte protestantische Angehörige wie seine ältere Tochter mit königlicher Erlaubnis London verlassen hatten, weshalb er sie jetzt nicht als Zeugen der Geburt aufrufen konnte.

Der unzufriedene Adel in England hatte noch immer einen guten Draht zu Wilhelm von Oranien. Im April ließ der Prinz gegenüber drei vornehmen Besuchern durchblicken, er werde in England einmarschieren, wenn einflussreiche Männer förmlich darum bäten. Ende Juli erfolgte diese Aufforderung, versehen mit sieben Unterschriften hochgestellter Persönlichkeiten, darunter ein Bischof und zwei Grafen. Ihre Standesgenossen würden Wilhelms Sache unterstützen, versicherten sie, könnten sich jedoch nicht durchringen, einen solchen Brief auch nur verschlüsselt zu unterzeichnen. Nun war es an Prinz Wilhelm, sich des Rückhalts der holländischen Oberschicht zu versichern und seine Streitmacht zusammenzuziehen.

Seit Anfang September war sich Jakob II. bewusst, dass sein Schwiegersohn Wilhelm von Oranien ein Invasionsheer um sich sammelte. Schockiert, angewidert und im Gefühl, verraten zu sein, verlor er die Nerven. Zu den Bischöfen sprach er versöhnliche Worte, machte aber keine echten politischen Zugeständnisse. Im August hatte er noch geglaubt, die Counties und Gemeindeverbände endlich im Griff zu haben, und die Einberufung eines neuen Parlaments gewagt, das am 27. November zusammentreten sollte. Doch jetzt erklärte er zuerst, die Katholiken seien nicht wählbar, und zog anschließend die Einberufung ganz zurück.

Wo er nur konnte, rekrutierte er Soldaten, und es gelang ihm schließlich, 4000 Mann aus Schottland und 5000 aus Irland aufzubieten; Letztere waren überwiegend katholisch, was die katholikenfeindliche Hysterie in London erneut auf die Spitze trieb. Kaum hatte ihn die Nachricht von Wilhelms Landung am 5. November erreicht, als der König einige seiner besten Regimenter nach Westen entsandte, um auf der Ebene von Salisbury in Stellung zu gehen. Am 11. November kam es in St. Johns, Clerkenwell, zu einem Anschlag auf eine katholische Kirche. Am 12. November stellte der Londoner Pöbel sein fortschrittliches Bewusstsein für die Rolle der Medien in der Politik unter Beweis und bewarf die Büros der Hofdruckerei mit Steinen. Jakob griff hart durch, um die Ordnung wiederherzustellen, und wartete ab, bis er sicher sein konnte, dass die Stadt nicht in Aufruhr geriet, sobald er ihr den Rücken kehrte. Schließlich machte er sich vom 17. bis zum 19. November selbst auf den Weg nach Salisbury.

Prinz Wilhelms Truppen marschierten bereits. Wäre Jakob in die Offensive gegangen und vorgerückt, hätte seine Armee gute Chancen gehabt, doch der Befehlshaber riet zum Rückzug. Im Westen war es verdächtig ruhig; weder Adel noch Gemeine gaben sich Mühe, den König über Wilhelms Truppenbewegungen auf dem Laufenden zu halten. Der König litt unter der schrecklichen Anspannung; tagelang plagte ihn schlimmes Nasenbluten. Er selbst gab den Rückzugsbefehl. Lord John Churchill, General und einer seiner engsten Vertrauten, ritt nach Westen und schloss sich dem Oranier an. Auch den Ehemann von Prinzessin Anne, Prinz Georg von Dänemark, hielt es nicht länger im königlichen Lager. Doch der grausamste Rückschlag war, als Anne und ihre beste Freundin Sarah, die Gemahlin John Churchills, London heimlich verließen und ihren Männern im Heer des Oraniers entgegeneilten.

Am 27. November zitierte Jakob II. die Pairs zu sich und erklärte sich einverstanden, das Parlament einzuberufen, Katholiken von öffentlichen Ämtern auszuschließen und Unterhändler für einen Friedensvertrag mit Wilhelm zu entsenden. Die Bedingungen, die der Prinz für Verhandlungen stellte, waren hart, hätten aber noch akzeptiert werden können. Aber sie erreichten Jakob inmitten erneuter katholikenfeindlicher Unruhen, die teils wohl durch eine vermeintliche »Dritte Erklärung« Wilhelms gegen die Katholiken ausgelöst worden waren. Es handelte sich um eine Fälschung, aber sie tat ihre Dienste, weil sich die Menge aufhetzen ließ.

Jakob war inzwischen nur noch von wenigen katholischen Getreuen umgeben und schickte Königin Maria und den neugeborenen Prinzen nach Frankreich. In der Nacht des 11. Dezember verbrannte er selbst die Einberufung zum Parlament, verließ heimlich den Palast und wollte das Land verlassen. Unterwegs warf er das Großsiegel des Königreichs in die Themse.

Die Nachricht von der Flucht des Königs schlug ein wie eine Bombe und fachte die antikatholische Stimmung in London erst recht an. Die neue katholische Kirche in Lincoln's Inn Fields wurde gestürmt und alles Mobiliar verbrannt. Man holte die Bücher aus dem Laden der Hofdruckerei und warf sie auf den Scheiterhaufen. Dann plünderte man die Residenz des spanischen Gesandten, verwüstete die florentinische Botschaft und den Wohnsitz des päpstlichen Nuntius. Schon fing die tobende Meute an, Orgel und Zierrat der Königskapelle im Palast herunterzureißen, als bewaffnete Soldaten einschritten und sie vertrieben. Die rote Glut am winterlichen Nachthimmel erinnerte viele an das große Feuer von 1666. Anderntags verbreitete sich in den Straßen das Gerücht, das bald wie ein Lauffeuer durch das ganze Land ging: dass irische Soldaten jedem Protestanten, dessen sie habhaft werden könnten, die Kehle durchschneiden würden. Kein Katholik war seines Lebens mehr sicher, doch die »Irenpanik« läutete allmählich das Ende der Gewalttaten ein.

In der Zwischenzeit hatten Pairs und Minister des Königreichs und des Stadtrats von London begonnen, die Regierung eines Landes zu übernehmen, das mittlerweile keinen König mehr zu haben schien. Ihre vordringliche Aufgabe war die Wiederherstellung von Recht und Ordnung in der Hauptstadt: »Dort, wo sich der zügellose Pöbelhaufen zusammenrottet, verlangen wir, die Pairs des Reichs, mit einem Teil des Staatsrats und fordern hiermit auf, alles zu unternehmen, um besagten Pöbelhaufen zu bändigen und zu zerstreuen, und wenn nötig, auch gewaltsam vorzugehen und mit Flinten in die Menge zu schießen.« Außerdem beschlossen die Pairs, eine Delegation zu Wilhelm zu entsenden, ihn aber vorerst nicht nach London zu bitten, sowie Jakob II. aufzuspüren und zurückzubringen. Man hoffte noch immer auf ein Abkommen, in dem sich Jakob mit dem Oranier über die Einberufung eines frei gewählten Parlaments verständigen sollte.

Die Stadtverwaltung ging einen Schritt weiter und schickte eine eigene Delegation, die den Prinzen nach London einlud. Doch dann wurde der König zur allgemeinen Genugtuung erkannt und aufgegriffen, bevor er sich nach Frankreich absetzen konnte, und binnen kurzem richtete er seinen Hof wieder ein. Angst vor dem Chaos und tief sitzende Ergebenheit gegenüber regierenden Monarchen spielten ihm in die Hände. Doch alle anderen Trümpfe hielt Wilhelm in der Hand – und er wusste sie auszuspielen.

Am 17. Dezember befahl der Prinz seiner holländischen Blauen Garde, in London einzumarschieren und den Zugang zu St. James' Palace zu sichern. Im strömenden Regen dieser Nacht standen die Blauen Garden mit glimmenden Kienspänen bereit, um notfalls sofort zu feuern, während ihre Befehlshaber den friedlichen Abzug der königlichen Leibwache sicherstellten. Drei Abgesandte des Oraniers trafen nach Mitternacht ein. Jakob wurde aus dem Bett geholt, und man richtete ihm aus, Prinz Wilhelm gewähre ihm freies Geleit, wenn er London auf der Stelle verließe. So geschah es, unter Aufsicht der holländischen Garde. Im Laufe des folgenden Tages hielt Wilhelm unter Jubel und Beifallsbekundungen Einzug in den Palast. Jakob II. logierte in einem Haus am Gezeiten-Meeresarm des Medway. Seine Leibwache ließ sich widerstandslos entwaffnen, und am 23. Dezember entkam der König zu Schiff nach Frankreich.

Wilhelm hatte auf der ganzen Linie gesiegt. Jakobs Flucht hatte ihm und seiner Frau den Weg zum Thron frei gemacht. Doch die Bedingungen, unter denen der Machtwechsel stattfinden sollte, waren keineswegs geklärt. Hatte Jakob den Thron im Stich gelassen? Abgedankt? Wie konnte ein Parlament zusammentreten, wenn es der König nicht selbst einberief und sein Großsiegel unter die Verfügung setzte?

Am 26. Dezember versammelte Wilhelm von Oranien einen informellen Rat aus hochrangigen Adligen und den mit

ihm sympathisierenden Abgeordneten. Die Tagesordnung
hatte er zweifellos selbst festgelegt, doch bat er die Mitglieder
des Gremiums auch um ihren Beistand. Die Restauration von
1660 lieferte den nötigen Präzedenzfall. Man würde eine Versammlung wählen lassen, die ähnlich wie ein Parlament auf
Wilhelms Einberufung hin zusammentrat.

Die Versammlung fand am 22. Januar 1689 statt. Radikale
Whigs, die Nachfolger der Exklusionisten von vor zehn Jahren, wollten Wilhelm kurzerhand zum König ausrufen. Doch
vielen anderen Delegierten missfiel der Gedanke einer reinen
Wahlmonarchie; auch Maria sollte kraft ihrer legitimen Abkunft eine Rolle erhalten. So kam es, dass beiden die Krone
angeboten wurde. Einer der Pairs soll geäußert haben: »Was
wir heute fertig gebracht haben, wird die Monarchie in England zugrunde richten, denn wir haben die Krone wählbar
gemacht. Doch die absolute Notwendigkeit, eine Regierung
einzusetzen, hat Vorrang, und ich erkenne keinen anderen
Ausweg als diesen. Wir dürfen uns nicht dem Pöbelhaufen
preisgeben.«

Die Wahlversammlung verabschiedete zugleich auch ein
Grundgesetz – die Declaration of Rights, die Wilhelm und Maria gleichzeitig mit dem Angebot der Krone vorgelegt wurde. In
diesem Text wurden die »alten Rechte und Freiheiten« der Bürger zusammenfassend bestätigt, darunter das Recht auf frei
gewählte und regelmäßige Parlamentsversammlungen sowie
zahlreiche Einschränkungen angemaßter königlicher Vorrechte. Als »Bill of Rights« erhielt dieser Text zum Ende des Jahres
1689 Gesetzeskraft. Wilhelm hatte zwar erklärt, die Krone nur
ohne Bedingungen annehmen zu wollen, doch zu Beginn der
Krönungszeremonie am 13. Februar wurde die Declaration of
Rights von den Abgeordneten verlesen. Man hätte kaum sinn-
fälliger zum Ausdruck bringen können, dass Wilhelm und
Maria durch Einwilligung ihrer gewählten Untertanen und zu
deren Bedingungen an die Macht gekommen waren.

Wilhelm III. von Oranien war kein volkstümlicher König. Die Abneigung gegen seine rigorose Amtsführung trug womöglich dazu bei, dass die Praxis der Beschränkung königlicher Macht in England durchgesetzt und die »alten Rechte« gestärkt wurden. Unter der Herrschaft des Hauses Oranien wurde England die europäische Nation mit dem zweithöchsten Steueraufkommen, übertroffen nur noch von den Niederlanden und weitgehend am holländischen Vorbild hoher Verbrauchssteuern und Handelszölle orientiert. 1689 und 1690 führte die fortdauernde Präsenz holländischer Truppen zu gelegentlichen Unruhen. Auch dass Englands Militär- und Seestreitkräfte umgehend in den Krieg mit Frankreich einbezogen wurden, fand keine breite Zustimmung. Doch John Churchill, der spätere Herzog von Marlborough, erfocht auf europäischen Schlachtfeldern seine glänzendsten Siege. Die Finanzierung des Krieges wurde erleichtert durch britische Investitionen in neuen Formen öffentlich gedeckter Schuldverschreibungen und in halbstaatliche Körperschaften wie die Bank von England und die East India Company. Mehr denn je zogen Staatsmacht und Profitinteresse an einem Strang.

Sollte Jakob mit seiner Flucht aus dem Königreich noch etwas anderes bezweckt haben als das nackte Überleben, konnte er nur noch auf Anarchie und Chaos hoffen. Vielleicht hatte er schon bei seiner Flucht, als er die eigene Parlamentseinberufung verbrannte und das Großsiegel auf den Grund der Themse versenkte, reguläre gesetzliche Prozeduren für alle Zukunft vereiteln wollen.

Das Chaos blieb aus, doch Jakob bemühte sich um Rückkehr. Im März 1689 segelte er mit französischer Hilfe nach Irland. Die Franzosen waren hauptsächlich darauf aus, eine zweite Front zu eröffnen, die Wilhelms englische Truppen vom Kontinent fern hielt. Jakob betrachtete Irland nur als Einfallstor nach Schottland und England. Die Protestanten in

Derry weigerten sich, seine Befehlsgewalt anzuerkennen, worauf die Stadt belagert wurde. Erst im Juli sandte Wilhelm Truppen zum Entsatz, und die Protestanten von Ulster feiern die Befreiung Londonderrys bis auf den heutigen Tag.

Wilhelm III. und Jakob II. begegneten sich am 1. Juli 1690 vor den am Boyne River aufgestellten Schlachtreihen ihrer Armeen. Mit der Niederlage dieses Tages schwanden alle Hoffnungen Jakobs auf Rückkehr nach England endgültig dahin; zugleich war das Schicksal Irlands auf Jahrhunderte hinaus besiegelt. Auch das ist, ebenso wie der demokratische Ansatz der Declaration of Rights, ein Erbteil jener Zeit.

16. WIDERHALL JENSEITS
DER WELTMEERE

Die politische Krise von 1688 fand überall, wo Engländer lebten, ein Echo: in den Lichtungen nordamerikanischer Wälder, auf den Inseln der Karibik und sogar in den Häfen Westindiens und des indischen Subkontinents. Überall verfolgten die Landsleute, so gut es ging, das Zusammenbrauen der Sturmwolken über ihrer Heimat und fürchteten um den Ausgang ihrer eigenen Kämpfe, über die sie in London Rechenschaft ablegen mussten. Manche hatten auch eigene Agenten in London.

Das, was sich in Nordamerika und im Indischen Ozean abspielte, waren aus Londoner Sicht Bagatellen, verglichen mit dem Zugriff auf spanische Reichtümer und Besitzungen in der Karibik, den Profiten aus dem dortigen Sklavenhandel und der wachsenden Zuckerproduktion. Jamaika gehörte zwar zu den jüngsten britischen Erwerbungen in der Karibik, war aber die bei weitem größte und potenziell einträglichste. 1688 wurde die Insel zum Schauplatz einer Glorious Revolution im Miniaturformat, mit der niemand gerechnet hätte: verkörpert allein in der Person des Gouverneurs von Jamaika, Christopher Monck, dem zweiten Herzog von Albemarle.

An den Karrieren von George und Christopher Monck – Vater und Sohn, erster und zweiter Herzog von Albemarle – lässt sich aufzeigen, was Tatkraft und Talent in den Turbulenzen der englischen Revolution ausrichten konnten. Erkenn-

bar wird auch, wie der Stern einer Adelsfamilie durch Groß-
mannssucht, persönliche Ausschweifungen und die Wech-
selfälle der Politik sinken kann. Der Vater hatte Karl I. als
fähiger Oberst gedient, war von Truppen des Parlaments festgenommen worden und hatte versprochen, in Schottland
oder Irland auf ihrer Seite zu kämpfen, nicht aber gegen seine
royalistischen Kameraden. Die Cromwell-Jahre verbrachte er
unbehelligt in Schottland. Während des Thronstreits von
1660 zog er heimlich nach London, ohne seine Absichten
preiszugeben, dann wechselte er unauffällig und gerade noch
rechtzeitig die Fahne. Karl II. lohnte es ihm mit einem Herzogtum und bedeutenden Ländereien als Kronlehen. Der
Hochzeit des Sohnes mit einer Großenkelin des Herzogs von
Newcastle folgte in den Jahren 1669 und 1670 der Tod beider
Eltern. Der Aufsicht, die der Vater über seine Hinterlassen-
schaft verfügt hatte, konnten sich der junge Herzog und die
Herzogin kurzerhand entledigen; jetzt machten sie sich
daran, das ungeheure Vermögen zu verprassen. Der Herzog
ergab sich dem Trunk und der Hurerei; sein Spießgeselle
wurde kein Geringerer als Jakob, Herzog von Monmouth und
unehelicher Sohn des Königs. Eines Nachts tötete einer der
beiden während einer Schlägerei in einem »anstößigen Haus«
den Hauswart, doch sie wurden umgehend vom König be-
gnadigt.

Als der junge Herzog von Albemarle alt genug war, wurde
er Ritter des Hosenbandordens und nahm seinen Platz im
Oberhaus ein. Bei allen Windungen und Kehrtwendungen
der Regierung unterstützte er rückhaltlos den König. Doch in
Wahrheit interessierte er sich kaum für Politik oder Verwaltung, noch weniger für Religion oder Bücher. Jagd, Pferderennen, Glücksspiel und Wettkämpfe wie Boxen oder Fußball
zwischen seinen Gefolgsleuten und denen anderer Lords waren eher nach seinem Geschmack. Um seine Orgien in London bequemer zu gestalten und vornehme Besucher stilvoll

zu empfangen, kaufte er sich für 25 000 Pfund* eine prunkvolle Villa, die später Albemarle House genannt wurde. Dort
und in seinen Landhäusern hieß er zahlreiche Würdenträger
willkommen, darunter den Botschafter des Sultans von Marokko, Prinz Wilhelm von Oranien und den König selbst.
Mit einem Jahreseinkommen von mindestens 15 000 Pfund
gehörte er zu den reichsten Männern Englands, doch seine Le-
benshaltungskosten überstiegen jedes Maß, und Leute seines
Standes verloren beim Glücksspiel oft 5000 Pfund in einer
Nacht.

Von den Kindern des Herzogpaars erreichte keines das Erwachsenenalter. Nachdem sie ihr Vermögen in Rekordzeit
durchgebracht hatten, mussten sie Albemarle House im Jahr
1682 verkaufen. Mit der seelischen und körperlichen Gesundheit der Herzogin war es nicht zum Besten bestellt; sie litt unter Depressionen, Angstzuständen und gelegentlichen Anfäl-
len von geistiger Umnachtung. Der Herzog betrank sich öfter
denn je und zog sich eine Gelbsucht zu, was darauf hindeu-
tet, dass seine Leber vom übermäßigen Alkoholkonsum stark
angegriffen war. Als Jakob II. an die Macht kam, wurde seine
Stellung bei Hof geschwächt. Karls Maßnahmen hatte er stets
unterstützt, ebenso die Legitimität der Thronfolge Jakobs,
doch zugleich hielt er beharrlich an der Church of England
fest. Als Jakob den katholischen Grafen von Feversham zum
Oberkommandanten aller Streitkräfte machte, weigerte sich
Albemarle, unter ihm zu dienen.

Im Frühjahr 1686 waren die Hofleute erstaunt zu hören,
dass der Herzog von Albemarle seine Ernennung zum Gouverneur von Jamaika akzeptiert hatte. Was wollte ein Mann in
seiner Stellung auf einem so fernen und unbedeutenden Posten? Besonders in Devon, wo er als Lord Lieutenant gewirkt

---

* Die Umrechnung von Summen des 17. Jahrhunderts in Währungen von
heute ist äußerst schwierig. Nach einer verlässlichen Schätzung dürfte um 1680
ein Pfund ungefähr der Kaufkraft von 100 Dollar heutzutage entsprechen.

hatte, glaubten seine vielen Bewunderer, der Herzog habe das mehr oder minder freiwillige Exil gewählt, weil er nicht mit den Plänen des Königs übereinstimmte. Albemarle hielt es womöglich selbst für angebracht, dem Hof für ein paar Jahre fern zu bleiben, da er sich sonst ins Abseits manövriert und selbst gefährdet hätte. Als Gouverneur in den Kolonien konnte er von der Korruption profitieren, beim Handel mitmischen und seinen Günstlingen Ländereien zuschanzen, was allerdings mit den immer noch stattlichen Einkünften aus Albemarles englischen Gütern kaum zu vergleichen war.

Doch Albemarle hatte noch andere, plausiblere Gründe, nach Jamaika zu gehen. Seit mehreren Jahren stand er mit Kapitän William Phips aus Neuengland in Verbindung, der am Nordufer der Insel Hispaniola eine Stelle zu kennen glaubte, wo das Wrack einer reichen spanischen Silbergaleone gesunken war. Ein erster Versuch, die Schätze zu heben, war allerdings fehlgeschlagen. Mit neuen Informationen über die Lage des Wracks hatte Albemarle 1686 neue Investoren gewinnen können und dafür gesorgt, dass dieses Konsortium ein königlich verbrieftes Patent für die Bergung erhielt. Mit zwei Schiffen und mehreren Tauchern, die er von einer Reise im Indischen Ozean mitgebracht hatte, war Phips wieder abgereist. Im Juni 1687 kehrten sie zurück und brachten Silber im Wert von über 600000 Pfund mit. Albemarles Anteil belief sich auf 9000 Pfund. Es ist einer der wenigen Erfolge in der langen Geschichte der Suche nach versunkenen Schätzen der spanischen Flotte.

Im Jahr 1686, als niemand das Ergebnis vorhersehen konnte, war Albemarle hoch motiviert gewesen, nach Westindien überzusiedeln, um die Bergungsarbeiten zu beaufsichtigen und sein Patent zu sichern. Als er England dann im September 1687 verließ, bot sich immerhin noch die Aussicht auf weitere Schätze aus dem Wrack. In jedem Hafen der Karibik kursierten entsprechende Gerüchte, und desto stärker war der

Wunsch, am Ort selbst nach dem Rechten zu sehen. Am Ende erwies sich jedoch, dass der Herzog keinerlei zusätzliche Reichtümer aus dem Wrack herausholen konnte.

Am 19. Dezember traf Albemarle im jamaikanischen Port Royal ein. Tropisches Klima, ungewohnte Ernährung und die raue Gesellschaft einer größtenteils noch von Freibeutern bevölkerten Kolonie waren keineswegs dazu angetan, die psychische und physische Verfassung der Herzogin zu verbessern. Doch der Herzog hatte sie mitnehmen müssen, schon damit sie ihm keinen zusätzlichen Ärger in England bescherte. In seiner Begleitung war auch Dr. Sloane, der kürzlich erst eingestellte Leibarzt. Der gebürtige Ire Hans Sloane teilte die Faszination jenes Zeitalters für »Naturgeschichte«, besonders für das Sammeln von Objekten aus exotischen Teilen der Welt und von Kenntnissen über diese entlegenen Orte. Die Monate in Jamaika verbrachte er damit, seine vornehme Patientin bei Kräften zu halten, und er behandelte außerdem viele andere Kranke jedes Standes und jeder Hautfarbe. Zugleich sammelte er Proben der tropischen Flora und Fauna und fertigte Skizzen der vergänglicheren Exemplare an; später lieferten sie die Vorlagen für die aufwändigen, exakten Kupferstiche in seinem Werk *A Voyage to the Islands Madera, Barbados, Nieves, S. Christopher, and Jamaica*, das 1707 herauskam. Sloanes Sammlungen bildeten den Grundstock des British Museum.

Albemarle war kein Gelehrter. Aber er hatte sein ganzes bisheriges Leben in unmittelbarer Nähe zur Macht verbracht und durfte als Experte für politische Rituale und Manöver gelten. Das Hauptproblem in der kleinen Kolonie war der Interessengegensatz zwischen Pflanzern – wie Francis Price in Lluidas Vale – und der Royal African Company samt angeschlossenen Handelsunternehmen. Die Pflanzer verlangten ständigen Nachschub an Sklaven zu mäßigem Preis; die Company wollte ihre Importe dort verkaufen, wo sie die günstigsten Preise erzielte, zuweilen auch auf dem spanischen Festland. Sir Henry Morgan, der berühmte Pirat, der zum Piratenjäger ernannt worden war, trat generell für die Pflanzer ein.

Bei seiner Ankunft sah sich Albemarle einer Kolonialversammlung gegenüber, die von Sachwaltern der Company dominiert wurde, und einem Rat, der Morgan von den Verhandlungen ausgeschlossen hatte. Albemarle war angewiesen worden, Morgan wieder in den Rat zu holen und sich der Sorgen der Pflanzer anzunehmen. Seine Eröffnungsrede zur Versammlung vom 16. Februar fiel überraschend kurz und nichts sagend aus, doch bald stellte er klar, dass er Wert auf konstruktive Zusammenarbeit und die Verabschiedung mehrerer von ihm erarbeiteter Gesetze legte. Mit ihnen sollte die Behandlung der Sklaven verbessert und der Wechselkurs des spanischen Real zugunsten der Pflanzer abgewertet werden. Als die Versammlung darauf nicht reagierte, folgte er dem Beispiel Karls II., löste sie auf, ordnete Neuwahlen an und mischte sich, um die ihm genehmen Mehrheitsverhältnisse zu erzielen, selbst in die Kandidatenkür ein.

Tatsächlich erhielt er eine gefügigere Versammlung, die seine Gesetzesanträge billigte, und brachte Henry Morgan in den Rat zurück. (Neben den Notizen zu über 100 Patienten, die der Autor in Jamaika behandelt hatte, enthält das Buch von Hans Sloane auch die Charakteristik eines »Sir H. M.«, der sich mit bleicher Hautfarbe, Schmerbauch und Verdauungsstörungen standhaft weigerte, bei nächtlichen Saufgelagen kürzer zu treten.) Wie in England machte die Wahl zahlreiche Bankette und Umtrünke für die Wählerschaft notwendig. Am Ende des Wahlkampfs erlitt der Herzog schmerzhafte Anfälle von Gicht, dann kam noch ein Rückfall seiner alten Leberkrankheit dazu, der er beinahe erlegen wäre.

Er hatte sich kaum erholt, als irgendwann im August die

Nachricht von der Geburt des Prince of Wales nach Jamaika kam. Noch bevor die Feierlichkeiten abgehalten wurden, starb, von vielen betrauert, Sir Henry Morgan. Doch dann, mitten in der Hurrikan-Jahreszeit, bei drückender Hitze, Regengüssen und ohrenbetäubendem Donnerwetter zu Septemberbeginn, wurde zu Ehren des Thronfolgers gefeiert. Eine Schilderung ist nicht überliefert, doch das Fest ging gewiss nicht ohne Hurrageschrei, Salutsalven und jede Menge Trinksprüche ab. Der Herzog erlitt einen Kollaps, der ihn zu aller Erstaunen nicht gleich das Leben kostete. Noch am 1. Oktober verfasste er ein amtliches Empfehlungsschreiben für einen Abgeordneten der Versammlung, der nach England reiste. Am 6. Oktober war er tot.

Sämtliche Gesetze, die Albemarle mithilfe der Kolonialversammlung von Jamaika erlassen hatte, wurden durch Jakob II. noch im letzten Monat seiner Regierung widerrufen. In Jamaika ließ Dr. Hans Sloane den Herzog einbalsamieren. Er und andere Freunde konnten die Herzoginwitwe vor all jenen schützen, die überzeugt waren, dass sie in ihrem Haushalt unermessliche Schätze hortete. Im Frühjahr 1689 nahm Sloane sie und den Leichnam ihres Gatten mit nach England zurück. Die Herzogin war inzwischen nicht mehr ganz von dieser Welt, wie es scheint. 1692 heiratete sie einen Glücksritter, der sich in entsprechendem Kostüm als Kaiser von China vorstellte. Er hatte nur noch wenige Jahre zu leben, sie aber erreichte das 81. Lebensjahr und starb 1734.

Ebenso wie genusssüchtige Adlige hatten auch die britischen Puritaner jenseits des Weltmeers ihre Pendants. Increase Mather, Pfarrer an der Bostoner North Church und Direktor des Harvard College, verbrachte den größten Teil seiner Zeit auf der Kanzel, daheim am Schreibpult oder auf den Knien, um Gott seine Erbärmlichkeit und Wertlosigkeit zu beichten. Doch dass er 1688 erst zum Flüchtling im eigenen Land wurde und später einem römisch-katholischen König seine Reverenz erwies, schien sein Selbstverständnis und seine geistliche Berufung nicht zu tangieren.

Mittelpunkt und zentrales Mysterium des puritanischen Christentums, dem Mather anhing, war der Bund *(Covenant)* zwischen Gott dem Allmächtigen und dem nichtswürdigen Menschen. Er wurde nur aufrechterhalten durch diejenigen, die ein gottesfürchtiges Leben führten, zugleich ihre völlige Verworfenheit erkannten und, indem sie sich Gottvater zu Füßen warfen, allmählich die Überzeugung gewannen, dass sie trotz ihrer Verworfenheit auf Gottes Gnade hoffen durften. Dieses Bündnis zwischen Gott und den Menschen war aber keine Angelegenheit der individuellen Erlösung. Vielmehr konnte sich das auserwählte Volk von Gott abwenden – durch seine einzelnen Mitglieder oder indem es die Reinheit der erwählten Kirche nicht wahrte, die innerster Kern und Rückhalt des auserwählten Volks war. Selbstverständlich mussten sich Auserwählte mit weltlichen Mitteln zur Wehr setzen gegen die Anschläge der Ungläubigen, wie schon das Volk Israel, bevor es das Bündnis unwiederbringlich zerstörte.

Increase war der Sohn von Richard Mather, der zur ersten Generation von Puritanern in der Bucht von Massachusetts gehörte und deren Pfarrer wurde. Für einen Pfarrerssohn von überdurchschnittlicher intellektueller Begabung war es nur natürlich, dass auch Increase die Laufbahn eines Geistlichen einschlug. Er durchlebte eine lange Phase spiritueller Zweifel, die erst endete, »als ich mich Jesus ganz und gar hingab... Dadurch fand ich auf der Stelle Entlastung und inneren Frieden in meiner verwirrten Seele«. Nur den wenigsten erlaubte die mühselige Existenz, sich in dieser Pioniergesellschaft stunden- und tagelang dem Studium und dem Gebet zu widmen, wie Mather es sein Leben lang tat. Aber niemand konnte vollgültiges Mitglied der Kirche werden, wenn er oder sie nicht die eigene Verworfenheit persönlich erfahren hatte, und zwar so lebhaft und konkret, dass es der Gemeinde öffentlich geschildert werden konnte – wie es für alle Pflicht war, bevor sie aufgenommen wurden.

Gewöhnliche Puritaner waren nicht weniger gründlich und selbstbezogen bei der Erforschung ihres Seelenzustands als Zen-Äbte oder jesuitische Meisternovizen. Sie mussten jeder für sich vollkommene Gewissheit erlangen, dass sie zu den Auserwählten gehörten, sonst wäre das Bündnis zwischen Gott und den Menschen gescheitert. Dauerhafte Gewissheit gab es nicht, weshalb Increase Mather und vielen anderen kaum eine Atempause vergönnt war in ihren Selbstzweifeln und qualvollen Grübeleien über »das Übergewicht der Sünden, das ich mit mir führe: Stolz, Leidenschaft, Faulheit, Selbstsucht, Sinnenbrunst, weltliche Gedanken, Unglaube, Heuchelei«.

Puritaner lebten nicht in kontemplativer Abgeschiedenheit. Sie empfanden Dankbarkeit, waren ergriffen vom Segen der Ernte oder des heimischen Herds oder überwältigt von jenem viel größeren Segen, den das Leben und Sterben Jesu für die Erlösung wertloser Sünder bedeutete. Das Sakrament der Kommunion rührte Increase Mathers jedes Mal zu Tränen. Ab und zu notierte er, dass er während seiner Gebete »seltsam geschmolzen« war unter dem Eindruck von Gottes Macht und Güte. Das erste Buch seines Vaters verwies auf dieses »Schmelzen« und trug den Titel *A Heart-Melting Exhortation, Together with a Cordial Consolation.*

Increase Mather gehörte zu denen, die mit Gouverneur Andros und der neuen Regierung, die London seit 1683 Massachusetts aufgezwungen hatte, verdächtig oft aneinander gerieten. Edward Randolph, ein führender Beamter der königlichen Verwaltung der Kolonie, hatte ihn wegen eines aufrührerischen Briefs angezeigt, den Mather selbst geschrieben haben soll. Der Beschuldigte leugnete dies jedenfalls hartnäckig; als er so weit ging, zu behaupten, Randolph

selbst habe ihm den Brief unterschieben wollen, verklagte
ihn dieser wegen übler Nachrede. Am 30. Januar 1688 wurde
die Klage abgewiesen; Randolph musste die Gerichtskosten
tragen.

Im April 1687 hatte Jakob II. die Indulgenzerklärung erlassen, mit der konfessionelle Schranken für die Einstellung von
Beamten aufgehoben und Gesetze gegen nichtanglikanische
Glaubensrichtungen abgeschafft wurden. Das galt für Katholiken ebenso wie für Nonkonformisten, zu denen die Puritaner gerechnet wurden. Increase Mather sprach von einer »er-
quickenden Nachricht«, und viele Einwohner Neuenglands
teilten seine optimistische Einschätzung. Seiner Anregung
folgend, sandten die Pfarrer von Boston einen Dankesbrief an
den König und beschlossen einhellig, Mather solle nach London reisen und ihren Dank persönlich abstatten. Bei dieser
Gelegenheit könne er zugleich ihre Klagen über Amtsmiss-
bräuche durch Randolph, den Gouverneur und die königliche
Regierung von Massachusetts vorbringen. Am 13. März 1688
notierte Mather: »Heute war ich in der Seele seltsam geschmolzen und überzeugt, dass Gott mit mir ist bei meinen
Reiseplänen und dass ich Ihm und Seinem Volke gute Dienste
in England erweisen werde.« Am 22. März hielt er seine Ab-
schiedspredigt über Exodus 33,15: »Wenn du nicht selbst mit-
ziehst, dann führe uns lieber nicht von hier hinweg.«

Randolph wollte Mather an der Abreise hindern und ihn
zu diesem Zweck erneut wegen übler Nachrede verhaften
lassen. So schlich sich Mather am 30. März mit einer Perücke
und in weißem Gewand nachts aus dem Haus. Später hörte
er, einer von Randolphs Leuten habe ihn erkannt, sei aber
nicht imstande gewesen, Hand an ihn zu legen. Eine Zeit lang
hielt sich Mather unbehelligt in einem Haus in Charleston
auf; dann bestieg er am 4. April einen Fischerkahn, der ihn zu
einem Segler nach England brachte. Während seiner Abwesenheit fastete seine Frau immer wieder und flehte zu Gott,

er möge Seinem leidgeprüften Volk in Neuengland beistehen und diese Mission zum Erfolg führen.

Vom 17. bis zum 19. April geriet das Schiff in Treibeis mit Eisbergen, »von denen einer mindestens so groß war wie der Egg Rock bei Lynn in Neuengland und höher noch als dieser. Der Anblick überwältigte uns, mit all den Möwen, die auf ihm saßen.« Vor Cornwall kamen einige »barbarisch unhöfliche« Fischer an Bord, die ihnen den Weg nicht zeigen wollten, bevor Mather ihnen vier Halfcrowns in die Hand drückte.

In London, wo er am 25. Mai 1688 eintraf, wiesen ihm religiöse Nonkonformisten den Weg, die sich von Jakobs II. Politik ebenfalls viel erhofften, unter ihnen William Penn. Katholiken am Hof wie Pater Petre, der Beichtvater des Königs, behandelten Mather durchaus entgegenkommend. »Wie oft musste ich an das Schriftwort denken: ›Sie werden Schlangen aufnehmen, und wenn sie etwas Tödliches trinken, wird es ihnen nichts anhaben.‹ ... Doch diese Schlangen waren, ganz gegen ihre Natur, weit davon entfernt, mir zu schaden, und im Gegenteil sehr freundlich zu mir.«

Am 30. Mai wartete Mather in der Long Gallery von Whitehall auf den König und las ihm die Dankadresse vor, die er aus Neuengland mitgebracht hatte. Der König erwiderte, er wolle vom Parlament eine »Magna Charta der Gewissensfreiheit« erwirken. Anderntags wurde der Gast im »King's Closet« empfangen – das heißt, in den königlichen Privatgemächern – und erklärte: »Die Untertanen Eurer Majestät in Neuengland sind ein Volk, das allein seiner Konfession wegen dorthin vertrieben wurde. Insofern Eure Majestät ihm die Ängste vor künftiger Verfolgung genommen hat, jauchzen sie vor Freude und bringen Eurer Majestät den schuldigen Dank entgegen; viele Hunderte von ihnen haben mir aufgetragen, dass ich ihn Eurer Majestät überbringe.«

Er fuhr damit fort, dem König die Beschwerden von Neuengländern vorzutragen, die Andros zu Geld- oder Haftstrafen verurteilt hatte, weil sie nicht auf die Bibel schwören wollten, und ihn über andere Missbräuche der Kolonialverwaltung aufzuklären. Drei weitere solcher Audienzen wurden ihm noch gewährt; zum Schluss beschied ihm der König am 16. Oktober, »Eigentum und Freiheit« werde ihnen allen wiedergegeben und »unser College [Harvard] ... von königlichen Gnaden bestätigt«. Während dieser Zeit hatte Mather, wie er später schrieb, »an vielen Tagen ... allein in meinem Zimmer in London gesessen, nicht nur um Segen für meine Familie betend und dass Gottvater in Seiner Güte mich ihnen wiedergeben möge, worum ich flehentlichst ersuchte, sondern auch darum, dass Freiheit und Wohlstand und eine gute Regierung in Neuengland wieder eintreten mögen«.

Am 17. Februar 1689, »als ich allein in meiner Kammer betete, schmolz ich auf wunderbare Weise und konnte nicht anders, als unter Tränen eingestehen, Gottvater hat Neuengland gerettet. Es ist vollbracht. Gott hat es vollbracht. Mein Herrgott und der Herrgott Neuenglands hat die Gebete erhört und dieses Sein Volk befreit«. Er hatte alle Hände voll zu tun, die Schlüsselfiguren der Parlamentsversammlung kennen zu lernen. Später traf er auch mit Wilhelm und Maria zusammen. Als er 1692 endlich wieder in Amerika landete, hatte er von Wilhelm einen neuen Freibrief für Massachusetts Bay erlangt, einschließlich der Erlaubnis, Harvard College unter den Schutz der neuen Regierung zu stellen.

In dieser Ära der großen Visionen und Projekte wurde dem Hof von Jakob II. ein weiterer protestantischer Plan für einen Neuanfang in Amerika vorgelegt. Die Geschichte des William Penn, Pennsylvanias und der Rolle, die Penn als Berater und Alliierter König Jakobs in der Toleranzfrage spielte, bietet ein überraschendes Gegenbeispiel zu den Nöten eines Mather. Aus englischer Sicht war der Quäkerglaube eines

William Penn weit radikaler und weniger leicht zu tolerieren als Mathers strikter Calvinismus. Doch Penn fand sich in der Schlangengrube des Hofes und im Rankenwerk der Intrigen hoher und höchster Politik besser zurecht als Mather.

Nach Geburt und Erfahrung, Vermögen und Einfluss gehörte Penn an den Hof. 1688 hielt er sich fast täglich in der Umgebung des Königs auf, mit dem er privat stundenlange Unterredungen führte. Quäker nahmen vor keiner Respektsperson den Hut ab – nicht einmal in Gegenwart des Königs. Penn hat das Problem wohl umgangen, indem er barhäuptig in den Palast kam. Er besaß eine prächtige Kutsche und führte ein gastfreies Haus, wo er viele Besucher empfing, die dem Hausherrn, der sich so offensichtlich allerhöchster Gunst erfreute, ihre Hofgeschäfte anvertrauten.

Die Geschichte der beiden Williams, Vater und Sohn, bildet überdies den barocken Kontrapunkt zur Biografie der Herzöge von Albemarle. Ein Vater, der sein Vermögen weniger durch militärische Abenteuer als durch Seefahrt angehäuft hatte, ein Sohn, der sich elegant kleidete und Geld ausgab, aber nicht die sprichwörtliche Sau herausließ und sich mehr für Bücher und Gebete als für weltliche Vergnügungen interessierte. Statt seine Gesundheit und das Vermögen seiner Familie zu ruinieren, wurde er zu einer der genialsten religiösen und sozialen Leitfiguren seiner Zeit.

Der Vater, Admiral William Penn, hatte unter Cromwell und Karl II. ruhmreiche Siege über die Holländer erfochten. Mit einer Expedition hatte er vergebens Hispaniola einnehmen wollen, stattdessen Jamaika für Cromwell erobert – ein weiterer Kontrapunkt zur Albemarle-Biografie – und schließlich noch die Schwadron befehligt, die 1660 Karl II. nach England zurückbrachte. Trotz seiner antiautoritären Grundhaltung hatte der jüngere William seine Neigung zur Aristokratie und die Gewohnheit des Befehlens nie abgelegt. Als Sohn des Admirals Penn zog er ungerührt Vorteil aus sei-

ner Herkunft, wenn er mit Karl II. verhandelte – und mit
Jakob, dem Herzog von York, dessen besondere Interessens-
und Einflusssphäre die Marine war.

Admiral Penn war von Cromwell wie von Karl II. mit großen Ländereien in Irland belehnt worden. In Irland begegnete
sein Sohn erstmals Wanderpredigern aus dem überschau-
baren, locker geknüpften Bündnis religiöser Schwärmer, das
unter dem Namen Gesellschaft der Freunde firmierte: den
Quäkern. Sie waren das eigenartigste und ausdauerndste Pro-
dukt des konfessionellen Wildwuchses, das England in den
vierziger Jahren hervorbrachte. Sie schöpften aus tiefsten Ur-
gründen christlicher Spiritualität und entwickelten daraus
ihre Vision von individueller Redlichkeit, Gerechtigkeit und
sozialem Frieden, die noch heute so lebendig und unerhört
modern wirkt wie 1688.

Alle Formen der Autorität und kirchlicher Rituale lehnten
sie ab; bei ihren Treffen saßen sie still beisammen und warteten, bis das Innere Licht eine oder einen von ihnen zum Sprechen motivierte. Sie waren schmucklos gekleidet, leisteten
unter keinen Umständen Kriegsdienst, zogen nicht vereh-
rungsvoll oder als Geste des Respekts vor sozial Höhergestell-
ten den Hut, erlaubten den Frauen, bei Zusammenkünften zu
sprechen oder zu predigen, redeten einander mit dem altehr-
würdigen »thee« oder »thou« an und weigerten sich, Eide zu
schwören, weil sie es für Anmaßung hielten, zur Bekräftigung
ihrer Ehrlichkeit Gott zu bemühen.

Die meisten Quäker waren kaum gebildet, von bescheidener sozialer Herkunft und zeigten nur wenig Interesse für
stringente Argumentation oder theologische Spitzfindigkei-
ten. Gelegentlich fühlten sie sich durch den Heiligen Geist
berufen, Messfeiern zu unterbrechen, an Straßenecken zu
predigen oder mit dem Ruf »Wehe allen Sündern!« durch die
Stadt zu reiten. Das Stören von Gottesdiensten, die Erregung
öffentlichen Ärgernisses durch Freiluftpredigten und ihre

Weigerung, Eide zu schwören, brachten sie nicht selten hinter Gitter. Niemand hatte vorhersehen können, dass sich ausgerechnet der Sohn eines hoch angesehenen Admirals zu ihnen gesellte.

Seine ersten Quäkertreffen besuchte der junge William Penn 1667 in Irland, wobei er zum Zeichen des Respekts schweigend aufstand, wenn er einem Prediger beipflichten wollte. Einen Soldaten, der Quäker drangsalierte, herrschte er in gewohnter Weise an, wurde festgenommen und wieder freigelassen, von seinem Vater aus dem Haus geworfen und schließlich in London eingekerkert, weil er in einem Pamphlet sämtliche bestehenden Kirchen attackiert und gar die Lehre von der Dreifaltigkeit für überflüssig erklärt hatte.

1670 wurde Penn wegen Predigens auf der Straße erneut verhaftet. In einer berühmt gewordenen Verhandlung gelang es ihm, den einfältigen Richter vollkommen auszumanövrieren und in Grund und Boden zu argumentieren; von den Geschworenen wurde er freigesprochen. In den siebziger Jahren reiste William Penn junior nach Holland und Deutschland, wo er Kontakt zu gleich gesinnten religiösen Gruppierungen suchte. Die Traktate, mit denen er die Welt nach wie vor überschwemmte, waren polemisch, bildungsgesättigt und reich an ausgesuchten Schmähungen. Eine vollständige Bibliografie seiner Veröffentlichungen zu Lebzeiten bringt es auf 157 Titel, in der Mehrzahl Flugschriften.

Während der sektiererischen und antikatholischen Agitation der siebziger Jahre sahen der Hof und die gesamte anglikanische Partei in den Quäkern die radikalste und aufsässigste aller Sekten des Protestantismus. Feindseligkeiten und offener Terror gegen sie nahmen ständig zu. Doch der jüngere William war auch nach dem Tod von Admiral Penn 1670 bei Hof wohl gelitten; aus Pietät für seinen Vater hatte man immer ein offenes Ohr für ihn. Trotzdem konnte er nicht viel ausrichten, um das Los seiner leidgeprüften Glaubensbrüder in England zu verbessern. Einige Quäker waren deshalb ausgewandert und hatten sich 1675 am Delaware River niedergelassen.

Davon angeregt, bemühte sich William Penn um Ländereien in Nordamerika als Zuflucht für die Quäker. Karl II. und Jakob II. leuchtete dieses Vorhaben ein. Es ließ sich gewissermaßen rechtfertigen, wenn damit der Penns Vater noch zustehende, aber nie ausgezahlte Sold kompensiert wurde. Gleichzeitig stellten sie so ihre Großzügigkeit und Aufgeschlossenheit gegenüber unbequemen Minderheiten unter Beweis. Hatte die Kolonisierung Erfolg, waren damit viele dieser Störenfriede sehr weit weg von London angesiedelt.

Ihre Großmut war überwältigend: Die Kolonie erhielt Grundbesitz von zwölf Millionen Hektar. William konnte nicht verhindern, dass sie den Namen Pennsylvania erhielt, was aber wohlgemerkt nicht ihn, sondern den verstorbenen Admiral ehren sollte. Der Freibrief stattete Penn zwar nicht mit absoluten Vollmachten aus, wie sie Lord Baltimore im Süden über Maryland besaß, doch hatte er einigermaßen freie Hand. Und obwohl er das Land zu sehr bescheidenen Preisen verkaufte, machte er immerhin über 9000 Pfund Gewinn, was nach heutiger Kaufkraft etwa einer Million Dollar entspricht. Das Geld kam ihm höchst gelegen, denn sein Lebensstil hatte mit der den Quäkern eigenen Schlichtheit wenig gemein, und er war hoch verschuldet. Später zehrten die Verwaltungskosten der Kolonie und einige ökonomische Fehlentscheidungen jeden Profit auf. Seinen vielen sonstigen Talenten zum Trotz war Penn kein guter Geschäftsmann.

Bald begann Penn von seinem »heiligen Experiment« zu sprechen, bei dem Quäker ihre pazifistischen und antihierarchischen Grundsätze in der Praxis anwenden konnten. Dass eine derart bemerkenswerte gedankliche Verknüpfung – das Erbe der Heiligkeit und die Offenheit für Experimente – so recht der Frömmigkeit und dem radikalen Individualismus des Quäkerlebens entsprach, kann kaum überraschen. Nach dem ersten Entwurf für ein Regierungssystem sollte das Volk Delegierte für sein Parlament wählen und ihnen klare Anweisungen für die Stimmabgabe erteilen. Die Regierungsform, die man schließlich annahm, sah tatsächlich eine breite Wählerschaft für die Versammlung vor, doch durften die Wähler ihren Repräsentanten keine Vorschriften machen, und das Parlament musste sich die Macht mit einem kleineren Rat teilen.

Penn selbst brach 1682 nach Pennsylvania auf. Seine kleine Kolonie wuchs und gedieh; er war entzückt vom Klima und von der üppigen Natur des Landes. Mit der ihm eigenen Verve und der Beredsamkeit des geborenen Reklamechefs schilderte er seine Eindrücke im *Letter to the Committee of the Free Society of Traders*, der 1683 in London gedruckt wurde. Noch mehr als sein Katalog der Feldfrüchte, Tiere und heimischen Pflanzen überrascht uns sein Bericht von den Delaware-Indianern, denen er mehrmals begegnete und mit denen er freundschaftlich und von Gleich zu Gleich verkehrte:

»Ihrer äußeren Gestalt nach sind sie im Allgemeinen hochgewachsen, von gerader Haltung und muskulös und von einzigartigen Proportionen; sie schreiten weit und achtsam aus und gehen oft mit gerecktem Kinn... Ihre *Sprache* ist feierlich, wenn auch beschränkt, doch mit dem Hebräischen vergleichbar... Ihr Freisinn ist imponierend; nichts ist zu gut für ihre Freunde. Schenkt man ihnen ein schönes Gewehr, einen Mantel oder etwas anderes, dann geht es oft durch 20 Hände, bevor es jemand behält. Unbeschwert, leidenschaftlich, doch rasch erschöpft... achten sie ihren Besitz gering, und sie kommen mit wenig aus.«

Er beschrieb auch die Reden und Prozeduren ihrer Stammesversammlungen. Um sie in den Bibeltext von der Entstehung der Menschheit einordnen zu können, glaubte er, sie seien Nachkommen der zehn verlorenen Stämme Israels.

Ein Territorialstreit mit Lord Baltimore schien 1684 Penns persönliches Eingreifen bei Hof zu erfordern, weshalb er nach England zurückkehrte. Seine Erfahrungen und guten Beziehungen trugen dazu bei, dass der Konflikt weitgehend zu seinen Gunsten entschieden wurde. Als Karl II. im Februar 1685 starb, störten sich viele an der Thronfolge eines bekennenden Katholiken, doch die Aussicht auf größere konfessionelle Toleranz stimmte Penn zuversichtlich: »Mit Verlaub, wir haben es nicht mit einem herzlosen Prinzen zu tun, sondern mit einem, den unsere Wehrlosigkeit rühren muss. Mehr als jeder andere kann er unsere Sache beurteilen, wegen des Anteils, den er einst daran nahm. Wer sollte uns Trost spenden, wenn nicht der Prinz, der ihn einst selbst brauchen konnte?«

Mit anderen Worten, da Jakob Anhänger einer verfolgten Religion war, konnte man mit seinem Verständnis für andere rechnen, die sich in vergleichbarer Lage befanden. Mehr noch, Penns Einfluss bei Hof wurde stärker denn je, weil Jakob als oberster Lord-Admiral mit seinem Vater in engster Beziehung gestanden hatte. Penn respektierte Jakob, der – anders als sein scheinheiliger verstorbener Bruder – seinen Glauben ungescheut praktizierte, und Jakob schätzte Penns freimütige Sprache. Beide nahmen ihre religiösen Überzeugungen sehr ernst; Opportunismus und Heuchelei in der Politik waren ihnen zuwider.

Penn verfasste eine Reihe von Flugschriften, die den König drängten, weitgehende Glaubensfreiheit zu gewähren. 1686 wurde er von Jakob zu Wilhelm von Oranien entsandt, den er für seine Toleranzpolitik gewinnen sollte – freilich ohne Erfolg. Penn war am Erlass der Indulgenzerklärung von 1687 beteiligt und schrieb ein weiteres Pamphlet, um das Parlament zur Unterzeichnung zu bewegen. Die Toleranzidee beschäftigte ihn weit mehr als Querelen um parlamentarische und königliche Vorrechte. Dass manche Katholiken immer noch dem Hirngespinst einer Wiedergewinnung Englands für die römische Kirche anhingen, war ihm bewusst, doch dem König traute er das nicht zu. Vielmehr brachte er vor, es sei im Interesse des Königs und aller englischen Katholiken, die immerhin weniger als ein Prozent der Bevölkerung ausmachten, an der Politik der Duldung langfristig festzuhalten. Weder er noch sein König wussten den eingefleischten, populären Antikatholizismus der Engländer richtig einzuschätzen, der durch die Verfolgung der Hugenotten erst recht angefacht wurde.

Empörte Historiker haben angewidert darauf verwiesen, wie sich der große Penn »einwickeln« ließ in das, was sie für betrügerische Manipulationen Jakobs II. halten. Doch in neueren Arbeiten hat man die wenig glorreichen Ambivalenzen der Glorious Revolution enthüllt; seitdem sind manche der Meinung, William Penn habe genau gewusst, was er tat. Wäre die englische Öffentlichkeit willens gewesen, den Katholizismus des Königs hinzunehmen und mit Zugeständnissen in der Frage der Glaubensfreiheit eine Einschränkung königlicher Rechte zu erwirken, dann hätte man wohl 1689 eine umfassendere Toleranz erreicht, die auch Katholiken und Quäkern zugute gekommen wäre.

Nicht nur, dass Penn 1688 den König beriet und den maßlosen Vorschlägen der Katholiken die Spitze zu nehmen suchte. Gleichzeitig musste er sich um die Geschicke Pennsylvanias kümmern, wo er einen neuen, den Siedlern nicht genehmen Statthalter ernannt hatte, mit dem Bischof von Ely über dessen Probleme mit Quäkern in Mittelengland korrespondieren und eine Bittschrift englischer Pächter in Irland entgegennehmen, die ihm Kungelei mit den Papisten vorwarfen.

Die Glorious Revolution entpuppte sich für Penn als Katastrophe. Mehrmals klagte man ihn wegen Landesverrats an; einen Großteil des darauf folgenden Jahres hielt er sich versteckt. Von 1699 bis 1701 war er wieder in Pennsylvania. Die letzten Lebensjahre verbrachte William Penn in England.

Sein »heiliges Experiment« wurde mit der Zeit zu einem ge-
wöhnlichen Staat mit ganz normalen Sorgen, beispielsweise
Konflikte der Siedler mit Indianern. Doch das Erbe der Quäker und die politische Kultur der Gesinnungsfreiheit und Demokratie, die er fördern wollte, hat man dort stets in Ehren
gehalten.

17. DIE HUNDERTJÄHRIGE FREIHEIT

Amsterdam gehörte 1688 zu den europäischen Metropolen. Junge britische Adlige machten hier Station auf ihrer obligatorischen Grand Tour in den Süden; der Hafen war die Drehscheibe für den Schiffs- und Kanalbootverkehr in fast alle Himmelsrichtungen. Dieses blühende Gemeinwesen beeindruckte durch Betriebsamkeit und gute Verwaltung, obwohl es der barocken Schaulust wenig zu bieten hatte: keine breiten Alleen, keine Panoramablicke über Terrassen und Parks, keine Paläste als Bühnenhintergrund für herrschaftliche Gesten und Zeremonien. Der Reisende, der an den Kaimauern des Ij-Stroms an Land ging, lief oder bestieg den Kahn und gelangte über ein System sorgfältig vernetzter, halbmondförmig gezirkelter Kanäle – Schlüsselelemente der Stadtplanung im späten 16. und frühen 17. Jahrhundert – in eine urbane Landschaft, die bis heute zu den schönsten und apartesten in ganz Europa zählt.

Die Grachten waren gesäumt mit prächtigen hohen Häusern; viele trugen Kranvorrichtungen an den steilen Dachfirsten, mit denen Möbel und Kisten von außen in die oberen Stockwerke gehievt werden konnten. Der Besucher dürfte auch das Ostindienhaus mit seinen Markthallen besichtigt haben, aus denen Düfte und Gerüche des wichtigsten Gewürzhandels von Europa drangen, die Innenhöfe der kleinen Armenspitäler und das aufblühende Judenviertel. Vor allem zog es ihn wohl in die barocke spaniolische Synagoge mit ih-

ren Bankreihen aus dunklen Edelhölzern, dem Vorleserpult
am einen Ende und – nach sephardischem Brauch – der heiligen Lade mit den Thorarollen am anderen, wo das durch
hohe Fenster einfallende Licht die ungetrübte Aura von Stille
und Andacht verbreitete.

In einer Stadt, die radikalen Calvinistenpredigern be-
trächtlichen Einfluss auf die öffentliche Meinung und das
Straßenbild einräumte, durften sich weder der Katholizismus
noch die käufliche Liebe breit machen. Der Besucher ließ
sich vielleicht ein Privathaus zeigen, das eine diskret versteckte, aber doch allgemein bekannte katholische Kapelle
beherbergte, oder die bescheidenen Tavernen und Tanzhäu-
ser, wo man als betrunkener Matrose, Lehrjunge oder Bauer
vom Land seiner sexuellen Hemmungen und vielleicht seiner
Geldbörse ledig wurde.

Was den Gast am meisten erstaunt haben dürfte, waren
die allgemeine Sauberkeit, Ordnung und Sicherheit in den
Straßen, selbst nachts, was hauptsächlich der Bürgerwache zu
verdanken war, die regelmäßig auf Streife ging, und den über
2000 Öllaternen, die als erste Straßenbeleuchtung der Welt
1670 in Betrieb genommen wurden. (1688 gab es schon in
mehreren anderen Städten Straßenlaternen, und der Philosoph Leibniz arbeitete an Plänen, sie in Wien einzuführen.)
Doch selbst wer von daheim gewohnt war, dass die Gassen
voller Pferdeäpfel und Unrat aus den Nachttöpfen waren,
wird die Nase gerümpft haben, wenn eine Brise aus Nordwest
den Gestank der Waltran-Fabriken heranwehte.

Früher oder später hat man den Besucher wohl auch in das
städtische Tugthuis geführt, das als Besserungsanstalt gedachte Arbeits- oder »Zucht«-Haus. Gegen eine kleine Ge-
bühr durfte man zusehen, welch gutes Werk hier getan
wurde, und sich den Insassen angenehm überlegen dünken.
Landstreicher, Bettler und Unruhestifter schloss man hier ein,
damit sie lernten, wie man mit Anstand und Fleiß durchs Le-

ben kommt. Sie mussten sich Vorträge und Moralpredigten anhören, christliche Lieder singen, Bibelsprüche und andere erbauliche Stellen der Heiligen Schrift auswendig lernen. Eigentlich hätten sie eine Handelslehre machen und sogar einen bescheidenen, aber regelmäßigen Lohn für ihre Arbeit erhalten sollen. Doch was von den meisten Männern verlangt wurde (für Frauen gab es eine ähnliche, separate Anstalt), erforderte keine spezielle Ausbildung und war außerhalb des Arbeitshauses kaum von Nutzen.

Der Stadtrat hatte dem Tugthuis ein Monopol für die Versorgung der Färbeindustrie mit pulverisiertem Brasilholz verliehen. Das Holz, aus dem rote Färbetinktur gewonnen wurde, musste vorher zu Pulver gemahlen werden, indem je zwei Mann stundenlang raspelten, vor und zurück; die Raspel hatte zwei Handgriffe und war einen Meter lang. Das Tugthuis hieß deshalb im Volksmund auch Raspelhaus. Die Insassen wurden mit äußerster Strenge beaufsichtigt. Sie durften weder raufen noch fluchen, keine Spitznamen und keinen Jargon benutzen, der in städtischen Unterschichten so beliebt ist.

Wer sich nicht anpassen wollte, wurde gemeinhin ausgepeitscht, nicht selten mit dem Ochsenziemer. Manche Besucher berichteten auch von schlimmeren Strafen für Arbeitsscheue: In eine Zisterne oder einen Kellerraum, der sich mit Wasser füllte, wenn er nicht ständig ausgepumpt wurde, sperrte man Übeltäter, die pumpen mussten, was das Zeug hielt, um nicht zu ertrinken.

Dieses Waterhuis war vielleicht nur eine Legende, aber der Begriff findet sich in manchen glaubwürdigen Quellen, und die bloße Vorstellung ist durchaus in der damaligen Lebenswirklichkeit und im Denken der Holländer verankert. Amsterdam war vollständig auf Pfählen errichtet, knapp über oder gar unterhalb der Wasseroberfläche. Erhebliche Gebiete Hollands lagen und liegen niedriger als Meeresniveau. Seit dem

Spätmittelalter hatte man die Landschaft durch Deichbau und Trockenlegung immer wieder umgeformt, die bewohnbare und landwirtschaftlich nutzbare Fläche ständig vergrößert. Für die erforderliche ununterbrochene Arbeit des Pumpens wurden nicht menschliche Arbeitskräfte oder Zugtiere benötigt, sondern Windmühlen gebaut.

Ein Polder – durch Eindämmen gewonnenes Land –, der nicht exakt geplant und sorgfältig gewartet wurde, konnte innerhalb einer Stunde überflutet sein. Hatten Deiche unter normalen Bedingungen gehalten, dann gaben sie womöglich nach, wenn es zu nie dagewesenen Sturmfluten oder zum Jahrhundert-Hochwasser kam. Oder sie wurden als letztes Mittel der Freiheit zuliebe geopfert, um einer Invasionsarmee Einhalt zu gebieten – so geschehen 1672, als die Holländer Ludwig XIV. vertrieben. Die umsichtige Planung der Deich- und Entwässerungssysteme, die Investitionen in das Urbarmachen von Land und die ständige Koordination der Deichaufsicht setzten ein ordnungsliebendes, diszipliniertes Gemeinwesen voraus und einen Kapitalismus, der dem Wohlergehen der Landwirtschaft und der neu erschlossenen Gebiete nicht zuwiderlief. Kanäle und Flussläufe versorgten die Niederlande mit einem bemerkenswerten System von Transportwegen, das den Straßennetzen in fast allen Ländern des 17. Jahrhunderts weit überlegen war.

Daher wurde dem aufsässigen Landstreicher im Grunde nur beigebracht, mit Anstand Holländer zu sein, seinen Anteil zu leisten in einem fleißigen, sparsamen, gut funktionierenden und blühenden Gemeinwesen, in dem man sich der Flüchtigkeit aller Schöpfungen des Menschen ständig bewusst war. Und all die Sprüche und Predigten liefen auf dasselbe hinaus: auf die calvinistische Furcht vor einem strengen, aber gerechten Gott, auf ein Leben im Gebet, in biblischer Frömmigkeit und harter Arbeit.

Über die Staatsverfassung hat sich unser fiktiver Hollandreisender mit Sicherheit gewundert. Er kannte Wahlmonarchien und sogar Republiken, doch wer um Himmels willen war bei den Holländern der Souverän? Das Staatswesen, das Botschafter mit anderen souveränen Staaten Europas austauschte, waren die Vereinigten Provinzen der Niederlande, doch besonders einig wirkten sie auf den ersten Blick nicht. Ihr Statthalter Wilhelm III., Prinz von Oranien (der demnächst als König Wilhelm III. von England, Schottland und Irland gekrönt werden sollte), war mitnichten gewählter Monarch, sondern militärischer Oberbefehlshaber und Verwalter, der von einer Versammlung der Delegierten dieser Provinzen förmlich ernannt worden war. Wenn er nach Amsterdam kam, dann nicht in seiner Eigenschaft als Souverän, sondern als respektvoller Verhandlungspartner seiner oligarchischen Auftraggeber, die ihm mit Argwohn begegneten, wenn er sich gar zu prinzenhaft benahm.

Wäre unser Reisender in einige der noblen Häuser am Grachtenufer eingeladen worden, dann hätte er einer Vielfalt an politischen Meinungen lauschen können. Manche hielten die Vereinigten Provinzen für eine ständige Union autonomer Einzelstaaten, andere glaubten, Amsterdam und die anderen Großstädte seien die Souveräne und die Provinziallandtage, in denen diese Städte vertreten waren, könnten sie nicht zwingen, gegen ihre Eigeninteressen zu handeln. Amsterdam zahlte mehr als die Hälfte der Steuern der gesamten Vereinigten Niederlande und nahm gewöhnlich die politische Führungsrolle ein. Die Zentralregierung der Provinzen aber befand sich nach Lage der Dinge in Den Haag, das zugleich auch Residenz des Prinzen Wilhelm war.

Den Lebensnerv Amsterdams bildeten die Schiffe, die sich am Flussufer reihten, das Ostindienhaus und die anderen florierenden Warenhäuser, die eine für Europa einzigartige Ansammlung käuflicher Luxusgüter aus aller Welt vorhielten.

An der Börse standen vornehm gekleidete Herren, vor Regen
geschützt, unter den Arkaden. Dort kauften und verkauften
sie Schuldverschreibungen der Stadt und der Provinzregie-
rungen, Anteile an Ost- und Westindischen Compagnien und
vieles mehr. Auf gute oder schlechte politische Nachrichten
reagierte der Effektenmarkt besonders rasch und selten hef-
tiger als während der Unsicherheit im Sommer und Herbst
1688.

Das Informationsbedürfnis trieb unseren Reisenden vielleicht in die Bibliothek, in deren Regalen Folianten und Flugschriften über die Einzelheiten niederländischer Politik und
über Verfassungsfragen aufgereiht standen, doch hätte er
wohl davor resigniert, dass sie zumeist in der den wenigsten
Ausländern geläufigen holländischen Sprache verfasst waren.
Das hinderte aber niemanden am Meinungsaustausch mit
dem Gast, der wie viele Zeitgenossen ausgezeichnet Französisch sprach und schrieb. In jenen Häusern am Grachtenufer
häufte sich der Reichtum gut situierter Familien der Stadt,
der aus Handel, ländlichem Grundbesitz, Investitionen in
Drainageprojekte, Börsenspekulationen sowie legalen oder il-
legalen Einkünften aus städtischen Ämtern erwachsen war.

Viele dieser Reichen waren belesen, sprachenkundig, aka-
demisch gebildet und freisinnig aus Temperament und Überzeugung, stolz auf ihr Erbe der Toleranz und der »wahren Freiheit«, für die sie über 100 Jahre gekämpft hatten. Toleranz und
Freiheit waren ja bekanntlich auch gut fürs Geschäft. Amsterdam machte Geschäfte mit Menschen unterschiedlichster
Konfessionen, und fast jeder konnte sich hier niederlassen und
zum Gemeinwohl beitragen: Juden, Baptisten, Lutheraner, sogar Katholiken, wenn sie sich einige Zurückhaltung auferleg-
ten. Das heißt nicht, dass diese besonnenen Leute allesamt
Skeptiker oder religiös indifferent gewesen wären. Vielleicht
fühlten sie sich gar befangen oder unwürdig mit ihrem Geld-
segen oder waren dessen eingedenk, dass Sturmfluten und In-

vasionen, die Gott als Strafe über sein sündiges Volk herein-
brechen ließ, auch sie hinwegfegen konnten.

Natürlich lag der Gedanke an den Tod immer nahe, selbst
in den gemütlichen eigenen vier Wänden und im sichersten,
wohl geordneten Gemeinwesen. Radikale Calvinisten verlangten immer wieder nach einer »zweiten Reformation« der
Gesellschaft, gottgefälligem Lebenswandel jedes Einzelnen,
regelmäßigem Gebet, Bibellektüre, strenger Beachtung der
Sonntagsruhe und dergleichen. Dieses Ansinnen steigerte
sich noch und fand Widerhall in allen gesellschaftlichen
Schichten, wenn Krisen und politische Spannungen drohten – so auch im Jahr 1688.

*

1688 unternahmen die Vereinigten Provinzen der Niederlande,
damals eine der wichtigsten europäischen Großmächte, ihren
letzten Handstreich: die Invasion in England. Stolz blickten sie
auf ein gutes Jahrhundert der Unabhängigkeit zurück, die sie
von ihrem formellen politischen Zusammenschluss 1579 her
datierten, oder – vielleicht noch entscheidender – vom Umschwung des Jahres 1578, als Amsterdam sich der Utrechter
Union anschloss. Die niederländische Politik war aus einer par-
tikularistischen Revolte hervorgegangen, bei der sich Stadt für
Stadt, Provinz für Provinz gegen die Steuern und die Gesetzgebung der spanischen Habsburger erhoben hatten. Zu deren
Besitzungen gehörte damals das Gebiet, das heute die Niederlande und Belgien umfasst. Die Vereinigten Provinzen sind das
Ergebnis ihres eigenen Bündnisses gegen monarchische Vorherrschaft. Besondere Impulse der Einigkeit und des Enthusiasmus verlieh ihnen der protestantische Widerstand gegen
den Katholizismus, an dem die Spanier rigoros festhielten.

Überragende politische und militärische Anführer waren
damals der Prinz von Oranien, Wilhelm I., genannt der

Schweiger, und mehrere Generationen seiner Nachkommen. Doch haben die Oranier immer nur als Statthalter regiert, als delegierte Verwalter, beauftragt von den Provinzialstaaten Hollands und den übrigen Provinzen sowie von den Generalstaaten, ihrer allgemeinen entscheidungsfindenden Körperschaft – und waren dieser letztlich rechenschaftspflichtig. Mit den Staaten Hollands, der bei weitem wichtigsten Provinz, verhandelten sie nur über Angelegenheiten, die bereits von deren Delegiertenrat, einer Art ständigem Komitee, gebilligt und den Städten zur Beratung in ihrer Gemeindeverwaltung weitergeleitet worden waren. Die Verfassungen der anderen sechs Provinzen stimmten, von zahlreichen Sonderregelungen abgesehen, ungefähr damit überein.

Die eigentlichen Zentren der Politik waren in sämtlichen Vereinigten Provinzen die Städte, die manche sogar für Träger der Souveränität hielten. Der typische Stadtrat war eine oligarchische Körperschaft; vergleichbar der Vorstandskonferenz eines modernen Konzerns oder dem Fakultätsrat einer Universität. Seine Mitglieder wurden durch Zuwahl aus einer Oberschicht geeigneter Familien bestimmt, Außenstehende nur selten und nach Gutdünken herangezogen.

Das gemeine Volk hatte kein Wahlrecht, verschaffte sich aber zuweilen mit Protesten Gehör oder drohte mit Aufständen, besonders in Krisenzeiten: angefangen mit den Revolten der siebziger und achtziger Jahre des 16. Jahrhunderts über die Erschütterungen von 1618, 1672 und 1688 bis hin zum Untergang des Provinzialsystems in der Französischen Revolution. Doch die Politik in den Niederlanden wahrte stets diesen besonderen lokalen Zuschnitt. Größere Konflikte wurden in Dutzenden von Städten und Dutzenden von Spielarten ausgetragen, zwischen Großbürgern, Händlern und einfachen Leuten, die ein Leben lang miteinander auskommen mussten.

Ihre Freiheit hatten die Niederländer einer der ruhmreichsten Armeen Europas im Kampf abgezwungen – den Spaniern. Zwei Statthalter, Moritz und Friedrich Heinrich, bewährten sich dabei als militärische Organisationsgenies und Strategen ersten Ranges. Der Reichtum und die Raffinesse städtischer Eliten, der calvinistische Eifer der Prediger und die zentralisierenden militärischen Erfolge der Statthalter verstärkten sich in Kriegszeiten gegenseitig. Doch als die Spanier 1609 einen Waffenstillstand mit ihren früheren Untertanen schlossen, suchte sich die innere Anspannung ein Ventil. Der theologische Zank zwischen militanten Calvinisten und Vertretern einer gemäßigteren Kirche mit mehr staatlicher Aufsicht glich auffallend den zeitgleichen Auseinandersetzungen in England und ging mit Verfassungskontroversen einher, die zwischen Prinz Moritz und den Stadt- und Provinzialräten ausgebrochen waren.

Mithilfe der Calvinisten und einiger Städte trug Moritz den Sieg davon. Johan van Oldenbarnevelt, der holländische Politiker und Gegner der Generalstaaten, wurde 1619 hingerichtet. Als der Waffenstillstand mit Spanien 1621 ausgelaufen war, gelang es Moritz und dann seinem Halbbruder Friedrich Heinrich, unter den Städten Verbündete zu finden, und sie setzten alles auf die kriegerische Karte. Der Krieg zog sich hin, doch als er sich 1647 seinem Ende näherte, starb Friedrich Heinrich. Dessen Sohn Wilhelm II. war gegen einen faulen Frieden, über den bereits verhandelt wurde, und weigerte sich, die Truppen zurückzuziehen. Die städtischen Bündnispartner und die Drohung mit einer Streitmacht hatten ihm eine dominierende Stellung verschafft, als auch ihn im November 1650 unerwartet der Tod ereilte. Sein einziger Sohn, der künftige Wilhelm III., kam im Dezember zur Welt.

Die folgenden Jahre prägten sich dem Geschichtsbewusstsein der wohlhabenden Bürger Amsterdams als glorreiche Zeit der »wahren Freiheit« ein. Ohne massive militärische Bedrohung der Landesgrenzen, ohne einen Statthalter, da der einzige Kandidat minderjährig war, konnten die Städte und Provinzen frei schalten und walten. 1672 zerschmetterte Ludwig XIV. diese Traumwelt mit seinem plötzlichen Einmarsch. Festungen und Heer waren in beklagenswertem Zustand. Selbst als die Deiche geöffnet wurden, fluteten die Polder nur langsam. Große Gebiete der Vereinigten Provinzen wurden von den Franzosen annektiert. In vielen Städten gab es massive, wenn auch überwiegend gewaltfreie Proteste gegen die herrschende Elite, die es mit ihrer Nachlässigkeit so weit hatte kommen lassen. Johan de Wit, der das Regime der »wahren Freiheit« an erster Stelle verkörpert hatte, wurde von der tobenden Menge in Den Haag in Stücke gerissen.

Jetzt ernannte man Wilhelm III. zum Statthalter. Mit all seiner Machtfülle und seinen Privilegien, obendrein vom Volkszorn beflügelt, konnte er die Stadträte von heimlichen Partisanen des alten Regimes säubern – und doch war er kein Souverän. In jeder Stadt herrschten andere Verhältnisse, und er konnte sich nur allmählich durchsetzen. Manche Flugblattschreiber warnten ihn, vielleicht mit einem Seitenblick über den Kanal ins England der siebziger Jahre, nicht allzu streng vorzugehen, um keine zwei auf Dauer unversöhnliche Parteien zu schaffen. 1678 und noch einmal 1684 gelang es Amsterdam, Friedensverträge mit Frankreich zu schließen, die Wilhelm missbilligte. 1684 umging er den ständigen Konflikt mit den Städten und bemühte sich um diplomatisches Einvernehmen. Seitdem unternahm er nichts mehr, ohne sich zuvor mit Amsterdam abzusprechen.

Die Rücksichtnahme auf und Sensibilität für menschliche Empfindlichkeiten, die sich Wilhelm im Lauf dieser Kämpfe aneignen musste, ebenso wie seine eiserne Entschlossenheit, eine protestantische Koalition zustande zu bringen, die Ludwig XIV. die Stirn bieten konnte, machten ihm den Triumph des Jahres 1688 in London erst möglich.

Gleichzeitig kamen in Amsterdam einige Leitfiguren zum Vorschein, die versöhnlicher wirkten. Eine von ihnen war Nicolaas Witsen.

Die zahlreichen Gruppenporträts derer, die im 17. Jahrhundert die Geschicke der Niederlande bestimmt haben, zeigen uns würdige, klug dreinblickende Männer. Über den Abgrund der Jahrhunderte hinweg sind die Gesichter kaum zu unterscheiden. Wenige von ihnen tragen so unverwechselbare Mienen wie die jungen englischen Herzöge unter Karl II. Die Politik in den Niederlanden hat selten vergleichbare Polarisierungen und Risiken oder ähnlich denkwürdige und unberechenbare Individuen hervorgebracht wie die Zeit der Restauration in England. Auf den vielen Ebenen geteilter Souveränität und kollektiver Entscheidungsfindung mussten Persönlichkeiten agieren, die einander zuhören und sich behutsam dem erwünschten Konsens annähern konnten.

Nicolaas Corneliszoon Witsen war ein herausragendes Mitglied dieser politischen und kulturellen Elite, ein Gelehrter der Historie wie der zeitgenössischen Politik, eine Schlüsselfigur im kunstvollen diplomatischen Menuett, das schließlich zur Unterstützung Amsterdams für das riskante Abenteuer des Prinzen Wilhelm im Jahr 1688 führte. Seit den Unruhen, die dem Regierungswechsel von 1578 vorausgegangen waren, in den Gründertagen der unabhängigen Niederlande, hatten die Witsens in Amsterdam zur Führungsschicht gehört. Der Vater, Cornelis Witsen, ist die selbstbewusste Hauptperson im Zentrum des wohl schönsten dieser Gruppenporträts, in van der Helsts *Abendessen der Bürgergarde*. Er hatte auch 1650 die Hand im Spiel, als die Stadt sich mit Wilhelm II. überwarf; 1653 wurde er zum *burgemeester* gewählt. Nicolaas, der 1641 zur Welt gekommen war, begleitete in den fünfziger Jahren seinen Vater auf eine Gesandtschaft nach England. Dort wurden sie von Lordprotektor Oliver Cromwell empfangen und besichtigten Kissen und Axt, die bei der Hinrichtung Karls I. benutzt worden waren.

Der junge Nicolaas Witsen hatte eine exzellente klassische Schulbildung genossen, der sich ein Studium an der Universität Leiden anschloss. Unter anderem hörte er Vorlesungen bei Jacobus Golius, der sich als Arabischprofessor früh auch mit anderen außereuropäischen Sprachen wie Chinesisch beschäftigte. 1664 erwarb Witsen den juristischen Doktorgrad und reiste anschließend im Gefolge einer holländischen Gesandtschaft nach Moskau. Im Kreml traf er mit allen möglichen Leuten zusammen, auch mit dem Patriarchen Nikon, und begann, allerlei Nachrichten über Russland und Asien zu sammeln, was ihn zu einem der wichtigsten Experten auf diesem Gebiet in Westeuropa machte. 1693 sollte Witsen einen stattlichen Folioband über die Nord- und Osttatarei voller interessanter Fakten und Landkarten herausbringen. Als Peter der Große Amsterdam besuchte, staunte er über Witsens profundes Wissen über das Zarenreich.

Witsen unternahm auch die für einen vermögenden jungen Mann obligatorischen Stippvisiten nach Rom und Paris, studierte kurz in Oxford und begann 1670 seine lange Laufbahn im Dienst seiner Vaterstadt. 1671 veröffentlichte er ein umfangreiches Buch über *Alten und modernen Schiffsbau*. Die Schilderungen der antiken Seefahrt lassen auf beachtliche Kenntnis griechischer und römischer Quellen schließen. Das Mittelalter wird fast ganz übersprungen, dafür gibt der Autor einen zusammenfassenden Überblick der Schiffsbau-Techniken seiner eigenen Zeit.

Mit der politischen Karriere ging es nach dem Aufstand von 1672 steil bergauf. 1674 wurde Witsen in den Delegiertenrat berufen. 1676 diente er auf Empfehlung Wilhelms III. als Delegierter der Generalstaaten in der Armee. Schon damals scheint er sich für die allmähliche und nur zögernd in die Wege geleitete Aussöhnung des Oraniers mit der Metropole eingesetzt zu haben. An der Heerengracht, einem der Hauptkanäle Amsterdams, errichtete er sich ein luxuriöses Haus. Zum ersten Mal war er 1682 einer von vier *burgemeesters* der Stadt.

Mit Wilhelms Wunsch, das Heer zu stärken, um den verhaltenen Attacken des Sonnenkönigs im Süden entgegenzutreten, stimmte er überein, doch angesichts der instabilen Verhältnisse in England fürchtete er, Ludwig XIV. könne eine für die Niederlande riskante Allianz mit England eingehen. Wilhelm konnte das zwar nachvollziehen, aber er nahm die französische Drohung ernster. Die Haltung der vielen anderen Städte war wie gewohnt komplex und widersprüchlich. Witsen organisierte auch Hilfsmaßnahmen für hugenottische Flüchtlinge, die in Scharen nach Holland kamen und das allgemeine Bewusstsein dafür weckten, welche Gefahr die französische Tyrannei für den Protestantismus darstellte.

Witsens Korrespondenz ist keine leichte Lektüre. Sein Stil ist förmlich und strotzt vor Höflichkeitsfloskeln. Immer wieder wird auf Unterredungen hingedeutet, die zu heikel waren, um sie dem Papier anzuvertrauen – jedenfalls konnten sie nicht erörtert werden, ohne dass einer der beteiligten Würdenträger das Gesicht verloren hätte. Diese Briefe sind Meisterstücke der diplomatischen Finesse, der Konfliktvermeidung, des allmählichen Herantastens an schwierige Fragen. Einfach weiterschreiben, scheint sich der Autor selbst aufzumuntern, den Kontakt zwischen den Beteiligten nicht abreißen lassen, dann kommt schon etwas dabei heraus – schließlich sitzen wir alle in einem Boot. Als sich Wilhelm III. in den achtziger Jahren der problematischen Verständigung zwischen Amsterdam und dem Statthalter annahm, hätte er sich keinen besseren Fürsprecher wünschen können.

1688 geriet Witsen in banale Auseinandersetzungen mit einem Gesandten des Moskauer Zaren, kümmerte sich um den Ausbau größerer Befestigungs- und Bewässerungsanlagen rings um die Stadt Naarden und sammelte Lösegeld für einige holländische Geiseln in Algier. Als Vertreter Amsterdams im Delegiertenrat in Den Haag schloss er die Sitzungsperiode, musste jedoch wegen einer Erkrankung seiner Frau die Rückkehr in die Vaterstadt aufschieben. Gleichzeitig war er tief in die Geheimdiplomatie und den Entscheidungsprozess verstrickt, der letztendlich Amsterdams Teilnahme an der Invasion in England bewirkt hat.

Den 27. Oktober 1688 begingen die Menschen in den Vereinigten Provinzen als Fasten- und Gebetstag in der Hoffnung auf den Erfolg des englischen Feldzugs, zu dem sich Wilhelm III. anschickte. In Haarlem sprach man Fürbitten in den Kirchen der Reformierten, französischen Calvinisten, Remonstranten, Lutheraner und Mennoniten. In Amsterdam gab es ein besonderes Gebet zum Herrn Israels in der prächtigen portugiesischen Synagoge:

»Gesegnet, begünstigt, beschützt, unterstützt, gerettet, gesteigert, erhöht und zum glänzendsten Gipfel des Erfolges geführt seien die edlen und mächtigen Staaten Holland und Westfriesland, die mächtigen Generalstaaten der Vereinigten Provinzen und Seine Herrlichkeit der Prinz von Oranien, Statthalter und General-Kapitän dieser Provinzen zu See und zu Lande, mit all ihren Verbündeten und den edlen und ruhmvollen Bürgermeistern und Stadträten dieser unserer Stadt Amsterdam.«

Die sephardischen Juden von Amsterdam hatten gute Gründe, Wilhelm III. und seine Sache zu unterstützen. Mochten calvinistische Starrköpfe die Toleranz missbilligen, das Haus Oranien begünstigte die Juden, die ihm als Fernhändler und Finanziers militärischer Feldzüge gute Dienste leisteten. Zugleich erfüllten sie eine einzigartige diplomatische Funktion durch ihre Verbindungen nach Spanien und Portugal. In Amsterdam gab es ein reges Gemeindeleben mit

zahlreichen Schulen und Clubs, von denen manche nach Feierabend als Börsen-Umschlagplätze dienten. Die reiche und
gelehrte Literatur der Amsterdamer Juden war vorwiegend
auf Spanisch geschrieben – in der Sprache derer, die sie besonders konsequent und dogmatisch unterdrückt hatten –,
mit entsprechender Vorliebe für barocken Schwulst und For-
malismen, die gar nicht so verschieden von denen Sor Juanas
waren.

Ein anschauliches Beispiel dieser Literatur, das von 1688
stammt, ist *Die Verwirrung der Verwirrungen* des Spaniolen Joseph Penso de la Vega. Als vielleicht erstes Buch überhaupt
behandelt es die Kunst, an der Börse zu spekulieren. Es erörtert das Börsengeschehen in Form eines Gesprächs zwischen
einem Philosophen, einem Kaufmann und einem Aktionär.
Der Aktionär hat dabei vorwiegend die Erläuterungen zu geben. Er nennt drei Charaktertypen, die vom Markt zu profitieren imstande seien: Finanzbarone und Großkapitalisten,
die ihre Aktien halten und von den jährlichen Dividenden
leben; Kaufleute, die versuchen, Preisentwicklungen abzuschätzen, die kaufen, verkaufen, Optionen erwerben und so
weiter; sowie Spekulanten und »Spieler«, die Geschäfte im
Namen anderer tätigen und an der Kommissionsgebühr verdienen.

Das beste Beispiel für Wertsteigerung, meint der Börsenmakler, sei die Vereinigte Ostindische Compagnie; ein Anteil
sei sechsmal so viel wert wie die Stiftungseinlage von 1602
und habe eine Dividende erbracht, die zum Zeitpunkt der
Unterredung insgesamt 1482,3 Prozent der ursprünglichen
Kosten beträgt. Trotzdem gebe es noch immer viele, die den
Effektenmarkt für etwas Unnatürliches hielten. Zugegeben,
manchmal nehme er sich aus wie der Schiefe Turm von Pisa:
Ganz gleich, von welcher Seite man ihn betrachtet, immer
scheint er in diese Richtung zu stürzen: »Ebenso verhält es
sich mit den Aktien für den leidenschaftslosen Geist. Vom

Standpunkt der Verkäufer scheint es, dass sie fallen, vom Standpunkt der Käufer, dass sie steigen.« Anschließend zeigt der Börsenmakler auf, wie man mit Umsicht und Geduld in verschiedene Anlageobjekte investiert und wie der Markt tatsächlich funktioniert.

Es erscheint uns nur zu vertraut, wenn in dieser zukunftsweisenden Erörterung der Unwägbarkeiten des frühmodernen Kapitalismus barocker Stil und Empfindsamkeit einander begegnen. Wie in den englischen Flugblattpolemiken über die politische Regulierung der Wirtschaft im 17. Jahrhundert bezieht sich das moralische Urteil über wirtschaftliches Handeln oft auf seine egoistische, der Gleichheitsidee zuwiderlaufende Motivation, während eine pragmatischere Einschätzung die verborgenen Vorteile unterstreicht.

Immer wieder brütet der Kapitalismus derartige Debatten aus, bis in die jüngste Vergangenheit, wenn über das Für und Wider von Derivaten, Hedgefonds und Dot.com-Börsengängen gestritten wird. Spekulanten sind überall unbeliebt. Wer also sollte die Vorteile der Börsenspekulation besser erläutern als der Angehörige einer Minderheit, der sich elegant und einfühlsam in der Sprache seiner Verfolger auszudrücken wusste?

Bemerkenswert ist auch, dass *Die Verwirrung der Verwirrungen* im August oder September 1688 erschien, als die Amsterdamer Börse wegen der Gerüchte von Wilhelms riskantem Unternehmen gegen England eine schwere Baisse durchmachte. Der Autor empfahl, in namhafte Westindien- oder Ostindien-Papiere zu investieren, sich nicht beirren zu lassen und sie langfristig zu halten.

Wie kam es dazu, dass die sorgsam austarierte Balance der Einflüsse und Entschließungen in den Vereinigten Provinzen Wilhelms III. Angriff auf England begünstigte? Der jungen Nation der Niederländer war es gelungen, sich durch einige erfolgreiche Einsätze der Seemacht, besonders im Baltikum, weit über ihre Grenzen hinweg Geltung zu verschaffen. Sie konnte einen enormen Zuwachs an militärischer und kommerzieller Macht verzeichnen, die mithilfe der Ostindischen Compagnie um die halbe Welt reichte, und sie hatte im Landkrieg Spaniens beste Truppen vor den eigenen Landesgrenzen zum Stehen gebracht. Ein Unternehmen wie die kombinierte See-und-Land-Invasion Wilhelms war jedoch beispiellos in ihrer Geschichte und stellt auch in jeder anderen Epoche eines der riskantesten militärischen Vorhaben dar.

Als Wilhelms Hauptvorteil erwies sich, dass Ludwig XIV. wieder einmal den Bogen überspannt hatte. Französische Zugeständnisse bei den Zöllen hatten die Obrigkeit von Amsterdam und andere Handelsstädte zum Frieden von 1678 verlockt. Holländische Händler verkauften mehr in französischen Häfen und nahmen auch den Löwenanteil der Exporte Frankreichs ab. Als Erstes verbot Ludwig 1687 den Import von holländischen Heringen, mit Ausnahme derer, die mit französischem Salz gepökelt waren. Dann widerrief er die Zollerleichterungen von 1678.

So kam es, dass 1688 mehrere Städte selbst nach Vergeltungsmaßnahmen gegen den französischen Handel riefen und zunehmend ihre Bereitschaft bekundeten, das Invasionsvorhaben des Statthalters zu unterstützen. Wilhelm einigte sich mit ihnen, im Ausland große Truppenkontingente anzuwerben und mit 14000 Deutschen und 6000 Schweden die Außengrenzen der Vereinigten Provinzen zu sichern, während er seine eigenen, gut trainierten Regimenter nach England führte. Die Verträge mussten von den Provinzen ratifiziert werden. Die meisten Ratsherren von Amsterdam hofften noch immer, Ludwig XIV. würde einlenken und keine Konfrontation wagen. Doch 1688 kannte der Sonnenkönig keine Nachsicht mehr, in großen wie in kleinen Angelegenheiten. Von den Drohungen der Holländer gereizt, ließ er ihre

Schiffe in französischen Häfen beschlagnahmen. Am 29. September verabschiedeten die Staaten Hollands eine geheime Resolution, die den Angriff auf England rückhaltlos billigte.

Während Wilhelms III. Flotte im November den Ärmelkanal entlangsegelte, ihren erstaunlichsten und weitgehend unblutigen Siegen entgegen, überreichte das Kirchenkonsistorium in Amsterdam eine Bittschrift an die *burgemeesters*, strenger als bisher die Prostitution zu bekämpfen, an Sonntagen die Kneipen zu schließen und Tanzvergnügen ganz zu verbieten, »weil düstere Wolken über Vaterland und Kirche aufziehen«. Besagte Wolken zogen vorüber, doch die Lage der Vereinigten Provinzen besserte sich keineswegs. Ohnedies unter der Steuerlast ächzend, zahlte man höhere Abgaben für den langen Krieg gegen Frankreich. Wilhelm als Statthalter-König, der jetzt in London residierte und genug zu tun hatte, seine Stellung zu konsolidieren, bestimmte die niederländische Politik dennoch bis zu seinem Ableben im Jahr 1702.

Danach gewannen die oranje-feindlichen Stadt- und Provinzoberhäupter an Einfluss, und Holland beschloss, keinen neuen Statthalter mehr einzusetzen. In den europäischen Kriegen des 18. Jahrhunderts blieben die Vereinigten Provinzen meist neutral. Ihre Tuchindustrie und andere produktive Gewerbe erlebten einen Niedergang, und die Geschäftstätigkeit wandte sich zunehmend finanziellen Dienstleistungen und dem Transithandel zu. Im Zeitalter der Französischen Revolution waren die Niederlande wirtschaftlich und politisch auf dem absteigenden Ast: Als hätten die Menschen, sobald keine nennenswerten Sturmfluten mehr drohten, zu pumpen aufgehört.

TEIL V

WORTWELTEN: EUROPÄISCHE SPRACHEN, STILE, ER- KENNTNISSE

Europa nahm sich 1688 ganz anders aus als in vorangegangenen Jahrhunderten, es unterschied sich auch grundlegend – was den Buchmarkt und die Kultur des Denkens betrifft – von den »anderen Großen« dieser Zeit. Tageszeitungen kursierten überall in London, Paris und Amsterdam. Monatlich brachten Zeitschriften Rezensionen neu erschienener Bücher, Berichte über wissenschaftliche Entdeckungen und Beiträge zu aktuellen Diskussionen für ein intellektuelles Publikum in der Mitte und im Westen Europas.

Zu den angesehensten Organen zählten die *Acta eruditorum*, die in Leipzig herauskamen. An ihnen lässt sich ablesen, wie sich die europäische Gelehrtenrepublik nach rückwärts ihres klassischen und christlichen Erbes versicherte und vorausgreifend in die offene, ungewisse Welt der Naturwissenschaft und Staatspolitik wies. Eine grobe Übersicht der 171 Bücher, die 1688 in den *Acta* rezensiert wurden, zeigt 72 Titel aus den Fächern Theologie (darunter nur einen geringen Prozentsatz dessen, was wir heute als Philosophie bezeichnen), Kirchengeschichte und zu anderen christlichen Themen; 44 medizinische und naturwissenschaftliche Titel, von denen sich viele noch immer auf Texte und Ideen der griechisch-römischen Antike beziehen, andere aber rein experimentell und mathematisch vorgehen; zehn Titel zur zeitgenössischen Politik; nur sieben zu Sprache und Literatur; 19 über Themen der europäischen Geschichte; 19 Berichte aus irgendeinem Teil der außereuropäischen Welt. Unter den rezensierten Büchern finden sich eine Studie, die sich mit den medizinischen Heilkräften von Kaffee, Tee und Schokolade auseinander setzt, der *Confucius Sinarum philosophus* sowie Isaac Newtons *Principia*, die 1687 erschienen waren und als »Rettung der Naturphänomene aus dem Schatten okkulter Eigenschaften, um sie ins Licht und unter die Gesetzeskraft der Mathematik zurückzuführen«, begrüßt wurden. Von den 171 Büchern waren 111 lateinisch, 42 französisch, fünf italienisch, sieben englisch und sechs deutsch geschrieben. Rezensiert wurde ausschließlich auf Latein, das in den deutschsprachigen Ländern noch immer als Sprache der Wissenschaft galt. (Für ein Periodikum, das auf sächsischem Boden erschien, sind bemerkenswert wenige deutschsprachige Titel rezensiert worden.)

Eine entsprechende Jahresbilanz gelehrter Schriften in England und Frankreich würde vielleicht andere Proportionen aufweisen, doch auch hier war das Gros der Fachliteratur noch immer lateinisch geschrieben. Die moderne Sprache des Geistes war allenthalben Französisch; der Prosastil des Französischen setzte Maßstäbe für den treffenden, eleganten und humanen Ausdruck aller möglichen Meinungen, seien sie skeptisch oder fromm, snobistisch oder respektlos. Das Englische führte um diese Zeit zwar schon ein Eigenleben als Medium für Dramen, Lyrik und Prosa, doch der *Acta*-Querschnitt ruft uns ins Bewusstsein, dass es auf dem Kontinent längst nicht so verbreitet war wie Französisch. Das Italienische war im Niedergang begriffen, außer in Versform für den Gesang. Das Holländische hatte sich jenseits der Landesgrenzen nie recht verbreiten können, und manche glauben sogar, es habe damals begonnen, an dichterischer Ausdruckskraft zu verlieren.

Der Schwerpunkt des *Acta*-Querschnitts liegt im Bereich des abstrakten Denkens und der normativen Tradition. Wir erfahren daraus nicht, was die Menschen lasen, um sich zu zerstreuen, welche Tragödien oder Komödien sie besuchten. Wenn wir uns in den Wortwelten von 1688 genauer umschauen, werden wir feststellen, dass beim literarischen Amüsement die herkömmlichen Autoritäten ebenso nachhaltig infrage gestellt wurden wie in der Gelehrtenrepublik. Eine Frau nimmt eigene Erlebnisse zum Ausgangspunkt, um die Versklavung der Afrikaner in Nord- und Südamerika in ihrem Roman heftig anzuprangern. Das Europa der Großstädte und des Handels schuf die Voraussetzungen für den ausreichenden Umsatz von Büchern, der es Einzelnen erlaubte – nicht anders als Saikaku in Japan –, durch das Schreiben höchst individueller Prosa ihren Lebensunterhalt zu bestreiten. Im Bereich des abstrakten Denkens walteten zwar noch immer theologische Hemmnisse vor, doch auch hier zeichneten sich erste Konturen weltlicher Philosophie und Naturwissenschaft ab: die Erkenntnislehre und die politische Theorie John Lockes; die überragenden Leistungen Newtons. Doch noch immer gab es einen Weltweisen, der das Alte mit dem Neuen verknüpfen und alles menschliche Wissen in seine Synthese einbeziehen wollte. Um diese flüchtigen Ausführungen zur europäischen Literatur zu beschließen, finden wir kaum Passenderes als die Projekte und Rückschläge, die vollendeten und die noch unerledigten Arbeiten des großen Leibniz.

18. IN DER GELEHRTENREPUBLIK

In seinem umfassenden Geschichtswerk *Das Zeitalter Ludwigs des XIV.* schrieb Voltaire, in den langen Dekaden dieser Regierung habe man »trotz der Kriege und der verschiedenen Religionen allmählich eine Gelehrtenrepublik in Europa entstehen« sehen: »Alle Wissenschaften, alle Künste haben sich auf diese Weise gegenseitig unterstützt und gefördert: die Akademien bildeten jene Republik... Die wahrhaften Gelehrten auf jedem Gebiete haben die große Gesellschaft der Geister, die überall verbreitet und überall unabhängig ist, durch enge Bande verknüpft. Dieser innige Verkehr währt noch immer fort und ist eines der Trostmittel gegen die Übel, welche der Ehrgeiz und die Politik über die Erde verbreiten.«

Schon im 15. Jahrhundert haben europäische Intellektuelle die Metapher von der »Gelehrtenrepublik« beschworen. Gemeint war damit der Kreis der an Literatur und Studium interessierten Männer und – wenngleich seltener – Frauen, die durch den Austausch von Briefen (daher besitzt die *Republic of letters* im Englischen wie im Französischen einen Doppelsinn) miteinander in Verbindung standen. Nicht durch Herkunft und Geburt, sondern durch die Qualität ihres Wissens und Argumentierens verschafften sie sich gegenseitig Respekt. Von dieser Republik drohten keine Gefahren in einer Zeit, als schon das bloße Wort bei Fürsten und Adligen Unbehagen auslöste.

Doch das sollte sich mit einem Schlag ändern, als von 1684

bis 1687 eine monatliche Serie von Rezensionen unter dem Titel *Nouvelles de la République des Lettres* im handlichen Duodez-Format erschien. Als kommerzielles publizistisches Unternehmen, das durch die sich rasch entwickelnden Postverbindungen in Westeuropa ein internationales Publikum erreichte, waren die *Nouvelles* außerordentlich erfolgreich. Von den *Acta eruditorum* und anderen wissenschaftlichen Periodika unterschieden sie sich durch den Anspruch, auch Lesern zu genügen, die ihren Wissensdurst in der Freizeit stillen wollten, ohne professionelle Gelehrte zu sein. Beiträge über Neuerscheinungen zu philosophischen und theologischen Debatten – für Zeitgenossen, die andauernd damit konfrontiert wurden, nicht ganz so trocken wie für heutige Leser, die sich oft abgestoßen fühlen – sind in den *Nouvelles* immer wieder mit Exkursen oder gar mildem Spott der Rezensenten durchsetzt. Der Autor ließ es sich nicht nehmen, die Schwächen einer These aufzuspießen, die er referierte, und plädierte immer wieder für das Prinzip der religiösen Toleranz und Freiheit des Kults für alle Konfessionen in allen christlichen Staaten. Solche Ansichten wurden nicht mehr allein im privaten Briefwechsel ausgetauscht, sondern mithilfe neuester Methoden der Produktion und Reproduktion verbreitet. Damit wurde aus der Gelehrtenrepublik eine politische Angelegenheit und eine Herausforderung für unduldsame Fürsten.

Verlagsort dieses denkwürdigen Projekts war Rotterdam, das europäische Zentrum der Religionsfreiheit und des freien Unternehmertums. Als Herausgeber und Hauptautor zeichnete ein emigrierter französischer Protestant namens Pierre Bayle. Voltaire und die anderen Größen der französischen Aufklärung blickten auf Bayle zurück als heroischen Vorkämpfer, nicht nur, weil er die inzwischen abgründig subversive Gelehrtenrepublik mitbegründet hatte, sondern weil er für ihren Anschlag auf den Absolutismus und das alther-

gebrachte Christentum eine ergiebige Quelle des Wissens und
der Argumente war. Dass ausgerechnet Bayle sie anspornte,
hätte man ihm nie zugetraut. Selbst wenn er die Verfolgung
der Hugenotten unnachsichtig und kämpferisch anprangerte,
glaubte er aus tiefster Seele an die Pflicht zum Gehorsam
gegen die Fürsten. Hartnäckig hielt er an der calvinistischen
Bibelfrömmigkeit fest, die seine ernsten Moralvorstellungen
und sogar die Zergliederung der Irrtümer inspirierte, von denen er so viele in den philosophischen und theologischen
Werken seiner Zeit entdeckte.

Bayle war 1647 als Sohn eines protestantischen Geistlichen geboren. Armut, Calvinismus und die Mentalität einer
bedrängten religiösen Minderheit bildeten den Grundton
seiner Jugend. Es gibt kaum einen Zweifel daran, dass auch
er für das Pastorenamt ausersehen war. Doch 1669 und 1670
freundete er sich mit dem Katholizismus an. Siebzehn Monate lang studierte er Philosophie am Jesuitenkolleg in Tou-
louse und kehrte anschließend nach Hause und zur Kirche
seiner Väter zurück. Weil er aufgewachsen war mit der Vorstellung, dass der Papst der Antichrist sei, hatte ihn vermutlich die Begegnung mit einer vernunftbestimmten Spielart
katholischer Theologie übermäßig beeindruckt. Doch als er
dann im katholischen Milieu lebte, stießen ihn die Bilder und
Rituale erst recht ab.

In seinen späteren Theorien kritisierte Bayle den Katholizismus wie auch das griechische und römische Heidentum
als widernatürliche, veräußerlichte Religionen, die den Menschen nicht nur vom wahren Glauben entfernten, sondern
auch von den Ideen und moralischen Maximen, die allein aus
der menschlichen Vernunft abzuleiten seien. Seit jeher beses-
sener Leser und stets wie ausgehungert nach Neuigkeiten aus
der Welt des Geistes, las er sein Leben lang und machte sich
unermüdlich Notizen, als wolle er nie mehr riskieren, aus un-
zureichenden Kenntnissen heraus falsche Schlüsse zu ziehen.

Endlich fand er seine Berufung darin, Menschen, die in ähnlich bescheidenen und provinziellen Verhältnissen lebten wie ehemals auch er, die Resultate seiner Lektüre und seines Denkens zu erschließen.

Dass er sich dem Protestantismus kurzzeitig entfremdet hatte, war ein herber Schlag für seinen Vater gewesen, doch mit der Abkehr vom Katholizismus wurde Bayles Leben bedeutend riskanter. Protestanten von Geburt wurden nach französischem Recht noch geduldet, nicht aber die Abtrünnigen vom wahren Glauben. 1675 wurde er Professor für Philosophie an einer protestantischen Akademie in Sedan. Doch offenbar spürte er die wachsende Bedrohung des französischen Protestantismus früher als viele seiner Kollegen, und so suchte er bereits nach einer Zuflucht im Ausland. 1681 nahm er den Ruf an eine neue französischsprachige Akademie für protestantische Studien in Rotterdam an. Als die offizielle Feindseligkeit zunahm, folgten mehr und mehr seiner Glaubensbrüder nach. Viele von ihnen hielten die Krise für apokalyptisch und rechneten mit dem Kommen des Antichrist. Der Komet, der gegen Ende 1680 erschien, wurde als Vorbote des nahen Jüngsten Gerichts verstanden. In den letzten Tagen der Menschheit schien daher manchen der Ungehorsam oder die Rebellion gegen irdische Autoritäten geboten.

Bayle war vorsichtiger und hielt an der traditionellen Wertordnung fest. Obwohl er nicht viel von Mathematik oder systematischer Beobachtung verstand, ließ er sich eher durch Evidenz überzeugen, als dass er sich religiöser Begeisterung hingab. Apokalyptische Deutungen des Kometen lehnte Bayle ab und beschritt ganz andere Wege als die Möchtegern-Propheten. Immer wieder suchte er nach natürlichen Erklärungen für Naturphänomene. Er war überzeugt, dass ein Souverän die Verschiedenheit der christlichen Konfessionen seiner Untertanen ertragen musste *und* dass die Untertanen ihrerseits dem Souverän gehorchen sollten. Sein *Brief über den Kometen* –

später gedruckt unter dem Titel *Verschiedene Gedanken bei Gelegenheit des Kometen, der im Christmonat 1680 erschienen* – war im Entwurf schon vor seiner Ankunft in Rotterdam fertig und erreichte in den Jahren 1682 bis 1684 mehrere Auflagen, die in und außerhalb Frankreichs Verbreitung fanden. Es war sein erster Durchbruch beim Schreiben für ein breites Publikum.

Vom März 1684 bis Februar 1687 gab Bayle 36 Nummern der *Nouvelles de la République des Lettres* heraus, jede über 100 kleinformatige Seiten stark. Offenbar bewerkstelligte er die Arbeit des Lesens und Rezensierens größtenteils allein und erzielte für dieses gewaltige Pensum nur ein bescheidenes Einkommen. Im Vorwort zur ersten Nummer heißt es, er wolle sich nicht auf das konzentrieren, was die Menschen auseinander bringt, sondern auf das, was sie eint. »Denn das ist die Eigenart eines honorigen Bürgers der Gelehrtenrepublik!« Unter den Büchern, über die er berichtet, finden sich viele Editionen lateinischer Klassiker und Kirchenväter, Denkschriften zu aktuellen Debatten und ein wenig dies und das, von Sinustafeln über einfühlsame Bemerkungen zur Moral in Molières Komödien bis hin zu Reiseberichten aus Istanbul und China.

Mit einem solchen paneuropäischen Zeitschriftenprojekt war Bayle in Rotterdam genau am rechten Ort. Hier waren Druckerpresse und Vertriebssysteme hoch entwickelt. Niemals hätte man Bayle erlaubt, die *Nouvelles* im Reich des Sonnenkönigs zu publizieren. Zwar hatte er behauptet, Katholiken könnten an seiner Arbeit nichts Anstößiges finden, doch schon seine Unparteilichkeit, das Beharren auf Evidenz und die protestantische Herkunft des Herausgebers weckten Argwohn.

Die *Nouvelles* fanden in Frankreich viele Leser, doch kamen sie manchmal nur auf Umwegen dorthin; die meisten Buchhändler wollten nichts damit zu schaffen haben. 1685, als das Edikt von Nantes aufgehoben wurde, traf der offizielle Bannstrahl die *Nouvelles*. Bayles Bruder in Frankreich wurde zum Verhör abgeholt und kam in der Haft ums Leben. (Sein Vater verstarb noch im selben Jahr, bevor ihm die Aufhebung des Edikts oder die Zensur der Werke seines Sohnes neuen Kummer bereiten konnten.) Bayle trauerte um seine Mitprotestanten und seinen Vater, gab sich selbst die Schuld am Tod des Bruders und wurde kühner in seinen Schriften. Bald forderte er Glaubensfreiheit für alle, auch für solche, die christliche Werte infrage stellten.

Die schrecklichen Nachrichten aus Frankreich drängten ihn 1686 und 1687 zu einem *Philosophischen Kommentar zu den Worten Jesu Christi: »Zwingt sie zum Eintreten«, in welchem durch vernünftige Darlegung nachgewiesen wird, dass es nichts Abscheulicheres gibt als Konversionen durch Zwang herbeizuführen*. Mit dieser Schrift gelang es ihm in glanzvoller Weise, die Stärken seiner rationalen Argumentation mit moralischer und religiöser Inbrunst zu verbinden. Der heilige Augustinus hatte sich der Worte bedient, die Jesus bei der Hochzeit zu Kanaa gesprochen hatte, um die Gewaltanwendung bei der Heidenmission zu rechtfertigen. Trotz seiner tiefen Verbundenheit mit Augustinus verwarf Bayle diese Parallele. Er glaubte vielmehr, mit dem Rückgriff auf Zwangsmittel habe das Christentum Innerlichkeit und Individualität verloren – das also, was den wichtigsten Unterschied ausmachte zu der heidnischen Gewohnheit, Ritualen zu folgen, nur weil man mit ihnen aufgewachsen ist. Diejenigen, die Bekehrung erzwingen wollten, seien die eigentlichen Gotteslästerer.

Das Lernen in frühester Kindheit, die Macht der Sitten und Gebräuche sorgten noch stets für eine Vielfalt des Glaubens und der Glaubensrituale bei den Menschen. Unser Festhalten an den konfessionellen Überzeugungen angesichts von Verfolgung »kann nur von dem Guten herrühren, was nach der Erbsünde Adams in unserer Natur verblieben ist«. Reli-

giöse Wahrheit sei wertlos, wenn sie nicht als innere Überzeugung auftritt: »Unter den Umständen, in denen sich der
Mensch befindet, genügt es schon, wenn Gott von ihm verlangt, dass er mit der größten ihm möglichen Gewissenhaf-
tigkeit nach der Wahrheit sucht und dass er sie, wenn er sie
gefunden zu haben glaubt, achtet und sein Leben nach ihr
ausrichtet... Es reicht für den Einzelnen, dass er sich aufrichtig und guten Glaubens an das Licht wendet, das Gott ihm
gewährt, und dass er, wenn er ihm folgt, derjenigen Idee an-
hängt, die ihm vernünftig und am meisten mit dem Willen
Gottes im Einklang erscheint.«

Bayle war dem Christentum persönlich weit inniger verbunden als Locke, der ähnliche Gedanken formulierte, und
schien sich in herzbewegender Weise dem Pietismus einer
Madame de Guyon oder der Quäkerlehre vom Inneren Licht
anzunähern. Zugleich jedoch scheint Bayle hier die Aufklärung mit ihrem Vertrauen auf die menschliche Vernunft oder
gar die tiefgründige Morallehre und geistige Vollendung eines
Immanuel Kant vorwegzunehmen.

Der anhaltende Termindruck, die intensive geistige Anspannung und die schiere Arbeitslast führten Anfang 1687
dazu, dass Bayle schwer erkrankte; er musste mit Fieberanfäl-
len und schrecklichem Kopfweh das Bett hüten. Die Februar-
nummer der *Nouvelles* konnte nur unvollständig erscheinen,
ebenso wie andere, die noch folgten. Bayle stellte seine Vorlesungen ein und entließ einige Privatschüler. Anfang 1688
konnte er wieder Vorlesungen halten, war aber noch immer
sehr angeschlagen. Möglicherweise lernte er John Locke
kennen, der damals ebenfalls in Rotterdam weilte, doch ein
wechselseitiger Einfluss dieser beiden damals wichtigsten
Theoretiker der Toleranz ist leider nicht belegt.

Den ständigen Stress der Herausgabe einer Monatszeit-
schrift durfte sich Bayle nicht länger zumuten. Die Monate
seiner Krankheit und der erzwungenen Muße zwischen 1687

und 1689 hat er aber offenbar gut genutzt, um ein noch größeres Projekt in Angriff zu nehmen, das ebenfalls verlässliche Information in handlicher Gestalt bieten sollte. Ende 1690 steckte er schon mitten in der Arbeit an seiner Kompilation eines *Historisch-kritischen Wörterbuchs*, die ihn für den Rest seines Lebens in Anspruch nehmen sollte. Sein Ziel war, vollkommen gesicherte Kenntnisse über alte und moderne Autoren und Texte zu bieten, »den Probierstein für andere Bücher ... die Versicherungsanstalt der Gelehrtenrepublik«.

Wie schon in den *Nouvelles* bringt er gelegentlich, vorzugsweise in Artikeln über die entlegensten Persönlichkeiten und Themen, scharfe Kritik an Dogmatismus, Aberglaube und Intoleranz in Vergangenheit und Gegenwart unter. Das *Wörterbuch* war ein Grundlagentext für alle Denker der Aufklärung und das Vorbild der großen *Encyclopédie*. Voltaire und viele andere stehen tief in der Schuld dieses besessenen Lesers und Schriftstellers, dessen größter Wunsch es war, dass nach ihm niemand mehr vergebens nach verlässlichem und aktuellem Wissen dürsten möge wie er selbst dereinst im väterlichen Pfarrhaus.

Bayle lebte im Exil, schrieb aber französisch, und obwohl er in vielen Ländern gelesen wurde, saßen seine wichtigsten Leser in der jetzt feindseligen und für ihn unzugänglichen Heimat. Dort dürfte 1688 *das* entscheidende Jahr gewesen sein, in dem jeder, der im Kulturleben Rang und Namen hatte, in einer *Querelle des anciens et modernes* – dem »Streit der Alten und der Modernen« – Partei nehmen musste. Eine Fülle literarischer und künstlerischer Formen wurde für die Austragung dieser Kontroverse genutzt. Seiner *Poetischen Geschichte des jüngst erklärten Krieges zwischen den Alten und Modernen*, die 1688 herauskam, ließ François de Caballero einen detaillierten Kupferstich beigeben, der im Stil einer Schlachtfeld-Karte gehalten ist und ein Heer griechischer Poeten unter

dem Kommando Homers zeigt sowie das Aufgebot lateinischer Dichter und antiker Rhetoren, die am Flussufer auf-
gezogen sind, wo sie den Armeen der französischen, italienischen und spanischen Dichter und der modernen Redner
begegnen.

1688 veröffentlichte auch Charles Perrault die ersten Teile
seines berühmten *Vergleichs zwischen den Alten und Modernen, die Künste und Wissenschaften betreffend.* Der Autor erlag
dabei nicht der Künstelei und pompösen Monotonie – Nach-
wirkungen des korrumpierten Lateins –, von denen auch
»moderne« Dichter befallen wurden, wenn sie in den achtziger Jahren des 17. Jahrhunderts zur Feder griffen. Perrault hat
selbst nicht wenig zur Entwicklung der geschliffenen, locke-
ren und unterhaltsamen Prosa beigetragen, die das Werk der
französischen Aufklärer so anziehend macht. Es ist kein Zu-
fall, dass der *Vergleich* und mehrere stilistisch ebenso wegwei-
sende Werke in Dialogform geschrieben sind, die den Autor
ständig nötigt, den Charme der gesprochenen Sprache wie-
derzugeben. Ebenso wenig kann es verwundern, wenn die
Protagonisten diese Diskussion während eines Spaziergangs
durch die prächtigen Gärten von Versailles führen, das für die
meisten als Sinnbild der Überlegenheit der Moderne und des
französischen Absolutismus galt.

Die drei Gesprächspartner sind ein Gerichtspräsident, der
als dogmatischer Verfechter der Antike erscheint, ein Ritter
als guter und geistreicher Kamerad sowie ein Abt, Perraults
Alter Ego, der für die Moderne eintritt und die besten Pointen
und ausführlichsten, am tiefsten schürfenden Monologe liefert. Als der Ritter das Thema auf die Analogie der Welthisto-
rie mit dem menschlichen Lebenslauf lenkt und meint, die
Welt sei inzwischen alt und im Niedergang begriffen, erwi-
dert der Abt, aus dem gleichen Argument könne man schließen, dass die Menschheit seitdem einen beachtlichen Erfah-
rungsschatz angesammelt habe. Die moderne Zeit, meint er,

bringe immer neue mechanische Geräte hervor, wie den Webrahmen für die mechanische Fertigung von Seidenstrümpfen, der erst kürzlich erfunden worden war.

Nicht ganz so mühelos kann der Abt die Überlegenheit der Moderne in den schönen Künsten nachweisen; in der Skulptur fällt es schwer, doch wesentlich leichter in der Malerei, weil die Modernen immer neue Techniken entwickeln und neue Wunder der wahrheitsgetreuen Abbildung schaffen. Die Architekten hätten die klassischen Regeln der Proportion verbessert, sodass die Fassade des Louvre mehr Schönheiten berge als jedes antike Gebäude.

Am Ende des *Vergleichs* stimmen alle drei Freunde, auch der Präsident, ein in den Jubel über die Skulpturen und Springbrunnen von Versailles, und der Abt lobt noch besonders die Drei Fontänen, wo Wasser, Rasenfläche und Bäume so geschickt inszeniert sind, dass alle Künstlichkeit schwindet und die Schönheit naturgegeben erscheint. Seine Theorie von den überlegenen Feinheiten und Regeln der Moderne wirkt wie ein Vorgriff auf die Rebellion des 18. Jahrhunderts gegen klassische Regeln und überkommene Ordnungsprinzipien.

Man möchte meinen, dass Perrault mit seiner Stellungnahme für die Moderne offene Türen einrannte und dass die meisten französischen Intellektuellen, die sich dazu äußerten, ohnehin auf seiner Seite waren. Perraults persönliche Lebensumstände verdeutlichen den Kontext, in dem sich ein solcher Wandel vollzogen hat. Sein Vater war ein wohlhabender Anwalt und gehörte damit jener Berufsgruppe an, die zur staatlichen Zentralisierung unter Ludwig XIV. entscheidend beigetragen hatte und am meisten von ihr profitierte. An der Erziehung der Perrault-Brüder wurde nicht gespart. Gründlich mussten sie die antiken Klassiker studieren, doch schrieben sie auch Parodien auf die *Aeneide* und andere Epen, und ihre Lektionen waren oft von unbändigen Lachsalven begleitet.

Einer der Brüder wurde Anwalt, ein anderer Experte für Staatsfinanzen, ein dritter studierte Theologie, wurde vehementer Jansenist und bekämpfte den Jesuitenorden. Claude, der 15 Jahre älter war als Charles, machte als Arzt, Architekt und Biologe sein Glück. Nach dem raschen Aufstieg und der Kompromittierung des Finanzexperten war es Claude, der als Aufseher von Bauprojekten des mächtigen Ministers Colbert die Einkünfte der Familie sicherte und zu der Überzeugung kam, dass sich kein vergangenes Zeitalter mit dem Glanz und der Kunstfertigkeit der Ära Ludwigs XIV. messen könne.

Sowohl Charles als auch Claude waren Gründungsmitglieder der Akademie der Wissenschaften. Diese gehört ebenfalls zu Colberts imagefördernden Projekten und sollte zugleich neue Formen wissenschaftlicher Arbeit in den Dienst der Monarchie stellen. Weit mehr als die meisten Ärzte seiner Zeit interessierte sich Claude Perrault für Anatomie und Experimente. Innerhalb der Akademie kam ihm die Aufgabe zu, die Kenntnisse der Biologie zu erweitern, indem er diverse Tiere, sowohl exotische als auch Haustiere, sezierte. Solche Sektionen waren, wie Claude schrieb, das Werk »einer Gruppe, zusammengesetzt aus Menschen, die einen besseren Blick für diese Dinge haben als die meisten anderen, ebenso wie Hände, die mit mehr Geschick und Erfolg arbeiten; Menschen, die erkennen, was da ist, und die man kaum bewegen könnte, zu sehen, was nicht existiert, die lange nicht so begierig sind, Neues zu finden, als gründlich zu untersuchen, was jemand gefunden haben will; und denen die Vergewisserung, dass man sich in einer Beobachtung irrt, mindestens ebenso viel Genugtuung gibt wie eine kuriose und wichtige Entdeckung, so sehr übertrifft in ihren Herzen die Liebe zur Gewissheit alles andere«. Man dürfte schwerlich eine elegantere Definition der Ideale wissenschaftlichen Fortschritts durch öffentlich kontrollierte, kollektive und falsifizierbare Untersuchungen finden.

Das Handwerk des Sezierens war nichts für zartbesaitete Gemüter. Bei der Untersuchung eines Bären, der an einer Erkrankung der Lungen und Eingeweide krepiert war, verbreitete sich solcher Gestank, dass man literweise Alkohol über den Kadaver gießen musste. Zwischen 1668 und 1676 wurden Exemplare von über 30 Tierarten seziert. Durch Beobachtung eines lebenden Chamäleons und seine spätere Sektion konnten zahlreiche Irrtümer in der Beschreibung des Plinius und anderer klassischer Autoren korrigiert werden. 1671 und 1676 veröffentlichte Claude Perrault die Forschungsergebnisse in zwei Prachtbänden unter dem Titel *Denkwürdigkeiten aus der Naturgeschichte der Tiere*, mit gestochenen Abbildungen der äußeren Gestalt der Tiere und den wichtigsten Ansichten ihrer sezierten Innereien und Gliederstruktur. Die Untersuchungen wurden bis in die achtziger Jahre fortgesetzt, und 1688 waren die Vorarbeiten zu einem Nachtragsband schon weit gediehen.

Während Claude Perrault die erste Phase dieses ehrgeizigen Projekts überwachte, beschäftigte ihn gleichzeitig ein anderer Auftrag von Colbert – eine Übersetzung des Vitruv, des wichtigsten architektonischen Lehrbuchs der lateinischen Klassik. Gründliche Kenntnisse in den alten Sprachen hatte er schon für sein Medizinstudium mitbringen müssen, weshalb er mit Vitruvs Fachvokabular und den zahlreichen Exkursen gut zurechtkam. Die Übersetzung enthält Bildtafeln zur Illustration der Ideen und Anordnungen Vitruvs, die nicht weniger detailliert und deutlich in der Strichführung sind als die sezierten Tiere in den *Denkwürdigkeiten*.

Anschließend veröffentlichte er ein *Kompendium zum Vitruv*, in das er erstmals auch eigene Thesen zur Architektur einbringen konnte. Architektonische Schönheit, schrieb er, sei in mancher Hinsicht naturhaft oder »positiv«, dem Werk selbst innewohnend, doch vorwiegend das Ergebnis willkürlicher Schöpfung. Was wir bewundern, ist die Klarheit und

Stimmigkeit des architektonischen Konzepts. Unsere Bewunderung für die antiken Baumeister zielt auf das, was wir zu verbessern imstande sind: ihre Erfindungsgabe, die klare und systematische Entwicklung ihrer Ideen, sogar ihre Bindung an das Zeitalter eines überragenden Herrschers.

Als es Claude Perrault endlich gelang, seine Ideen ausführlicher in seiner *Anordnung von fünf Säulenarten nach der Methode der Alten* (1683) darzulegen, hatte er bereits mehrmals Gelegenheit gehabt, sie in die Praxis umzusetzen. Auch wenn einzelne Details umstritten sind, besteht kein Zweifel, dass er substanziell zur grandiosen Ostfassade des Louvre beigetragen hat, die zwischen 1670 und 1680 vielfach umgebaut wurde. Seine Begeisterung für Naturwissenschaft und Architektur, den Glorienschein des Sonnenkönigs und die Arbeit der Akademie findet sinnfälligen Ausdruck in den Entwürfen für das Pariser Observatorium, dessen Bau 1683 vollendet wurde und heute noch steht.

Claude Perraults Pläne für einen Triumphbogen an der Faubourg St. Antoine wurden gebilligt, und die erste Phase des Baus hatte schon begonnen, als Colbert, der Gönner seines Bruders, 1683 verstarb. Die Bauarbeiten wurden unterbrochen und nie wieder aufgenommen. Unverdrossen widmete sich Claude den Sektionen und Präparaten für den Nachtragsband seiner *Denkwürdigkeiten*. Im Herbst 1688 zog er sich während einer Sektion eine Ansteckung zu und starb kurz darauf am 9. Oktober. Die bereits in Auftrag gegebenen anatomischen Kupfertafeln wurden erst 1733 veröffentlicht.

Charles Perrault veröffentlichte 1697 sein berühmtestes Werk, die *Geschichten von Mutter Gans*, von denen sich die Brüder Grimm inspirieren ließen. Es war, als hätte er sich absichtlich von der klassischen Strenge der Moderne absetzen und in den Märchenwald spazieren wollen, wo er die Stimmen der Einfältigen und Leseunkundigen vernahm.

Die Gelehrtenrepublik war eine Schöpfung Europas, und ihre Zentren lagen nicht nur in London, Paris und in holländischen Städten, sondern auch in Venedig, wo Coronellis Karten angefertigt wurden, und Leipzig, wo die *Acta eruditorum* herauskamen. Manche ihrer Teilnehmer meldeten sich nur selten zu Wort und aus unglaublicher Ferne, aus Amboina, Batavia oder Peking. Doch derjenige, der die Zeitgenossen, vielleicht auch uns nachgerade am meisten verblüffte, war der Herr einer hübschen kleinen Burg am Südhang des Flusstals der Sava, auf halbem Weg zwischen Venedig und Wien.

Janez Vajkard Valvasor, Freiherr von Bogenšperk,* arbeitete 1688 an den Korrekturfahnen und Tafeln seines größten Werks, den vier stattlichen Bänden der *Ehre des Herzogtums Krain.* Im selben Jahr ließ er eine *Topografie des Herzogtums Kärnten* in lateinischer Sprache drucken. Gegen Ende des vorangegangenen Jahres hatte er erfahren, dass die Londoner Royal Society – eines der maßgeblichen Zentren in der wissenschaftlichen Provinz der Gelehrtenrepublik – ihn als korrespondierendes Mitglied aufnehmen würde. Zuvor hatte er dieser Gesellschaft eine gründliche Studie über den berühmten und geheimnisvollen Cerkniško-See in seiner Heimat zugesandt. Doch Ende 1688 wusste er noch immer nicht mit Sicherheit, ob die Wahl stattgefunden hatte und mit welchem Ergebnis; ebenso wenig ahnte er, dass eine Zusammenfassung seines Berichts in den *Philosophical Transactions* erschienen war. Das Tal der Sava und London liegen zwar gar nicht so weit auseinander, doch auf den Postverkehr war nicht immer Verlass.

Seit Jahrhunderten wurde das Erzherzogtum Krain von den Habsburgern regiert. Deutsch und Latein waren die Sprachen, deren sich Valvasor wie alle anderen Vornehmen

---

* Johann Weickhard Valvasor, Freiherr von Wagensberg. Ich ziehe nach Möglichkeit die slowenische Form der deutschen vor, außer bei dem Namen Krain (slowenisch Krajnska, lateinisch Carniola).

des Landes im offiziellen Verkehr bediente; die einfachen
Leute sprachen Slowenisch, was mit einiger Sicherheit auch
Valvasors Muttersprache war. Die Hauptstadt des Herzogtums,
das urbane Zentrum in Valvasors Umkreis, hieß Ljubljana, zu
Deutsch Laibach; heute ist es die Hauptstadt der unabhän-
gigen Republik Slowenien. Die Sava entspringt oberhalb eines
Bergsees in den Julischen Alpen; bei Belgrad mündet sie in die
Donau. An anderer Stelle dieses Buches werden wir einen jun-
gen Türken kennen lernen, der ein paar unglückliche Monate
als Gefangener irgendwo am Ufer der Sava verbrachte.

Was Valvasor über Bogenšperk notierte, lässt es als Wunsch-
traum jedes Grundbesitzers erscheinen: sanft ansteigende,
aber fruchtbare Felder, paradiesische, mit Kirschbäumen be-
pflanzte Haine, Quellen innerhalb und außerhalb der Burg-
mauern und herrliche Ausblicke über das Tal bis hin zu den
schneebedeckten Gebirgsketten im Norden. Das Anwesen
mochte einen Tagesritt von Ljubljana entfernt sein, doch
hatte Valvasor in Bogenšperk alles, was er benötigte: chemi-
sches Laborgerät für seine Experimente, eine Bibliothek mit
mehreren 1000 Bänden sowie eine Werkstatt für die Anferti-
gung von Kupferstichen.

Die Krain ist ein liebenswerter, abwechslungsreicher
Landstrich, mit hochwertigen Ackerböden und guten Straßen, besonders in den Flusstälern. Doch dazwischen liegen
niedrige, stark bewaldete Hügel, die das Reisen in der frühen
Neuzeit besonders bei Schneefall im Winter erschwerten.
Schlimmer noch ist, dass die Bergstöcke aus Kalkstein beste-
hen. Das Regenwasser sickert durch horizontale und vertikale
Spalten in den Kalk und wäscht Höhlen oder unterirdische
Flussbecken aus. Die Decken solcher Gebirgskammern stürzen gelegentlich ein und bilden bizarre Klippen und Fels-
zacken, verdeckte Senkgruben und Kesseltäler. Die Geologen
haben dieses Phänomen nach einer Region in der Krainer
Landschaft »Karst« genannt.

Die Bewohner isolierter Einsprengsel von Siedlungen in einer derart zerklüfteten Landschaft neigen dazu, ihre eigenen, lokal begrenzten Dialekte, Bräuche und Glaubensbekenntnisse zu entwickeln, die sich von denen der Nachbarn ein paar Kilometer weiter unterscheiden. Flüsse verschwinden in Schluchten oder treten urplötzlich aus Berghängen hervor, die Höhlen starren von Stalagtiten und Stalagmiten, was den Aberglauben der Einwohner an unterirdische dämonische Kräfte schürte.

Valvasor war der Enkel eines jener italienischen Einwanderer, von denen so viele im 16. Jahrhundert ihre Erfahrungen im Bergbau, Handwerk oder Handel hierher mitbrachten. Seinem Großvater hatte ein namensgleicher entfernter Verwandter oder Auftraggeber eine kleine Burg vermacht. Valvasor, der 1641 geboren wurde, genoss alle Vorteile eines Angehörigen der provinziellen Oberschicht: erstklassige Ausbildung bei den Jesuiten in Ljubljana, Sammeln militärischer Erfahrungen in einem Feldzug gegen die Türken, Reisen, die ihn über acht Jahre lang durch ganz Westeuropa und sogar bis nach Nordafrika führten. Schließlich heiratete er 1672 und kaufte Bogenšperk nebst anderen Ländereien.

Unterwegs hatte er eine Menge gelesen und sich über die Geschichte, die vornehmen Familien, die wichtigsten Gebäude und Naturwunder einzelner Landschaften informiert. Derartige Beschreibungen waren in deutschen Landen allgemein üblich und Ausdruck des jeweiligen Regionalstolzes. Doch musste Valvasor feststellen, dass noch kaum jemand in Europa von der Krain gehört hatte. (Heutzutage ergeht es den Slowenen nicht viel besser.)

Nach Hause kam er oft genug, um mit seiner jungen Frau Kinder zu zeugen; neun brachte sie in 15 Ehejahren zur Welt. Die meiste Zeit reiste der Freiherr jedoch durch die Krain und in benachbarte Gebiete, notierte alles Wissenswerte über Städte und Adelsfamilien und fand manches heraus über das merkwürdige Landschaftsbild. Valvasor sammelte Antiquitäten und eigenartige Objekte, machte chemische und alchemistische Versuche. Seine erste Publikation war ein Werk über das Herzogtum Kärnten mit 223 Bildtafeln. Der vollständige Titel lautete: *Topographia / Ducatus Carnioliae / Modernae / das ist / Controfee aller Stätt / Märckth, Clöster vnd / Schlösser, wie sie anjetzo / stehen im Herzog / thumb Crain. / Hervorgebracht zu / Wagensberg in Crain / im Jahr 1679. / Mit sonderbahrem Fleiß / durch Johann Weikhart Valvasor.*

Da es in Ljubljana keine Kupferstecherei gab, richtete er sich eine eigene in Bogenšperk ein, die erste im Erzherzogtum überhaupt. Danach veröffentlichte er weitere geografische Werke, eine recht originell illustrierte Edition der *Metamorphosen* des Ovid und ein *Theatrum mortis humanae tripartitum* (»Theater des menschlichen Sterbens in drei Teilen«), das diverse grausige Todesarten von Sündern schildert und illustriert.

Doch Valvasors eigentliches Lebenswerk sollte dazu beitragen, sein geliebtes Heimatland bekannter zu machen, indem er dessen Geschichte, dessen Einwohner und Naturwunder umfassend dokumentierte. Schon 1680 hatte er einen Aufruf gedruckt, in dem er die Landsleute bat, ihm Mitteilungen über ihre Ortschaften, ihren Familienstammbaum und ihre Burgen zu machen. Besonders über die Burganlagen gaben die Leute nur ungern Auskunft, aber auf seinen Reisen häufte Valvasor immer mehr Wissenswertes an. Er beschäftigte eine Reihe Grafiker und Künstler. 1687 war er so weit, dass *Die Ehre des Herzogtums Krain* zur Publikation vorbereitet werden konnte. Den Gelehrten Erasmus Francisci in Nürnberg bat er darum, sich den Text vorzunehmen und sein Deutsch zu glätten und zu korrigieren. 1688 trafen die Druckbögen in Bogenšperk ein, während weitere Manuskripte und Illustrationen nach Nürnberg unterwegs waren.

Als das Werk 1689 vervollständigt und gebunden war, um-

5 Kupferstich aus *Die Ehre des Herzogtums Krain*
von Janez Vajkard Valvasor, Freiherr von Bogenšperk

fasste es vier starke Foliobände, insgesamt 3532 Seiten mit 528
Illustrationen. Geboten wurde eine enzyklopädische Übersicht der Geschichte dieser Region seit ältester Zeit, mit
Nachrichten über die verschiedenen Völkerschaften und
Sprachen, die Bekehrung zum Christentum, den langen und
siegreichen Kampf der Katholiken gegen die Protestanten,
dazu ein Verzeichnis der adligen Familien mit ihren jeweiligen Wappen, sämtlicher Städte, Klöster und Burgen mit Abbildungen sowie zahlreicher Flüsse, Quellen und Höhlen.

Aus seinem Hauptwerk und anderen Berichten und Briefen
von 1687 und 1688 geht hervor, dass Valvasor noch das alte
Europa des Hexenwahns, der Teufelspakte und der unterirdischen Kräfte repräsentiert, während er zugleich mit der Royal
Society in London verkehrte, einer der fortschrittlichsten
Denkfabriken des neuen Europa, wo derartige Themen kaum
zur Sprache kamen. Ein kurzer Abschnitt seiner Prachtbände
widmet sich dem Okkultismus und der Hexerei unter den
Krainern, wobei der Autor bemerkt, dass »man auch leichter
ein Land findet, das von keinen Schlangen bekrochen wird,
als ein solches, das von allen abergläubischen Leuten allerdings rein ist«.

Vor allem beklagte er die Fülle und Hartnäckigkeit magi-
scher Bräuche rund um das christliche Oster- und Weih-
nachtsfest. Die Bauern in der Krain legten zu Weihnachten
Holzscheite auf das Feuer, auf denen sie einen Bissen oder
Löffel von allem platzierten, was ihre Tafel zu bieten hatte.
Damit luden sie gewissermaßen das Feuer ein, mit ihnen zu
essen – was nach Valvasors Meinung das Relikt eines Opfer-
rituals für heidnische Hausgötzen darstellte.

In dieser und anderen verstreuten Schriften über Hexerei
und die Umtriebe Satans bemühte sich Valvasor darum,
scheinbar magische Phänomene aus der geschichtlichen
Überlieferung oder aus natürlichen Ursachen zu erklären.

Erasmus Francisci in Nürnberg, der Valvasors Werke heraus-
gab und gelegentlich mit Anmerkungen versah, neigte viel
weniger dazu, die im Volk lebendigen Legenden und Ängste
vor Teufeln und Teufelswerk wegzurationalisieren.

Im elften Buch des Standardwerks, das sich eigentlich mit
den Städten, Marktplätzen und Burgen von Krain beschäftigte, ließ der Herausgeber ganze Kapitel einfließen, in denen
er kommentierte, was »der Herr Haupt-Autor« über Hexerei
mitgeteilt hatte. Das Ergebnis sind über 50 Folioseiten einer
theoretischen Debatte. Sie kamen in den dritten Band, der
wohl schon Anfang 1688 druckfertig war, und lagen auch Valvasor vor, doch findet sich eine spätere Ergänzung von ihm,
die sich auf ein Erlebnis im selben Jahr bezieht.

Valvasor und Erasmus Francisci waren einer Meinung darüber, dass es viele Spielarten von bewussten und von unwillkürlichen Teufelspakten gebe. Der Gedanke eines unwillkürlichen Vertrags irritierte Valvasor. Und wenn nun ein Kind auf
einen verhexten Stein trat oder unabsichtlich die Worte oder
Gesten einer Hexe imitierte? Befand sich das unschuldige
Kind dann mit Satan in einem Vertragsverhältnis und fiel der
Verdammnis anheim? Erasmus Francisci erwiderte, dass ein
unwillkürlicher Pakt keine Wirkung haben kann, wenn die
beteiligte Person nichts davon weiß.

In anderem Zusammenhang stellte Valvasor klar, dass der
Böse über tugendhafte Menschen keinerlei Macht habe. Es
mag vorkommen, dass Satan mit einer Erfindung lockt, deren
Funktionsweise logisch nachzuvollziehen ist, beispielsweise
ein Verfahren zur Seidenveredelung, von dem der Autor in
Lyon gehört hatte. Wer immer sich dessen bediente, ohne die
Herkunft zu kennen, befand sich damit keinesfalls in einem
unwillkürlichen Pakt. Auf diese Weise mündet die ausführliche Erörterung uralter christlicher Ängste und noch älteren
Glaubens an dunkle, übernatürliche Mächte in eine Diskussion über religiöse Subjektivität und Intention, wie wir sie

schon aus den ganz anders beschaffenen konfessionellen Sphären von Locke, Bayle und William Penn kennen.

Das soll nicht heißen, dass Valvasor nicht selbst an den Teufel und sein Wirken geglaubt hätte: Am 8. März 1688 las er sich einige Materialien durch, die er zu diesem Thema gesammelt hatte, als ihn plötzlich von oben ein Donnerschlag aufschreckte und dann noch einer. Er fürchtete schon, das Dach könne einstürzen, doch schien ihm zugleich bewusst, dass er mit dem Höllenfeuer spielte. Die Bedrohung wich von ihm, nachdem er einige Gebete und Formeln aufgesagt hatte, deren letzte mit den Worten endete: »Du hast doch die Macht nicht, mir ein Haar zu krümmen.«

Der Cerkniško-See in Krain findet schon seit den Zeiten des antiken Geografen Strabo bei Reisenden und Naturforschern gebührende Beachtung. Zu bestimmten Jahreszeiten ist er nämlich nichts als eine weite, grasbedeckte Hochebene. Dann aber quillt aus Öffnungen im Boden Wasser empor, und für einige Zeit entsteht ein See, der von Süßwasserfischen wimmelt. Monate später trocknet das Becken wieder vollkommen aus. Valvasor verbrachte viel Zeit mit der Erkundung des Sees und seiner Umgebung, zu Fuß und in einem Kahn.

Er war mitnichten der Erste, der herausfand, dass der See von unterirdischen Strömen gespeist und wieder abgepumpt wird, die überall in der Karstlandschaft verbreitet sind. Als ihm ein Bericht des englischen Reisenden Edward Brown darüber in die Hände fiel, kam er auf den Gedanken, sich im Dezember 1685 erstmals an die Royal Society zu wenden. 1686 wurden mehrere Briefe gewechselt, und Valvasor sandte einen Aufsatz nach London, in dem er ein neues, von ihm entwickeltes Verfahren für den Feinguss von Bronzestatuen vorstellte. Dies fand allgemeine Anerkennung, und 1687 wusste Valvasor, dass er als Kandidat für die Mitgliedschaft in dieser illustren Gesellschaft nominiert worden war.

Im Dezember 1687 ließ er seinen ausführlichen Bericht über den Cerkniško-See folgen. Seiner Meinung nach musste es in den Bergen oberhalb ein unterirdisches Reservoir geben, das sich während der Schneeschmelze auffüllte und durch unterirdische Kanäle in ein unter dem Seegrund gelegenes Reservoir entleerte. Von dort gab es nur einen einzigen Abfluss von begrenzter Kapazität. Wenn der Zustrom am stärksten war, füllte sich das Reservoir auf, und die Wassermassen stiegen über Abflusskanäle in der Decke ins Seebecken auf. Ließ der Wasserdruck nach, leerte sich das Reservoir unter dem See, bis das Seewasser wieder abfließen konnte. Am 14. Dezember 1687 wurde der erste Teil von Valvasors Schrift über den Cerkniško-See bei einer Akademiesitzung in London durch Edmond Halley verlesen, der aus drei über- und ineinander gestellten Gefäßen nach Valvasors gedanklichem Konstrukt ein kunstvolles und offenbar funktionierendes Modell angefertigt hatte.

Valvasors Aufsatz erschien in den *Philosophical Transactions* der Gesellschaft und später auch in den *Acta eruditorum*. Auf derselben Akademiesitzung im Dezember 1687 wurde Valvasor formell als Mitglied hinzugewählt. Ende 1688 schrieb er verzweifelt nach London, um zu erfahren, ob sein Bericht aus dem vorangegangenen Jahr bei der Gesellschaft eingetroffen sei. Wir wissen nicht, ob er je davon Kenntnis erlangt hat, dass seine Untersuchung des Sees auf so große Resonanz gestoßen und er in die Gesellschaft gewählt worden war. *Die Ehre des Herzogtums Krain* erschien 1689. Doch Valvasor war finanziell und vermutlich auch gesundheitlich ruiniert. 1690 verkaufte er seine Bücher und Drucke, und 1692 nahm er Abschied von seinem geliebten Schloss Bogenšperk. Er starb im Jahr 1693.

Dem Bericht Valvasors über den Cerkniško-See lag eine detaillierte Ansicht aus der Vogelperspektive bei sowie eine Karte des unterirdischen Kanalsystems, wie es der Autor sich vorstellte. Doch die naturalistische Erklärung für die Kräfte der Tiefe setzte sich nicht vollständig durch. In der oberen linken Ecke der Draufsicht ist ein nahe gelegener Berg zu sehen, über den Hexen fliegen. An anderer Stelle, in seinem Hauptwerk über Krain, schildert Valvasor mehrere Expeditionen in Tropfsteinhöhlen. Des Risikos, im Dunkeln abzugleiten und in abgrundtiefe Klüfte zu stürzen, war er sich durchaus bewusst. Eine Illustration macht seine Ängste und den Zwiespalt zwischen Wissenschaft und Aberglaube überraschend deutlich.

Auf Leserinnen und Leser, die solche Höhlen aus eigener Anschauung kennen, wird das aus Stalagtiten und Stalagmiten geformte Gewölbe vertraut wirken. Doch in Valvasors Kupferstich scheint es sich in ein dämonisches Maskenfest der Gesichter, Gespenster und Körperteile zu verwandeln. Eine der beiden menschlichen Gestalten im Vordergrund – jene, die auf das Schauspiel zeigt – ist vermutlich Valvasor selbst, auf Reisen durch eine unterirdische Welt, die er naturgesetzlich erklären will und die doch nichts von ihren Schrecken verloren hat.

19. APHRA BEHN

1688 veröffentlichte Aphra Behn das folgende Gedicht:

Der schönen Clarinda gewidmet,
die mich liebte und die mir mehr dünkt als eine Frau

O holde Jungfer! – Falls der Titel gar zu lieb
Und weiblich für dein edles Selbst erscheint, so gib
Erlaubnis mir, die Wahrheit näher einzukreisen,
Und lass mich dich »Liebreiz der Jugend« heißen.
Berechtigt Letzt'res mich zu leisen Klagen,
Kann doch die Peinlichkeit ich abzustreifen wagen:
Der Jugend stell' ich, ohne rot zu werden, nach,
Wenn solche Frauenanmut mir ins Auge stach.
Dein trügerisches Bild bricht unsre Herzen
Wie Nymphen, die mit Stutzern treulos scherzen.
Du bist der Weiblichkeit als Seelentrost gesandt,
Damit wir schuldlos bleiben, wenn in Lieb' entbrannt:
Weil nur mit dir allein kein Fehltritt möglich sei,
Falls aber doch, so spricht uns deine Grazie frei.
Ward denn, wer schönste Blumen sammelt, je gewarnt,
Dass unter zarten Blüten sich die Natter tarnt?
Du zauberst Schönheit von ganz anderer Art,
Hast Cloris' Sanftmut mit Alexis' Charme gepaart:
Und schmachten wir nach deiner Männlichkeit,
Verlockt uns nur das Bild der engelsreinen Maid,

Und unsre Leidenschaft versüßt mit edler Sitte
Die Lieb' zu Hermes, unsrer Freundin Aphrodite.

Die Sprache mag schlicht sein, doch der Stil ist barock. Behns Spiel mit Hermes und Aphrodite, ihr Eingeständnis, dass sie einem knabenhaften Mädchen mit weniger Scham oder Risiko nachstellen kann als einem jungen Mann und dass solche erotische Anwandlung nichts weniger als schicklich wäre, es sei denn, einem Mann gegenüber, entführt uns tiefer in den Irrgarten zwischenmenschlicher Sexualität als jeder andere Text aus dem Jahr 1688. (Saikaku schreibt viel offenherziger, aber weniger kultiviert, Sor Juana stärker verschlüsselt und anspielungsreich.)

Ein ähnlich barockes Konglomerat des Schicklichen mit dem Verpönten, des Diskreten mit dem Demonstrativ-Öffentlichen findet sich in zwei größeren Prosawerken, die Behn 1688 drucken ließ. An den Anfang beider Geschichten setzte sie den bescheidenen Anspruch, ausschließlich überprüfbare Fakten zu erzählen, aber später entspinnen sich lange, ereignisreiche Nebenhandlungen, die der Erzählerin angeblich von anderer Seite berichtet worden sind. Die melodramatischen Umschwünge und höchst überschwänglichen Gefühlsausbrüche schreien geradezu danach, in Szenenfolgen und Arien einer barocken Oper umgesetzt zu werden.

Die Hauptgestalt in *Die zu Recht Sitzengelassene* ist ein weibliches Schreckgespenst der Tücke und Gier. Sie wirft sich bewusst einem gut aussehenden jungen Priester an den Hals, den sie anschließend der Vergewaltigung bezichtigt. Er aber bleibt standhaft, was ihn um ein Haar an den Galgen bringt. Sie umgarnt einen Diener mit Liebesversprechungen, bis dieser erfolglos versucht, ihre jüngere Schwester zu vergiften, damit sie deren Erbteil bekommt; später überredet sie ihren Ehemann, den Mordanschlag auf die Schwester zu unternehmen. Doch die Autorin charakterisiert diese Gestalt aus einem frauenfeindlichen Albtraum zu Beginn der Erzählung als »von ihrer Natur zur Liebe bestimmt, aber äußerst unbeständig«. Daher habe sie sich immer in die vorherrschenden Eigenschaften jedes Mannes verliebt, den sie kennen lernte, und die Ehe gemieden, weil »sie die Kraft ihres eigenen Herzens kannte und die Vorstellung nicht ertragen konnte, es einem Einzigen zu schenken ...«.

Man möchte vermuten, dass Behn für *Die zu Recht Sitzengelassene* nicht nur Geschichten ausgewertet hat, von denen sie bei einem früheren Aufenthalt in Antwerpen als ungewöhnliche, wenn auch erfolglose Spionin hörte, sondern auch ihre eigenen Leidenschaften, Enttäuschungen und Antipathien gegen die Heuchelei und Beschränktheit der Gesellschaft.

In den sechziger Jahren hielt sich Aphra Behn als Witwe ohne festen Lebensunterhalt schon seit über 20 Jahren in der bunten und zügellosen Londoner Theaterszene über Wasser. Männer, in die sie sich verliebte, waren entweder verheiratet oder genügten ihren Ansprüchen nicht. Vielleicht wollte sie auch gar nicht wieder unter die Haube und der Vormundschaft eines Ehemanns unterworfen sein, auch nicht einer sorgenfreien Existenz zuliebe.

So kam es, dass sie vom Schreiben leben musste. Es gelang ihr nicht schlecht; mit ihr erklingt eine unverwechselbar weibliche Stimme im Chor der schwülstigen, anspielungsreichen und obszönen Restaurationsliteratur. Ihr Gedicht *Die Enttäuschung*, vor 1680 geschrieben, war die Variation eines Themas, das sich bis Ovid zurückverfolgen lässt: Impotenz und vorzeitiger Samenerguss. Die Version der Autorin nimmt Partei für die Frau, schildert deren Verwirrung, Peinlichkeit, Verachtung und Scham, als sie den nunmehr nutzlos gewordenen Liebhaber verlässt.

Behns *Oroonoko oder Der Königliche Sklave. Eine wahre Geschichte* kam ebenfalls 1688 heraus. Die Rahmenhandlung

bildet ein autobiografischer Bericht über Vorkommnisse in
exotisch weiter Ferne, was beim Lesepublikum von 1688 besonders gut ankam. Behn verarbeitet unter anderem das Erlebnis ihres kurzen Aufenthalts in Surinam an der Nordküste
Südamerikas, als sie noch sehr jung gewesen war. Doch ein
Gutteil des Romans ist mit Sicherheit erfunden. Die Autorin
fasst den Vorsatz, ihr Werk möge »ungeschminkt ans Tageslicht kommen und sich durch die natürlichen Vorzüge und
Verschürzungen empfehlen, da es der Realitäten genug gibt,
sie zu stützen und unterhaltsam zu machen, ohne dass man
Erfundenes hinzufügen müsste«. Erzählt wird die Geschichte
von der Gefangennahme und brutalen Bestrafung des Anfüh-
rers einer Gruppe afrikanischer Sklaven, die von einer Plantage in Surinam fliehen. Die in Surinam spielenden Szenen
sind schlicht gehalten und mit konkreten Angaben über Orte,
Pflanzen, Tiere und Menschen versehen. Doch die Grausamkeit der Weißen und der Edelmut der Sklaven wird in den
grellsten Farben ausgemalt.

Im ersten Teil ihres schmalen Werks, wo Behn von ihrem
Helden berichtet, wie er in die Sklaverei kam und in die Neue
Welt verfrachtet wurde, ist das Melodrama noch dichter ge-
knüpft. Oroonoko ist ein Prinz und militärischer Anführer
seines Volkes, von tiefschwarzer Haut, mit römischer Nase,
dünnen Lippen und einem strengen stoischen Tugendbegriff.
Seine schöne Verlobte Imoinda wird in den Harem des greisen Königs zitiert; einem solchen Ruf darf sie sich nicht entziehen. Ihre Verzweiflung, Oroonokos Wut und die unerwar-
tete Wendung, durch die beide die Erfüllung ihrer Liebe
finden, nachdem sie verraten und in die Sklaverei verkauft
worden waren, sind reinstes Barocktheater. Sein Monolog
lässt die Arie des trotzigen Helden erklingen: »Wer immer ihr
seid, die ihr die Dreistigkeit begeht, euch diesem Gemach so
ungestüm zu nähern, wisset, dass ich, Prinz Oroonoko, den
Ersten, der es betritt, mit dem sicheren Tode dafür werde

büßen lassen. Deshalb tretet zurück und wisset, dass dieser Ort heute Nacht der Liebe und mir geweiht ist; morgen wird er des Königs sein.«

In einer abschließenden barocken Kehrtwendung werden Oroonoko und Imoinda, die getrennt über den Ozean gebracht wurden, auf einer Plantage in Surinam vereint und schließen den Bund fürs Leben. Die anderen Sklaven und einige wenige Weiße erkennen Oroonokos natürlichen Adel an. Die Weißen nennen ihn Cäsar und gewähren ihm besondere Vorrechte. Trotz seiner abgeschirmten Stellung und Imoindas Schwangerschaft wird Cäsar, wie die Autorin ihn jetzt selbst nennt, zum Anführer eines massenhaften Fluchtversuchs der Sklaven, die sich zur Küste durchschlagen und so lange verteidigen wollen, bis sie ein Schiff für die Rückkehr nach Afrika finden. (Wie wir von Brasilien und Jamaika wissen, war es in späterer Zeit, wenn nicht schon damals, üblich, dass entflohene Sklaven ins Inland flohen, um sich in entlegenen Gebieten zu verschanzen und niederzulassen.)

Cäsars Rede könnte umstandslos in Musik gesetzt werden: »Und warum, meine lieben Freunde und Leidensgefährten... sollen wir Sklaven eines unbekannten Volkes sein? Haben sie uns auf edle Weise im Kampf besiegt? Haben sie uns in ehrenvollem Gefecht erobert? Und sind wir durch das Kriegsglück ihre Sklaven geworden? Das würde ein edles Herz nicht erzürnen, das würde eines Kriegers Seele nicht erregen. Nein, wir Narren und Feiglinge werden gekauft und verkauft wie Affen, zum Vergnügen der Weiber und um Schurken und Pflichtvergessene zu unterstützen, die ihr eigenes Land verlassen haben, um auf Raub, Mord, Diebstahl und andere Schändlichkeiten auszugehen... Wollt ihr von solchen Händen die Peitsche erdulden?« Und die Schwarzen antworten einmütig im Chor: »Nein, nein, nein! Cäsar hat wie ein großer Hauptmann gesprochen, wie ein mächtiger König.«

Als die zusammengewürfelte Miliz der Kolonie die Fliehenden einholt, reagieren die Afrikaner verstört, nicht wegen der überlegenen Bewaffnung, sondern wegen der Unordnung der Weißen und weil sie ihre Peitschen benutzen, um sie den Sklaven über die Augen zu schlagen. Am Ende steht ihnen nur noch ein heldenhafter Freund Cäsar bei und außerdem natürlich Imoinda, die schon hochschwanger ist, aber einen Bogen spannt und mit vergifteten Pfeilen mehrere Weiße tötet.

Cäsar, der sich schließlich zur Kapitulation überreden lässt, drängt die Weißen, ihm einen raschen Tod zu gewähren, denn er werde sonst keine Ruhe geben, bis er den Mann getötet habe, der ihn vor aller Augen auspeitschen ließ. Obwohl man ihn zum Tode verurteilt, um ein Exempel zu statuieren, können ihn seine Freunde noch schützen und gesund pflegen. Er aber sinnt auf Rache, und »sein Herz erfreute sich mit der Vorstellung des Gemetzels, mit dem er die ganze Pflanzung heimsuchen würde«. Imoinda und er beschließen, dass sie zuerst sterben soll, um nicht der Rache der Weißen zum Opfer zu fallen. Er ist willens, ihr selbst den Tod zu geben.

»Als alles gesagt war, was Liebe in einem solchen Fall zu sagen vermag, und alle zeitweiligen Unschlüssigkeiten beseitigt waren, legte sich das liebreizende, junge und angebetete Opfer selber vor ihrem Opferpriester nieder, während er mit entschlossener Hand und in tiefem Herzeleid den todbringenden Streich führte, indem er ihr erst die Kehle durchschnitt und dann ihr immer noch lächelndes Gesicht von diesem köstlichen Leib trennte, so schwanger von den Früchten der zärtlichsten Liebe. Sobald er das getan hatte, bettete er den Leichnam geziemend auf ein Lager von Blättern und Blumen und verbarg ihn unter einer gleichen, von der Natur geschaffenen Decke, nur ihr Gesicht ließ er noch unbedeckt, um es anzuschauen. Doch da er nun sah, dass sie tot war, unwiederbringlich, ihn nie mehr mit ihren Augen und ihrer sanften Sprache zu beseligen, steigerte sich sein Schmerz zu wilder

Wut, er tobte, raste und brüllte wie ein Ungeheuer des Waldes, wieder und wieder den geliebten Namen Imoindas rufend. Tausendmal kehrte er das verhängnisvolle Messer, welches die Tat vollbracht, gegen sein eigenes Herz, entschlossen, ihr sogleich zu folgen; aber die grausige Rache, die jetzt noch tausendmal ungestümer in seiner Seele lebte als zuvor, hielt ihn zurück...«

Acht Tage verbringt Cäsar trauernd und auf Rache sinnend am Blumensarg seiner Geliebten. Mit letzter Kraft gelingt es ihm, einen der Engländer zu töten, die ihn gefangen nehmen. Bis ans Ende trotzt er seinen Peinigern:

»Er hatte das Tabakrauchen kennen gelernt, und als er sicher war, dass er sterben müsse, verlangte er, ihm eine bereits angezündete Pfeife in den Mund zu stecken, und so geschah es. Und dann kam der Henker und schnitt ihm zuerst das Glied ab und warf es ins Feuer, danach schnitten sie ihm mit einem stumpfen Messer die Ohren und die Nase ab und verbrannten sie. Er rauchte immer noch, als habe ihn nichts betroffen. Dann hackten sie ihm einen Arm ab, und immer noch hielt er sich aufrecht und ließ nicht von seiner Pfeife; doch als der andere Arm abgeschnitten wurde, sank sein Kopf, und die Pfeife entfiel ihm, und er gab seinen Geist auf, ohne ein Stöhnen oder einen Vorwurf... So starb dieser große Mann, der eines besseren Schicksals würdig war und einen erhabeneren Geist als den meinen verdient hätte, zu seinem Ruhme zu schreiben. Dennoch hoffe ich, das Ansehen meiner Feder ist beträchtlich genug, seinen ruhmreichen Namen für alle Zeiten überleben zu lassen, zugleich mit dem der tapferen, schönen und beständigen Imoinda.«*

1688 war Aphra Behn vermutlich Ende vierzig und nicht bei bester Gesundheit. Zwar war sie nicht in landläufiger

* *Oronoko oder die Geschichte des königlichen Sklaven.* Aus d. Englischen v. Christina Hoeppener. Eingeleitet v. Vera u. Ansgar Nünning. Hamburg: Junius-Verlag 1990.

Weise fromm, doch sympathisierte sie politisch und ästhe-
tisch mit Jakob II. und seinem katholischen Regime. Im April
des folgenden Jahres starb sie in London. 1695 kam ihr *Oroonoko* in der Bearbeitung von Thomas Southerne auf die
Bühne, und Henry Purcell schrieb die Begleitmusik.

Im 18. Jahrhundert wurde ihr Roman von Gegnern der
Sklaverei viel gelesen, und bis in unsere Zeit wird er von vielen geschätzt, die für eine Befreiung der Frau aus den Schranken bürgerlicher Konventionen und männlicher Dominanz
eintreten. Virginia Woolf urteilte in ihrem Buch *Ein Zimmer
für sich allein*: »Alle Frauen zusammen sollten Blumen auf das
Grab der Aphra Behn streuen, ... denn sie war es, die ihnen
das Recht einbrachte, zu sagen, was sie denken.«

20. NEWTON, LOCKE UND LEIBNIZ

In der Ära der Aufklärung im 18. Jahrhundert feierten die Nachfahren der von uns geschilderten Frühmoderne Isaac Newton als leuchtendes Vorbild. Ihnen galt sein Werk als triumphaler Sieg in den Kämpfen, die Kopernikus, Galilei und andere ausgefochten hatten, um gegen Dogmen und Aberglauben ein Weltbild auf Grundlage wissenschaftlicher Beobachtung und Vernunft durchzusetzen. Moderne Wissenschaftshistoriker beurteilen die lebhaften Auseinandersetzungen, vor deren Hintergrund Newton in den Bereichen der Optik, Mechanik, Astronomie und Mathematik zu umwälzenden Erkenntnissen gelangte, sehr viel differenzierter. Gleichwohl verneigen wir uns voller Staunen vor der geistigen Schaffenskraft und Konzentration, die hinter jenen Formeln steckt, mit deren Hilfe wir die Zusammenhänge der Natur verstehen und für deren Berechnung Newton selbst die Grundlagen schuf.

Sein wichtigster Durchbruch war die Synthese der universellen Gesetze der Schwerkraft. Sein mathematisches Denken ging hier weit über die Grenzen des beschränkten Menschenverstandes und der Anschauung hinaus, wonach Objekte einander nur im direkten Kontakt beeinflussen können; das Konzept der Fernwirkung war ihm selbst nicht geheuer, weil er keine einleuchtende, allgemein verständliche Theorie dafür fand. Nach Jahrzehnten heftigster Kontroversen wurde es mit der Zeit von allen Naturwissenschaften akzeptiert.

Für Newton brach mit dem Jahr 1688 eine wichtige Epoche seines Lebens an. Er hatte soeben ein Buch veröffentlicht, das nicht nur als Hauptwerk des Physikers gilt, sondern zu den wenigen Büchern zählt, die unser Weltbild radikal verändert haben: *Philosophiae Naturalis Principia Mathematica (Die mathematischen Grundlagen der Naturphilosophie)*. Seine epochale Bedeutung wurde schon in den ersten Rezensionen gerühmt. Zugleich hatte die politische Krise den Autor aus seinem unpolitischen Dornröschenschlaf geweckt. Den Rest seines Lebens verbrachte er als prominenter Mann.

Isaac Newton wurde 1643 als Kind einer nicht unvermögenden, doch wenig gebildeten Familie in einem Dorf in Lincolnshire geboren. Sein Vater war gestorben, bevor Isaac zur Welt kam, und als der Knabe drei war, heiratete seine Mutter erneut. Der Junge lebte bei seinen Großeltern mütterlicherseits, bis sein Stiefvater sieben Jahre später verstarb. Möglicherweise hängt die erzwungene Trennung von seiner Mutter ursächlich mit seiner späteren Nervenschwäche und Reizbarkeit zusammen. Die Familie seiner Mutter, besonders ihr Bruder, ein Geistlicher, setzte sich für eine solide Ausbildung des begabten und merkwürdigen Jungen ein, der sich überdies bei der Landwirtschaft als gedankenverlorener, unbeholfener Tölpel erwiesen hatte. Lediglich die Sonnenuhren waren ganz praktisch, von denen er mehrere bastelte; zeit seines Lebens und wo immer er sich aufhielt, interessierte er sich für die genaue Beobachtung der Sonnen- und Schattenbewegungen.

1661 wurde Newton an der Universität Cambridge immatrikuliert. Das mathematische und naturwissenschaftliche Lehrangebot war mehr als dürftig, und durch das offizielle Studium lernte er weniger als aus den Büchern, die er kaufte. 1669 kursierten in Manuskriptform seine ersten mathematischen Aufsätze, die bereits Grundzüge des später von ihm – parallel zu Leibniz – entwickelten Differenzial- und Integralkalküls enthielten. Dafür bekam er als zweiter Inhaber überhaupt die 1663 von Henry Lucas, einem Mitglied des Universitätsparlaments, gestiftete »Lucas-Professur« für Mathematik (die übrigens heute Stephen Hawking bekleidet). 1672 wurde er in die Royal Society gewählt und überließ ihr für die *Philosophical Transactions* einen Beitrag. Darin führte er den Nachweis, dass sich weißes Licht aus verschiedenen Farben zusammensetzt, die durch Brechung mit Prismen wieder zerlegt werden können. Doch die Empfindlichkeit, mit der er dem Physiker Robert Hooke eine unsachgemäße Kritik übelnahm, verleidete ihm den Austausch mit Kollegen aus der Naturwissenschaft und trieb ihn geradewegs in die Alchemie.

Ein paar Jahre lang exzerpierte und kommentierte Newton alchemistische Aufsätze. Er hoffte, verschiedene alte und neue Geistestraditionen könnten ihm geheime Wahrheiten enthüllen, und neigte wie immer dazu, der jeweils eingeschlagenen Richtung mit verbissener Energie zu folgen. Newton betrieb die Alchemie nicht, um »Ausgangsmetalle« in Gold zu verwandeln, sondern weil er zum verborgenen Wissen über Prinzipien der Anziehungskraft von Gegenständen vordringen wollte. Die alchemistischen Symbole des Lichts und der Sonne bestärkten ihn in Spekulationen über eine ursprüngliche und reine Form göttlicher Verehrung im Tempel Salomonis und an den Kultstätten der griechischen und ägyptischen Antike, wo eine ewige Flamme im Mittelpunkt den Sonnenmythos repräsentierte: »Allgemein herrscht die Überzeugung, dass ein heiliger Platz mit einem Feuer in der Mitte ein Emblem des Weltsystems war.«

Solchen Spekulationen zum Trotz blieb Newton verborgenen Realitäten auf der Spur, die quantitativ analysiert werden konnten. Grundsätze der quantitativen Analysis hatte er schon zehn Jahre zuvor beim Studium der Planetenbahnen entwickelt. Inzwischen hatte Robert Hooke auch seine eigenen vagen Andeutungen eher beiläufig publiziert. Später, als Newton das Thema mit mathematischer Strenge anging, beschuldigte ihn Hooke des Plagiats, und an dem alten Zwist drohte kurzfristig die Veröffentlichung des Newtonschen Hauptwerks zu scheitern.

Erst 1684 traf Newton auf einen Kollegen, der ihm mit mehr Großmut begegnete: Edmond Halley, der damals viel Mühe daran wendete, die Flugbahn eines Kometen zu berechnen, der 1682 erschienen war und den wir noch heute als »Halleyschen Kometen« kennen. Von Newton erfuhr er bei einem Besuch, dass elliptische Kometenbahnen denselben Gesetzen unterliegen wie Orbits der Planeten. Das war für Halley eine freudige Überraschung; was er benötigte, war genau diese Ableitung aus der elementaren Mechanik der Umlaufbahnen. Er forderte Newton auf, seine Berechnungen schriftlich niederzulegen, und erhielt drei Monate später ein kurzes Traktat *Über Bewegung*. Seine Erkenntnisse konnte Newton noch erweitern und vervollkommnen, was ihn ungeheure Anstrengungen kostete und weshalb er mitunter sogar die Mahlzeiten vergaß. Es stellte sich heraus, dass die Entfaltung seiner Ideen »ein weit schwierigeres Unterfangen war, als ich ahnen konnte«.

Schließlich fand der Gelehrte die Formeln für seine drei grundlegenden Gesetze. Im ersten wird die Trägheit der Masse als eine der Materie innewohnende Kraft erkannt; im zweiten das proportionale Verhältnis von Bewegungsänderungen und der dabei aufgewandten Kraft analysiert; das dritte setzt ein dynamisches Verhältnis von Einwirkung und Rückwirkung, Aktion und Reaktion voraus. Seit langem schon hatte Newton das Gesetz der universellen Schwerkraft in einzelnen Zügen begriffen, die er jedoch erst jetzt streng wissenschaftlich aufeinander beziehen konnte. Und mehr noch, seine Laufbahnberechnungen waren auch auf Kometen anwendbar.

1686 hatte Halley genug Manuskript an der Hand, um der Royal Society die Veröffentlichung von Newtons Buch vorzuschlagen. Die Gesellschaft war einverstanden, bestand aber später darauf, dass Halley, der kein reicher Mann war, die Druckkosten übernahm. Als Hooke behauptete, Newton habe seine Ideen geplündert, drohte Newton, entscheidende Teile seines Manuskripts zurückzuziehen, doch Halley konnte ihn beruhigen. Newton hatte ein fertiges Buch, einen Verleger und einen wirklich treuen Freund; jetzt konnte ihn nichts mehr aufhalten. Halley drängte ihn noch immer und brütete selbst bis spät in die Nacht über den detaillierten Tabellen und der Fahnenkorrektur. Am 5. Juli 1687 konnte er Newton schließlich mitteilen, dass die Arbeit getan sei, und er sandte ihm 20 Exemplare. Als Newton in Cambridge über die Straße ging, hörte man einen Studenten sagen: »Hier geht der Mann, der ein Buch geschrieben hat, das weder er noch sonst jemand begreift!«

Seine Rezensenten hatten es begriffen. Halley zeigte das Buch in den *Philosophical Transactions* an und begann mit den Sätzen: »Der unvergleichliche Autor... gibt in seiner Abhandlung ein höchst bemerkenswertes Zeugnis, wessen der menschliche Geist fähig ist. Er zeigt zugleich die Prinzipien der Naturphilosophie auf, und zwar in allen ihren Konsequenzen, sodass das Thema damit ausgeschöpft und seinen Nachfolgern wenig zu tun zu bleiben scheint.« Anfang 1688 druckten die *Acta eruditorum* eine ausführliche und anerkennende Zusammenfassung, und das *Journal des sçavans* nannte es »die perfekteste Mechanik, die man sich vorstellen kann«, polemisierte jedoch hartnäckig gegen das physikalische Grundmodell der Anziehungskraft.

Mittlerweile wurde Isaac Newton tief in den Konflikt seiner Universität mit König Jakob II. hineingezogen. 1687 hatte der König angeordnet, die Master-of-Arts-Würde einem Benediktinermönch zu verleihen, der keine einzige Übung besucht hatte und offenbar die Absicht verfolgte, sich in Universitätsangelegenheiten einzumischen. Eine Machtprobe bahnte sich an, und im März stellte sich heraus, dass Newton, der noch ganz ausgelaugt von seiner Arbeit an den *Principia* war, zu den Rebellen gehörte. Im April trat er in Aktion, als er die Stellungnahmen entwarf, mit der acht Delegierte vor einer förmlichen Kirchenkommission die Ablehnung des Magistertitels für den Benediktiner durch die Universität begründen sollten. Newton selbst kam überraschend mit einer Standpauke davon.

Wie er das Jahr 1688 verlebte, wissen wir praktisch nicht. Offenbar hat er seine Pächter verklagt, weil sie den Bauernhof vernachlässigten, auf dem er sich früher so töricht angestellt und den er mittlerweile geerbt hatte. Im Januar 1688 schildert er brieflich und in allen Einzelheiten den Zustand des Hofs, den er im März und April 1687 besucht hatte. Insgesamt hielt er sich wohl zurück in der Hoffnung, dass die politischen Stürme an ihm vorüberziehen mögen, und las seine Rezensionen.

1689 war Newton einer der beiden Delegierten der Universität, die in das Krönungsparlament berufen wurden. Er lernte Locke und viele andere bedeutende Zeitgenossen kennen. 1690 erhielt er die Ernennung zum königlichen Münzwardein und nahm diesen Posten sehr ernst. Unter anderem gelang es ihm, mehrere Falschmünzer zu überführen; auf dieses Staatsvergehen stand Hinrichtung durch Ertränken. Endlich gelang es ihm, seine Schrift über die Optik zu publizieren, die er schon lange fertig liegen hatte. Später wurde er zum Präsidenten der Royal Society gewählt, arbeitete an Verbesserungen seiner *Principia* und geriet in einen erbitterten Prioritätenstreit mit Leibniz über die Entdeckung des Differenzial- und Integralkalküls.

John Locke verbrachte das Jahr 1688 in Holland, wo er meist im Haus seines Freundes Benjamin Furly am Reedereihafen in Rotterdam logierte. Furly war ein wohlhabender Kaufmann und Quäker, der seit etwa 1660 in Rotterdam lebte. Während der Restaurationszeit war England ein heißes Pflaster für Menschen seiner Glaubensrichtung geworden. 1688 sandte Furly mehrere Bittschriften an Prinz Wilhelm von Oranien, in denen er Partei für einen Wiedertäufer nahm, den calvinistische Prediger aus seiner Heimatprovinz verjagt hatten und dem jetzt die Ausweisung aus einer Stadt bei Haarlem drohte. Der 1683 aus England geflohene Locke fand in Furlys Haus eine Zuflucht. Die Menschen, die ihn aufnahmen, teilten seine Liebe zur Freiheit und – bis zu einem gewissen Grade – auch seine Liebe zu Büchern und seine Neugier auf die Welt.

Wichtiger noch war, dass der alternde Junggeselle und ewige Student bei den Furlys gewissermaßen zur Familie gehörte. In Briefen, die Locke von unterwegs an Furly schrieb, gibt er sich ungezwungen und redselig; nie fehlen Empfehlungen an Mrs. Furly und Arent, ihren Jüngsten, den sie 1685 zur Welt gebracht hatte. Er trug einen holländischen Namen, und obwohl Locke fast nie in dieser Sprache schrieb, bediente er sich einzelner Ausdrücke in seinen Grußworten an den Kleinen: »Sagt Toetje [Arent], ich ließe ausrichten, er solle nicht immer so stout [holländisch für »ungezogen«] sein, sonst bringe ich ihm nichts mit, und wenn ich wiederkomme, ist nur noch Jantje [Jan, ein älterer Bruder] mein Freund und er nicht mehr!«

Locke bewahrte jedes Blatt auf, das ihm in die Hände kam; die neueren Editionen seiner Korrespondenz enthalten 105 Briefe von Locke an Furly aus dem Jahr 1688 sowie ein paar mehr, die nahe stehende Freunde ihm geschrieben hatten und die er eigenhändig mit Kommentaren versah. Vielfach enthielten sie Lob für das Manuskript seines *Versuchs über den menschlichen Verstand (Essay Concerning Human Understanding)*, das unter seinen Gönnern und speziellen Freunden kursierte, und für die gedruckte französische Zusammenfassung dieses Werks, die gerade erschienen war. Locke und seine Freunde ahnten wohl, dass ihn dieses umfangreiche, schwierige Buch berühmt machen würde. Womit sie nicht rechnen konnten, war die Tatsache, dass es ein Jahrhundert lang maßgeblichen Einfluss auf das westliche Denken nehmen sollte.

Ausgehend von der Frage nach der Natur und Verlässlichkeit unserer Ideen, die Descartes gestellt hatte, und von Hobbes' ersten Schritten zu einer Kausalgeschichte des menschlichen Wissens, legte Locke das Fundament des Empirismus, einer Theorie der sinnlichen Erfahrung, die bis heute nichts von ihrer Plausibilität verloren hat, auch wenn wir sie mittlerweile der Kritik unterziehen. Locke untersucht die sinnliche Wahrnehmung und innere Selbstprüfung (»Sensation« und »Reflexion«) als Quellen der Erkenntnis und verwirft Descartes' Annahme angeborener Ideen. Feinfühlig geht er den Abwegen nach, auf die das Denken allein durch die Sprache und durch das Interesse daran gerät, wie wir die Ideen gewinnen. Dieses Interesse bringt ihn dazu, Kinder und Heranwachsende zu beobachten und über die Physiologie der Wahrnehmung nachzudenken. Gegen Konzepte wie »Substanz« und »Akzidenz« führt er an, sie könnten nicht in empirischen Begriffen ausgedrückt werden.

In diesem *Essay* finden sich, nicht zufällig, sondern ganz bewusst gesetzt, massive Angriffe auf die Fundamente der älteren religiösen Orthodoxie und auf einige ihrer Gottesbeweise. Obwohl er zutiefst überzeugt war, dass religiöser Glaube und die Möglichkeit, die Existenz Gottes zu beweisen, moralisch notwendig und gerechtfertigt sind, verstrickte sich Locke in den folgenden Jahren immer tiefer in heftige Kontroversen mit den Hütern des reinen Dogmas.

Im holländischen Exil widmete sich Locke 1688 regelmäßig einer anderen Schrift, die bis dato unveröffentlicht war und von der er hoffte, niemand würde sie vorzeitig lesen. Als er einem zuverlässigen Verwandten schrieb, der sie für ihn versteckte, nannte er als Codenamen nur *De Morbo Gallico*, was wie ein harmloser Scherz klingt: Mit dem beschönigenden Wort »Franzosenkrankheit« war Syphilis gemeint, und von einem Mediziner wie Locke durfte man erwarten, dass er darüber schrieb. Doch Locke und viele andere nannten auch den königlichen Absolutismus eine Franzosenkrankheit. Bei dem Manuskript handelte es sich um Lockes brisante Rechtfertigung von Widerstand und Rebellion gegen Tyrannen, die 1689 unter dem Titel *Zwei Abhandlungen über Regierung (Two Treatises on Government)* herauskommen sollte.

Der größte Teil war schon um 1680 fertig gewesen, aber Locke hielt einige auf die Situation von 1689 gemünzte Ergänzungen für nötig. Den Anfang bildet eine umfassende Kritik der herrschenden Theorie des Absolutismus; im Anschluss entwickelt er seine berühmte Lehre vom Zustand der natürlichen Gleichheit und Autonomie der Menschen, die »gegenseitig übereinkommen, eine Gemeinschaft einzugehen und einen politischen Körper zu bilden«. Entweder der Natur- oder der Gesellschaftszustand kann zum Kriegszustand werden, wenn ein Mann einen anderen angreift oder versucht, ihn seiner absoluten Macht zu unterwerfen.

»Von dem, der im Naturzustand *die Freiheit rauben würde*, die in diesem Zustand jeder besitzt, müsste man zwangsläufig annehmen, dass er beabsichtigt, auch alles andere zu rauben, denn diese *Freiheit* bedeutet die Grundlage alles Übrigen: ebenso wie man annehmen muss, dass derjenige, der im Gesellschaftszustand den einzelnen Gliedern dieser Gesellschaft oder dieses Gemeinwesens die ihnen gebührende *Freiheit* raubt, auch beabsichtigt, ihnen alles Übrige zu nehmen, und dass man ihn deshalb als *in einem Kriegszustand* betrachten muss.«

Im gesellschaftlichen Zustand ist Privatbesitz legitim, weil die Einzelnen ihre Arbeitskraft dem Land oder dem Material widmen und ein Recht auf die Produkte ihrer Arbeit haben.

Der Schutz des Privateigentums ist ein Hauptziel der Bürger-
gesellschaft. Diejenigen, die Verfassungen und Gesetze einer
Gesellschaft missachten, sind die eigentlichen Rebellen und
müssen als solche behandelt werden.

Anfangs als Plädoyer für den Widerstand gegen die absolute Herrschaft Karls II. gedacht, später zur nachträglichen
Rechtfertigung des Widerstands gegen Jakob II. aktualisiert,
geriet die Schrift in ihren Folgerungen weit radikaler, als es
die gemäßigte Haltung und besonnene Natur des Autors erwarten lassen. Berühmt wurde sie, weil sie revolutionäre
Ideen in Amerika und in weiten Teilen auch das moderne
demokratische Denken inspirierte. 1689 erschien sie anonym,
und obwohl sich bald herumgesprochen hatte, dass Locke der
Autor sein müsse, hat er die Urheberschaft erst in seinem Testament eingeräumt.

Andere Interessen Lockes kommen in seiner Korrespondenz mit einem englischen Landedelmann namens Edward
Clarke zur Geltung, dessen Ehefrau Mary Lockes Cousine
war. Als heimatloser, im Exil ausharrender Junggeselle proji-
zierte Locke seine Wunschträume vom trauten Heim und
vom Landleben auf die Clarkes, sandte ihnen Ableger für ihren Garten, und einige daraus gezogene Bäume waren noch
nach 1900 an Ort und Stelle. Zu Beginn des Jahres 1688 ließ
Locke einige gute friesische Schafe expedieren, mit denen
Clarke seine Zucht aufbessern sollte. Seit 1686 verfasste
Locke lange Briefe an Clarke, die Erziehung von dessen Sohn
betreffend. Diese abgeklärten Briefe, die später auch als Buch
unter dem Titel *Einige Gedanken über Erziehung (Some
Thoughts Concerning Education)* gedruckt wurden, lassen den
Vorläufer des modernen Empirismus und Liberalismus auch
als Mitbegründer der pädagogischen Psychologie erscheinen.

In seinem Brief vom 6. Februar 1688 entwickelte Locke ein
regelrechtes Programm für Clarke: »Was ich Ihnen als Nächstes raten möchte, ist, Ihren Sohn auf jeden Fall einen Beruf er-

lernen zu lassen, einen Handwerksberuf. Sie werden wohl glauben, ich hätte vergessen, dass er Ihr erstgeborener Sohn und Erbe sei und dass alles, was ich Ihnen schon früher über seine Erziehung mitgeteilt habe, der Bestimmung eines Edelmanns entsprach, mit der ein Handwerk vollkommen unvereinbar wäre. Ich gebe zu, dass es so ist, doch habe ich weder seine Geburt und seinen Stand vergessen, noch welche Ausbildung ich für ihn empfehle...« Ob der Junge die Malerei erlernen solle? Nein, denn es wäre sinnlos, wenn er kein Talent dafür zeige, denn »schlechte Malerei gehört zum Schlimmsten, was es auf der Welt gibt«.

Sinnvoller wäre Gärtnern oder Schreinern mit Holz, beides käme einem Grundbesitzer unendlich zugute, sowohl für den Eigenbedarf als auch, wenn er sein Gesinde bei solchen Tätigkeiten beaufsichtigt. »Seine Handwerkskunst sollte geeignet sein, die Mußestunden damit auszufüllen, damit sie entspannt und die müden, bereits abgearbeiteten Glieder erfrischt, und doch sollte etwas dabei herauskommen, das später einen Gewinn abwirft.« Endlich kommt er zu dem Schluss, dass die Goldschmiedekunst das beste Gewerbe für den Jungen wäre. Ginge er ein bis zwei Jahre bei einem Goldschmied in Holland oder anderswo in die Lehre, könnte der Junge Fertigkeiten erlernen, die den Geist schulen, den Lebensunterhalt sichern und ihn mit »herausragenden Persönlichkeiten« bekannt machen.

Zugleich könnte er im Ausland Erfahrungen sammeln, ohne die frivolen und belanglosen Abenteuer der beim britischen Adel üblichen Grand Tour zu absolvieren. Doch welches Handwerk es sei, hier wie bei der sonstigen Erziehung und Lebensführung des jungen Mannes käme es darauf an, dass er sich verschiedenen Tätigkeiten widme, denn »Kinder verabscheuen Müßiggang. Es gilt daher nach Möglichkeit, ihre geschäftige Laune ständig zum praktischen Tun anzuhalten«.

Eine andere Korrespondenz zeigt Lockes eigenbrötlerische Humanität in leuchtenderen Facetten. Damaris Cudworth, Lady Masham, schickte ihm am 7. April 1688 aus Oates, ihrem Landhaus in Sussex, einige Anmerkungen zur französischen Zusammenfassung seines *Versuchs über den menschlichen Verstand*. Darin setzt sie sich besonders mit Lockes Vorbehalten gegen alle Theorien auseinander, die mit angeborenen Ideen operieren. Sie hielt Lockes Abgrenzung eigener Überzeugungen von denen, die er bekämpfte, für spitzfindig. Die Vertreter angeborener Ideen, meinte sie, wollten gar nicht unterstellen, diese seien »lesbar eingeschrieben wie astronomische Symbole im Kalender, sie sind vielmehr aktives Wissen in der Seele, wodurch ihr angedeutet wird, was sie selbst in einen klareren und größeren Begriff fassen muss. Ihre Situation lässt sich mit einem schlafenden Musiker vergleichen, der nur träumt oder irgendeine Ahnung von etwas Melodischem hegt, bis er wach wird und das Bedürfnis zu singen verspürt, und dem dann, wenn ihm jemand zwei oder drei Worte eines Liedes hinwirft, das ganze Lied augenblicklich gegenwärtig ist«.

Die musikalische Metapher und die Verwendung des englischen Begriffs für Seele (»soul«) im Femininum deuten an, dass die Schreiberin der so genannten platonischen Schule angehört. Damaris Cudworth war die Tochter des Platonisten Ralph Cudworth an der Universität Cambridge und kannte offenbar die philosophischen Vorlesungen ihres Vaters. Als sie John Locke 1682 zum ersten Mal begegnet war, hatte er das 50. Lebensjahr erreicht; sie selbst war gerade 24. Sie verliebte sich auf den ersten Blick, doch anfangs konnte er ihr nicht viel mehr als Freundschaft bieten. Als Lockes gewohnte Skepsis allmählich in Zuneigung überging, war sie schon zu verletzt und enttäuscht, um sich noch darauf einzulassen. Ihr Verhältnis war vermutlich noch ungeklärt, als Locke das Land im Sommer 1683 verlassen musste. Noch immer gingen in ihren Briefen tiefe und verunsicherte Leidenschaften mit einem weit gespannten intellektuellen Dialog einher.

Doch in einer Epoche, in der von Frauen erwartet wurde, sich in sehr jugendlichem Alter zu verheiraten, konnte sie nicht ewig auf ihn warten. 1685 heiratete sie Sir Francis Masham, einen Witwer mit neun Kindern. In späteren Briefen klagte sie oft über die viele Hausarbeit und die Ödnis ihres Landlebens. Anfang April 1688 schrieb sie ihm nach Holland: »Sie haben wahrlich Recht, wenn Sie von mir annehmen, dass ich nicht alle Vorschriften meiner lieben Nachbarn befolge und dass meine Küche und die Molkerei nicht meine gesamte Zeit in Anspruch nehmen.«

Als Locke im Januar 1689 nach London zurückkehrte, war er zum prominenten und einflussreichen geistigen Ziehvater der Glorious Revolution avanciert. Doch der Nebel und die schlechte Luft in London bekamen seiner Lunge nicht gut, und nach kurzem Aufenthalt suchte er Zuflucht bei Damaris und ihrem Gemahl in Essex. Ab 1691 wurde das Haus der Cudworths sein Hauptwohnsitz. Damaris war bei ihm, als er 1704 starb.

Gottfried Wilhelm Leibniz, Philosoph, Mathematiker, Rechtsgelehrter, Historiker, eifriger Verfechter einer Wiedervereinigung der christlichen Kirchen, Fachmann für Bergbau, Münz- und Steuerwesen, Staatsrat des Herzogs von Braunschweig-Lüneburg, verbrachte das ganze Jahr 1688 fern von Hannover, der Residenz seines Dienstherrn. Unterwegs in seiner eigenen Kutsche, der ein eigener Gepäckwagen folgte (hauptsächlich mit Büchern beladen, wie man annehmen darf), erforschte er die Familiengeschichte des Hauses Braunschweig-Lüneburg, dem – gestützt auf die Ergebnisse – 1692 die Kurfürstenwürde des Heiligen Römischen Reichs verliehen wurde.

Die Quellenrecherche in Kirchen, Klöstern, Fürstenbibliotheken und Privatsammlungen ermöglichte ihm, seinen

sonstigen vielseitigen Interessen nachzugehen. Er besichtigte
Kuriositätenkabinette, diskutierte mit Fachleuten über Bergbau und Münzwesen und setzte den Dialog und die Korrespondenz mit katholischen, evangelischen und calvinistischen
Intellektuellen fort, die mit seinem rastlosen Streben nach
Überwindung der Kirchenspaltung sympathisierten. Im ländlichen Bayern zeigte sich der Lutheraner Leibniz fasziniert
vom befremdlichen Schauspiel einer Prozession anlässlich der
Karwoche, bei der ein Mann unter Geißelhieben das Kreuz
schleppte.

Als er im Mai nach Wien kam, erhielt der Gelehrte schon
bald Zutritt zur kaiserlichen Bibliothek, wo er wichtige Dokumente für sein Vorhaben fand. Er erneuerte die herzliche
Freundschaft mit Cristóbal de Rojas y Spinola, dem römisch-
katholischen Bischof der Wiener Neustadt, dem die Einheit
der Kirche nicht weniger am Herzen lag als Leibniz. Ferner
beriet er den Gesandten von Braunschweig-Lüneburg am
Kaiserhof und verfasste mehrere politische Vorschläge, von
denen er hoffte, sie dem Herrscher einreichen zu können. Damit wollte er zugleich die Möglichkeiten einer Anstellung bei
Hof sondieren, als kaiserlicher Berater, Hofchronist und Ar-
chivar oder Direktor eines kaiserlichen Historischen Instituts,
für das er und befreundete Gelehrte schon detaillierte Pläne
entwickelt hatten. Im Oktober wurde er von Leopold I. persönlich zur Audienz empfangen, dem er schrieb: »Ich habe
den Tag numehr erlebet, den ich vor vielen Jahren schohn
gewündschet habe, E[urer] K[aiserlichen] M[ajestät] meine
allerunterthänigste devotion Personlich anzutragen.«

Das ungewöhnlichste der dem Kaiserhof unterbreiteten
Projekte hätte die Hauptstadt buchstäblich erleuchtet: Johann Daniel Crafft, ein Leibniz-Freund, hatte bereits die kaiserliche Konzession erhalten, Material für die Beleuchtung
der Straßen Wiens mit Öllampen zu beschaffen. Noch war
nicht klar, woher das Öl kommen sollte, ohne Unsummen da-

für auszugeben oder die Zuteilung für andere Verbraucher stark einzuschränken. Inzwischen gab es jedoch neu eroberte Gebiete in Ungarn, die dem Kaiser untertan waren. Würde man Teile davon Crafft und seinen Geschäftspartnern überlassen, so könnte dort Raps angebaut und aus den Samen Rapsöl gewonnen werden. Dafür solle man ihnen das Privileg zur Betreibung der Wiener Straßenbeleuchtung erteilen. Überdies brächte das Land eine Vielzahl anderer, wenig bekannter Gemüse und nützlicher Getreide hervor.

Heute ist Leibniz hauptsächlich bekannt als Schöpfer eines metaphysischen Systems, das auf der Harmonie spiritueller Substanzen beruht, und als einer der Erfinder der Infinitesimalrechnung. Mitte der achtziger Jahre legte er bahnbrechende Arbeiten auf beiden Gebieten vor, er veröffentlichte mathematische Aufsätze und schrieb 1686 eine *Metaphysische Abhandlung*, die als erste wichtige Stellungnahme seiner philosophischen Reifezeit gelten kann. Leibniz betrachtete die Philosophie als Versuch, den Sinn menschlichen Lebens zu deuten und zugleich religiöse, moralische und politische Traditionen und Ansichten ebenso ernst zu nehmen wie die strengen Gesetze der Mathematik, Physik oder Astronomie.

Für seine Metaphysik der Autonomie und Harmonie hat Leibniz aus allem geschöpft, was sein Leben geprägt hat: ständiger Meinungsaustausch mit Wissenschaftlerkollegen, politische Verpflichtungen, wirtschaftliche Reformprojekte und allem voran die Arbeit an der Wiedervereinigung des Christentums. Für ihn hatte jede Substanz sowohl spirituellen als auch materiellen Charakter und überdies die Gabe des freien Willens. Er fand in jeder Substanz einen begrenzten Widerschein göttlicher Autonomie und Willenskraft. Ein Maximum dieser Kraft wohnte der unsterblichen Seele des Menschen, der geringste Teil unbelebten Gegenständen inne.

Ein Brief, den Leibniz 1686 seinem philosophischen Widersacher an der Sorbonne, Simon Foucher, schrieb, fasst sein
damaliges Denken prägnanter zusammen als die vielen Paragrafen seiner *Abhandlung*: »Ich glaube, dass jede individuelle
Substanz auf ihre Weise das gesamte Universum zum Ausdruck bringt und dass ihr Folgezustand nur die (wenn auch
meist freie) Konsequenz eines vorhergehenden Zustands ist,
als gebe es nichts als Gott und sie in der Welt. Doch weil alle
Substanzen die kontinuierliche Hervorbringung des souveränen Seins sind und dasselbe Universum oder dieselben Phänomene ausdrücken, stimmen sie untereinander vollkommen
überein, weshalb wir auch sagen, dass eines das andere her-
vorbringt, weil eines die Ursache des Wandels deutlicher zum
Ausdruck bringt als das andere, ähnlich wie wir mit gutem
Grund die Fortbewegung eher dem Schiff ursächlich zu-
schreiben als der Gesamtheit des Meeres.«
Leibniz hatte sich Elemente der rationalen Metaphysik
und der christlichen Theologie zu Eigen gemacht, doch mit
seiner Betonung der Autonomie jeder Substanz, ihrer zeit-
lichen Kontinuität und vor allem der Art, wie eines jedes andere spiegelt und zugleich *ausdrückt*, hatte er eine erkennbar
eigenständige Position formuliert. Zugleich stimmte sie ele-
mentar damit überein, dass er sich von der Vielfalt der Men-
schennatur nicht abschrecken, sondern faszinieren ließ. Seine
philosophische Korrespondenz beruht ebenso wie der Versuch, die Kirchenspaltung zu überwinden, auf der Überzeugung, dass die Einzelwesen sich gegenseitig und alle zusammen die eine Wahrheit widerspiegeln.
1688 bereitete Leibniz schon den nächsten Schritt vor, der
auf dem Glauben an die grundsätzliche Möglichkeit der zwi-
schenmenschlichen Verständigung beruht, hatte ihn allerdings noch nicht vollzogen. Er begann, sich für die Nachrichten aus China zu interessieren, die von Missionaren seit den
siebziger Jahren nach Europa gesandt wurden. Die meisten

solcher Informationen erreichten ihn gefiltert durch deutsche
Gelehrte, die nie in China gewesen waren. Sie hatten weniger
mit den Realitäten des chinesischen Reichs als mit der Suche
nach einem universellen Sprach- und Erkenntnisschlüssel zu
tun (eine Vorstellung, der auch Leibniz als junger Mann ver-
fallen war).

Im Dezember 1687 hatte Leibniz in der Zunnerschen Buch-
handlung zu Frankfurt am Main ein Exemplar des soeben erschienenen *Confucius Sinarum philosophus* gesehen, der im selben Jahr erschienen war. Ob er ihn kaufte, ist nicht ganz sicher;
vielleicht war er im Gepäckwagen verstaut, als Leibniz die
Reise fortsetzte. Aber ihm entging nicht, dass sich die ersten in
den traditionellen Chroniken der Chinesen erwähnten Daten
dem von Theologen berechneten Zeitpunkt der christlichen
Sintflut bedenklich annäherten. Über die moralische und literarische Qualität der konfuzianischen Lehre urteilte er:
»Gewöhnlich bedient er sich der Gleichnisse. Beispielsweise sagt er, nur im Winter könne man erfahren, welche
Bäume ihr Grün erhalten; ähnlich erschienen in Zeiten der
Ruhe und des Glücks alle Menschen gleich, erst inmitten von
Gefahren und Unordnung erkenne man den Mann von Tugend und Verdienst.« Leibniz suchte Kontakt zu Veteranen
der Jesuitenmission, korrespondierte mit den in China tätigen
Missionaren und träumte von der großen »wechselseitigen Er-
leuchtung«, einer *commerce de lumières* mit den Chinesen.

Katholizismus, Protestantismus, Skeptizismus, Dogmatismus und jetzt auch noch Konfuzianismus: Aus der Perspektive
dieses alten Mannes wurden all diese zu Facetten der einen
Vernunft, des göttlichen Widerscheins. Richtig verstanden, leisteten sie – im Zusammenwirken mit reformiertem Münzwesen, Straßenbeleuchung, einer die Armen nicht überfordern-
den Besteuerung, selbst mit der Geschichtsschreibung – ihren
Beitrag zur Harmonie des Weltganzen und zur allgemeinen
Wohlfahrt unter aufgeklärten Herrschern. Bei der ersten Lek-

türe konfuzianischer Texte in Übersetzung verspürte Leibniz
eine Gemeinsamkeit der Grundwerte, die er bereits in seiner
eigenen *Confessio Philosophi*, dem philosophischen Bekenntnis
von 1675, formuliert hatte:

»Dem, der Gott liebt, ziemt es also, das Vergangene als gut
anzusehen und sich zu bemühen, aus dem Zukünftigen das
Beste zu machen. Nur wer so gestimmt ist, erlangt die Ruhe
des Geistes, auf die die ernsthaften Philosophen dringen, und
die vollständige Hingabe, auf die die mystischen Theologen
dringen.«

Vermutlich wäre Leibniz geschmeichelt gewesen, hätte
ihm jemand dargelegt, wie sehr sein Leben im Jahr 1688
schon dem des alten Konfuzius glich: ständig unterwegs, die
Gunst der Fürsten suchend, in ernsthafte Gespräche mit
guten Freunden vertieft, die Geschichte studierend, voller
Hochachtung für die Religion, wenn auch aus einer gewissen
Distanz. Gefreut hätte ihn wohl auch die Stelle, die ihm in
diesem Buch eingeräumt wird: als einer, der wie die von ihm
beschriebenen Substanzen die Welt, die wir erkunden wollen, in all ihren Facetten reflektiert – die Reiche der Mandschus und Osmanen, den Fortschritt der Wissenschaften, die
tiefe Verwurzelung in der Vergangenheit und den Ernst, mit
dem um Versöhnung und Reformen im Diesseits gerungen
wird, die Abhängigkeit und materielle Unsicherheit, in der
die besten Denker ihrer Zeit leben, die langen Kontinuitäts-
linien und den plötzlichen Umbruch in den europäischen
Dynastien, die individuellen Stimmen und die Widersprüche
des Lebens, denen wir noch 300 Jahre später begegnen.

TEIL VI

WELTRELI-
GIONEN:
DER ISLAM
UND SEINE
NACHBARN

Haya 'alas Salat... Haya 'alal-Falah. Allahu Akbar. La ilaha illa Allah... Kommt zum Gebet... Kommt zum Gebet... Gott ist groß... Es gibt keinen Gott außer Allah.« Beim ersten Dämmerlicht erscholl die Melodie vom Minarett der Moschee und rief die gläubigen Muslime zum ersten der fünf Tagesgebete. Sie fand Gehör auf den Gewürzinseln und auf Mindanao, wanderte mit der Sonne westwärts über Java, Sumatra und die malaiische Halbinsel zum indischen Subkontinent, während weiter nördlich eine neue Sequenz in Peking begann. Diese setzte sich über Xi'an und Turfan über die Oasen der Seidenstraße fort und vereinigte sich mit dem Singsang, der von Süden herauftönte. Diese setzte sich über Xi'an und Turfan über die Oasen der Seidenstraße fort und vereinigte sich mit dem Singsang, der von Süden herauftönte.

In Bagdad, Damaskus, Kairo und Istanbul waren die Rufe der Muezzins aus allen Richtungen zu hören. Sie bildeten jenen kunstlosen Chor zu Tagesbeginn, der für den Islam nicht weniger charakteristisch ist als der Glockenklang für das Christentum. Nördlich des Mittelmeers kam die Melodie abrupt ins Stocken, wo das osmanische Zeltlager am Donauufer den Christen gegenüberstand; südlich des Mittelmeers strömte sie weiter nach Marokko und bis über die Sahara hinaus zu den Bethäusern und Islamschulen von Timbuktu und zu den Handelsplätzen, die am Senegalufer entlang bis an den Atlantik reichten.

Allerorts verneigten sich die Frommen zum Gebet in Richtung Mekka. Allerorts priesen sie ein und denselben Propheten, nach den heiligen Worten des Korans. Überall sehnten sich die Frommen nach dem Hadsch, wollten einmal im Leben die Pilgerfahrt nach Mekka antreten. Der Islam ist an Ereignisse gebunden, die zu einer bestimmten Zeit an einem bestimmten Ort stattfanden, an die Visionen eines Einzelnen. Dessen Offenbarungen waren für alle Menschen der Erde bestimmt, und wurde die neue Religion anfangs auch mit kriegerischen Mitteln weitergetragen, so war ihre Ausbreitung nach China, Südostasien und südlich der Sahara das Werk friedlicher Händler, die dort siedelten und deren Glaube durch Vorbild und Lehre auf die Einheimischen wirkte.

1688 dominierten so genannte Schießpulver-Mächte die Welt des Islam: Osmanen, deren Zentrum in Anatolien lag und deren Herrschaft von Algerien über Bosnien bis zum Jemen reichte; die Safavid in Persien; Moguln auf dem indischen Subkontinent. Die Osmanen führten seit langem Krieg mit dem christlichen Europa, verloren jedoch immer mehr an Boden, ebenso wie im Bruderzwist mit dem Iran. Der Vorstoß der Moguln nach Südindien war nahezu vollendet; jetzt schlugen sie sich mit den kulturellen und politischen Problemen herum, die es mit sich brachte, eine unübersehbare Hindumehrheit zu regieren. Doch die Hindus waren nicht die einzigen »Ungläubigen«, um die sie sich kümmern mussten. Sorgen bereitete ihnen auch die europäische Präsenz im Indischen Ozean.

Durch den Austausch unter Herrschern, die Reisen der Händler und Pilger und das reiche Völkergemisch in Istanbul und mehr noch in Mekka zu Zeiten des Hadsch bildete sich in der Alten Welt ein weit gespanntes muslimisches Bündnisgeflecht, das zugleich wichtige Elemente der Ära von 1688 mit unserer heutigen Zeit verknüpft.

21. IM REICH DES SULTANS

O Du Allerhabener Gott, Du Schöpfer und Erhalter des Himmels und der Erde! Unergründlich ist Dein Ratschluss! Warum muss ich, Dein Knecht, noch bevor ich mein junges Leben ausgekostet habe, hier so gänzlich und unverhofft sterben? So vergib mir wenigstens in Huld und Gnade meine Sünden und lass mich mein Leben im rechten Glauben beschließen!« Das war das stille Gebet des 17-jährigen Osman Aga, als er an einem Sommertag des Jahres 1688, die Hände auf dem Rücken gefesselt, vor sich den blanken Säbel eines magyarischen Flusspiraten, neben dessen Schiff am Donauufer kniete. Und mit lauter Stimme schloss er: »Ich bezeuge: Es gibt keinen Gott außer Allah, dem Einen und Alleinzigen! Und ich bezeuge: Muhammed ist Sein Diener und Gesandter!«

Osman Agas *Gavurlarin esiri (Gefangener der Ungläubigen)* ist eine der raren Autobiografien, die uns aus der osmanischen Zeit überliefert sind. Der Autor, der in der Mitte seines Lebens über seine abenteuerliche Jugend schrieb, hatte eine lebhafte, nahezu filmische Erinnerung an das, was gesprochen wurde, an die Beschaffenheit der Straßen, über die er gewandert war, und der Gebäude, in denen er übernachtet hatte. Sein Bericht lässt sich nicht in allen Einzelheiten nachprüfen, doch insgesamt stimmt er mit den historischen Eckdaten überein. An seiner Seite wandern wir durch die brütende Hitze der Puszta und durch die Wälder von Kroatien. In der anarchischen Brutalität ringsum spüren wir einen Autoritätsverfall, der abrupt einsetzte und darin typisch für das späte 17. Jahrhundert war.

Aga war um 1671 geboren, als Sohn eines Milizhauptmanns in Temesvar, dem heutigen Timişoara in Westrumänien. Damals lag es an der Nordgrenze des Osmanischen Reichs, das sämtliche Schwarzmeerküsten dominierte, ganz Anatolien, Griechenland und den gesamten Fruchtbaren Halbmond einschloss und südlich bis zum Jemen reichte, bis an die Hügel des äthiopischen Hochlands, nach Algier und nach Kreta, das erst kürzlich, 1669, Venedig abgerungen worden war. Das Osmanische Reich hatte den Höhepunkt seiner militärischen Macht und der erfolgreichen Zentralisierung der Verwaltung im 16. Jahrhundert längst überschritten, aber es zählte auch 1688 noch zu den bestimmenden politischen Kräften.

Dagegen stand der allmähliche Aufstieg des Heiligen Römischen Reichs der Habsburger im vorangegangenen Jahrhundert. Anders als frühere christliche Staaten Südosteuropas war es hervorragend organisiert, profitierte vom ständigen technologischen und taktischen Fortschritt der Europäer auf militärischem Gebiet und sorgte als neuartige Gefahr unter türkischen Politikern für Verunsicherung. In Agas Kindheit hatten die Osmanen ihre Gebiete noch fest im Griff und verteidigten ihre Grenzen. Christliche Bauern konnten friedlich ihre Felder bestellen und dem türkischen Oberherrn ihre Abgaben leisten; anscheinend lebten sie in einer behüteten Welt.

Doch 1683 glaubten die Osmanen eine Lücke in der ungarischen Opposition gegen die Habsburger zu erkennen und starteten einen gewaltigen Feldzug, bei dem sie sogar Wien um ein Haar erobert hätten. Doch dann wurden sie durch eine reichlich wacklige Koalition vertrieben, deren wichtigster Partner König Jan III. Sobieski von Polen war. Die Verluste der Osmanen, ihr ungeordneter Rückzug und das Nachsetzen der christlichen Feinde stürzten die Donauregion ins Chaos und machten den Weg frei für die Eroberung Budas – des heutigen Budapests – im Jahr 1685 sowie Belgrads 1688, begleitet von Massakern und Plünderungen.

Berittene Banden von Freischärlern, mit denen die Türken schon früher gelegentlich ihre reguläre Kavallerie verstärkten, wurden jetzt auf beiden Seiten vermehrt eingesetzt. Das wachsende Machtvakuum verhalf ihnen zu reicher Beute. Der junge Osman Aga hatte sich in diesen »schlechten Zeiten« ein Pferd beschafft und bei manchen Überfällen und Kämpfen in der Umgebung seiner Heimatstadt mitgemischt. Auf Empfehlung eines Bekannten seines Vaters gelang es ihm schon im Alter von 14 oder 15 Jahren, zum Wachtmeister der Festungskavallerie aufzusteigen.

Im Juni 1688 erhielten Aga und seine Schwadron den Befehl, den Sold zur Garnison der Nachbarstadt Lipova zu bringen. Es geschah ohne besondere Vorkommnisse, doch dann beschlossen die Soldaten, einen Tag länger in Lipova zu bleiben, weil gerade Kirschenzeit und die neue Ernte auf dem Markt war. Daher waren sie noch zugegen, als eine habsburgische Armee die Stadt belagerte, mit Kanonen und Mörsern unter Beschuss nahm und nach vier Tagen heftigsten Widerstands und schweren Verlusten auf türkischer Seite eroberten. Als Kriegsgefangener wurde Aga durch das Los einem Leutnant zugesprochen, der Geld von ihm verlangte. Da bei ihm nichts zu holen war, befahl ihm Leutnant Fischer, sich nackt auszuziehen; selbst seine Genitalien wurden nach möglicherweise versteckten Wertgegenständen abgetastet. Schließlich war der Leutnant einverstanden, ihn gegen ein Lösegeld von 60 Dukaten freizulassen; Aga sollte nach Temesvar zurückkehren und das Geld für sich und einen Kameraden holen, der als Geisel bei den Österreichern blieb.

Der Junge war entschlossen, sein Wort zu halten, blieb nur vier Tage daheim und brach mit vier anderen Gefangenen wieder auf. Diese hatten ähnliche Abkommen getroffen und wollten nun ihre österreichischen Herren aufsuchen, um das Lösegeld zu entrichten. Als sie an die Donau kamen, kreuzte ein Schiff auf. Sie entsandten Osman Aga, um Nahrungsmittel zu kaufen. Doch die Besatzung des Schiffs entpuppte sich als Bande von Freibeutern. Als sie merkten, dass er ein Gefangener war und Lösegeld mit sich führte, beschlossen sie, ihn umzubringen. Sie brachten ihn an Land, um ihr Schiff nicht mit seinem Blut zu besudeln. In diesem Augenblick betete Aga inbrünstig, doch statt ihn zu töten, nahmen ihn die Piraten mit, um seiner Kameraden ebenfalls habhaft zu werden.

Es gelang ihm, sich loszureißen und in einen Bach zu stürzen. Als seine Verfolger überzeugt waren, er sei ertrunken, gingen sie ihrer Wege. Nackt und ausgehungert irrte er in der einsamen Puszta umher. Da versuchte er es wiederum mit Gebeten und wurde erhört. Zufällig stieß er auf seine Kameraden, fand seinen Herrn wieder, erkannte das am Ufer ankernde Piratenschiff und warnte die Österreicher, die mit seiner Hilfe mehrere Piraten gefangen nehmen konnten. So kam Osman Aga wieder an sein Hab und Gut.

Immer ehrlich, immer gutgläubig, zahlte er das Lösegeld und ging auf das Angebot ein, die Österreicher trotzdem weiter südwärts nach Kroatien zu begleiten. Sein Herr hatte versprochen, er werde ihm freies Geleit und die Erlaubnis zur Überquerung der Sava ins Gebiet der Osmanen geben. Doch selbst dort, wo schon die osmanischen Truppen am anderen Ufer standen, ließ sich Aga täuschen und zum Bleiben überreden. Jetzt erst behandelten sie ihn als Gefangenen und schlossen ihn in eine Scheune ein, während die Österreicher zum Kampf ritten.

Zu seinem Schrecken erfuhr Aga, dass ihn sein Herr an einen Sklavenhändler aus Venedig verkauft hatte. Mithilfe eines Priesters, der sich seiner erbarmte, entging er dem Abtransport auf eine venezianische Galeere, wurde aber noch immer nicht freigelassen. Mit seinen Bewachern kam er ins Winterquartier, hatte Mitleid mit den kranken Soldaten, die sich mit ihrem Durchfall vom Pferdewagen stürzten, erleichterten und anschließend rasch wieder aufspringen mussten. Im Winter merkte Osman Aga, wie das Brot aus der Truppenküche kaum noch ausreichte. Da er der Einzige war, der ungesäuerten Teig zubereiten und in heißer Asche backen konnte, verbesserte er seine Stellung erheblich, indem er die Mitgefangenen und Aufseher mit Brot versorgte.

Doch als er selbst erkrankte und mehrere Tage mit hohem Fieber bewusstlos lag, hielten die Soldaten sein Ende für gekommen und setzten ihn bei klirrendem Frost aus. Nur die Wärme eines Misthaufens hielt ihn am Leben, bis das Fieber sank und er sich wieder erholte. Auf allen vieren kroch er in ein nahe gelegenes Haus, wo sich ein paar kroatische Bauern seiner annahmen. Drei Tage blieb er in ihrer Gemeinschaftsküche. Die Frauen gaben ihm löffelweise von der sauren Suppe aus Hülsenfrüchten, die ihr Hauptnahrungsmittel war. Mit der Zeit kam er wieder zu Kräften. Immer noch gelang es ihm nicht, auf osmanisches Gebiet zurückzukehren; in den folgenden acht oder neun Jahren fand er Anstellungen in Graz, in einem Schloss, und schließlich in Wien.

In seinen Memoiren schildert er die Städte, den Krakeel in den Schänken, sein Leben als Bedienter in einem Wiener Patrizierhaus, eine Reise nach Bayern und Italien mit seinem Herrn und wie er der Versuchung in Gestalt eines bosnischen Bauernmädchens, einer Kammerzofe und eines jungen Schmiedes, der von den besonderen Sexualpraktiken der Türken gehört hatte, widerstand. Die Herzogin, bei der er in Dienst war, versprach ihm eine vorzügliche Stellung, wenn er sich bereit fände, zum Christentum überzutreten, doch auch jetzt blieb er standhaft.

Erst nach dem Frieden von Karlowitz von 1699 machte er sich auf den Heimweg und kehrte auf seinen alten Posten in

Temesvar zurück. Seine jahrelangen Erfahrungen mit den Österreichern, seine Deutschkenntnisse wie auch seine beträchtliche Auffassungsgabe und Intelligenz ermöglichten ihm, als Übersetzer bei der schwierigen Grenzdiplomatie mitzuwirken und später für den habsburgischen Botschafter in Istanbul zu arbeiten.

Das Heer der Pforte hatte in den langen Jahren von Agas Abwesenheit nicht alle Schlachten verloren, nach und nach musste es aber immer mehr Gebiete räumen. Den Beginn dieses Umschwungs hatte Osman Aga miterlebt, bei den Scharmützeln und Überfällen nach 1683 und während der Anarchie und Verwüstung im Donaugebiet, die er in jenem heißen Sommer von 1688 unversehens überlebt hatte.

Der christliche Reisende, der im Frühjahr 1688 nach Istanbul kam, musste vermutlich mit einem Gemengsel widersprüchlichster Eindrücke und Empfindungen fertig werden. Welchen Weg er auch übers Mittelmeer nahm, überall hörte man nur das Schlimmste von der Grausamkeit und vom Fanatismus der Türken und Heiden, und unterwegs hielt die Schiffsmannschaft ständig Ausschau nach den Segeln muslimischer Piraten. Mag sein, dass er von christlichen Predigern gehört hatte, ein neuer Kreuzzug sei ausgerufen, um die heiligen Stätten vom Joch der Mohammedaner zu befreien. Und hier war er nun: mitten in der Hauptstadt des Großtürkischen Reichs, des mächtigsten und entschlossensten Gegners der Christenheit.

Die Schönheit der Stadt übertraf jede Vorstellung. Als das Schiff in die unergründliche, geschützte Bucht einfuhr, die man das Goldene Horn nennt, werden ihm ortskundige Mitreisende die Mauern des prächtigen Topkapi-Palasts gezeigt haben, der teils in den Wäldern des südlichen Festlands versteckt lag. Dutzende Moscheen waren zu sehen, die Süleyman-Moschee, die Moschee Mehmets des Eroberers und noch viele mehr, und nicht weit vom Topkapi erhob sich die Kuppel der Aya-Sofia-Moschee, der einstigen byzantinischen Hagia Sophia, deren Mosaikverkleidung längst zugegipst und durch zierliche Inschriften aus dem Koran ersetzt worden war. Viele Häuser waren aus Holz oder lehmgefülltem Fachwerk, bunt bemalt, mit rosafarbenen, gelben oder hellblauen Fassaden. Die Stadt wies nur wenige breite Alleen auf, doch sie wimmelte keineswegs von Menschen, und hier und da gab es Bäume, Gärten, geeignete Promenaden für Spaziergänge und Ausritte. Übrigens handelte es sich hier mit geschätzten 700000 Einwohnern um die größte Ansiedlung Europas.

Bei der Landung am Nordufer des Goldenen Horns, Galata, dem eigentlichen Istanbul gegenüber, durfte sich der Besucher fast wie zu Hause fühlen. Hier, im Viertel der lateinischen Christen, standen mehrere katholische Kirchen; eine war nach einem Brand 1686 wiederaufgebaut worden, doch erst nachdem der französische Botschafter bei anderen Autoritäten interveniert hatte. Auch die Kneipen waren dichter gesät. Ab und zu sah man vielleicht einen Türken, der unterwegs zu Geschäften oder Behördengängen war oder einfach bummeln ging und über die Betrunkenen im Rinnstein schimpfte, die ihm als typisch für die nichtmuslimische Unmoral erschienen.

Wenn unser Besucher den Blick des Europäers für Varianten der Hautfarbe und Gesichtsform hatte, mag ihm die bunte Vielfalt in der Bevölkerung aufgefallen sein. Vielleicht hat er von vielen weiteren Spielarten gehört, die seltener in den Basars auftauchten. Blond gelockt und mit blauen Augen waren die Sklaven vom Kaukasus oder von der russischen Grenze; ebenso die Abkömmlinge der Knaben, die den Türken früher als Tribut überlassen worden waren, was gegen Ende des 17. Jahrhunderts kaum noch üblich war. Man sprach von einflussreichen afrikanischen Eunuchen in der Palastwache.

Falls unser Besucher Franzose war und die politischen
Ordnungsvorstellungen seines Königs teilte, so hat er wohl
kaum begriffen, weshalb es in Istanbul unter all den verschiedenen Völkern und Religionen so diszipliniert und friedlich
zuging: unter westlichen und griechisch-orthodoxen Christen, Armeniern und Juden wie auch der muslimischen Mehrheit, deren Glaubenslehre und -praxis keineswegs einheitlich
war. Doch das Zusammenleben funktionierte. Die Gründe
dafür sind einerseits im Islam selbst zu suchen, andererseits
im bewährten Gewohnheitsrecht des vorderasiatischen See-
und Landhandels. Eine offizielle Hierarchie von Richtern
zwang den Muslimen die Gebote des Islam auf. Zugleich war
es üblich, allen Völkerschaften das Praktizieren der eigenen
Religion zu erlauben: Die Vorsteher der Gemeinden durften
weitgehend nach eigenen Regeln und Bräuchen regieren.

In Istanbul hatten Juden, Griechen, Armenier und Christen eigene Viertel mit eigener Verwaltung, auch wenn die
Grenzen der Ghettos nicht streng eingehalten wurden. West-
römische und orthodoxe Christen hatten eigene Bischöfe und
Patriarchen, die Juden ihren eigenen Großrabbi. Alttestamentarische Propheten werden wie Jesus im Islam als Glaubenslehrer respektiert, denn Mohammed gilt nur als der
letzte von vielen Propheten des Allmächtigen, der Koran als
Gottes letztes Wort an die Menschen. Daher werden auch Juden und Christen als Völker der Heiligen Schrift akzeptiert.

Wenn der Besucher sich von einem der 15000 Fährleute
am Goldenen Horn übersetzen ließ und bergauf ins Stadtzentrum wanderte, konnte er rund um die Moscheen eine Reihe
öffentlicher Bauten besichtigen: Islamschulen mit Unterkünften für die Studierenden, Spitäler, Wohnheime für Reisende.
Von einem Stadtführer hätte er zu seinem Erstaunen erfahren, dass dieser Wohlstand keiner einzelnen »Kirche« und
ihrer Hierarchie zu verdanken war, sondern dass die meisten
mildtätigen Werke und viele der Wasserleitungen und Brunnen

in der Stadt aus den Zinsen langfristig angelegter Stiftungen finanziert wurden, mit denen Einzelpersonen ihre Liebespflicht als fromme Muslime erfüllten. Die meisten Menschen gingen zu Fuß, vermögende Türken waren zu Pferd unterwegs; Kutschen benutzten sie nur, um ihre Frauen in die Bäder zu schicken.

Außerhalb Galatas sah man keine offenen Tavernen und nur ganz selten Betrunkene auf der Straße; stattdessen kamen die Männer in Kaffeehäusern zusammen. Diese prägten seit über 200 Jahren das Stadtleben der Muslime, erst in den letzten Jahrzehnten hatten auch die Einwohner von London, Paris und Amsterdam den Kaffeegenuss kennen gelernt. Ein weiteres, in den meisten christlichen Städten noch unerhörtes Anzeichen einer fortschrittlichen Zivilisation waren die öffentlichen Badehäuser in jedem Viertel. Allerdings musste unser Besucher ein wenig Mut aufbringen oder sehr gute Beziehungen haben, um eines von ihnen aufzusuchen und sich als Unbeschnittener zu zeigen.

Dicht an dicht standen die Läden und Stände der Straßenhändler. Die zentralen Basare waren sorgfältig in vier Bereiche für die unterschiedlichen Waren gegliedert, von denen sie eine unermessliche Fülle und Vielfalt boten. Überall hielt man auf strenge Ordnung, für jedes Gewerbe gab es offizielle Preise und Normen. Wer gekochte Schafsköpfe feilbot, musste dafür sorgen, dass sie frisch, gut zubereitet und frei von Wolle waren. Sklavenhändler durften einem Sklaven nicht die Kleider abnehmen und diese einbehalten, sobald er verkauft war. Aufseher überwachten den Markt; Mitglieder diverser Zünfte, Soldaten und alle anderen waren an Kleidung und Turbanen zu erkennen. Falls er vorhatte, nach Einbruch der Dunkelheit auszugehen, musste unser Reisender eine Laterne mitnehmen; wer keine bei sich trug, wurde von den Nachtwächtern festgenommen.

Die übliche Strafe für nächtliche Spaziergänge ohne La-

terne bestand in der Verurteilung zu niederen Arbeiten bis
zum Morgengebet – zum Beispiel Feuerholz für die Badeöfen
zu schleppen. Anderntags war man rußig und ungekämmt
und Zielscheibe manchen Gespötts. Doch vor allem sollten
Nachtwächter und andere, eigens für jeden Distrikt abge-
stellte Aufseher Brände verhüten, die sich in einer vorwiegend aus Holzbauten errichteten Stadt rasch ausbreiten
konnten. Jedes Haus war mit einer Leiter und einem Wasser-
fass ausgestattet. Mehrere Großbrände hatte es in den Jahren
1685 und 1687 gegeben, weitere wurden mutwillig während
der Unruhen Ende 1687 und im Frühjahr 1688 gelegt.

Der Topkapi-Palast des Sultans mit seinen vielen Toren
und Wächtern wirkte abweisend, doch gestalteten sich die
politischen Machtverhältnisse unkompliziert und über-
schaubar. Der höchste Verwaltungsbeamte des Reichs war
der Großwesir. Jeden Mittwoch inspizierte er die Basare und
gab die Liste angemessener Preise für jede Art von Gütern
bekannt. Danach kamen er und die anderen Beamten zu ihrem wöchentlichen Rat, dem Diwan, zusammen. Freitags,
an den muslimischen Wochenfeiertagen, begaben sich der
Sultan und sein Hof mit den hohen Beamten in pompösen
Prozessionen zum Gebet in eine der stattlichen Moscheen.
Die Vorsteher der Zünfte und Gemeinden, die Richter des
islamischen und weltlichen Rechts und die hohen Beamten,
die sich allwöchentlich unters Volk begaben, vermittelten
dem einfachen Bürger, dass er – worauf man in der politischen Kultur des Islam sehr viel Wert legte – in seinen Nöten
bei der Obrigkeit stets einen Ansprechpartner fand und,
wenn er mit einem Gerichtsurteil unzufrieden war, mit seiner Berufung auf dem Instanzenweg bis zum Sultan durch-
dringen konnte.

Natürlich waren alle Muslime gleich, wenn es um Gebete
oder die Lektüre des Korans und anderer Grundlagentexte
der islamischen Lehre ging. Jeder musste für sich selbst her-

ausfinden, welcher der in dieser Stadt vertretenen Glaubensrichtungen er sich anschließen wollte. Mitglieder verschiedener Derwischsekten, die ihr Leben dem Gebet und der
Predigt widmeten, wirkten dubios mit ihren schlichten braunen Gewändern und den aufwändigen Kopfbedeckungen.
Die Melewi-Derwische, die bekannt waren für ihre religiöse
Entäußerung in wirbelnden Tänzen, verfügten über vier
große Lehrhäuser und viele kleinere in der Stadt. Auch sonst
fanden mystische Lehren immer neue Anhänger, besonders
unter Soldaten und Kaufleuten, andere wiederum verteidigten die traditionellen Lehren und Praktiken.

Außerhalb der Stadt und besonders am Ufer des Bosporus
führte die osmanische Elite ein müßiges Leben in vornehmen
Landhäusern und Gärten. In Üsküdar, das auf der anderen
Seite des Bosporus lag, mündeten die Handelsstraßen von
Anatolien her und weiter aus dem Osten. Auch hier gab es
Moscheen, Lehrhäuser und Karawansereien, Herbergen für
Reisende und Lagerhäuser für deren Waren. Bei den Unmengen von Korn, Vieh und Schafen, die täglich herangekarrt
wurden, um die riesige Stadt zu versorgen, schwirrte einem
der Kopf. Der größte Teil der Warenlieferungen kam übers
Meer: aus Griechenland, Ägypten und den Regionen rund
ums Schwarze Meer. Griechen, Juden und Armenier waren
gleichrangige Partner in diesem Großhandelsverkehr, und
möglicherweise verdanken ihm die Armenier ihren Aufstieg
im späteren 17. Jahrhundert.

Die Türken waren um 1200 aus Zentralasien nach Anatolien
eingedrungen. Sie zogen Nomadenvölker und Kauffahrer
nach sich, die dem Chaos der mongolischen Eroberung entkommen waren und mitunter ihre militärischen Kräfte in den
Dienst der byzantinischen Herrscher stellten. Um 1300 waren
sie schon eine Großmacht auf dem Balkan, und auch wenn
die Serben ihre Niederlage im Kosovo nie verwunden haben,

konnten sie und die Bulgaren zeitweise ihre eigenen Staaten durchaus aufrechterhalten, solange sie nur die türkische Oberherrschaft anerkannten. Nach und nach schlossen sich die Osmanen um ihre einstigen Lehnsherren in Konstantinopel zusammen und eroberten schließlich 1453 die Stadt. (Danach haben sie manchmal Abwandlungen des alten Namens benutzt, kürzten ihn jedoch meist zu Istanbul ab.)

Die vorbildliche Ordnung, die unter osmanischer Herrschaft in Istanbul herrschte, ging auf ihre byzantinischen und letztlich römischen Vorgänger zurück – von der bürokratischen Verwaltung bis zum Bäderwesen. Sie zehrte ebenso vom kulturellen Erbe Zentralasiens wie von der Disziplin und moralischen Ernsthaftigkeit des Islam. Angesehene Ämter konnten ebenso von den Nachfahren fremdstämmiger Einwohner bekleidet werden wie von Türken.

Wie viele zentralasiatische Eroberer rekrutierten die Osmanen Sklaven aus der unterworfenen Bevölkerung. Diese Kriegsgefangenen waren jedoch nicht nur für die Schwerstarbeit da, sondern brachten dringend benötigte Kenntnisse und Fertigkeiten mit; im Dienst ihrer Herren konnten sie zu erheblicher Macht aufsteigen. Die besonders im späten 17. Jahrhundert dominierenden Großwesire der Köprülü-Dynastie waren Nachkommen eines albanischen Sklavenjungen aus den letzten Tagen dieses Systems. Dass sich die eingeborenen Türken nur ungern der Verwaltung ehemals fremdstämmiger Sklaven anvertrauten, lässt sich denken; desto stärker waren sie motiviert, eigene Leute von entsprechendem Talent durchzusetzen, die sich im Amt bewähren mussten.

Wenn die osmanischen Autoren politischer Schriften im letzten Drittel des 17. Jahrhunderts die Gewalt und den Aufruhr ihrer Zeit beklagten, konnten sie auf das goldene Zeitalter Süleymans des Prächtigen zurückblicken, der von 1520 bis 1566 regiert hatte. Damals erreichte die osmanische Expansion die gesamte Südküste des Mittelmeers bis hinunter zum Roten Meer und bis weit nach Südosteuropa hinein; die osmanischen Truppen konnten sich sogar gegen die Großmacht Persien behaupten. Damals hatte der Sultan noch jeden Sommer an der Spitze einer gewaltigen, gut organisierten Armee die Hauptstadt verlassen. Zahlreiche Moscheen und Koranschulen waren hier und im ganzen Reich erbaut worden. Auch die Hierarchie hatte zu jener Zeit besser funktioniert; jeder kannte seinen Platz und tat seine Pflicht. Doch im Nachhinein müssen wir uns fragen, ob es ein solches Paradies und einen so frühen Niedergang je gegeben hat. Und wenn das 17. Jahrhundert Krisen mit sich brachte – was zweifellos zutrifft –, wie hätte ein Staat davor bewahrt werden können, der auf Eroberungen und Militärmacht setzte und sich nun in einer Phase der Stabilität und des Wohlstands befand?

Für die Osmanen und alle anderen Großreiche der beginnenden Neuzeit gilt, dass Frieden und Einheit, einmal errungen, paradoxe Folgen nach sich zogen. Der Handel gedieh, die Bevölkerung vermehrte sich, die Preise stiegen. In dieser Situation fühlten sich Provinzbeamte wie Osman Agas Vater, die von Erträgen ihrer Lehensgüter leben sollten, nicht mehr angemessen entlohnt. Die Zentralmacht benötigte professionelle und besoldete »frische Soldaten«, von den Europäern Janitscharen genannt, um Istanbul und andere rasch wachsende Städte nach innen und außen zu überwachen. Die Janitscharen verlangten ihrerseits nach ununterbrochener Beschäftigung; wurden sie ausgemustert oder in Fraktionskämpfen innerhalb der Hauptstadt besiegt, konnten sie draußen im Land Rebellionen anzetteln.

Provinzmagnaten zapften der aufblühenden Wirtschaft neue Einkünfte ab und vermieden tunlichst, sie an die Hauptstadt abzuführen. Die Landwirte gerieten unter Druck durch das Bevölkerungswachstum, neue Abgaben und »Steuerbauern«, die vertraglich zu festen Zahlungen an den Staat verpflichtet wurden und alles, was sie darüber hinaus verdienten, einbehalten durften. Wenn die Janitscharen keinen Ärger in der Provinz verursachten, siedelten sie sich in der Hauptstadt an, eröffneten Läden, zehrten von ihrer Erfahrung, indem sie den Hof terrorisierten, und verschwendeten viele Stunden darauf, neuen und sektiererischen Muslimlehrern zu lauschen. Wie eine Volkszählung ergab, lebten 1687 in Istanbul 38131 Janitscharen.

Mehmet Köprülü, der 1656 bis 1671 als Großwesir wirkte, hatte alle Hände voll zu tun, für Ordnung zu sorgen und die Staatseinkünfte zu erhöhen. Mit einer Militärreform konnte er mehr Effektivität und Disziplin durchsetzen, und 1669 bemühte er sich, Kreta der venezianischen Herrschaft zu entreißen. Nachfolger von Mehmet Köprülü waren sein Sohn und später sein Schwiegersohn Kara Mustafa, der sich von den Aussichten auf eine Koalition mit ungarischen Gegnern der Habsburger verleiten ließ, 1683 mit einem riesigen Heer vor die Tore Wiens zu ziehen und vergebens die Stadt zu belagern.

Im Niemandsland der Donauregion herrschte, wie aus den Memoiren Osman Agas hervorgeht, ein wildes Durcheinander, dem die kaiserlichen Behörden vergebens beizukommen suchten. Gut besoldete Truppen erschienen nicht zum Aufgebot. Und wenn neue Rekrutierungen vorgenommen wurden, weigerten sich die Männer, »wie Sklaven« einzeln gemustert zu werden. Nicht besser erging es den Türken, wenn sie erneut versuchten, reiche Muslime in der Hauptstadt mit Kriegssteuern zu belasten.

Allmählich geriet die Lage außer Kontrolle. Ein Großwesir wurde abgesetzt, doch als sein Nachfolger in der ungarischen Garnison erschien, wurde ihm ein so feindseliger Empfang bereitet, dass er nach Belgrad flüchten musste. Die Soldaten wählten einen Anführer, der ihre Beschwerden vortrug. Der Sultan war auf sie angewiesen, um einen christlichen Vorstoß

bei Belgrad abzuwenden, und willigte auf der Stelle ein. Als
die Soldaten sein Nachgeben spürten, rückten sie bewaffnet
in die Hauptstadt ein. Wieder gab der Sultan klein bei und
ließ erst den Großwesir, dann dessen Stellvertreter köpfen.
Am Ende richteten sich die Rebellen gegen den Sultan selbst
und beschuldigten ihn, die Regierung zu vernachlässigen,
während er zur Jagd ausritt oder sich im Harem verlustierte.

Am 8. November 1687 kamen Religionsführer und höchste Beamte in der Aya-Sofia-Moschee zusammen und erklärten, Sultan Mehmet käme seinen Pflichten nicht mehr nach,
setzten ihn ab und verbannten ihn in einen entlegenen Teil
des Palasts. Süleyman IV., der seine Stelle einnahm, galt als
militant, war aber ein unbeschriebenes Blatt; auch fehlte
ihm jegliche Erfahrung. Beträchtliche Gelder wurden unter
den Rebellen verteilt; ihre Anführer erhielten einflussreiche
Stellungen. Istanbul versank in einem Albtraum von Raub
und Plünderung, woran sich zunehmend gewöhnliche Zivi-
listen beteiligten. Im Februar 1688 herrschte nahezu völlige
Anarchie.

Als professionelle und bezahlte Ordnungshüter der
Hauptstadt hatten sich die Janitscharen bisher weitgehend
heraushalten können. Doch als ihr Kommandant den Anführer der Rebellen erschlug, wurde er selbst auf der Stelle zer-
stückelt. Selbst Frauen holte man aus den Häusern; mehreren
weiblichen Verwandten der Köprülü-Brüder hackte man Na-
sen und Hände ab und jagte sie nackt durch die Straßen.

Am 1. März 1688 berief Sultan Süleyman eine Konferenz
von Beamten und Geistlichen der wichtigsten Moscheen ein.
Er mahnte sie, den Stadtfrieden wiederherzustellen, zum
Marsch an die Donau und zur Verteidigung der Landesgrenzen gegen die Christen aufzurufen. Fürsten und Janitscharen
scharten sich hinter den Sultan, und mit der Zeit gelang es
ihnen, Ordnung zu schaffen. Doch noch am 15. März, als
der französische Gesandte mit Aufträgen nach Versailles auf-

brechen wollte, kam es zu erneuter Brandstiftung. 1689 wurde abermals ein Köprülü zum Großwesir ernannt und setzte die erfolglosen Bemühungen seiner Vorfahren fort, entbehrliche Truppen von der Soldliste zu streichen, die Staatskasse und die Verwaltung wieder in den Griff zu bekommen.

Nach Meinung mancher Historiker hat er der Pforte noch für einige Jahrzehnte inneren Frieden und eine späte Blütezeit beschert, die bis ungefähr 1730 währte. Falls es zutrifft, dann waren dafür nicht zuletzt die ersten Wochen des Jahres 1688 ausschlaggebend, als die Anarchie ihr Haupt erhob und viele erkannten, dass es Schlimmeres gibt als lethargische Sultane und geldgierige Beamte.

1688 hatte es kaum ein Staat schwerer, seine Grenzen zu sichern, als das Osmanische Reich. Die gefährlichste war noch ein Jahrhundert zuvor die Grenze zu Persien gewesen, wo theologischer Bruderzwist den Konflikt zwischen den beiden zentralisierten Großmächten aufheizte. 1688 war das schiitische Persien immer noch ein reiches, hochkultiviertes Land, größter Seidenproduzent für den Weltmarkt, allerdings kaum noch an der Konfrontation mit seinem unmittelbaren Nachbarn im Westen interessiert.

Die Osmanen hatten im 16. Jahrhundert versucht, die portugiesische Vorherrschaft im Indischen Ozean zu beenden, indem sie die eigene Machtsphäre bis zur Mündung des Roten Meers ausdehnten und regelmäßig Kriegsschiffe nach Indien entsandten. Dass sie zugleich für einige Jahrzehnte die meisten Städte und Handelswege im Jemen kontrollierten, war ein angenehmer Nebeneffekt dieser Aktivitäten. Doch der Jemen mit seinen zähen Bergvölkern in unzugänglichen, hoch gelegenen Dörfern hat sich noch jedem Eroberer widersetzt, vom Römischen Reich bis zum Ägypten Nassers, und die Osmanen bildeten keine Ausnahme. 1688 hielten sie gerade noch ein paar heftig umkämpfte Vorposten.

Außerdem war da noch die Steppe, die sich von Polen und Ungarn bis an die Nordufer des Schwarzen Meers erstreckte. Dort machten den Osmanen ihre verfeindeten christlichen Untertanen und der Dauerzwist der polnischen und russischen Herrscher zu schaffen. Dass diese einander mindestens ebenso heftig befehdeten wie beide die Türken, war nur ein schwacher Trost. Das Bergland südlich und westlich der Donau beherbergte ein explosives Völkergemisch, dessen Angehörige sich fast derselben Sprache bedienten: Manche waren gute Muslime, andere türkenfeindliche Serben und Kroaten.

Als Erben der zentralasiatischen kavalleristischen Kampftechnik wussten die Osmanen (oder glaubten zu wissen), wie man seine Reiterei einsetzt, um solche Grenzen zu befrieden. Der jährliche Sommerfeldzug, oft unter persönlichem Befehl des Sultans, war ein zentraler politischer Ordnungsfaktor. Die vom Staat finanzierten Pilgerkarawanen nach Mekka nahmen sich aus und verhielten sich wie Militärexpeditionen. Doch die Eroberung Konstantinopels und des mediterranen Ostens hatte aus den Türken eine Seefahrernation werden lassen. Ihre kriegerischen Erfolge zur See waren bemerkenswert. Ganze Flotten von Seglern und Galeeren wurden gebaut, die dem Kommando fähiger Admiräle unterstanden; mit vereinten Land- und Seestreitkräften eroberten sie Ägypten und den Mittelmeerraum von Algerien bis Griechenland. Der berühmte Sieg von Lepanto, den die habsburgischen Spanier über die türkische Flotte 1571 errangen, war ein größerer Rückschlag, von dem sich die Osmanen aber wieder erholten, um 1669 Kreta zu besetzen.

Im späten 17. Jahrhundert reichte der militärische Arm der Osmanen nicht mehr über den Westen Kretas hinaus, doch dass die muslimischen Enklaven bis hinunter nach Algier abgeschirmt wurden, führte regelmäßig zu unangenehmen christlich-türkischen Scharmützeln. Kaum einer, ob Christ oder Muslim, konnte im Mittelmeer segeln, ohne

ständig den Horizont nach Schiffen unter gegnerischer Flagge
abzusuchen. Vor allem in Algerien wurden Christen, die in die
Gefangenschaft von Muslimen gerieten, als Sklaven verkauft.
Muslime, die von Christen gefangen wurden, endeten gewöhnlich am Sklavenkai nicht weit vom Dogenpalast in Venedig. Wer eine reiche Verwandtschaft, politische Beziehungen oder einfach Glück hatte, konnte sich von der Sklaverei
freikaufen; ansonsten wurden die Männer meist ans Ruder
einer Galeere geschmiedet. Fernand Braudel, der Historiker
des Mittelmeerraums aus dem 20. Jahrhundert, nannte es ein
»ständiges Geplänkel«.

1688 artete das Geplänkel auf der peloponnesischen Halbinsel in ein offenes, verheerendes Gemetzel aus. Nach der
Niederlage gegen die Christen bei Wien hatte Venedig versucht, die Türken auf See mit Krieg zu überziehen. Doch
fand es kaum Verbündete. Vorstöße ins Landesinnere unweit
der Adria und Landungen an verschiedenen Stellen der Küste
weiter südlich führten zu nichts. 1687 erhielt Francesco Morosini, der sich schon bei der erfolglosen Verteidigung Kretas
gegen die Türken ausgezeichnet hatte, das Kommando über
eine größere Galeerenflotte.

Venedig konnte deutsche Truppen anheuern und auf die
Dienste vornehmer Abenteurer und routinierter Söldnerfüh-
rer aus Frankreich und Deutschland zurückgreifen. Effizienz
in Befehlsstruktur und Logistik sowie die vom Arsenal der
Lagunenstadt gelieferte massive Waffen- und Galeerenausrüs-
tung machten die venezianische Flotte seit Jahrhunderten zu
einer kaum zu bezwingenden mediterranen Herausforderung. Doch jetzt, nachdem die Atlantikmächte immer stärker
geworden waren, Amsterdam und London die Rolle Venedigs
als Schaufenster Europas für asiatische Handelsware übernommen hatten, wirkte sie zunehmend überflüssig.

Die venezianische Flotte erreichte Piräus, den Hafen von
Athen, am 21. September 1687. Die türkische Besatzung

hatte sich abwehrbereit auf der Akropolis verschanzt, nahm
jedoch den Kampf nicht auf, als die Venezianer in die Stadt
einmarschierten. Man hatte den Venezianern berichtet, dass
die Türken den Parthenon als Lagerhaus für Pulver und Mu-
nition benutzten und manche ihrer Frauen und Kinder dort
untergebracht hatten, weil sie auf die dicken Mauern und das
Dach vertrauten. Schwere Artillerie wurde hinaufgekarrt.
Am 26. September trafen mehrere Kanonenkugeln den Parthenon und lösten eine gewaltige Explosion aus, unter der die
ganze Stadt erzitterte. Mindestens 200 Menschen starben in
den Flammen. Die Feuersbrunst wütete tagelang und zwang
die türkische Besatzungstruppe, sich zu ergeben.

Doch was sollten die Venezianer nun mit der Stadt anfangen, die mehrere Kilometer vom Hafen entfernt lag? Einige
Entsatztruppen der Osmanen hatten sich vor dem Kampf da-
vongemacht, doch die nächsten konnten besser trainiert sein.
Bereits jetzt hatten sich an der Straße von Piräus in die Stadt
erschreckende Raubüberfälle abgespielt, und es hieß, auf der
Halbinsel verbreite sich die Pest. Die Venezianer verbrachten
einen langen, elenden Winter in Athen. Im Frühjahr 1688 be-
reiteten sie den Rückzug vor und nahmen die Einwohner mit,
sodass die Türken, falls sie je zurückkehren sollten, eine men-
schenleere Stadt vorfänden. Es brauchte Monate, um Schiffe
in ausreichender Zahl zu finden, und bis heute ist nicht klar,
ob diese Entvölkerung einer ganzen Stadt wirklich restlos gelungen ist.

Die meisten auf dem Peloponnes verstreuten osmanischen
Garnisonen hatten in aller Eile kapituliert, als die venezianische Flotte 1687 nach Athen segelte. Eine Truppe war in Mistra im Gebiet des antiken Sparta stationiert und verweigerte
die Übergabe. Als die türkischen Soldaten endlich bereit waren, über die Bedingungen zu verhandeln, erklärten die Venezianer, sie hätten sich zu lange Zeit gelassen. Falls sie nicht
imstande wären, die übermäßig hoch geschraubte Lösegeld-

forderung zu zahlen, würden alle Männer auf die Galeere geschickt. Doch dann kam die Eroberung Athens dazwischen,
die alle Kräfte Venedigs in Anspruch nahm, und erst im
Januar 1688 wandte man sich wieder den Verhandlungen in
Mistra zu.

Als sich herausstellte, dass die in der Zitadelle ausharren-
den Soldaten ihre Waffen nicht vollständig abgeliefert hatten,
glaubte sich Morosini berechtigt, noch härtere Bedingungen
zu stellen: Sämtliche Kinder und Frauen sowie die Männer
über 50 sollten nach Athen gebracht und gegen christliche
Gefangene in osmanischer Hand ausgetauscht werden. Doch
wegen des Rückzugs der Venezianer kam es nicht mehr zu
diesem Austausch. Die Kinder wurden auf die Schiffe verteilt, die Frauen und hilflosen Greise setzte man am verlasse-
nen Ufer von Piräus aus.

Der Doge und gewählte Fürst von Venedig, Marc Antonio
Giustiniano, war Anfang 1688 verstorben. Morosini wurde zu
seinem Nachfolger ernannt. Mit aufgesetzter Kappe und dem
Purpur seines neuen Amts nahm er Platz in einer besonderen
Kammer seiner Admiralsgaleere und empfing die Huldigung
der Offiziere. Doch mit seinem Feldzug hatte er nichts ausrichten können. Heute wird seiner nur wegen der Zerstörung
des Parthenons gedacht und wegen der Grausamkeit gegenüber den Bewohnern von Athen und Mistra, die auch viele
Venezianer empörte.

Die Präsenz der Pforte in Algerien wurde zu Beginn des
16. Jahrhunderts durch muslimische Agenten gesichert, während die Hauptstreitmacht des Reichs an den nördlichen und
östlichen Landesgrenzen beschäftigt war. Allmählich zeichnete sich in Algier eine osmanische Provinzhauptstadt ab.
Man hatte einen Statthalter ernannt und ihm eine starke Besatzungstruppe von Janitscharen gegeben, die mehrheitlich
aus dem Bereich der Levante stammten. Deren wichtigste

Aufgabe war, den Handel im südlichen Mittelmeer und auf den Karawanenstraßen durch die Sahara zu schützen. Zudem verübten sie Anschläge auf christliche Segler, von denen sie Beute, Galeerensklaven, Bediente für den Haushalt oder Lösegeld requirierten. Die Staaten Westeuropas schlossen Verträge, um Schiffe unter ihrer Flagge gegen Zahlungen an Algier vor Überfällen zu bewahren.

Dieses Geschäft wurde von unabhängigen Großunternehmern vermittelt, die immer ein wenig Distanz zu den türkischen Gouverneuren und Janitscharen hielten. Als Algier 1671 durch ständige Krawalle einzelner Janitscharengruppen und Rebellionen erschüttert wurde, wehrten sich die Unternehmer, werteten die türkische Statthalterschaft zum bloßen Aushängeschild ab und bestellten einen allgemein geachteten älteren Korsaren zu ihrem Dey (»respektierter Held«).

Als christliche Staaten in den achtziger Jahren der ständigen Gefahr abhelfen wollten, die das Regime von Algier für den Schiffsverkehr darstellte, spielte Frankreich eine führende Rolle. Die Franzosen hatten einen Vertrag mit Algier, hielten sich jedoch nicht an dessen Bedingungen. Vor allem weigerte man sich, körperlich kräftige muslimische Gefangene freizulassen oder auszutauschen; heimkehren durften nur die von Krankheit und Alter Gezeichneten. Aus reiner Arroganz und damals für Frankreich typischer Selbstüberschätzung provozierte man einen Krieg. 1682 und 1683 bombardierten französische Kriegsschiffe Algier, töteten Hunderte und zerstörten zahllose Gebäude. Ein riesiger Mörser mit explosivem Projektil erwies sich als besonders wirksam. Ein algerischer Anführer, den die Europäer als Mezzo Morto kannten (was auf Italienisch »halb tot« bedeutet), fiel als Geisel den Franzosen in die Hände. Sie schickten ihn zurück an Land, um ein Friedensangebot zu diktieren.

Doch anstatt zu tun, wie ihm geheißen, stürzte er den greisen Dey, tötete dessen einflussreichen Schwiegersohn und

ließ sich selbst zum Dey ernennen. Anschließend erklärte er
den Franzosen, auch Algier wisse mit Kanonen umzugehen:
Falls das Bombardement nicht eingestellt würde, sollten der
Gesandte des Sonnenkönigs, mehrere Priester, die einen Ge-
fangenenaustausch vermitteln wollten, und andere Franzosen
einer nach dem anderen mit der Stadtkanone auf See geschos-
sen werden. Den Franzosen fehlte es an Truppen und Nachschub für eine Invasion. Sie drehten ab und ließen Algier
noch jahrelang in Frieden. Die Unterhandlungen verliefen im
Sande, und 1687 erklärte Algier erneut den Krieg.

Vom 13. bis 16. Juni 1688 kreuzte eine mächtige französische Flotte vor Algier auf. Die Franzosen stellten klar, dass sie
nicht zum Verhandeln gekommen waren, und begannen eine
Woche später mit dem Bombardement. Ihr Konsul und vier
weitere Franzosen wurden mit der Stadtkanone abgefeuert.
Die Angreifer töteten drei muslimische Gefangene, deren
Leichen sie auf einem Floß aussetzten und an Land schwem-
men ließen. Am 25. Juni wurden noch mehr Franzosen mit
der Kanone abgefeuert, anderntags drei weitere Muslime an
Land geschwemmt. Anfang August, als die politische Lage in
Europa zunehmend gespannt war, rief Paris die Flotte nach
Hause zurück. Auch die Höflinge in Versailles vermerkten,
dass sich die Algerier »störrisch wie eh und je« verhielten. Die
Bemühungen der Engländer und anderer Europäer, denen an
friedlichem Handel und einem sensiblen Umgang mit den
Hafenstädten Nordafrikas gelegen war, wurden dadurch um
mindestens 20 Jahre zurückgeworfen.

22. MEKKA

Die Hauptreisezeit der Wallfahrt fiel 1688 auf den 5. bis 7. Oktober. Von überall, wo der Islam Wurzeln gefasst hatte, strömten die Pilger herbei. Der Islam war damals schon eine agile, weltumspannende Religion, die aber stark mit einem einzigen Ort verknüpft war. Mekka lag in einem felsigen, niedrigen Hügelland mitten in der Ödnis und Gluthitze der Arabischen Halbinsel und wäre keinem Ungläubigen als besonders attraktives Reiseziel erschienen. Doch die Muslime weinten vor Freude, wenn sie dort ankamen, weil sie damit eine ihrer wichtigsten religiösen Pflichten und sich selbst den Traum ihres Lebens erfüllten.

Der Prophet Mohammed (um 570–632 n. Chr.) hatte als Kaufmann gelebt. Schon zu seiner Zeit war Mekka eine Handelsstadt und ein Pilgerzentrum gewesen; die Bevölkerung, zu der auch viele Juden und Christen gehörten, war sich der Spannungen bewusst, die sich überall anbahnten. Mohammeds Lehre wurde von den Frommen als reinste und vollständigste Ergebung *(islam)* in den jüdisch-christlichen Gott verstanden. Die Wunder, die Gott durch Abraham dort geschehen ließ, hatten Mekka zu einem Heiligtum werden lassen, doch wichtiger noch wurde es für die Muslimen als die Stätte der letzten, im Koran niedergelegten Offenbarung des göttlichen Willens. Nicht weit von hier lag die Höhle, wo der Erzengel Gabriel Mohammed den Koran diktiert hatte. Wenn sich der Islam während seiner Ausbreitung an andere Kul-

turen angepasst hatte, geschah es doch immer im Streben nach
Reinheit und einer Glaubenspraxis, die kaum von den Quellen nichtislamischer Weisheit oder Offenbarung zehrte. Ein
wichtiges Motiv für dieses Streben nach Ursprünglichkeit
und Exklusivität war die große Pilgerfahrt nach Mekka, wo
die Muslime aus aller Welt ihrem Glauben unverfälscht und
mit allem Eifer nachgehen konnten und wo Ungläubige nicht
willkommen waren.

Am Rande der heiligen Zone, die Mekka umgibt, hielten
die Pilger inne und legten eine besondere, für alle gleiche
Tracht an: zwei ungenähte weiße Tücher, eines um die Hüfte,
das andere um die Schultern geschlungen, während der Kopf
und ein Teil der Schultern der glühenden Sonne ausgesetzt
blieben. Die Kleidung der Frauen war ähnlich streng und uniformiert, verdeckte aber viel mehr. Es war ein bewegendes
Zeugnis des spirituellen Gleichheitsgedankens: Ob König,
reicher Kaufmann oder armer Bauer, der vielleicht seine lebenslangen Ersparnisse für das Ereignis opferte, alle betraten
die heiligen Stätten im gleichen Gewand. Außerdem mussten
sie im Weihezustand des Ihram, der Reinheit ihrer Pilgerschaft, verbleiben, auf Geschlechtsverkehr und viele Arten
von Luxus verzichten.

Danach mieteten sie sich Reiseführer, um an die richtigen
Stätten zu gelangen und die vorgeschriebenen Rituale korrekt
auszuführen. Beim Betreten der Stadt hielten sie inne, um sich
zu waschen. Dann kamen sie vor das Friedenstor und hielten
vor dem zentralen Haram, der Moschee vor der bescheidenen,
fast quadratischen Kaaba, die viele auch einfach Beit Allah, das
Haus Gottes, nennen. Die Hände zur Kaaba ausgestreckt,
weinten sie. Abraham selbst hatte die Kaaba erbaut. Ismail
hatte ihm die Steine gereicht. Der Erzengel Gabriel hatte
Abraham die heiligen Riten gelehrt, die sie jetzt nach Anleitung ihrer Reiseführer befolgten, wenn sie die Kaaba siebenmal
umkreisten und sich zweimal vor ihr niederwarfen.

Leicht war es nicht, bis hierher zu gelangen. Manche schleppten Waren in Truhen und Ballen mit, die sie nach Abschluss der Pilgerfahrt zu verkaufen hofften, um mit dem Erlös die Rückreise zu finanzieren. Die meisten waren mit den Karawanen gekommen, die aus Kairo und Damaskus anreisten und von der osmanischen Obrigkeit ausgerüstet und überwacht wurden. Viele von ihnen steigerten ihr religiöses Erleben, indem sie dort, wo die Karawane zusammengestellt wurde, den Ramadan feierten, der im Jahr 1688 vom 1. bis 30. Juli stattfand.

Ramadan war der Monat, in dem sich Mohammed von Mekka zurückgezogen hatte, um in einer Höhle durch den Erzengel Gabriel das Wort Gottes, den heiligen Koran, zu empfangen. In dieser Zeit fasteten die Muslime von Sonnenaufgang bis Sonnenuntergang, widmeten sich die meiste Zeit der religiösen Inbrunst und Lektüre, spendeten freigebiger als sonst für mildtätige Zwecke und versammelten sich mit Freunden zum Fastenbrechen nach Sonnenuntergang. Das Fasten und die Umkehrung der Tages- und Nachtaktivitäten erzeugten leichte Benommenheit, hinterließen aber ein Gefühl der Läuterung.

Fünfzehn bis 20 Tage nach dem Ende des Ramadan brachen die Karawanen von Damaskus und Kairo auf. Sie waren wie Militärexpeditionen organisiert, mit einem vom Sultan ernannten Befehlshaber – stets ein hoher Beamter, nicht selten der Statthalter von Damaskus oder Kairo –, einer Eskorte von mehreren hundert Soldaten, sogar ein paar Kanonen. Die Kosten für die Obrigkeit waren beträchtlich: eine Spende an die Behörden von Mekka, der Sold für die Truppen, die Miete der für hohe Würdenträger kostenlosen Kamele, die Bestechungs- und Ablösesummen, mit denen unterwegs Beduinenstämme als Wachtposten angeheuert oder von Raubüberfällen in ihrer Region abgehalten wurden.

Andererseits festigten staatlich geförderte Wallfahrten

Jahr für Jahr die Aufsicht der Pforte über die heiligen Stätten. Die Befehlshaber inspizierten die Städte und Tempel, gaben Anordnungen für ihre Pflege und konnten nach Gutdünken auch den Scharif stürzen und auswechseln, der als Nachfolger des Propheten mit umfassenden Vollmachten über die heiligen Stätten wachte. Jede Expedition führte unter den besten Soldaten und mit viel Pomp und Musik ein edles Kamel mit, das eine geschmückte Sänfte *(mahmal)* auf dem Rücken trug. In ihr wurden ein Prachtexemplar des Korans aufbewahrt und ein luxuriöser Teppich, der über das Grab des Propheten in Medina gelegt wurde. Auch dies sollte natürlich den osmanischen Herrschaftsanspruch über Mekka bekräftigen.

Die Pilger, die sich in Damaskus versammelten, kamen nicht nur aus Syrien, sondern von Istanbul, Anatolien, den Städten und Wüsten in Zentralasien, vielleicht gar aus China und Irak, manche verunsicherte Schiiten auch aus dem Iran. Die osmanische Obrigkeit wollte den Kontakt zwischen Iranern und ihren eigenen schiitischen Untertanen rund um den Persischen Golf möglichst unterbinden; daher war es Iranern untersagt, eine direktere Route zu nehmen. Die meisten Reisenden ließen sich Kamele von Maklern vermitteln. Deren Preise bezeichneten meist die Grenzen muslimischer Mildtätigkeit beim Organisieren einer Karawane. Wer sich die hohen Maklergebühren sparen und sein eigenes Kamel reiten wollte, nahm unterwegs manche Schinderei in Kauf; seine Tiere waren am Wasserloch stets die letzten, die trinken durften.

Die gewaltige Masse von bis zu 20000 Personen tat gut daran, in Reih und Glied zu bleiben und einander nicht aus den Augen zu verlieren. Sobald sich die Karawane aus den kultivierten Gebieten entfernte und in die Wüste des heutigen Jordanien begab, konnte niemand mehr ruhig schlafen. Man wappnete sich gegen Überfälle und spähte nach Staubwolken am Horizont, die von marodierenden Beduinen aufgewirbelt wurden. Zwar unterhielt das Osmanische Reich eine Reihe befestigter Garnisonen, die jede über einen Brunnen oder eine Zisterne verfügten, doch die Besatzung war spärlich, wurde im Schichtdienst von Damaskus her ausgewechselt und sorgte weniger für militärischen Beistand als für die Übermittlung von Bestechungsgeldern an Beduinen. Überdies verkauften sie den Pilgern Lebensmittel und Wasser zu Wucherpreisen.

Über die Kairo-Karawane wissen wir ein wenig mehr als über die von Damaskus, dank der Augenzeugenberichte mehrerer europäischer Beobachter. Einer von ihnen war der Engländer Joseph Pitts, der bei einer Mittelmeerfahrt in Geiselhaft geriet, als Sklave nach Algier verkauft wurde und zum Islam übertrat. Mit seinem Herrn unternahm er die Wallfahrt im Jahr 1685 oder 1686. Die Pilger, die sich in Kairo und Alexandria versammelten, kamen auf dem Seeweg aus dem Maghreb – Tunis, Algier, Marokko – und vom Balkan, um sich den vielen Ägyptern anzuschließen. Insgesamt war die Teilnehmerzahl mindestens so hoch wie die der Damaskus-Karawane. Außer dem *mahmal* hatte diese Karawane die besondere Ehre, jedes Jahr acht Stücke feinsten Tuchs zu transportieren, die mit Passagen aus dem Koran bestickt waren und die neue *kiswa* bildeten, das Tuch, das über dem Kaaba-Stein liegt.

Vor Kairo hielt die Karawane, um die Kamele an einem Teich zu tränken, den jedes Mal die Nilschwemme hinterließ. Dann brach man auf und reiste vorwiegend nachts weiter, um der Tageshitze zu entgehen. Bei Suez trennten sich einige Pilger von der Karawane, darunter die offizielle Begleitung des *mahmal* und der *kiswa*, und reisten zu Schiff nach Dschidda, der Hafenstadt bei Mekka. Widrige Winde, Untiefen und Korallenbänke im Wasser sowie die feuchte Schwüle machten auch den Seeweg nicht zum Vergnügen. Manche zogen sogar den Kamelritt vor, der tagelang über den Sinai und weiter nach Süden führte.

Es gab andere Pilgerwege, die weniger stark genutzt wurden, aber einen Eindruck von der Vielfalt der Herkunftsländer vermitteln. Einer zog sich von den Bergen im Jemen die Halbinsel hinauf. Afrikaner wanderten am Südrand der Sahara entlang, vom Nigerbecken oder von noch weiter her, aus dem Senegal, nach Suakin am Roten Meer und reisten zu Schiff nach Dschidda. Wer vom Indischen Ozean kam, hatte oft Monate des Wartens hinter sich, denn sein Schiff musste schon im März den indischen Hafen verlassen, um vom Monsun zu profitieren. Oft ging man im Jemen vor Anker, um Handel zu treiben, und verbrachte die monatelange Wartezeit am Grab des Propheten in Medina und an anderen heiligen Stätten, wo sich die mitgebrachten Güter verkaufen ließen. Sobald die glücklichen Tage ihrer Pilgerschaft vorüber waren, eilten sie nach Süden, um die für die Rückfahrt günstigen Winde noch im selben Jahr auszunutzen.

Der muslimische Kalender besteht aus zwölf Mondmonaten, weshalb die Festtage im Sonnenkalender wechseln. Mitunter konnten die Pilger vom Indischen Ozean nach den Zeremonien länger bleiben und vom Verkauf ihrer Tuche und Gewürze auf den Großmärkten leben, bevor sie den Heimweg antraten. 1688 mussten sie ihre Waren früher an lokale Makler abgeben, die den meisten Gewinn abschöpften.

Die Aufregung wuchs, wenn sich das Ziel der Reise und die Hauptfeiertage näherten. Einzelne und Gruppen wandten sich an Reiseführer, um sich erklären zu lassen, wohin man gehen und welche Rituale man an jeder Station vollziehen musste. Wenn die Pilger zum Tor der Großen Moschee kamen, liefen sie zunächst in die eigens dafür errichteten Brunnenanlagen, um die rituellen Waschungen vorzunehmen, und hinterließen ihre Schuhe bei Männern, die sie den ganzen Tag über verwahrten. Schließlich standen sie am Tor des Friedens und bestaunten den Haram, den heiligen Bezirk der Großen Moschee.

Jedes Gebäude auf dem riesigen Platz war von Bedeutung: der kleine Kuppelbau mit Abrahams Stätte, der Säulengang am Zamzam-Brunnen, die beiden Quellen al-Safa und al-Marwa. Doch ihr Blick heftete sich auf die fast quadratische, mit glänzender Seide geschmückte Kaaba. Hier strömten die Pilger in Massen zusammen, sangen und beteten, rannten zwischen den Brunnen hin und her, nahmen Waschungen vor und füllten ihre Beutel mit Zamzam-Wasser, doch vor allem umkreisten sie wieder und wieder die Kaaba und warteten, bis das Gedränge einen Augenblick nachließ, damit sie zu einer besonderen Ecke gelangen und den Schwarzen Stein küssen konnten.

Man gelangte hinein, bewegte sich zwei Meter an der Seite entlang, wo einige Glückliche die kleine Treppe zum Allerheiligsten erklommen und sich vor dem Kaaba-Stein im Gebet niederwarfen. Bosnische Bauern und malaiische Handelsfürsten, blonde Sklaven vom Kaukasus und schwarze Krieger vom Niger: Alle trugen die gleiche Tracht, die meisten weinten, viele rannten und waren hektisch bewegt, was an den Drang des Menschen zu Gott erinnert.

In manchen Überlieferungen heißt es, Adam selbst sei der Erbauer der ersten Kaaba gewesen, und der Schwarze Stein in ihrem Innern habe auf einem nahe gelegenen Berg unversehrt die Sintflut überstanden. Aber alle stimmen darin überein, dass der Neubau auf Abraham zurückgeht, der seine Frau Hagar und ihren gemeinsamen Sohn Ismael nach Mekka führte, um ihn vor der Eifersucht Isaaks und Saras zu schützen. Abraham und Mohammed wurden als gleichwertige Propheten betrachtet. Sie waren ausgesandt, um einer Welt das Heil zu bringen, in der die meisten Menschen »Beigesellte« sind, die zwar den Einen Gott anbeten, Ihm jedoch andere Götter »beigesellen«. Beide hatten dagegen die Rückkehr zum reinen Monotheismus gepredigt: »Es ist kein Gott außer Gott.« Gott selbst hatte Abraham befohlen, die Kaaba zu errichten oder wiederaufzubauen, ihn zu verehren, indem er sie umkreiste und die

Völker aller Welt hier zusammenrief. Unter der Kuppel der Stätte Abrahams befand sich ein Stein mit seinem Fußabdruck. Die Anweisungen, die Mohammed von Gott für die Zeremonie des Hadsch erhielt, durften schon als bekannt gelten und mussten eigentlich nur noch ausgestaltet und verfeinert werden, was ihre fragmentarische und kryptische Überlieferung zum Teil erklärt. Den kleinen, unscheinbaren Innenraum der Kaaba, vor dem so viele warteten, bis sie hereindrängen und ein paar Gebete aufsagen durften, umgab die Aura eines Tempels, der einst anderen oder vielen Göttern geweiht war, dann aber radikal gereinigt und seiner Inschriften und Bilder entkleidet wurde.

Abraham hatte Hagar und den jungen Ismael in der Wüste allein gelassen. Der Kleine hatte nach Wasser gejammert. Seine Mutter war zwischen zwei Stellen, wo sie merkwürdige Geräusche vernahm, hin- und hergerannt, ohne Wasser zu finden. Der Lauf zwischen al-Safa und al-Marwa erinnert an ihre Verzweiflung. Dann hatte der Junge den Boden aufgekratzt und Wasser gefunden; das war die heilige Quelle Zamzam. Pilger tranken davon und träumten gewiss vom Kauf eines teuren Grabtuchs, das mit diesem Wasser getränkt war, und versuchten, ein oder zwei Flaschen mit nach Haus zu nehmen. Sie wuschen sich damit, achteten jedoch sorgfältig darauf, den Unterleib erst zu benetzen, wenn sie sich zuvor mit gewöhnlichem Wasser abgespült hatten.

Joseph Pitts berichtet, dass manche Unmengen Wasser tranken und »gereinigt« wurden, wenn sich ihre Mienen verzerrten: »Das nennen sie die Reinigung ihrer seelischen Verderbnis.« Durst und Trinken waren Sinnbilder für die Sehnsucht nach Gott und die Seligkeit, Ihn zu finden, die Waschung stand für die Befreiung von Sünde und Schuld: Solche Themen waren auch anderen Völkern des Buchs, Juden und Christen, und allen Kennern des Alten und Neuen Testaments wohl vertraut.

Es kam vor, dass Pilger die siebenmalige Umkreisung der Kaaba und andere Zeremonien in jenen Tagen oftmals wiederholten. Von ihrer tiefen Frömmigkeit war Pitts noch im Rückblick bewegt, als er längst wieder in England lebte. Er entsann sich, von Leuten gehört zu haben, die nach einem Leben der Völlerei und Gewalt plötzlich zur Umkehr fanden, in strenger Derwischtracht einhergingen und den Koran studierten, wie so mancher spanische Draufgänger gereift in den Franziskanerorden eintrat. Pitts allerdings hatte sich selbst in Mekka eine Portion Skepsis bewahrt. Von einem großen Schwarm der »Tauben des Propheten« hatte man ihm dort erzählt, sie würden nie über die Kaaba fliegen, doch Pitts beobachtete sie und stellte fest, dass es ganz oft geschah.

Nach vollendeter Zeremonie im Haram verließen manche Gläubigen kurzfristig den Pilgerstatus *(ihram)*, nahmen ihn aber wieder an, wenn außerhalb von Mekka der Höhepunkt ihrer Wallfahrt begann. Am Achten des Dhu al-Hija, dem 5. Oktober 1688, wurden sie von den Reiseführern nordwärts in die Stadt Mina begleitet. Anderntags kamen sie in die Ebene rings um den Arafathügel. Dort war das eigentliche Ziel des Hadsch erreicht. Zehntausende Pilger und ihre Führer drängten sich auf heiligem Boden. An diesem Tag sollte Gott den reuigen Sündern die Gnade der Vergebung erweisen. Bis zum Einbruch der Nacht beteten die gläubigen Massen, vergossen viele Tränen und suchten Vergebung ihrer Schuld und ihrer Unterlassungssünden.

»Es zerriss einem wahrlich das Herz«, heißt es in Pitts' Erinnerungen, »so viele Tausende im Gewand der Demut und Sterblichkeit zu sehen, mit ihren geschorenen Häuptern und tränenfeuchten Wangen, und den Seufzern und Fürbitten zu lauschen, mit denen sie inbrünstig um Vergebung ihrer Sünden flehten und heilige Schwüre leisteten, dass sie ein völlig neues Leben beginnen wollten.«

Wenn es Nacht wurde, verließen die Pilger Arafat und verbrachten die folgenden drei Tage in Mina. Hier zeigte man ihnen den gespaltenen Stein, auf den Gott das Schwert Abrahams lenkte, als dieser seinen Sohn opfern wollte – der nach muslimischer Tradition Ismael und nicht Isaak heißt. Jeden Tag warfen die Pilger auf einen von mehreren Steinhaufen sieben Steine, die ihren Kampf gegen Satan und seine vielen Günstlinge symbolisierten. Danach opferte jeder Pilger ein Schaf und kochte einen Teil des Fleischs, um es zu essen; der Rest wurde unter den Armen verteilt. Jetzt durften sich die Pilger Hadschi nennen, und sie trugen diesen Titel würdevoll und stolz bis an ihr Lebensende. Den Ausklang bildete ein rauschendes Fest, mit Feuerwerk und Gewehrsalven.

Die neuen Hadschis kehrten nach Mekka zurück, um ihre religiöse Pflicht mindestens noch einmal zu vollziehen. Inzwischen hatte sich Mekka in einen unüberschaubaren Marktplatz verwandelt, wo die neuen Hadschis die mitgeführten Waren feilboten, um ihre Heimreise mit dem Erlös zu finanzieren. Unmengen von Silber, das ursprünglich meist aus Südamerika stammte, wechselten hier den Besitzer, und Pilger aus dem ganzen Mittelmeerraum kauften Gewürze, Kaffee und indische Tuche.

Wenn sie endgültig Abschied nahmen von Mekka, gingen die neuen Hadschis weinend und betend rückwärts aus dem Haram, um der Kaaba nicht den Rücken zuzuwenden. Auch die Stätte Abrahams war noch zu besuchen. Deren Namensgeber war nach einer Überlieferung plötzlich gewachsen, höher als der höchste Berg, und hatte den ganzen Erdkreis herbeigerufen, indem er die Ohren mit den Fingern zuhielt und sich nacheinander in alle Himmelsrichtungen wandte: »O ihr Völker! Die Pilgerschaft in dieses alte Haus ist euch als Pflicht aufgetragen, daher gehorcht eurem Herrn!«

Für diejenigen, die über den Indischen Ozean heimkehren mussten, war es jetzt schon zu spät, um den Seeweg nach Indien anzutreten, und ich vermute, die meisten von ihnen verbrachten noch ein halbes Jahr in Dschidda oder in den Häfen des Jemen. Gegen Jahresende brachen die Karawanen wieder nach Kairo und Damaskus auf, und mit ihnen traten die neuen Hadschis ihre lange Heimreise nach Algier, Isfahan oder Peking an.

23. HINDUS UND MUSLIME

Das 12. Jahrhundert hat begonnen, und Aurangzeb ist König.
Wir haben die Zeichen des Weltuntergangs erkannt.
Rechtgläubige Führer erklären Aurangzebs Herrschaft für
　　statthaft.
Nach außen herrscht Eintracht, doch im Herzen wohnt
　　Groll.
Die Gesetze des Aurangzeb geben seine Beamten sich selbst.
Uns geben sie Umschläge und behalten die Briefe für sich.
Niedriges Volk und Geldverleiher sind willkommen bei Hof,
Und in den Häusern der Edlen wohnen nur einfache Söldner.
Unter Aurangzeb ist die Bestechlichkeit überall verbreitet;
Gemeine Menschen sind Statthalter geworden, selbst der
　　islamische Richter gilt als Dieb.
Die jungen Söhne der Heiligen haben an Rang und Achtung
　　verloren;
Huren schwingen sich auf, Königinnen zu werden.
Wer früher als vornehm galt, muss jetzt solchem Pöbel
　　dienen.
Khayasts, Khatris und Brahmanen des Heeres haben viel
　　verdient.
Die Träger des Leintuchs sind durch Waffen von Stahl zum
　　Gefolge erniedrigt.
Nordindische Lohgerber, Färber und Parias,
Wäscher, Ölverkäufer und Gärtner – alle sind sie Herren
　　geworden!

Möge Gott den Tyrannen strafen!
In dieser Welt ist er treulos; in der nächsten wird er zur Hölle
fahren.

Der Schreiber dieser Zeilen war Sufi, ein muslimischer Asket
und heiliger Mann, der in Bijapur im Westen Vorderindiens
lebte. Das Jahr 1100 nach der Hedschra begann am 25. Dezember 1688; es ist der einzige Hinweis, der zur Datierung der
Niederschrift dienen kann. Im Norden Indiens standen Hinduismus und Islam seit 1000 Jahren einander feindlich gegenüber. Auf den ersten Blick schien nicht der geringste Ansatz
für eine Verständigung gegeben: hier der Islam mit seiner
kompromisslosen Konzentration auf einen göttlichen Mittelpunkt und seiner Bilderfeindlichkeit; dort der überbordende
Polytheismus und der visuelle Reichtum der Hindureligion.
Jeder Versuch einer Annäherung musste an diese Gegensätze
anknüpfen, doch letztlich trugen zu ihrer Überwindung auch
die einfachen Leute mit ihren religiösen Institutionen und
Bräuchen bei.

Eine der wesentlichen Neuerungen im Hinduismus des
vorangegangenen Jahrtausends war *bhakti* (»Verehrung«) gewesen, eine Form von Devotionalismus. Dieser soziale und
religiöse Impuls ließ die vergeistigte intellektuelle Mystik und
die rituellen Praktiken, die aus Brahmanen die einzigen aktiven Teilnehmer am Gottesdienst machten, weit hinter sich.
Der *bhakti*-Glaube rief auch den einzelnen Durchschnitts-
gläubigen zur leidenschaftlichen Hingabe gegenüber Verkör-
perungen der Gottheit Vishnu oder Shiva auf. Ihre Gotterge-
benheit drückten die Frommen durch ekstatische Tänze und
Hymnen aus, die nicht in Sanskrit, sondern in der Landesspra-
che der jeweiligen Gegend gesungen wurden. In den Kultur-
regionen von Bijapur und anderen Gegenden Mittel- und
Vorderindiens südlich der Stromtäler erlangten *bhakti*-Kulte
besondere Bedeutung. Der Fanatismus der *bhakti*-Gläubigen

und ihre leidenschaftliche Hingabe an eine Gottheit waren
trotz der extremen Unterschiede im Inhaltlichen vergleichbar
mit der muslimischen Ergebung in Gott.

Von muslimischer Seite war die Annäherung das Werk des
Sufismus, der mystischen Tradition im Islam. Der Sufismus
beansprucht, dessen reinste Lehre zu vertreten und aus der
radikalen Kluft zwischen Gottesfurcht und der Schlechtigkeit
dieser Welt die einzig logische Folgerung zu ziehen. Mit Ve-
hemenz beruft sich der Sufi auf gewisse Passagen im Koran,
vor allem auf den Bericht über Mohammeds eigene mystische
Himmelsreise, für andere findet er esoterische Deutungen. Er
verachtet gewissermaßen die wortgetreue Befolgung täg-
licher Glaubenspflichten und das Einhalten der islamischen
Gesetze, denn der Sufismus zielt auf die individuelle mystische Vereinigung mit Gott. Seit dem 14. Jahrhundert waren
Sufi-Lehren in Vorderindien eingedrungen, als muslimische
Siedler und Krieger die nördlichen Stromtäler herunter-
kamen und in Bijapur ihre Machtzentren errichteten. Neue
Vermittlungsweisen der Sufi-Lehre entstanden, als ihre Meister zum Studium in die arabische Welt oder nach Persien gingen und bei ihrer Rückkehr an die Höfe muslimischer Herrscher berufen wurden. Sie fingen an, Predigten zu schreiben,
Lieder und Gedichte im heimischen Dakhni-Dialekt, um ihre
Jünger auf die Stufenwege der Erleuchtung hin zu Gott zu
führen.

So kam es zu einer Art *bhakti*-Bewegung unter den Muslimen, von der sich auch viele Hinduanhänger angezogen fühlten. Nach und nach griffen sie diese Lehren auf und traten
später tatsächlich zum Islam über. Weil die Sufi-Meister aber
stets ihre eigene Nähe zu Gott, die Vermittlerrolle zwischen
ihren Jüngern und dem Allmächtigen, betonten und die Sufi-
Gemeinden vorwiegend von Frauen gebildet wurden, gingen
sie bis an die Grenzen des orthodoxen Islam oder gar darüber
hinaus. Ihre Gräber wurden Zentren der Verehrung und

Wallfahrtsstätten; spirituelle Kräfte, Gemeinden und die ihnen gewährten Lehen gingen auf ihre Nachfolger über.

Die Volksfrömmigkeit an den Sufi-Gräbern von Bijapur ist
noch heute lebendig, doch im 17. Jahrhundert hatten Sufis
zunehmend mit Schwierigkeiten zu kämpfen; später entgin-
gen sie nur knapp der Vernichtung. Die Herrscher von Bijapur wandten sich unvermutet wieder der islamischen Orthodoxie zu, säten Zwietracht unter ihren Hinduuntertanen und
schüchterten muslimische Abweichler ein. Die Marathen,
eine neue politische Hindumacht, rebellierten gegen die
wachsende Vorzugsstellung des Islam unter den Mogulherr-
schern und wurden immer aggressiver. Seit den siebziger Jahren versank Bijapur endgültig im Chaos; wo sie sich durchsetzen konnten, übernahmen regionale Aufrührer die Macht.
1686 fiel die Hauptstadt von Bijapur einem Angriff des Groß-
moguls Aurangzeb zum Opfer, der zu den militant-orthodo-
xen Muslimen zählte. Doch 1688 wüteten Hungersnot und
Beulenpest im Westen Indiens. Dies und die runde Jahreszahl
nach dem muslimischen Kalender versetzten unseren ano-
nymen Sufi-Poeten wie zweifellos viele andere in apokalyptische Stimmung.

Indien ist ein Kosmos unterschiedlicher Religionen, Kulturen
und ethnischer Gruppen. Gnadenlose Hartnäckigkeit und
Flexibilität der politischen Ordnung haben in seiner Geschichte immer wieder dazu geführt, dass die meisten dieser
Völker in ein und demselben Staat, nicht selten dicht an
dicht, ruhig und in Frieden lebten. Eines der imponierendsten
Systeme war das Mogulreich, das zu Beginn des 16. Jahrhunderts von den aus Nordwesten (dem heutigen Afghanistan)
eindringenden Muslimen errichtet wurde. Mit ihrer Religion,
ihrer in Persien verfeinerten Hofkultur, der hochgewachsenen
Gestalt und relativ blassem Teint waren sie von den meisten
ihrer Untertanen grundverschieden. Dennoch genossen die

Großmoguln die Anerkennung von Hindus wie Muslimen; beide Gruppen wurden mit der Zeit auch bei der Vergabe hochrangiger Posten im Militär und in der Zivilverwaltung berücksichtigt. Doch die tolerante, mehr oder minder synkretistische Hofkultur, die Ausdruck und Medium dieser Ordnung war, löste sich im späten 17. Jahrhundert auf.

Nach dem Tod von Schah Jahan im Jahr 1658 setzte sich der neue Kaiser, Aurangzeb, als Sieger in einem grausamen Bürgerkrieg gegen drei seiner Brüder durch. Als überzeugter Muslim war er wesentlich orthodoxer eingestellt als die meisten Mitglieder seiner Familie. Daher betrachtete er sich als Hüter der reinen Lehre und zog gegen einen seiner Brüder zu Felde, der Hinduismus und Islam für prinzipiell gleichwertig erklärt hatte. Nachdem seine Macht gefestigt war, begann er mit der Säuberung des Hofs von allen nichtislamischen Elementen, verbot den Genuss von Alkohol und Opium und sogar die Feier des persischen Neujahrsfestes. Seit 1669 ordnete er die Zerstörung hinduistischer Tempelbezirke an, widerrief Lehnsverträge für Grundbesitz, auf dem sich Hindubeamte niedergelassen hatten, und erhob von Nichtmuslimen neben anderen diskriminierenden Abgaben eine Kopfsteuer *(jizya)*. Dabei handelte es sich nicht um das Steckenpferd eines frömmlerischen Despoten, sondern um einen generellen Trend zur Orthodoxie, der sich bereits unter seinem Vorgänger abgezeichnet hatte. Seine muslimischen Soldaten unterstützten mitunter begeistert Aurangzebs Kurs, indem sie die Ungläubigen drangsalierten und ihre Tempel schändeten.

Dagegen erhob sich schon zu Beginn des Aurangzeb-Regimes zunehmender Widerstand. Kurzfristige Versuche, einen Sikh oder Radschputen auf den Thron zu bringen anstelle eines Muslims, lösten Unruhen aus, die sich zwar nicht weiter ausbreiteten, aber auch nicht restlos niedergeschlagen werden konnten. Hindus umringten den Kaiser, wenn dieser zum Freitagsgebet nach Delhi ausritt, und protestierten gegen die neue Steuerlast. Im südindischen Hügelland errichtete der Marathenführer Schivaji eine unabhängige Hindunation, die ebenfalls auf 1658/59 zurückging. Schivajis Vater hatte sich in der rauen Bergwelt nach und nach eine bescheidene Sphäre relativer Autonomie geschaffen, die nicht grundverschieden von der Regionalverwaltung einzelner Hindufürsten unter früheren muslimischen Herrschern war. 1659 ließ Schivaji einen muslimischen General ermorden, der mehrere heilige Tempel der Hindus geschändet hatte. Schivaji selbst entstammte einer niedrigen Kaste, nicht den Schwertträgern, die zu Hinduherrschern aufsteigen konnten. Doch 1674 lernte er einen weisen Brahmanen kennen, der ihm bestätigte, dass seine Vorfahren zur Kriegerkaste gehört hatten. Anschließend leitete der Brahmane die zeremoniellen Feierlichkeiten, bei denen Schivaji mit heiligen Ölen gesalbt und als wahrer Hindusouverän ausgerufen wurde, der Bogen und Pfeile trägt und auf dem Streitwagen der Gottheit Indra fährt.

Schivaji und seinen Nachfolgern gelang es, den Zorn der Hindus anzufachen, bis diese ihre heiligen Kühe und das Land gegen muslimische Feinde zu verteidigen bereit waren. Außerdem entwickelte er eine Methode der Kriegführung, die sich von der mogulischen grundlegend unterschied und mit der die Moguln nicht rechneten. Ein echter Mogulfeldzug wie derjenige, den Aurangzeb 1687/88 nach Haiderabad unternahm, beruhte auf einer trägen, monströsen und tadellos funktionierenden Kriegsmaschinerie, einschließlich langer Nachschubtrecks, exzellenter Artillerie, berittener und gut trainierter Kavallerie. Im Bedarfsfall waren alle für eine Belagerung nötigen Gerätschaften dabei, und manchmal sah man auch die glänzenden Insignien und weißen Zelte des kaiserlichen Lagers. Ein so kostspieliger Feldzug lohnte sich nur, wenn die Ausgaben wieder hereinkamen: durch Eroberung neuer, noch nicht von Steuern ausgelaugter Territorien, die man verdienten Generälen und Zivilbeamten als Lehen überließ.

Die Marathen ihrerseits waren zunächst Freischärler gewesen, die mit leichter Kavallerie aus ihren Bergfestungen heranpreschten, Dörfer plünderten oder den eingeschüchterten Verwaltern Tribute abverlangten und sich anschließend aus dem Staub machten. Im 18. Jahrhundert errichteten sie einen jener Staaten, die sich über dem Leichnam des Mogulreichs zerfleischten, hielten aber an ihrer Aura von Heldenmut, Raubrittertum und tollkühner Reitkunst fest. In den von ihnen geplünderten Landstrichen richteten sie immense Verwüstungen an. Schivaji starb 1680; sein Sohn Sambhaji war ihm als Nachfolger wohl nicht ganz ebenbürtig, doch der Siegeszug der Marathen ging unaufhaltsam weiter. Mehrmals wurden sie von Moguln vernichtend geschlagen, doch wenig später kamen sie in einer anderen Gegend gestärkt wieder zum Vorschein.

Aurangzeb verbrachte die ersten Tage des Jahres 1688 in Haiderabad, der Hauptstadt von Golkonda, oder nicht weit davon entfernt. Am 25. Januar brach die gewaltige Prozession des Kaiserhofs und der Armee nach Westen auf. Haiderabad war eine schöne, gepflegte muslimische Stadt mit quadratischem Grundriss, die eine Vielzahl erlesener Moscheen, Schulen und Einrichtungen der öffentlichen Wohlfahrt aufwies. Viele ihrer vornehmsten Einwohner, aber keineswegs alle waren Muslime, deren Vorfahren nicht selten in Persien oder Afghanistan beheimatet und früher oder später der Expansion muslimischer Macht und Kultur nach Südindien gefolgt waren. Die Bevölkerung des Umlands dagegen bestand aus Hindus. Sie verständigten sich auf Telugu, eine Sprache, die nicht zur indoeuropäischen Sprachfamilie gehört: bewährte Kämpfernaturen und hart arbeitende Bauern, die seit Jahrhunderten geduldig die kargen, ungleichmäßig bewässerten Böden bearbeiteten.

Mit Aurangzebs Aufenthalt in Haiderabad war der lange

Prozess der muslimischen Machtübernahme in einer Hindugesellschaft zum Abschluss gekommen. Als die gewaltige Festung bei Haiderabad am 2. Oktober 1687 vor den Truppen
Aurangzebs kapitulierte, hatte sie zwar schon über 300 Jahre
mit muslimischer Garnison hinter sich. Doch das schwankende Muslimregime setzte sich erst als stabile politische und
soziale Ordnung durch, nachdem die Hindubevölkerung den
muslimischen Herren weitreichende Zugeständnisse abge-
trotzt hatte. Auf die Eroberer, die sich in der nordindischen
Ebene unter Indoeuropäisch sprechenden, seit Jahrhunderten
mit Muslimen verkehrenden Hindus zu Hause fühlten, wirkten die Hindus von Golkonda mit ihrer Hautfarbe, ihrer Phy-
siognomie und ihrem Telugu ebenso fremd und widerspenstig
wie die zerklüftete Landschaft mit ihren engen Flusstälern
und niedrigen Granitfelsen. Die Felsen boten ideale Bedingungen für den Bau von Festungen wie in Golkonda und die
Errichtung ummauerter Wehrdörfer. Der Granit lieferte erstklassiges Material für die vielen Tempel und ihre unglaub-
liche Fülle von Statuen, besonders die von Shiva, der mit dem
dritten Auge Vernichtung androht und Erschaffung wie auch
Untergang des Weltalls tanzt.

Hindus und Muslime besuchten sich zwar kaum einmal
gegenseitig in ihren Heiligtümern, doch muslimische Herrscher, die nur eine oberste und unvergleichliche Gottheit
anerkannten, hielten all diese Porträts menschlich-tierischer
Manifestationen für eine Anmaßung göttlicher Schöpfer-
kraft. Gewiss hatten sie genug gesehen, um vor den wildes-
ten Auswüchsen hinduistischer Fantasie zu erschauern, vor
diesen Göttern und Göttinnen mit ihren zahllosen Armen
und Tierköpfen. Das Allerheiligste in Shivas Tempeln war
der große Stein Lingam, der erigierte Phallus des Gottes, den
man verehrte, mit Wasser oder geschmolzener Butter salbte
und der als Sinnbild der Wandelbarkeit und Zeugungskraft
galt. Der religiöse Gegensatz zum monomanischen Eifer und

sexuellen Puritanismus des Islam hätte nicht krasser sein können.

Ohne Zusammenarbeit mit der Hindukriegerkaste hätten sich die Muslime von Golkonda allerdings kaum an der Macht halten können. Das machte weitreichende Konzessionen nötig. Die Berufung eines Hinduverwalters gewährte diesem einen erklecklichen Anteil an den Einkünften, die theoretisch dem König zustanden. Die Sondersteuer für Nichtmuslime wurde ausgesetzt, und von Zeit zu Zeit stifteten die Herrscher Land für den Bau und den Unterhalt hinduistischer Tempel. Dafür stellten die Telugu-Krieger ihre traditionelle Loyalität und Tapferkeit in den Dienst des muslimischen Souveräns. Das ganze System ruhte allerdings auf dem Rücken der untersten Kasten. Zu diesen zählten auch die Bauern, die in tropischer Hitze durch Reisfelder wateten, außerhalb der Saison als Steinmetze arbeiteten, Staubecken und Bewässerungskanäle instand hielten.

In den Jahrzehnten vor 1688 hatte dieses System der Balance und regional begrenzten Anpassung dem Königreich Golkonda insgesamt keine politische Stabilität verschafft. 1635 waren die Armeen des Moguls einmarschiert und kurz darauf wieder abgezogen. Aber sie hatten einen Statthalter hinterlassen, der ansehnliche Tribute erheben und jährlich dem Palast im Norden übersenden sollte. 1656 wurde Haiderabad erneut von den Moguln geplündert, die sich aber mit einer Bestätigung des Tributs zufrieden gaben. In den siebziger Jahren geriet der Hof unter den Einfluss einer mächtigen, maßlos reichen Brahmanenfamilie; die niedergelassenen persischen Verwalter hatten nichts mehr zu bestellen. Auf Betreiben der Brahmanen schloss Golkonda ein Bündnis mit den Marathen, deren Kampf sie finanzierten. Als das Mogulheer 1686 die Hauptstadt Bijapur belagerte, wurde ein Brief abgefangen, der die Verschwörung Golkondas mit den Marathen offenbarte. In seiner Wut entsandte Aurangzeb auf der Stelle ein Heer nach Haiderabad.

Der Herrscher von Golkonda und seine muslimischen Ratgeber wollten die Moguln besänftigen, indem sie die beiden führenden Hinduminister enthaupten ließen und Aurangzeb die Schädel übersandten. Die Folge war ein allgemeiner Aufstand, bei dem die meisten der hinduistischen Steuerbeamten gestürzt, einige auch getötet wurden. Die Mogularmee rückte immer weiter vor.

Im Januar 1687 besetzten ihre Soldaten die Stadt Haiderabad; der König von Golkonda und sein treuer Minister zogen sich in die nahe gelegene, riesige Festung zurück. Die Vorratslager waren gut gefüllt, die Mauern praktisch uneinnehmbar. Den Belagerern ging es weniger gut, vor allem während des Monsunregens. Überall litt man unter den Hungersnöten und Seuchen, von denen selbst die Mogularmee nicht verschont blieb. Als die Belagerer Sprengstoff unter einen tragenden Teil der Mauern legen wollten, wurde die Ladung verfrüht gezündet, wobei zahlreiche Soldaten ums Leben kamen. Im September 1687 war es endlich so weit: Ein Überläufer verschaffte ihnen Einlass in die Festung.

Jetzt setzten die neuen Mogulherrscher in die Praxis um, was neben der Belagerungstaktik und militärischen Übermacht ihre besondere Spezialität war: die Aufsicht über die Verwaltung einer eroberten Provinz, die bereits von Muslimen regiert wurde, mit Einrichtungen, die grob ihren eigenen glichen. Sie setzten eine Regierung ein, die gerechter, gründlicher, aber auch lukrativer war als ihre Vorgängerin. Die meisten muslimischen Beamten des alten Königreichs von Golkonda fanden Anstellung in der Mogulregierung. Die neuen Machthaber vertrauten auf Glaubenslehre, politische Kultur und Sprache, die sie mit den Muslimen in der Region gemeinsam hatten. Diese würden sich eines Tages ausreichend angepasst und bewährt haben, dass man sie in anderen Teilen des Reichs einsetzen konnte. Ein hervorragender General, Scheich Nizam, der sich vor der Niederlage der Festung ergeben hatte, wurde schon 1688 mit einem ehrenvollen Kommando betraut. Von den Hindubeamten, die das Massaker am Ende des Jahres 1686 überlebt hatten, wurden die meisten entlassen, selbst der berühmte hinduistische Wallfahrtsort Kantschipuram wurde unter muslimische Verwaltung gestellt.

Die Mogulherrscher entschlossen sich, die Besteuerung ihres Reichs komplett zu überprüfen und neu festzulegen. Das Resultat ergab höhere Einnahmen, doch wurden selten alle Steuern abgeführt. Dass man angesichts der Besitzverhältnisse und regionalen Führungsstrukturen trotz der mogulischen Neigung zur Gründlichkeit und Systematisierung Kompromisse schließen musste, ist begreiflich. Doch die nach Jahren der Teuerung und des Krieges tatsächlich erzielten Steuereinnahmen waren ungefähr so hoch wie das, was Golkondas Könige in guten Jahren herausgeholt hatten – ein beachtlicher Erfolg. Ließ sich Aurangzebs jüngste Erwerbung auch nicht bruchlos in das Mogulreich einfügen, so gewährte sie ihm doch, was er am dringendsten benötigte: einen nie versiegenden Strom von Einkünften, mit denen er den anhaltenden Kleinkrieg gegen die Marathen finanzierte.

Drei mogulische Heersäulen zogen im Januar 1688 von Haiderabad westwärts. Nahrungsmittelknappheit und ausbrechende Krankheiten machten ihnen das Leben schwer. Doch sie stießen unaufhaltsam vor, besetzten jeden Streifen Erde und machten Städte und Dörfer, die sich nicht ergeben wollten, dem Erdboden gleich. Im April stürmten die Marathen mit provozierender Eile nach Haiderabad. Doch die Säulen des Mogulheers rumpelten ungerührt weiter nach Westen ins Marathengebiet.

Im Januar 1689 erfuhr Scheich Nizam, der frühere General von Golkonda, dass Schivajis Sohn und Erbe Sambhaji in unmittelbarer Nähe kampierte. Der schnelle Zugriff eines Kommandos erwischte Sambhaji in einem ungeschützten

Moment. Man brachte ihn ins Lager des Aurangzeb, wo er geblendet, an den Schwanz eines Kamels gefesselt und zum Hohngelächter seiner Feinde durch den Staub geschleift wurde. Dann starb er eines qualvollen Todes, mit abgehackten Gliedern, die den Hunden vorgeworfen wurden. Doch Rajaram, sein 19-jähriger Sohn und Erbe, und die Mutter des Jungen gaben keine Ruhe und setzten den Kampf fort. Von 1691 bis 1698 hielten sie in der Festung Jinji südlich von Madras einer mogulischen Belagerung stand.

Dem Tod Aurangzebs im Jahr 1707 folgte ein weiterer blutiger Kampf um die Thronfolge, doch weder der Sieger noch der Regierungsapparat, dem er präsidierte, konnten sich mit der Machtfülle und Schlagkraft messen, über die ein halbes Jahrhundert zuvor Aurangzeb und sein Kaiserhof verfügt hatten. Dem Kampf um die Überreste des zerfallenden Mogulregimes unter regionalen Machthabern wie den Marathen schloss sich seit den zwanziger Jahren des 18. Jahrhunderts eine neue autonome Muslimdynastie mit Sitz in Haiderabad an. Doch bald hatten auch Franzosen und Engländer gelernt, im indischen Machtpoker aufzutrumpfen, und bald zeigte sich Großbritannien in Bengalen als überlegener Spieler.

Die Stürme, die 1688 über das Mogulreich hinweggingen, lassen sich nicht ausschließlich unter dem Gesichtspunkt der Truppenbewegungen und Eroberungen schildern. Viel hing von den Details ab, von der Fähigkeit der Moguln, die einheimischen Anführer ihrer neuen Untertanen in ihre Hofkultur und politische Strategie einzubeziehen, was ihnen im 16. Jahrhundert umstandslos gelungen war. Doch die Schwierigkeiten nahmen zu. So war nach dem Zusammenbruch des Muslimstaats Bijapur das kleine Königreich des Bedar-Volks an seiner Südflanke dem Zugriff der Moguln ausgesetzt. Die dunkelhäutigen Bedar zählten als Jägervolk in der Hindugesellschaft zu den Parias, verkehrten in einer nichtindoeuropäischen Sprache miteinander und vertrauten ihrer überragenden Kampfkraft ebenso wie dem Zusammenhalt ihrer Stammeskultur. Sie waren treue Verbündete Bijapurs gewesen.

Als eine Mogularmee 1687 vor den Toren ihrer Hauptstadt auftauchte, unterwarf sich Pam Nayak, ihr Herrscher. Die Moguln errichteten umgehend eine Moschee in der Stadt und ließen keinen Zweifel daran, dass sie als muslimische Eroberer auftraten. Pam Nayak wurde in das Prunkzelt vor Aurangzeb gebracht und erhielt auf der Stelle den Posten eines Befehlshabers mit fürstlichem Einkommen. Vornehme Hofleute, ob Hindus oder Muslime, in den Ränken und Feinheiten des Hoflebens beschlagen, reagierten eifersüchtig. Für sie war Pam Nayak ein fremdes Geschöpf, »kohlschwarz« und ungeschlacht, aus einem Stamm von Aasfressern. »Die Nacht hat Trauer angelegt, um sein Wappen zu schmücken... Bären und Schweine müssten sich schämen, wollte man sie mit ihm vergleichen... Selbst der Leichenwäscher ekelt sich vor seinem Anblick!«

Die Vornehmen spotteten und lachten ihn aus, wenn er zur Audienz beim Kaiser erschien. »Nachdem er fünf oder sechs Tage den Hof behelligt hatte, wurde er plötzlich zur Hölle berufen!« Es scheint, als sei er irgendwann im Januar 1688 verstorben. Möglicherweise war die Ursache ein Befehl Aurangzebs, seine eigene Reaktion auf die Demütigungen oder die Pest, die immer noch in Vorderindien wütete.

Die Söhne Pam Nayaks erhielten Ämter und blieben offenbar loyal. Aber einer seiner Neffen ergriff die Flucht vor den Moguln, verschanzte sich in einem Bergdorf und entsandte weit in die Umgebung berittene Plünderer, die mindestens bis 1703 Schrecken und Zerstörung säten und den zivilen Handel störten. Dass er sich so lange halten konnte, beweist die Haltlosigkeit des mogulischen Herrschaftsanspruchs.

24. ENGLÄNDER, INDER
UND DAS DACH DER WELT

Das ganze Jahr 1688 hindurch befand sich die britische East India Company im förmlich erklärten Kriegszustand mit dem Mogulreich. Man möchte die Metapher eines geistesverwirrten Äffchens heranziehen, das einem Kriegselefanten ins Bein beißt. Jedenfalls werden die Engländer den Großmogul kaum von der Verfolgung Sambhajis und der Installierung des Mogulregimes in Golkonda abgelenkt haben. Doch einige Regionalfürsten kamen in ernsthafte Bedrängnis. Die Engländer hatten Segler attackiert, die Pilger aus Indien nach Mekka bringen sollten. Muslime in mogulischen Diensten hatten die Engländer vor Bombay mit Kriegsschiffen angegriffen. Überdies saßen Anfang 1688 ein paar hundert fieberkranke Engländer im gewässerreichen Delta von Bengalen fest, die sich von unhaltbaren Handelsposten im Inland zurückgezogen hatten und nun hofften, dass der politische Sturm vorüberzog.

Bis in die achtziger Jahre des 17. Jahrhunderts hatte der Vorstand in London regelmäßig die Errichtung von Forts und ein stärkeres militärisches und politisches Auftreten der Company in Asien abgelehnt. Doch 1681/82 geriet die Company unter den Einfluss von Männern um Sir Josiah Child, der die Meinung vertrat: »Profit und Macht müssen Hand in Hand gehen!« Daher waren die Direktoren willens, offensiver vorzugehen, als sich die nächste Gelegenheit bot. Allerdings hätte niemand, der sich im Gebiet des Indischen Ozeans auskannte, den Casus Belli begriffen oder auch nur das Kriegsziel erraten, das 1686 verfolgt wurde. Für den Import von Tuchen nach Europa hatte Bengalen an Bedeutung gewonnen. Den Engländern gehörte dort nichts als ein unbefestigter Handelsposten als Stützpunkt. Mit dem Statthalter des Moguln zankten sie ständig über die Interpretation der ihnen zugebilligten Handelsprivilegien.

Doch jeder Asienkenner wusste, dass solche Angelegenheiten persönliche Gründe hatten, dass es manchmal Rückschläge gab und Gewalt höchstens als allerletztes Mittel diente, das nur nach sorgfältigem Abwägen und mit zuverlässigen Verbündeten in der Region angewandt werden durfte. Nichts von alledem hatte der Vorstand berücksichtigt, als er im Januar 1686 zehn Segler mit sechs Kompanien Infanterie nach Bengalen entsandte. Dort sollten sie einen Hafen besetzen, sich mit dem König von Arakan (heute ein Teil von Myanmar) verbünden, dem Mogulreich den Krieg erklären und zur Provinzhauptstadt marschieren. Der Mogulstatthalter, glaubte man, werde vor dieser furchterregenden Übermacht die Flucht ergreifen und geneigt sein, den Frieden wiederherzustellen und die alten Privilegien samt und sonders zu erneuern.

Als die Flotte Bengalen erreichte, hatte der endlose Zwist über Handelsfragen einen Tiefpunkt erreicht; die Händler der Company wurden gezwungen, sich aus den größeren Städten zurückzuziehen. Ihr Anführer Job Charnock war der erste von vielen *Old India hands* in der Geschichte der britischen Herrschaft über den Subkontinent. Seit über 30 Jahren lebte er in Indien, und er war mit einer Hindufrau verheiratet; man munkelte, er habe sie davor gerettet, als Witwe auf dem Scheiterhaufen ihres verstorbenen Mannes verbrannt zu werden. Im Jahr 1687 sollte sich seine Gruppe von mehreren hundert gesundheitlich stark angegriffenen Leuten an der Mündung des Ganges einquartieren. Schließlich erreichte er, dass man ihre Niederlassung in einer Gegend namens Kalikata weiter stromaufwärts duldete. Dort rangen sie während der heißen Jahreszeit und des Monsunregens 1688 um ihr Leben. Im November des Jahres bestand der Kapitän eines Company-Schiffs darauf, dass sie an Bord kämen und einen von vornherein fehlgeplanten Feldzug weiter im Osten mitmachten.

Auf diversen Schauplätzen führte diese Farce eines Krieges dazu, dass die Engländer mit Angriffen auf Mekkafahrer drohten, die Company widerwillig einen Schadenersatz entrichtete und endlich 1690 einen Friedensvertrag mit dem Mogulreich bekam. Charnock durfte mit Erlaubnis ihm wohlgesonnener Provinzbehörden nach Kalikata zurückkehren, wo er eine Handelsmission errichtete. Hier starb er im Jahr 1693. Die Vorteile von Kalikata waren ihm bekannt: das hoch gelegene Ufer, der schiffbare Fluss und die relative Distanz zu den Zentren mogulischer Macht in Bengalen. Die Engländer buchstabierten den Namen der Stadt »Kalkutta«. Der wagemutige Job Charnock wurde auf dem dortigen Kirchhof begraben; heute hat er als Gründervater einen festen Platz im Andenken dieser stolzen Kolonialstadt.

Wenigstens musste nicht die älteste Ansiedlung der Engländer unter der bengalischen Farce leiden: Fort St. George in Madras an der Koromandelküste im Südosten Indiens. Am 3. Februar 1688 war die britische *Moulsford* aus Xiamen (südchinesisch: Amoy) an der Südküste Chinas eingetroffen. Zu den Passagieren gehörten drei Chinesen, die der »General von Emoy [Amoy]« entsandt hatte, »um mit uns ein gegenseitiges Handelsabkommen für diese Region zu schließen«. Nach längeren ergebnislosen Beratungen mit den Engländern unternahmen die Chinesen einen Ausflug landeinwärts nach »Conjeveron, … um eine Pagode zu sehen, die ihre Vorfahren erbaut hatten«, und ihrem »König und Herrn« davon berichten zu können.

Die Engländer wollten ihren guten Willen zeigen, um den Handel für Xiamen zu bekommen, und halfen, wo sie konnten. Vermutlich traten die Chinesen den Heimweg auf britischen Handelsschiffen an, die Ende 1688 von Madras ablegten, doch über ihr weiteres Schicksal wissen wir nichts. Shi Lang, dem Militäroberhaupt von Xiamen, der sie nach Madras entsandt hatte, sind wir bereits früher begegnet. Er fiel im August 1688 am Hof des Kangxi-Kaisers auf die Knie, als dieser ihn wegen seiner Führungsrolle bei der Eroberung Taiwans für die Qing-Dynastie von 1683 auszeichnete.

Die chinesischen Gesandten, die nach »Conjeveron« wollten, um eine von ihren Vorvätern gebaute »Pagode« zu besichtigen, folgten einer Spur, die einer der bekanntesten Pilger der chinesischen Geschichte in seinen Memoiren hinterlassen hatte. Zwischen 629 und 645 war der buddhistische Mönch Xuanzang auf dem Landweg von China nach Indien gereist und hatte zahlreiche buddhistische Schriften mitgebracht. Xuanzang hatte eine Stadt mit Namen Jianzhibuluo erwähnt, die den südlichsten Punkt seiner Indienfahrt markierte. Auch wenn es nicht mehr eindeutig zu identifizieren ist: Jeder Reisende, der im 17. Jahrhundert nach Madras kam und eine Stadt zu sehen wünschte, die sich ungefähr wie »Kantschipulo« anhörte, wäre unweigerlich landeinwärts zu den gewaltigen Toren und eindrucksvollen Reliefbildern der Tempel von »Conjeveron« geschickt worden – nach Kantschipuram nämlich, das rund 80 Kilometer hinter Madras liegt und noch heute eine Wallfahrtsstätte für fromme Hindus ist. Dass sich die Gesandten auf einen Text aus dem 7. Jahrhundert bezogen, kann nicht überraschen. Mit seinem *Bericht aus den westlichen Regionen* hatte Xuanzang Nachruhm erlangt, und chinesische Seefahrer waren durchaus belesen. In Xiamen gab es ein bedeutendes Buddhistenkloster, dessen Mönche oder Laienfromme vielleicht die entsprechenden Nachforschungen angeregt hatten.

Zu dem unvermutet weltumspannenden Beziehungsgeflecht dieser kleinen Geschichte gehört auch der 1688 amtierende Gouverneur von Fort St. George, Elihu Yale. In den
achtziger Jahren vertrat er als Agent die Interessen des britischen Chinahandels. Mit Privatgeschäften, die teils von der
Company genehmigt, teils hinter ihrem Rücken abgewickelt
wurden und aus Madras ein florierendes Handelszentrum
machten, hatten Gouverneur Yale und sein Bruder ein Vermögen gemacht. Der in Connecticut geborene Yale war als
zweijähriger Knabe nach England gekommen, verkehrte immer noch mit Angehörigen in Neuengland und fühlte sich
seinem Geburtsland in sentimentalem Andenken verbunden.
1699 verließ er Indien und kehrte nach England zurück, mit
jenen märchenhaften anglo-indischen Reichtümern, die das
Wort »Nabob« im Sprachgebrauch populär machten.

Seit 1713 überwies er mehrere Spenden an eine neu ge-
gründete Hochschule in Connecticut; der Gesamtwert betrug rund 1162 Pfund Sterling (was bei den Preisen des beginnenden 21. Jahrhunderts etwa 100000 Dollar entsprechen
würde). Sie lässt sich mit John Harvards Hochschulstiftung in
Massachusetts vergleichen, stand aber in keinem Verhältnis
zu Yales sonstigem Wohlstand. In Anerkennung seiner Frei-
gebigkeit wurde die Hochschule nach dem edlen Spender be-
nannt. Die Universität Yale ist stolz auf die traditionellen Verbindungen nach China, besonders auf ihre herausragenden
Beiträge zur Sinologie. Doch nur die wenigsten Yale-Absol-
venten wissen, dass sich diese Beziehung bis zum alten Elihu
selbst zurückverfolgen lässt.

Aus den Unruhen und Machtkämpfen der achtziger Jahre
gingen Bengalen und die Koromandelküste als wichtigste
Vorposten europäischer Handelsinteressen und kommerziellen Wachstums in Asien hervor. In Paris, London, Amsterdam
und den Hauptstädten mancher Nachbarländer verbreitete

sich ein ganz neues Vokabular; besonders der Mode- und Tuchgeschmack empfing neue Impulse. Britische Männer und Frauen trugen baumwollene Unterkleider aus Kaliko, selbst Seeleute und einfache Arbeiter. Chintz war vor allem bei reichen niederländischen Damen gefragt. Die Kaufleute hofften, Jahr für Jahr geblümte Seide in neuen Mustern liefern zu können, »denn britische Ladies und, wie es heißt, die Franzosen und andere Europäer zahlen doppelt so viel für neue, nie dagewesene Stoffe, auch wenn sie schlechter sind, als sie für Seide besserer Qualität zahlen würden, die von der gleichen Musterung ist wie im Jahr zuvor«. Eine verwirrende Vielzahl von Begriffen wie Chintz, Kaliko, Musselin und manche, die sich nicht bis in unsere Zeit halten konnten, bürgerte sich zusammen mit den Waren, die sie bezeichneten, in Europa ein.

Textilien bildeten das ständig wachsende Gros der von britischen und holländischen Handelsgesellschaften aus Asien importierten Güter. Als 1688 Pest und Hungersnot in Indien wüteten und die Engländer Krieg mit dem Mogulreich führten, kam der Handel in Bengalen vorübergehend zum Erliegen. Die Ausfuhr indischen Tuchs ging in beiden Gesellschaften drastisch zurück. Die Engländer exportierten im Jahr 1688 weniger als ein Viertel der Vorjahresmenge aus Indien und weniger als ein Zehntel dessen, was auf dem Höhepunkt des indischen Tuch-Booms von 1684 ausgeführt worden war. Der Umsatz der Compagnien sollte sich bis in die späten neunziger Jahre nicht mehr erholen, blieb dann aber im ganzen frühen 18. Jahrhundert konstant.

Vertreter beider großen Compagnien auf ihren indischen Stützpunkten und Handelsmärkten stellten fest, dass ihre Nachfrage nach Textilien willkommen, aber kaum lebensnotwendig war für die ausgewogene Produktions- und Handelswirtschaft, die schon lange vor ihrer Ankunft floriert hatte. Die vorderindischen Tuchmacher versorgten namhafte Absatzmärkte in Zentralasien wie Persien, Buchara und Samarkand sowie die an das Rote Meer grenzenden Länder. Die Textilindustrie der Koromandelküste exportierte gewaltige Mengen nach Südostasien; der Zugriff auf einen Teil dieser Exporte war für den holländischen Handel in den Gewürz-Anbaugebieten unverzichtbar. Die Produktion selbst war umständlich diversifiziert. Einzelne Bevölkerungsgruppen besetzten unterschiedliche Nischen im regionalen Kastensystem und durften die Baumwolle entweder anbauen, spinnen, weben oder färben. In jedem Stadium oblag es den Kaufleuten, die Ware von einer Fertigungsstufe zur nächsten zu befördern, und gelegentlich mussten sie den Produzenten Geld vorstrecken, damit sie pflanzen, spinnen, weben oder färben konnten.

Mochten ihre Lebensumstände auch primitiv erscheinen – in ganz Südindien arbeiteten Weber im Freien unter Bäumen –, die Qualität ihrer besten Produkte wie des berühmten, transparenten »Fließend-Wasser«-Musselins übertraf bei weitem die Fertigkeiten ihrer europäischen Zunftkollegen. Hoch spezialisierte Kenntnisse des Produktionsvorgangs für einzelne Güter wurden über Generationen hinweg weitergegeben, blieben auf diese Weise örtlich gebunden und in den jeweiligen Familien. Die Prozedur beim Fixieren von Pflanzenfarben durch eine komplizierte Anordnung chemischer Behandlungen war ein Triumph der Volkskunst. Südindische Weberfamilien, die ihre Webstühle im Schatten großer Baumkronen aufstellten, Färberclans, die ihr Tuch an klaren, für ihre Wasserqualität bekannten Flüssen auswuschen, die Waren in den umfassenden Wirtschaftskreislauf brachten und ihren Kindern alles Wissenswerte darüber beibrachten, gehören zu den wichtigsten und produktivsten Elementen der Welt von 1688.

Europäer, die auf dem Seeweg um das Kap der Guten Hoffnung anreisten, waren keineswegs die einzigen Außenseiter im Handelssystem des indischen Subkontinents. Seit den Portugiesen im 16. Jahrhundert bis in unsere Zeit hinein sind immer wieder Armenier zu Land und zu See nach Asien gereist. Einer von ihnen, Hovhannes Joughayetsi (Johann von Julfa), verbrachte das Jahr 1688 in Lhasa, der größten Stadt in Tibet. 1682 war er von Neu-Julfa bei Isfahan in Persien aufgebrochen, das damals der wichtigste armenische Handelsplatz außerhalb der Heimat war. Die Gueraks, eine der führenden armenischen Kaufmannsfamilien, hatten ihn mit ihren Waren auf Kommissionsreise geschickt. Ein Zweig der Guerak-Familie lebte nachweislich in Venedig; als Wappenzeichen benutzte sie einen Bienenkorb mit einem Schwarm einfliegender Bienen. Das sollte vermutlich auf den Reichtum anspielen, den die Familie durch ihr weit gespanntes Vertriebsnetz erworben und in ihren Lagerhäusern angehäuft hatte. Hovhannes sollte die Waren seiner Auftraggeber in Indien verkaufen und den Gueraks drei Viertel der Profitspanne überlassen.

Die Kenntnis des Handelswesens hatte er auf einer Fachschule in Neu-Julfa erworben. Seinem Dienstherrn legte er in regelmäßigen Abständen Rechenschaft über seine Reisen und Geschäfte ab. Hovhannes' Bereitwilligkeit, unter solchen Bedingungen eine derart weite und gefahrvolle Reise anzutreten, wird verständlicher angesichts der Tatsache, dass er mit Billigung der Firma auch auf eigene Faust kaufen und verkaufen oder selbstständig andere Partnerschaften eingehen durfte und dass er auf den bedeutendsten Märkten Indiens stets eine kleine armenische Gemeinde mit eigener Kirche antraf.

Hovhannes Joughayetsi wanderte von Surat nach Agra und wieder zurück, kaufte und verkaufte in einträchtigem Zusammenwirken mit anderen armenischen Händlern Tuche und Indigo. Die Armenier kannten das Land und seine Märkte besser als Holländer und Engländer, konnten den indischen Zwischenhandel teilweise umgehen und Textilien rund 30 Prozent billiger als die East India Company kaufen. 1686 ging Hovhannes nach Bengalen, kaufte Tuch, das er in

Tibet verkaufen wollte, und machte sich auf den beschwer-
lichen Weg durch Nepal, über einen 4500 Meter hohen Gebirgspass, und weiter nach Lhasa, das über 3600 Meter über
dem Meeresspiegel liegt. Dort lebte er fast fünf Jahre lang.
Auch in Lhasa stieß er auf Armenier, von denen sich manche
niedergelassen und Familien gegründet hatten.

Seine Geschäfte machte er unmittelbar mit den Tibetern
oder mit Armeniern, die oft erstaunliche Strecken von über
1500 Kilometern durch weitgehend unbewohntes Bergland
zurücklegten, fast immer über der 4000-Meter-Grenze, und
bis nach Xining im Qinghai-Becken an der Nordwestgrenze
Chinas. Seinen Landsleuten vertraute er für die Chinesen
Bernstein und Silber an, die gegen Gold eingetauscht wurden,
weil der nach dem Silberwert berechnete Goldpreis in China
wesentlich niedriger lag als in Indien. Wenn es Streit gab unter den Armeniern in Lhasa, versuchte man ihn möglichst innerhalb der Gemeinde beizulegen, ohne die tibetische Obrigkeit zu behelligen.

Hovhannes trauerte, wenn ein Landsmann starb, und
spendete freigebig bei festlichen Anlässen. Als ein anderer
Beauftragter der Gueraks am 10. Februar 1688 das Zeitliche
segnete, nahm er sich der Waren und persönlichen Besitztümer seines Kollegen an. Auf dem Rückweg durch Nepal notierte er 1693 einmal: »Die gesamte Strecke ist durch Hochwasser überflutet und führt geradewegs in die Hölle; man
muss über eine Brücke von Haaresbreite.«

Die tibetische Kultur war vom »lamaistischen« Buddhismus durchsetzt, der den buddhistischen Glauben an Wieder-
geburt und an spirituelle, durch Meditation frei werdende
Kräfte zu höchster Entfaltung brachte. Die Lamas der diversen Klöster galten jeweils als Reinkarnation ihres Vorgängers.
Bis in unsere Zeit wurde immer wieder von erfüllten Prophezeiungen, Seelenreisen außerhalb des Körpers und anderen
spirituellen Erscheinungen berichtet. In den achtziger Jahren

des 17. Jahrhunderts hatte der Ruhm der Dalai Lamas, die in Lhasa residierten, eben erst den Höhepunkt mit dem »Großen V.« Dalai Lama erreicht, der sich auf die Militärmacht der mongolischen Choschoten und auf die Anerkennung der fernen Qing-Kaiser in Peking stützte.

Der V. Dalai Lama war 1682 verstorben; die Macht übte an seiner Stelle ein Regent aus, der den Choschoten formell untertan war. Der Regent hielt den Tod des Dalai Lama geheim und ließ verlauten, der »Große V.« dürfe nur nicht in seiner meditativen Versenkung gestört werden. Erst 1696 wurde das Geheimnis gelüftet und der VI. Dalai Lama inthronisiert. Potala, die riesige Festung, die gleichzeitig als Kloster und Residenz diente, stand damals mit ihrer prächtigen weiß-roten, blattgoldverzierten Stuckfassade kurz vor der Vollendung und ragte schimmernd in die dünne Luft über der Stadt empor, wo die Karawanen kamen und gingen und Hovhannes bei seinen Landsleuten saß, debattierte und Geschäfte machte.

TEIL VII

HEIMATLOSE WELT: EXIL, UTOPIE UND FAMILIE

In der Frühmoderne gab es bereits Utopien, die aber nur ganz selten auf die Reform der tatsächlichen Lebensumstände nach abstrakten Wertvorstellungen abzielten. Normalerweise waren sie, wie die meisten Zukunftserwartungen bis heute, mit bestimmten Völkern oder fernen Ländern verknüpft – die in gewissen Fällen auch zur Wunschheimat werden konnten. Derartige Stimmungen und Sehnsüchte waren besonders unter Vertriebenen und Emigrierten verbreitet, die keine Heimat mehr hatten, in die sie zurückkehren konnten, oder die sich, wenn sie sich zur Rückkehr entschlossen, einer Fremdherrschaft unterwerfen mussten. Das gilt gleichermaßen für Armenier, afrikanische Sklaven in der Neuen Welt und loyale Ming-Anhänger unter den Chinesen in Südostasien.

Für jene, die der Islam die Völker des Buches nennt – Muslime, Christen und Juden –, war Jerusalem eine Stätte der Hoffnung und ein Wallfahrtsziel geblieben. Im Judentum gehörte das Heimweh nach Jerusalem und das Bewusstsein, jederzeit übersiedeln und sich dort niederlassen zu können, wenn auch unter fremden Herrschern, zum Selbstverständnis eines auserwählten, über den ganzen Erdkreis verstreuten Volkes. Für die Christen beider Konfessionen war Jerusalem im 17. Jahrhundert – abgesehen von wenigen Katholiken, die vielleicht noch immer von einem Kreuzzug ins Heilige Land träumten – kein konkreter Ort mehr, sondern ein utopisches

Symbol ihrer eigenen Bestimmung und Zukunftserwartung. Juden in der Diaspora, wie auch christliche Engländer in qualvoller Ungewissheit, wandten sich in ihren Nöten der Familie zu, dem Hort der Geborgenheit. Sie sangen dieselben Psalmen zu ihrem Lobpreis, verbrachten schlaflose Nächte und lauschten den Chorälen von Sehnsucht und Verlassenheit.

25. NÄCHSTES JAHR IN JERUSALEM

W ie jedes Jahr gab es auch 1688 zwei wichtige Momente
des Jahreskreises, am Ende des Jom Kippur und am letzten Tag des Pessach-Festes, zu denen Juden einander gelob-
ten: »L'shana haba-ah b'yerushalayim ... Nächstes Jahr sind
wir in Jerusalem!« Beim ersten Mal geschah es öffentlich,
zum Abschluss gründlichster Selbstprüfung am Tag der Reue,
das andere Mal, wenn man im Kreis der Familie zu Tisch saß,
die Kinder befragte und ihnen diese Verheißung einprägte.

Natürlich lebten auch in Jerusalem und anderswo in jener
Heimat, die das Land Israel genannt wurde, Juden. Doch
selbst für sie war das zeremonielle Gelöbnis der Ausdruck tiefen, ungestillten und wohl nie zu erfüllenden Verlangens. In
der Tat machten sich die Paradoxien des Exils und der Sehnsucht in Jerusalem besonders stark geltend. Dort versammelten sich die Juden zum gemeinsamen Fasten am Tisch'ah
be-Aw – 1688 war es am 5. August – vor der Westmauer des
Salomonischen Tempels, um dessen Zerstörung 587 v. Chr.
und der Zerstörung des zweiten Tempels durch die Römer
70 n. Chr. zu gedenken. Beide Tragödien sollen am selben
Datum, dem 9. Aw, stattgefunden haben.

Im Jahr 1688 war Jerusalem noch nicht streng in ethnische
und religiöse Viertel geteilt; die bedeutendste jüdische Ansiedlung lag vielmehr westlich des Tempelwalls. Juden, die
dort ein und aus gehen wollten, mussten zunächst an ihrer
nordafrikanisch-muslimischen Nachbarschaft vorüber. Na-

türlich gab es auch mehrere Islamschulen und fromme muslimische Stiftungen in dieser Gegend, doch zu jener Zeit waren einige vermutlich schon in Wohnhäuser umgewandelt.
Doch was das Allerschlimmste war: Auf dem Tempelberg
oberhalb der Westmauer standen der prunkvolle muslimische Bau der al-Aqsa-Moschee und der Felsendom; hier vertrieb man die Juden schon, wenn sie nur durch die Tore spä-
hen wollten. Daher hielten selbst jene, die in Jerusalem
wohnten, die Trauer um die Zerstörung der Tempel für geboten. Üblich war bei dieser Gelegenheit, ebenso streng zu fasten wie zu Jom Kippur. Das Morgengebet dieses Tages war
das einzige im Jahr, zu dem die Männer nicht einmal den Ge-
betsschal und die Tefillin – Gebetsriemen mit Thorapassagen
in kleinen Kapseln – anlegen durften. Und alle schluchzten
und jammerten vor Kummer.

Im Exil, wie es die Hauptvertreter des rabbinischen Judentums
auffassten, gab es kaum Aussicht auf Abhilfe, auf Erlösung aus
der Diaspora und Rückkehr innerhalb der eigenen Lebenszeit.
Gewissenhaftes Festhalten an der Tradition wurde – wie für
viele andere Emigrantengruppen auch – zum wichtigsten An-
haltspunkt der Erinnerung und verknüpfte den Glauben des
Volkes mit Ursprung und Herkommen. Für Juden in aller Welt
waren die Gemeinde, ihr Jahreskreis der Feiertage und die
Treue zum Gesetz unentbehrlich für das persönliche und kulturelle Überleben in der Diaspora. Hinzu kommt, dass der
familiäre Zusammenhalt und die Einhaltung der religiösen
Pflichten im Mittelpunkt dessen stehen, was das Judentum
ausmacht.

Im Sommer 1688 sah Glikl bas Judah Leib – auch bekannt
unter der deutschen Namensform als Glückel von Hameln –
voller Stolz und Freude ihren Sohn Mordechai neben der
Tochter des bei den Hamburger Juden hoch geachteten Mo-
ses ben Nathan unter dem Hochzeits-Baldachin stehen. Mor-

dechai war ein schmucker Jüngling und, so jung er noch war, seinem Vater Chaim Leib bereits eine echte Stütze in den Geschäften. Kürzlich erst war er mit dem Vater nach Leipzig gereist und hatte ihn aufopfernd gepflegt, als Chaim plötzlich erkrankt war. Vater Chaim hatte ein Brautgeld von 1000 Reichstalern aufgebracht; ihre väterliche Mitgift belief sich auf 3000 Taler in dänischen Kronen. Die Kosten der Eheschließung von über 300 Reichstalern teilten sich beide Familien. Die Eltern des Bräutigams hatten sich bereit erklärt, den beiden zwei Jahre lang Kost und Logis zu gewähren; das kam häufig vor, zumal jüdische Paare sehr jung zu heiraten pflegten. Glikl selbst war mit 14 Jahren in den Ehestand getreten, und ihr erstes Kind heiratete, als sie selbst 26 oder 27 war. Das vierte Kind, das Hochzeit feierte, war Mordechai, der jetzt 19 oder 20 Jahre zählte, acht weitere waren noch unverheiratet.

Glikl war die Tochter von Judah Joseph oder Judah Leib, einem reichen Hamburger Kaufmann, und Beila, der Tochter Nathan Melrichs aus Altona. Dass ihr Vater seine verwitwete Schwiegermutter »mit allen gebührenden Ehren« behandelte, deutet auf die Wertvorstellungen hin, die Glikls Leben prägten. Hamburg war ein bedeutender Hafen und Handelsmarkt – für einen geschickten und intelligenten Kaufmann ein idealer Wohnort, wobei Juden freilich nicht überall willkommen waren. Die lutherische Geistlichkeit erwies sich als judenfeindlich. Matrosen und Lehrlinge trieben auf der Straße Spott mit den Juden und suchten ständig nach Anlässen, sie anzugreifen oder ihre Häuser zu plündern.

Im benachbarten Altona, das zum Gebiet des Dänenkönigs gehörte, herrschte größere Toleranz, aber es war nicht so zentral gelegen. Glikls Familie und viele ihrer Glaubensbrüder kamen weit in der Welt herum. Chaim handelte mit Gold, Silber, Perlen und Juwelen, besuchte regelmäßig die Messen in Leipzig und Frankfurt am Main und bediente sich anderswo verlässlicher jüdischer Kommissionäre für seine

Geschäfte. Glikl war ihm bei allen kaufmännischen Entscheidungen eine gleichberechtigte Partnerin.

Ohne die Obhut einer echten Heimat mussten Juden sich in einer von Krieg und Staatsmacht bestimmten Welt auf ihren Leumund verlassen, um geschäftliches Ansehen und Kredit zu erlangen. Zum Ärger mit der Obrigkeit und christlichen Konkurrenz kam hinzu, dass sie untereinander erbarmungslos Schulden eintrieben, besonders wenn sie fürchten mussten, dass der Schuldner kein ehrenwerter Mann von bestem Ruf sei. Daher überrascht es uns nicht, wenn Glikl sich in ihren Ermahnungen an die Kinder immer wieder um *oysher un koved*, um Reichtum und Ehre, sorgt.

Ihre Muttersprache, das Jiddische, ist ein vom Mittelhochdeutschen abstammendes Idiom, das mit dem hebräischen Alphabet verschriftlicht und mit einer Unzahl hebräischer Lehnwörter bereichert wurde. Dass Glikl hier zwei Wörter mit hebräischen Wurzeln benutzt hat, deutet darauf hin, wie ernst sie den Sachverhalt nahm. Frühzeitige und standesgemäße Ehen konnten erheblich zu Reichtum und Ehre beitragen. Die meisten jüdischen Gemeinden in deutschsprachigen Ländern waren zahlenmäßig klein, und um einen Schwiegersohn oder eine Schwiegertochter von guter Herkunft und tadellosem Charakter zu bekommen, musste man oft in weiter Ferne suchen. Verwandtschaftlich abgesicherte Beziehungen zu unterschiedlichen Handelszentren waren in jedem Fall von Nutzen.

Chaim und Glikl hatten mit wenig angefangen, wussten aber fleißig und sparsam zu wirtschaften, verschafften sich zunehmend Kredit, und ihr Vermögen nahm stetig zu. Von den 14 Kindern, die Glikl zur Welt brachte, erlebten zwölf das Erwachsenenalter; das waren verhältnismäßig viele im Vergleich mit den meisten Adels- oder Königsfamilien. Im Januar 1689 stürzte Chaim unglücklich auf dem Weg zu einem Geschäftstermin. Dabei wurde ein bestehender Eingeweidevorfall oder anderer »Bruch« akut und führte zu einer Darm-verschlingung. Bruchschneider und Ärzte konnten ihm nicht helfen. Glikl hatte noch nicht die Mikwe besucht, um das vorgeschriebene Bad am Ende ihrer Menstruationszeit zu nehmen. Sie wollte ihn trotzdem an sich drücken, aber er er-widerte:»Gott bewahre, mein Kind; es wird ja nicht so lange dauern, bis du dein Tauchbad nehmen wirst.« Doch er starb, bevor sie ihn wieder in den Armen halten durfte. Der Arzt beugte sich über seine Lippen und hörte ihn flüstern: *Sch'ma Israel adonai elohenu adonai echad!* (»Höre Israel, der Ewige ist unser Gott, der Ewige ist der Einzig-Einzige.«)

Chaim hatte keine Nachlassverwalter oder Vormünder für seine Familie bestellt:»Ich weiß nichts zu befehlen; meine Frau weiß von allem; lass sie tun, wie sie vorher zu tun pflegte.« So kam es, dass Glikl seine Geschäfte weiterführte, wobei sie mitunter selbst auf Reisen ging, häufiger aber be-währten Kommissionären vertraute. Doch musste sie immer noch acht Kinder verheiraten. Vor Trauer und Sorge konnte sie nachts oft nicht schlafen. Zu Nutz und Frommen ihrer Kinder begann sie, ihre Lebenserinnerungen aufzuschreiben. Dabei bediente sie sich des Jiddischen, doch eine genauere Analyse ihres Stils hat ergeben, dass sie auch fließend Deutsch las und ein wenig Hebräisch, obwohl ihre Kenntnis des Hebräischen offenbar weniger auf eigenem Studium als auf dem beruhte, was sie auf der Frauengalerie der Synagoge vernommen hatte.

Dass Juden im 17. Jahrhundert ihren Kindern testamenta-risch Moralpredigten und Denkwürdigkeiten hinterließen, war nicht ungewöhnlich. Aber Glikl zeigte sich als begnadete Geschichtenerzählerin und hätte heutzutage wohl Krimis verfasst. Ich vermute, ihr Talent kam erstmals in einer schlaf-losen Nacht zum Durchbruch, als sie über den Raubmord an zwei Juden schrieb. Dieser war 1687 aufgedeckt worden, weil eine Jüdin, die wie Glikl nicht schlafen konnte, zufällig nachts ans Fenster ging und ein Christenpärchen beobachtete, wie es eine schwere, unhandliche Kiste wegschleppte. Eingeleitet wird Glikls Schilderung dieser Ereignisse mit dem doppeldeutigen Bibelwort: *Hineh lau jonum welau jischon schaumer jissroël.* – »Es schläft und schlummert nicht der Hüter Israels« bzw. »Gott der Hüter lässt nicht schlafen noch schlummern«.

Glikls Erzählung von ihrer Ehe wird öfter unterbrochen von bangen Klagen darüber, wie früh und rasch ihr Glück ein Ende genommen hat: »Aber ich Unverständige habe nicht gewusst, wie wohl mir gewesen ist, wenn ich meine Kinderchen ›wie Ölbaumschößlinge um meinen Tisch‹ sitzen hatte.« Wenn Gott über das auserwählte Volk wachte und nie schlief, war ihr Verlust nur mit ihrer Sündhaftigkeit zu erklären, ebenso wie man das Exil mit Verfehlungen der Juden zu begründen suchte. Mit ihrem gesunden Selbstbewusstsein, eine gute Hausfrau und Mutter zu sein, der Wohlstand und Ehre reichlich zuteil geworden waren, konnte sie dies nicht umstandslos vereinbaren.

Einmal äußert sie die Vermutung, Gott habe »schon längst mein Verderben und meine Not beschlossen, um mich für die Sünde zu strafen, dass ich mich auf Menschen verlassen habe«. Diese Bemerkung fällt im Zusammenhang mit ihren Schwierigkeiten nach dem Tod des Ehemanns, als eine geliebte Tochter unvorteilhaft nach Berlin geheiratet hatte und kurz darauf verstorben war und einer ihrer Söhne so schlechte Geschäfte machte, dass Glikl seine Schulden übernehmen und ihn selbst anstellen musste.

Während ihrer Zeit als Witwe lehnte sie mehrere reizvolle Heiratsanträge ab, was sie später bereute. Eines ihrer Kinder nach dem anderen fand einen Ehepartner. Für die Juden besserten sich die Lebensumstände in Hamburg nicht. 1699 akzeptierte Glikl bas Judah Leib den Antrag des reichen Hirsch Levy aus Metz, wo die aufstrebende jüdische Gemeinde gute

Handelsbeziehungen entlang der Grenze zwischen Frankreich und dem Heiligen Römischen Reich unterhielt. Im Jahr 1700 verließ sie Hamburg und nahm ihre letzte unverheiratete Tochter mit. Hirsch Levys luxuriöser Lebensstil muss sie beeindruckt haben, doch keine zwei Jahre später war er bankrott. Das hoch verschuldete Ehepaar musste sich von den Kindern aushelfen lassen. Hirsch Levy verschied im Jahr 1712; Glikl überlebte ihn um weitere zwölf Jahre und starb 1724 in Metz, wo sie bis zum Schluss im Hausstand ihrer inzwischen verehelichten Tochter lebte.

Es war Freitag, der 2. April 1688, als in der kleinen norditalienischen Stadt Colorno bei Parma ein Ehevertrag zwischen Samuel Hayyim, dem Sohn von Yosef Fontanella, und Stella, der Tochter von Zechariah Fontanella geschlossen wurde. Für die Juden Südeuropas war in der frühen Neuzeit ein Ehevertrag *(ketubba)* nicht bloß ein juristisches Dokument zur Schließung der Ehe, sondern ein Sinnbild ihrer göttlichen Weihe, das liebevoll hergestellt und illuminiert wurde, ein Kleinod des Worts und von heiligster Unantastbarkeit für Familie und Gemeinde. In der *ketubba* der Fontanellas findet sich in der Mitte der aramäische Text, der die Heiratsbedingungen erklärt. Ringsum ist das 60-Quadratzentimeter-Pergament über und über mit detaillierten und schönen Ornamenten dekoriert. Am oberen Rand findet sich eine Krone, darunter eine Taube, die einen Olivenzweig im Schnabel hält. Innerhalb der äußeren Einfassung stehen zwei gerahmte Bibelstellen, die eine aus dem Propheten Jeremia (11,16) – »Der Herr nannte dich einen grünen, schönen, fruchtbaren Ölbaum« – und die andere aus dem Hohe Lied Salomonis (6,9): »Aber eine ist meine Taube, meine Fromme, eine ist ihrer Mutter die Liebste und die Auserwählte ihrer Mutter.«

6 Ehevertrag von Samuel Hayyim Fontanella und Stella Fontanella,
Colorno 1688, mit Detailansicht

Dieser Außenrand wie auch der Zwischenraum und die Inschrift in der Mitte wurden mit verschlungenen Weinranken, Blättern, Blüten und Früchten verziert, die in Grüntönen koloriert und reich vergoldet wurden. Der italienische Segenswunsch »Mögen sie fruchtbar sein und sich mehren und gedeihen. Möge ihnen das Glück beschieden sein, die Kinder ihrer Kinder zu sehen!« begann mit geschwungenen Lettern links und rechts neben der Krone und wurde über dem Vertragstext fortgesetzt. Zwischen das Weinlaub gestreut sind die Worte des 128. Psalms: »Dein Weib wird sein wie ein fruchtbarer Weinstock im Gemach deines Hauses, deine Kinder wie Ölzweige um deinen Tisch her. Der Herr wird dich segnen aus Zion, dass du schauest das Glück Jerusalems dein Leben lang und schauen mögest deiner Kinder Kinder. Friede über Israel!« Besonders eindrucksvoll sind die mikroskopisch kleinen hebräischen Zeichen, kein Buchstabe über einen Millimeter hoch, mit denen das Rankenwerk von Weinlaub und Blättern konturiert ist. Sie geben den gesamten Text des Buchs Esther und des Hohe Lieds wieder.

Die Juden im frühneuzeitlichen Italien lebten nicht völlig isoliert von ihren christlichen Zeitgenossen, und viele ihrer Eheverträge sind vom Stil jener Umgebung und vom gemeinsamen mediterranen Erbe der griechisch-römischen Antike geprägt. Die *ketubba* von Samuel Hayyim und Stella Fontanella weist aber nur wenige nichtjüdische Elemente in dieser Art auf. Die akkurate Schönheit der mikrografischen Schrift, die Stängel, Laub und Blüten umgibt, trifft den jüdischen Kunstgeschmack genau. Die winzigen Buchstaben geben Geschichten von weiblicher Hingabe und Standhaftigkeit sowie ein leidenschaftliches Liebesgedicht wieder: ein heiliger Text, der Blüten und Früchte im Überfluss spendet.

Wer aber waren die beiden jungen Leute mit gleich lautenden Nachnamen? In Colorno gab es viele Fontanellas. Vermutlich war ihre Cousinsverwandtschaft weitläufig genug, um nicht in Widerstreit mit dem mosaischen Verbot zu geraten. Wir kennen sie nur, weil Generationen von Nachfolgern und Sammlern ihren wundervollen Kontrakt überliefert haben, der heute zur Kollektion des Jewish Theological Seminary of America in New York gehört. Eine persönliche Spur in der Geschichte hat nur der männliche Ehepartner hinterlassen – nach altem Brauch setzen nur der Bräutigam und ein Zeuge ihren Namen unter den Ehevertrag, die Braut unterschreibt nicht. Es ist ein weiterer Ehevertrag aus Colorno überliefert, der um 1720 geschlossen wurde: Die Braut hieß Grazia, Tochter des Samuel Hayyim Fontanella.

26. WOHL DIR, DU HAST'S GUT

Wohl dem, der den Herrn fürchtet,
Und auf seinen Wegen gehet!
Du wirst dich nähren von deiner Hände Arbeit;
Dein Weib wird sein wie ein fruchtbarer Weinstock
Im Gemach deines Hauses,
Deine Kinder wie Ölzweige um deinen Tisch her.
Der Herr wird dich segnen aus Zion,
Dass du schauest das Glück Jerusalems dein Leben lang.
Und schauen mögest deiner Kinder Kinder.
Friede über Israel!

Henry Purcell, Organist von Westminster Abbey und von der Royal Chapel, Hofkomponist Seiner Königlichen Majestät, Aufseher der Königlichen Blasinstrumente und Cembalist der Königlichen Kammermusik, hatte den neuen Anthem auf einen Text aus Psalm 128 für den Dankgottesdienst komponiert, der am 15. Januar 1688 in der Royal Chapel gehalten wurde. Der würdige englische Text – hier nach der Übersetzung Martin Luthers wiedergegeben –, der von Fruchtbarkeit und Familienfreuden handelt, war dem Anlass angemessen, denn gefeiert wurde die Schwangerschaft der Königin. Manche Teilnehmer fürchteten wohl die Folgen dieser Schwangerschaft und argwöhnten, ein römisch-katholischer Prince of Wales werde dem Frieden über Israel, das heißt dem inneren Frieden Englands, nicht gut tun. Doch konnten nur die we-

nigsten ahnen, dass König, Königin und Prinz noch vor Ablauf des Jahres England fluchtartig verlassen würden. Sie
sollten das unerreichbar ferne Jerusalem, das London für sie
wurde, nie wiedersehen.

Purcells Anthem beginnt mit eindrucksvollem instrumen-
talem Jubel, gefolgt von den Worten des Psalms, der die offizielle Festlichkeit zum privaten Anlass in mediterrane Bilder
fasst. Den nordeuropäischen Christen erschienen sie ganz
vertraut. Der Tonsatz von *thy wife shall be as the fruitful vine*
(»dein Weib wird sein wie ein fruchtbarer Weinstock«) für
den Solobassisten ist besonders ergreifend. Purcell hatte in
seinem Chor einen erstklassigen Bass mit Namen John Gost-
ling und gab sich mitunter gerade für ihn die größte Mühe
beim Komponieren. Der Anthem währt kaum zehn Minuten
und steckt voller Mollklänge und seltsamer Vorausdeutun-
gen, besonders in der Passage O *well is thee* (»Wohl dir«) für
zwei Soprane. Sie harmonieren mit Molldreiklängen, die mit
Sequenzen der Bass- und Altstimme abwechseln:

Bass: *Thy wife shall be as the fruitful vine upon the walls of thine
house.*
Soprane: O *well is thee.*
Alt: *Thy children like the olive branches round about thy table.*
Soprane: O *well is thee.*

Zu Beginn des Jahres 1688 hatte Henry Purcell, der noch
keine 29 war, viel zu tun und – wie ich vermuten möchte –
erheblichen Kummer. Seine Ehefrau hatte ihm drei Söhne
geboren, von denen keiner das erste Jahr überlebte. Purcells
Stellung war angesehen, doch hatte Jakob II. seine Gunst der
separat gegründeten römisch-katholischen Königskapelle
und deren Musikern zugewandt. Das Gehalt als Organist
stand seit einem Jahr aus, und »die Orgel ist zurzeit so repa-
raturbedürftig, dass Reinigen, Stimmen und Restaurieren 40

Pfund, die anschließenden Erhaltungsmaßnahmen mindestens 20 Pfund jährlich kosten werden«. Diese Einschätzung ist aus einer Bittschrift zitiert, die Purcell im Mai oder Juni 1687 dem Hof unterbreitete; im März 1688 erhielt er schließlich die Gelder.

Henry Purcells reiches kompositorisches Werk zeugt von bewundernswerter Fantasie, technischer Raffinesse und großer Ausdruckskraft. Er schrieb viel für die Bühne und meisterte einen Marsch nicht schlechter als einen Trauergesang, einen Matrosentanz ebenso wie den Triumphschrei eines Helden. Der Mann, dessen *Rejoice in God Alway* so wirklichkeitsnah Gottes Frieden beschwört, der über alles Begreifen hinausgeht, schrieb auch fröhliche Rondos über die Zeile *Kiss my arse* (»Leck mich am Arsch«). Seine Theatermusik berührt alle Themen und Motive der Zeit, von der Oper *Dido and Aeneas* über Lieder und Zwischenmusiken zu *The Marriage Hater Matched* bis zu Drydens Schauspiel über den Mogulkaiser Aurangzeb, *Aureng Zebe*; von Aphra Behns *Abdelazer, or the Moor's Revenge* bis zu Southernes Dramatisierung des Romans *Oroonoko* von derselben Autorin.

Mrs. Purcell gebar im Mai 1688 eine Tochter, die wohlbehalten das Erwachsenenalter erreichte, heiratete und selbst Mutter wurde; dann kamen noch zwei Kinder des Komponisten zur Welt, von denen eines später ebenfalls Nachwuchs bekam. Purcell komponierte unablässig weiter, meist für das Theater, doch auch Gelegenheitsmusiken für den neuen Monarchen wie früher für Jakob. Er starb 1695 mit nur 36 Jahren.

Wie jeder Musiker seiner Zeit hielt sich Purcell in erster Linie für einen Handwerker, und er schrieb zahlreiche Auftragsmelodien. Das kompositorische Genie bricht zwar immer wieder sporadisch durch, selbst wenn es sich nicht so entfalten kann, wie es die meisten von uns für wünschenswert hielten. Doch schon vor langer Zeit hat mich die eigentüm-

liche Melancholie gewundert und verstört, die ganz unbemerkt in die behagliche Festfreude von *Blessed are they that
fear the Lord* geschlüpft ist. Dann aber fielen mir die drei früh
verstorbenen Kinder der Purcells ein und das eine, das im
Januar 1688 noch nicht geboren war, und ich lauschte wieder
den Molltönen der klaren Sopranstimmen: *O well is thee.* –
»Wohl dir, du hast's gut.«

DANKSAGUNG

Auf manche der vorliegenden Geschichten stieß ich im Verlauf meiner Forschungsarbeiten. Damals hatte ich mir vorgenommen, die europäischen Beziehungen zu China zu untersuchen. Anfangs war daran gedacht, Materialien über die Jahre 1687 oder 1689 zu sammeln, weil ich die Verwicklungen der Glorious Revolution aussparen wollte. Doch wegen des Schicksals, das Konstantin Phaulkon in Siam erlitt, und der Gesandtschaft, die Shi Lang nach Madras schickte, kam ich nicht um 1688 herum.

Zufallsfunde gab es in Hülle und Fülle. Coronellis Weltkugeln waren mir völlig unbekannt, bevor man mir einen solchen Globus in einem Brüsseler Museum zeigte. Im Juli 1995 folgte ich den Empfehlungen eines Verzeichnisses historischer Denkmäler und fand den slowenischen Landsitz des Freiherrn von Valvasor, von dem ich bis dato nie etwas gehört hatte. 1997 besichtigte ich die Festung Amboina im Indischen Ozean, wo Rumphius dem Zauber der tropischen Tier- und Pflanzenwelt erlegen ist. Im Februar 1999 konnte ich in Lopburi den letzten Tag in Phaulkons Leben nachvollziehen.

Zufallsfunde, Sammelleidenschaft und gleitende Übergänge vom Hölzchen aufs Stöckchen – normalerweise wäre dergleichen mit seriöser geschichtswissenschaftlicher Forschung unvereinbar. Nicht viele Historiker lassen sich so willig darauf ein wie der Autor des vorliegenden Buchs. Doch ganz ohne Abenteuer würde uns die Arbeit, wie die meisten zugeben werden, keine Freude machen. Mir war es ein Vergnügen, dieses Buch zu schreiben, und mit seinen Leserinnen und Lesern teile ich gern das Privileg, einen kleinen Teil unserer Lebenszeit mit William Penn zu verbringen, mit Bashô, mit William Dampier!

Zufallsfunde sind es auch, die mich verpflichten, eine erstaunlich breit gestreute Dankesschuld abzutragen. Viele meiner Forscherkollegen am Historischen Institut der University of Southern California haben ein ums andere Mal meine Bitten um Ratschläge oder Literaturhinweise beantwortet. Den größten Dank schulde ich Ayse und Hari Rorlich für ihre unschätzbare Hilfe bei der Lektüre von Quellen aus Russland und vom Balkan. Aus dem Bereich meiner Universität sind außerdem Marjorie Becker, Gerald Bender, Marguerite Bistis, Michael A. Burnstine, Thomas Cox, Charlotte Furth, Paul Cnoll, Philippa Levine, Edwin McCann, Peter Nosco, Edwin Perkins, Carole Shammas, Lisa Silverman, Joseph Styles und Shaoyi Sun zu nennen. Connie Wills, Diane Wills und Jeff Wills waren mir in den letzten Agonien der Drucklegung eine fürsorgliche Bezugsgruppe.

Den erweiterten Kreis hilfsbereiter Kollegen, vom Nachbarhaus gegenüber bis zur internationalen Vernetzung, bildeten Kim Akerman, E. M. Beekman, Leonard Blussé, David Ellenson, Lory Friedfertig, Aubrey Graatorex, Richard Hovanissian, Allan F. Isaacman, David Northrup, Demy Ohoilulin, Dhirivat und Pajrapongs na Pombejra, Branko Reisp und Shalom Sabar. Unsere Seminarbibliotheken und Fernleihstellen sorgten für den Grundstock meiner Materialsammlung. Die Schätze der Bibliotheken der University of Southern California in Los Angeles und die Huntington Library standen mir ebenfalls zur Verfügung.

Mehrere Institutionen haben mir durch Stipendien die Forschungsaufenthalte in Peking und Den Haag sowie Abstecher in verschiedene Gebiete Europas und in die Hafenstädte

Asiens ermöglicht. Diese und die vielen Behörden und Archive, die mir die Arbeit an Ort und Stelle erleichterten, werden in meinen Anmerkungen detailliert genannt. Besonderen Dank schulde ich Steven Forman vom Verlag W. W. Norton und Co., der mein Projekt für aussichtsreich hielt und mit erstaunlicher Gelassenheit ausharrte, während es in der Prioritätenliste meiner Verpflichtungen auf und ab wanderte, und der sich, anders als ich es von »akademischen« Publikationen gewohnt bin, mit der Substanz meiner Arbeit in engagierter Weise auseinander setzte. Die begleitende Kommentierung und unnachgiebige Kritik meiner ersten Rohfassung durch Geoffrey Parker waren mir besonders wichtig.

Meine Frau und die ganze Familie waren fasziniert, geduldig, erwartungsvoll wie die meisten Familien angesichts der scheinbar unendlichen Liebesmühe eines ihrer Mitglieder. Unsere Tochter Lucinda und ihr Ehemann Muhammad al-Muwadda berieten mich in allem, was den Islam betrifft, und schenkten mir ein T-Shirt mit der Aufschrift *1688 – das schönste Jahr meines Lebens*, das längst ausgebleicht war, als das Manuskript endlich fertig vorlag.

Zum Hauptgewinn meiner über 40-jährigen Ehe mit Carolin Connell Wills gehört, dass ich mir mit ihr einen Schwiegeronkel einhandelte: Robert H. Irrman, der jahrelang als Dozent am Beloit College Geschichte unterrichtet hat. Als profunder Kenner der Geschichte Englands im 17. Jahrhundert und viel bewunderter Lehrer und Erzähler war er mein wertvollster Ratgeber und begierig auf jede Neuigkeit aus dem Jahr 1688. Dankbar und bewegt widme ich dieses Buch seinem Andenken. Besonders freut mich, dass er die Fortschritte meiner Arbeit in den letzten Jahren miterlebt hat und das vollständige Manuskript noch in den Händen hielt.

ANHANG

QUELLEN
UND WEITERFÜHRENDE LEKTÜRE

Im Folgenden sind die wichtigsten Primärquellen aufgelistet, die ich für jeden einzelnen Abschnitt ausgewertet habe. Leserinnen und Leser, die sich für bestimmte Sachverhalte besonders interessieren und in der Forschungsliteratur orientieren wollen, finden hier auch Hinweise auf weiterführende Bücher und Aufsätze.

Unter den allgemeinhistorischen Darstellungen zu den Vorgängen des Jahres 1688 überall auf der Welt waren mir die des französischen Historikers Fernand Braudel (in der englischen Übersetzung von Siân Reynolds) mit ihrer Fülle entlegener Informationen die liebsten: *Civilization and Capitalism: 15th–18th Century*, 3 Bde., New York 1981 [dt.: *Sozialgeschichte des 15.–18. Jahrhunderts*, 3 Bde., München 1985/86]. Als außerordentlich hilfreich erwiesen sich zwei Werke zur europäischen Geschichte jener Zeit: John B. Wolf, *The Emergence of the Great Powers. 1685–1715*, New York 1951, und John Stoye, *Europe Unfolding. 1648–1688*, London, New York 1969; ferner die theoretischen Überlegungen bei Jack A. Goldstone, *Revolution and Rebellion in the Early Modern World*, Berkeley, Los Angeles, Oxford 1991.

Teil I: Eine Welt voller Segelschiffe
Über Coronelli und seine Globen vgl. die wissenschaftliche, mit einer Einführung von Helen Wallis versehene Edition von Vincenzo Coronelli, *Libro dei globi*, Amsterdam 1969.

1. Das Reich des Silbers
In seinen Grundzügen wird das System der Silberflotte von Clarence H. Haring geschildert: *Trade and Navigation between Spain and the Indies in the Time of the Hapsburgs*, Cambridge (Mass.) 1918. Das jüngste Standardwerk über die Ströme des Silbers aus der Neuen Welt und ihre Auswirkungen hat Michel Morineau verfasst: *Incroyables gazettes et fabuleux métaux. Les retours des trésors Américains d'après les gazettes hollandaises (XVIe–XVIIIe siècles)*. Cambridge (UK), Paris 1985. Die Anekdote von Doña Teresa in Potosí stammt aus Bartolomé Arzáns de Orsúa y Vela, *História de la villa imperial de Potosí*, hg. v. Lewis Hanke u. Gunnar Mendoza, 3 Bde., Providence (Rhode Island) 1965; auch enthalten in ders., *Tales of Potosí*, übers. v. Frances M. López-Morillas, hg. u. eingeleitet v. Robert C. Padden, Providence (Rhode Island) 1975. Über die Einrichtungen von Potosí vgl. Jeffrey A. Cole: *The*

Potosí Mita. 1573–1700. Compulsory Indian Labor in the Andes, Stanford 1985. Die Gedichte der Sor Juana Inés de la Cruz und eine großartige Schilderung ihres Lebens und Werks hat Octavio Paz veröffentlicht: *Sor Juana.* Cambridge (UK) 1988 [dt. *Sor Juana Inés de la Cruz oder die Fallstricke des Glaubens.* Aus d. Spanischen v. Maria Bamberg. Versübertragungen von Fritz Vogelgsang. Frankfurt/Main 1991]. Deutsche Nachdichtungen ihrer Lyrik erschienen unter dem Titel *Es höre mich dein Auge,* hg. v. Alberto Perez Amador Adam, Frankfurt/Main 1996. Zu Kino vgl. Herbert Eugene Bolton, *Rim of Christendom. A Biography of Eusebio Francisco Kino, Pacific Coast Pioneer,* 2. Aufl., Tucson (Arizona) 1984, und die Schriften von Eusebio Francisco Kino, *Kino's Historical Memoir of Pimería Alta,* hg. u. übers. v. Herbert Eugene Bolton, 2 Bde., Cleveland (Ohio) 1919. Weiterführende Informationen zu den Pima und ihrem Lebensraum in der Sonorawüste bieten Donald Bahr, Juan Smith, William Smith Allison, Julian Hayden, *The Short Swift Time of Gods on Earth. The Hohokam Chronicles,* Berkeley, Los Angeles (Calif.), London 1994; Buford Pickens, Arthur Woodward u.a., *The Missions of Northern Sonora. A 1935 Field Documentation,* Tucson, London 1993; sowie Charles W. Polzer u.a. (Hg.), *The Jesuit Missions of Northern Sonora,* New York, London 1991. Über Manila im Jahr 1688 vgl. John E. Wills jr., *China's Farther Shores: Continuities and Changes in the Destination Ports of China's Foreign Trade. 1680–1690.* In: Roderick Ptak u. Dietmar Rothermund (Hg.), *Emporia, Commodities and Entrepreneurs in Asian Maritime Trade, c. 1400 until 1750,* Stuttgart 1992, S. 53–77.

2. Afrikas viele Gesichter

Allgemeine Informationen über Westafrika finden sich bei Bethwell A. Ogot (Hg.), *UNESCO History of Africa,* Bd. 5, Berkeley (Calif.), Oxford, Paris 1992; Richard Gray (Hg.), *Cambridge History of Africa,* Bd. 4, Cambridge (UK) 1975; sowie John Thornton, *Africa and Africans in the Making of the Atlantic World,* Cambridge (UK), New York 1992. Über Portugal und das Königreich Kongo gibt es reichlich Literatur in westlichen Sprachen. Die beste Zusammenfassung bietet John Thornton, *The Kingdom of Kongo. Civil War and Transition. 1641–1718,* Madison (Wisconsin) 1983. Über die kulturellen Aspekte vgl. Wyatt MacGaffey, *Religion and Society in Central Africa. The BaKongo of Lower Zaire,* Chicago (Ill.) 1986. Dokumente und Einzelheiten aus dem Jahr 1688 stammen aus Levy Maria Jordão, Visconde de Paiva Manso, *História do Congo (Documentos),* Lissabon 1877. Über Dahomey vgl. Robin Law, *The Slave Coast of West Africa,* Oxford, New York 1991, sowie Paul Roussier (Hg.), *L'Établissement d'Issiny. 1687 until 1702,* Paris 1935. Über Senegambia vgl. die meisterliche Studie von Philip D. Curtin, *Economic Change in Precolonial Africa. Senegambia in the Era of the Slave Trade,* Madison (Wisconsin), London 1975. Augenzeugenberichte aus den achtziger Jahren des 17. Jahrhunderts: »Relation du Sr. Chambonneau«. In: *Bulletin de géographie historique et descriptive* 2 (1898), S. 308–321, und Thora G. Stone, »The Journey of Cornelius Hodges in Senegambia«. In: *English Historical Review* 39 (1924), S. 89–95.

3. Sklaven, Grenzen, Wegbereiter

Eine fundierte Sammlung von Statistiken zum Sklavenhandel bietet Philip D. Curtin, *The Atlantic Slave Trade. A Census*, Madison (Wisconsin), London 1969. Dass manche von Curtins Berechnungen und Interpretationen in der Forschung umstritten sind, beeinträchtigt den allgemeinen Informationswert seiner Arbeit nicht. Eine wichtige Quellensammlung hat Elizabeth Donnan herausgegeben: *Documents Illustrative of the History of the Slave Trade to America*, 4 Bde., Washington (D.C.) 1930 bis 1935. Über die Royal African Company vgl. Kenneth G. Davies, *The Royal African Company*, London 1957. Über die Coymans-Affäre vgl. I. A. Wright, »The Coymans Asiento (1685–1689)«. In: *Bijdragen voor Vaderlandsche Geschiedenis en Oudheidkunde* 6, 1 (1924), S. 23–62. Was das koloniale Brasilien betrifft, vertraue ich auf Charles R. Boxer, *The Golden Age of Brazil. 1695–1750*, Berkeley, Los Angeles (Calif.), London 1962, und Bailey W. Diffie unter Mitarbeit v. Edwin J. Perkins, *A History of Colonial Brazil. 1500–1792*, Malabar (Florida) 1987. Zu Palmares vgl. Raymond K. Kent, »Palmares. An African State in Brazil«. In: *Journal of African History*, Bd. 6 (1965), Nr. 2, S. 161–175, und Edison Carneiro, *O Quilombo dos Palmares*, Rio de Janeiro 1966. Über Vieira hat Thomas M. Cohen geschrieben: *The Fire of Tongues. Antonio Vieira and the Missionary Church in Brazil and Portugal*, Stanford 1998. Vgl. auch die Ausgabe seiner Predigten: Antonio Vieira, *Sermões*, hg. v. Gonçalo Alves, 15 Bde., Porto 1945 bis 1948.

Den historischen Hintergrund für die westindischen Inseln schildern umfassend John H. Parry u. Philip M. Sherlock, *A Short History of the West Indies*, 2. Aufl., London, New York 1968. Über Worthy Park und seine Umgebung vgl. Michael Craton u. James Walvin, *A Jamaican Plantation. The History of Worthy Park. 1670–1970*, Toronto 1970, und Carey Robinson, *The Fighting Maroons of Jamaica*, Kingston (Jamaica) 1969. Die Texas-Episode entnehme ich Robert S. Weddle, *Wilderness Manhunt. The Spanish Search for La Salle*, Austin (Texas), London 1973, sowie die von Adolph F. A. Bandelier u. Fanny R. Bandelier gesammelten *Historical Documents Relating to New Mexico, Nueva Vizcaya, and Approaches Thereto, to 1773*, hg. v. Charles Wilson Hackett, 2 Bde., Washington (D.C.) 1926. Über die Caddo vgl. John R. Swanton, *Source Material on the History and Ethnology of the Caddo Indians*, Washington (D.C.) 1942, und Foster Todd Smith, *The Caddo Indians. Tribes at the Convergence of Empires. 1542 until 1854*, College Station (Texas) 1995.

4. Dampier und die Aborigines

Der Quellentext findet sich in William Dampier, *A New Voyage around the World*, eingeleitet v. Sir Albert Gray u. Percy G. Adams, New York 1968. Wir zitieren nach: *Freibeuter. 1683–1691. Das abenteuerliche Tagebuch eines Weltumseglers und Piraten*, neu hg. u. bearbeitet v. Hans Walz, 2. Aufl., Tübingen, Basel 1977. Um die Region, wo Dampier vor Anker lag, näher kennen zu lernen, vgl. Leslie R. Marchant, *An Island unto Itself. William Dampier and New Holland*, Carlisle (Australien) 1988. Über die Bardi vgl. die Beiträge von Roland M. Berndt, Michael V. Robinson u. C. D. Metcalfe in *Aborigines of the West. Their Past and Their Present*, hg. v. Ronald M. Berndt u. Catherine H. Berndt, Perth (Australien) 1980.

5. Am Kap der Guten Hoffnung
Über Holländer und Khoikhoi vgl.
Richard Elphick, *Kraal and Castle:*
Khoikhoi and the Founding of White
South Africa, New Haven (Conn.),
London 1977. Zur allgemeinen Lage
und zur Einwanderung der Hugenotten vgl. ders. u. Hermann Gilio-
mee (Hg.), *The Shaping of South*
African Society. 1652–1820, Kapstadt
1979, und Colin Graham Botha, *The*
French Refugees at the Cape, Kapstadt 1919. Erlässe und Resolutionen
sind zitiert nach Bd. 3 der *Suid-Afri-*
kaanse Argiefstukke. Resolusies van
de politieke raad, 6 Bde., Kapstadt,
Johannesburg 1957–1968.

6. Welthauptstadt Batavia
Diesem Kapitel liegt eine 160-sei-
tige kommentierte Transkription
der Berichte zugrunde, die Generalgouverneur und Rat von Batavia
vom Dezember 1687 bis Dezember
1688 an die Herren Zeventien in die
Niederlande sandten. Veröffentlicht
wurden sie von Willem Ph. Cool-
haas (Hg.), *Generale Missiven van*
Gouverneurs-Generaal en Raden aan
Heren XVII der Verenigde Oost-indi-
sche Compagnie, Bd. 5, Den Haag
1975. Der Abschnitt über Rumphius
beruht auf Georg Everard Rumpf,
The Poison Tree. Selected Writings of
Rumphius on the Natural History of
the Indies, hg. u. übers. v. Eric M.
Beekman, Amherst 1981; sowie
ders., *The Ambonese Curiosity Cabi-*
net, hg. u. übers. v. Eric M. Beekman. New Haven (Conn.), London
1999; vgl. auch Beekmans vorzügliche Kurzbiografie des Autors. Das
Schicksal der Cornelia van Nijenroode schildert Leonard Blussé in
Kap. 8 seines Buchs *Strange Com-*
pany. Chinese Settlers, Mestizo Wo-
men and the Dutch in VOC Batavia,
Leiden 1988; vgl. ders., *Bitters bruid.*

Een koloniaal huwelijksdrama in de
Gouden Eeuw, Amsterdam 1997
[dt.: *Rosenkrieg. Ein Scheidungs-*
drama um Besitz, Macht und Freiheit
im 17. Jahrhundert, aus d. Niederländischen übers. v. Walter Kump-
mann. Frankfurt/Main, New York
2000]. Den Kontext und weitere
Einzelheiten aus diversen Regionen
erörtern Merle C. Ricklefs, *A His-*
tory of Modern Indonesia since c.
1300, 2. Aufl., Stanford 1993; Leonard Y. Andaya, *The World of Ma-*
luku. Eastern Indonesia in the Early
Modern Period, Honolulu 1993, sowie Barbara Watson Andaya, *To Live*
as Brothers. Southeast Sumatra in
the Seventeenth and Eighteenth Cen-
turies, Honolulu 1993.

7. Phaulkon
E. W. Hutchinson, *Adventurers in*
Siam in the Seventeenth Century,
London 1940, sowie *1688. Revolution*
in Siam. The Memoirs of Father de
Bèze, SJ, hg. u. übers. v. dems.,
Hongkong 1968. Einige Details sind
auch handschriftlichen Aufzeichnungen der Holländer in Ayutthaha
und Malakka entnommen, die in
den Archiven der Vereinigten Ostindischen Compagnie aufbewahrt
werden: Algemeen Rijksarchief, Den
Haag, Signatur VOC 1453, Bl. 225v
bis 232 u. 428–436v.

8. Das Imperium Peters des
   Großen
Allgemeines zu Moskau und Zar Pe-
ter entnehme ich den Büchern von
Evgenij V. Anisimov, *The Reforms of*
Peter the Great. Progress through Co-
ercion in Russia, übers. u. eingeleitet
v. John T. Alexander, Armonk (NY),
London 1993, und Robert K. Massie,
Peter the Great. His Life and World,
New York 1981 [dt.: *Peter der Große.*
Sein Leben und seine Zeit, aus d.

Amerikanischen von Johanna und Günther Woltmann-Zeitler, Königstein/Ts. 1982]. Die Beziehungen zu den Mongolen und zum Qing-Reich erörtern Mark Mancall, *Russia and China. Their Diplomatic Relations to 1728*, Cambridge (Mass.) 1971, und Morris Rossabi, *China and Inner Asia. From 1368 to the Present Day*, London, New York 1975. Zu General Gordon vgl. das *Tagebuch des Generalen Patrick Gordon während seiner Kriegsdienste...*, hg. u. übers. v. Fürst Michail A. Obolenski u. Moritz Conrad Posselt, Moskau 1853; sowie *Passages from the Diary of General Patrick Gordon of Auchleuchries, A. D. 1635–1699*, Aberdeen 1859. Über die Altgläubigen vgl. Robert O. Crummey, *The Old Believers and the World of Antichrist. The Vyg Community and the Russian State. 1694–1855*, Madison (Wisconsin), London 1970, sowie Ivan Stouchkine, *Le suicide collectif dans le raskol russe*, Paris 1903.

9. Überlebende und Visionäre
Besonders ergiebig für Wang Fu-chi sind Ian McMorran, »Wang Fu-chih and the Neo-Confucian Tradition«. In: William Theodore de Bary u. a., *The Unfolding of Neo-Confucianism*, New York 1975, und ders., »The Patriot and the Partisan: Wang Fuchih's Involvement in the Politics of the Yung-li Court«. In: *From Ming to Ch'ing: Conquest, Region, and Continuity in Seventeenth-Century China*, hg. v. Jonathan D. Spence u. John E. Wills jr., New Haven (Conn.) 1979. Außerdem sind Passagen aus Wangs Schriften zitiert nach *A Source Book in Chinese Philosophy*, hg. u. übers. v. Wing-tsit Chan, Princeton 1963, sowie ders., William Theodore de Bary, Burton Watson (Hg.), *Sources of Chinese Tradition*, New York 1960.

Meiner Übersetzung des einleitenden Gedichts von 1688 lag die anonyme Werkauswahl *Wang Chuanshan shiwen ji*, Peking 1962, S. 357, zugrunde. Für seine Hilfe bei der englischen Nachdichtung bedanke ich mich bei Herrn Sun Shaoyi. Eine nützliche Chronologie zu Wangs Leben und Werk findet sich im Anhang zu *Wang Chuanshan xueshu taolun ji*, Peking 1965. Zu Shitao, dessen Name gelegentlich auch als Tao-chi oder Daoji transkribiert wird, finden sich eine Reihe ausgezeichneter Studien, darunter eine historische Einleitung von Jonathan Spence und eine Analyse seiner Malerei von Richard Edwards im Ausstellungskatalog *The Painting of Tao-chi. 1641–ca. 1720*, Ann Arbor (Michigan) 1967. Vgl. auch Ju-hsi Chou, *The Hua-yü-lu and Tao-chi's Theory of Painting*, Tempe (Arizona) 1977. In Deutschland erschien *Shi Tao. Chinesische Landschaften. Zwölf Tuschbilder*, eingeleitet v. Victoria Contag, Baden-Baden 1955.

10. Am Hof des Kangxi
Die wichtigsten Quellen entnehme ich der vom Ersten Staatsarchiv der Volksrepublik China herausgegebenen Sammlung *Kangxi qijuzhu*, Peking 1985. Wichtige Erkenntnisse zur Politik und zum Leben am Kaiserhof finden sich in Jonathan D. Spence, *Emperor of China. Self-Portrait of Kangxi*, New York 1974 [dt.: *Ich, Kaiser von China. Ein Selbstporträt des Kangxi-Kaisers*. Aus d. Englischen v. Stefan B. Polter. Frankfurt/Main 1985], und Silas H. L. Wu, *Passage to Power. K'ang-hsi and His Heir Apparent. 1661–1722*, Cambridge (Mass.), London 1979. Nützliche Biografien aller genannten Personen bietet der Band *Eminent Chinese of the Ch'ing Period*, hg. v. Arthur

W. Hummel, Washington (D.C.) 1944. Die Probleme der Wasserregulierung werden bei Richard E. Strassberg erörtert: *The World of K'ung Shang-jen. A Man of Letters in Early Ch'ing China*, New York 1983, S. 117–121, 208–215.

11. China und die Jesuiten

Die Erzählungen von Verbiests Begräbnis und der Reise Gerbillons in die Mongolei beruhen auf zeitgenössischen Schilderungen, die schon früh durch Johann Baptista du Halde, SJ, veröffentlicht wurden: *Déscription géographique, historique, chronologique, et physique de l'empire de la Chine et de la Tartarie chinois*, 4 Bde., Den Haag 1736 [dt.: *Ausführliche Beschreibung des Chinesischen Reichs und der großen Tartarey*, aus d. Französischen mit Fleiß übers., 4 Bde. u. Suppl., Rostock 1747 bis 1756]. Einige Details finden sich auch in John E. Wills jr., »Some Dutch Sources on the Jesuit China Mission. 1662–1687«. In: *Archivum Historicum Societatis Iesu* 54 (1985), S. 267–293. Zu Verbiest vgl. *Ferdinand Verbiest, SJ (1623–1688). Jesuit Missionary, Scientist, Engineer and Diplomat*, hg. v. John W. Witek, SJ, Nettetal 1994. Über den *Confucius Sinarum philosophus* äußert sich David E. Mungello in Kap. 8 seines Buchs *Curious Land. Jesuit Accomodation and the Origins of Sinology*, Stuttgart 1985. Über Wu Li vgl. Jonathan Chaves, *Singing at the Source. Nature and God in the Poetry of the Chinese Painter Wu Li*, Honolulu 1993.

12. Kanazawa, Edo, Nagasaki

Vorzügliche Einführungen in das Tokugawa-Zeitalter Japans sind *The Cambridge History of Japan*, Bd. 4: *Early Modern Japan*, unter Mitar-beit v. James McClain hg. v. John W. Hall. Cambridge (UK), New York 1991, sowie Conrad Totman, *Early Modern Japan*, Berkeley, Los Angeles (Calif.), London 1993. Spezielles zu Kanazawa bietet James L. McClain, *Kanazawa. A Seventeenth-Century Japanese Castle Town*, New Haven (Conn.), London 1982. Über Edo vgl. ders., John M. Merriman, Ugawa Kaoru (Hg.), *Edo and Paris. Urban Life and the State in Early Modern Times*, Ithaca (NY), London 1994. Die *shunga*-Drucke analysiert Richard Lane, *Images from the Floating World. The Japanese Print*, New York 1978. Näheres über das *jôruri*-Theater entnehme ich Donald Keene, *The Battles of Coxinga. Chikamatsu's Puppet Play, Its Background and Importance*, London 1951. Den Tokugawa Tsunayoshi schildern Donald H. Shively, »Tokugawa Tsunayoshi, the Genroku Shogun«. In: Ders. u. Albert M. Craig (Hg.), *Personality in Japanese History*, Berkeley, Los Angeles (Calif.), London 1970; Harold Bolitho, »The Dog Shogun«. In: Wang Gungwu (Hg.), *Self and Biography. Essays on the Individual and Society in Asia*, Sydney 1976; sowie Beatrice Bodart Bailey, »The Laws of Compassion«. In: *Monumenta Nipponica* 40 (1985), Nr. 2, S. 163–189. Die *bakufu*-Dokumentation zu 1688 wurde zusammengestellt aus Kuroita Katsumi (Hg.), »Tokugawa jikki«. In: *Shintei Zôho Kokushi Taikei*, Tokyo 1919–1935. Zu Nagasaki vgl. Wills, *China's Farther Shores* (wie unter Kap. 1).

13. Saikaku und Bashô

Eine ausgezeichnete Darstellung aller literarischen Spielarten der Tokugawa-Epoche hat Donald Keene verfasst: *World within Walls. Japa-*

nese Literature of the Pre-Modern Era. 1600–1867, New York 1976; besonders empfehlenswert sind Kap. 5 über Bashô und Kap. 8 über Saikaku. Die von mir herangezogenen Passagen aus Saikakus Romanwerk entstammen der englischen Übersetzung, die Geoffrey W. Sargent unter dem Titel *The Japanese Family Storehouse or the Millionaires Gospel Modernized*, Cambridge (UK) 1959, vorgelegt hat. Die Erzählung von Bashô und die englischen Nachdichtungen seiner Gedichte finden sich in Bashô, *The Narrow Road to the Deep North and Other Travel Sketches*, eingel. u. übers. v. Nobuyuki Yuasa, Baltimore (Md.) 1966. Vgl. auch das informative Kapitel über Bashô in William R. LaFleur: *The Karma of Words. Buddhism and the Literary Arts in Medieval Japan.* Berkeley, Los Angeles (California), London 1983.

14. Der Sonnenkönig und die Damenwelt

Meine wichtigsten Ratgeber bei der auf Versailles konzentrierten Schilderung Frankreichs waren Pierre Goubert, *Louis XIV and Twenty Million Frenchmen*, übers. v. Anne Carter, New York 1970 [dt.: *Ludwig XIV. und zwanzig Millionen Franzosen*, aus d. Französischen v. Eva Rechel-Mertens, Berlin 1977], und John B. Wolf, *Louis XIV*, New York 1968. Als sehr lehrreich erwiesen sich außerdem Warren H. Lewis, *The Splendid Century. Life in the France of Louis XIV*, Garden City (NY) 1957, und Robert Mandrou, *Louis XIVe et son temps. 1661–1715*, Paris 1973. Nützliche Anekdoten und Illustrationen bietet auch Nancy Mitford, *The Sun King: Louis XIV at Versailles*, New York 1966 [dt.: *Der Sonnenkönig Ludwig XIV. und sein Hof*, aus d.

Englischen v. Irmgard Kutscher, München 1966]. Dangeaus Tagebuch liegt gedruckt vor als Philippe de Courcillon, Marquis de Dangeau, *Journal du Marquis de Dangeau*, hg. v. Félix Sebastien Feuillet de Conches, 19 Bde., Paris 1854–1860. Vgl. auch Charlotte Haldane, *Madame de Maintenon. Uncrowned Queen of France*, Indianapolis, New York 1970 [dt.: *Die ungekrönte Königin von Frankreich, Madame de Maintenon*, aus d. Amerikanischen v. Rolf Hellmut, Konstanz 1971]; Théophile Lavallée, *Madame de Maintenon et la Maison Royale de St.-Cyr (1686–1793)*, Paris 1862; Jeanne-Marie de Guyon, *La vie de Madame Guyon écrite par elle-même*, hg. v. Benjamin Sahler, Paris 1983 [dt.: *Das Leben der Madame Jeanne Marie Bouvier de la Motte Guyon*, 3 Tle., Leipzig 1727]; Marie-Louise Gondal, *Madame Guyon (1648–1717). Un nouveau visage*, Paris 1989; dies. (Hg.), *Madame Guyon. La passion de croire*, Paris 1990.

15. Familienkrach und Glorious Revolution

Ganze Bibliotheken von Quellenwerken und wissenschaftlichen Auseinandersetzungen sind hierzu erschienen; dieses Kapitel will interessierten Laien einen ersten Zugang verschaffen. Eine kluge und nützliche Übersicht mit ausführlichen Zitaten aus der neueren Forschung hat Geoffrey Holmes vorgelegt: *The Making of a Great Power. Late Stuart and Early Georgian England. 1660–1722*, London, New York 1993. Lehrreich waren für mich Mark Kishlansky, *A Monarchy Transformed. Britain. 1603–1714*, London, New York 1996, sowie Maurice Ashley, *James II.*, London, Toronto,

Melbourne 1977. Mustergültig fasst die Ereignisse von 1688 John Carswell zusammen: *The Descent on England. A Study of the English Revolution of 1688 and Its European Background*, New York 1969. Von den Standardwerken, die anlässlich der Dreihundertjahrfeier 1988 entstanden sind, ist das bei weitem wichtigste Jonathan I. Israel (Hg.), *The Anglo-Dutch Moment. Essays on the Glorious Revolution and Its World Impact*, Cambridge (UK), New York 1991. Über die Landung Wilhelms III. von Oranien und seinen Vormarsch durch Südengland berichten Henri u. Barbara van der Zee, *1688. Revolution in the Family. A Royal Feud*, London 1988. Die Kenntnis von Wilton House und seinen Van Dycks verdanke ich einem Reiseführer, den ich bei meinem Besuch 1994 erstanden habe. Die Krise in London beleuchten Robert Beddard (Hg.), *A Kingdom without a King. The Journal of the Provisional Government in the Revolution of 1688*, Oxford 1988, und John Evelyn, *Diary*, hg. v. Esmond Samuel de Beer, 6 Bde., Oxford 1955.

16. Widerhall jenseits der Weltmeere

Über Albemarle informieren Estelle Frances Ward, *Christopher Monck, Duke of Albemarle*, London 1915, und Hans Sloane, *A Voyage to the Islands Madera, Barbados, Nieves, S. Christopher and Jamaica*, 2 Bde., London 1707 [dt. erschien ein auf seine medizinische Arbeit beschränkter Auszug: *Von den Krankheiten, welche er in Jamaika behandelt hat*, aus d. Englischen übersezt u. mit einigen Zusätzen begleitet, Augsburg 1785]. Über Increase Mather vgl. Robert Middlekauff, *The Mathers. Three Generations of Puri-*

tan Intellectuals. 1596–1728, New York 1971. Zu William Penn konnte ich eine Reihe von Biografien heranziehen, darunter Hans Fantel, *William Penn. Apostle of Dissent*, New York 1974, sowie, als Vertreter der neuesten Forschung, Mary Maples Dunn, *William Penn. Politics and Conscience*, Philadelphia (Pa.) 1967; dies. u. Richard S. Dunn (Hg.), *The Word of William Penn*, Philadelphia (Pa.) 1986. Spezielleres über Penn in Amerika bietet *William Penn and the Founding of Pennsylvania. 1680 until 1684. A Documentary History*, hg. v. dens. u. Jean R. Soderlund, Philadelphia (Pa.) 1983. Über seine Beziehung zu Jakob II. und andere Aspekte des Jahres 1688 vgl. Vincent Buranelli, *The King and the Quaker. A Study of William Penn and James II.*, Philadelphia (Pa.) 1962; Joseph E. Illick, *William Penn the Politician. His Relations with the English Government*, Ithaca (NY) 1965; sowie Bd. 3 der Edition *The Papers of William Penn*, hg. unter Leitung v. Richard S. Dunn u. Mary Maples Dunn, Philadelphia (Pa.) 1986.

17. Die hundertjährige Freiheit

Das jüngste maßgebliche Standardwerk in englischer Sprache stammt von Jonathan I. Israel, *The Dutch Republic. Its Rise, Greatness, and Fall. 1477–1806*, Oxford 1995. Faszinierende Einblicke und Erkenntnisse zur niederländischen Kultur finden sich bei Simon Schama, *The Embarrassment of Riches. An Interpretation of Dutch Culture in the Golden Age*, Berkeley, Los Angeles, London 1988 [dt.: *Überfluß und schöner Schein. Zur Kultur der Niederlande im Goldenen Zeitalter*, München 1988]. Joseph Penso de la Vegas Analyse des Effektenmarkts von Amsterdam findet sich in seinem Werk *Confusion de Confusiones de Joseph de la Vega*, hg. v. Marius Franciscus Johannes Smith; übers. v. Gerardus Johannes Geers, Den Haag 1939 [dt.: *Die Verwirrung der Verwirrungen. Vier Dialoge über die Börse Amsterdams*, übers. u. eingel. v. Otto Pringsheim, Breslau 1919; Neudruck Kulmbach 1994]; vgl. dazu den Aufsatz von Harm Den Boer und Jonathan I. Israel in dessen Sammelband *The Anglo-Dutch Moment* (wie unter Kap. 15). Für meine Darstellung der niederländischen Politik habe ich vor allem Israels Aufsatz »The Dutch Role in the Glorious Revolution« (ebd.) ausgewertet. Zu Witsen vgl. Johan Fredrik Gebhard jr., *Het Leven van Mr. Nicolaas Cornelisz. Witsen* (1641 bis 1717), 2 Bde., Utrecht 1881.

18. In der Gelehrtenrepublik

Dem Gedanken einer Gelehrtenrepublik ist Dena Goodman nachgegangen: *The Republic of Letters. A Cultural History of the French Enlightenment*, Ithaca (NY), London 1994. Voltaires Definition findet sich in dessen *Das Zeitalter Ludwigs XIV.*, dt. v. Robert Habs, Leipzig 1885, Bd. II., S. 96 f. Die maßgebliche Biografie über Pierre Bayle stammt aus der Feder von Elisabeth Labrousse, *Pierre Bayle*, Den Haag 1963/64. Speziell über die *Nouvelles* informieren Louis-Paul Betz, *Pierre Bayle und die »Nouvelles de la République des Lettres«. Erste populärwissenschaftliche Zeitschrift (1684 bis 1687)*, Zürich 1896, Neudruck Genf 1970, sowie Hubert Bost, *Pierre Bayle et la question réligieuse dans les »Nouvelles de la République des Lettres« (1684–1687)*, Montpellier 1991. Zu Claude Perrault vgl. Antoine Picon, *Claude Perrault 1613–1688 ou*

La curiosité d'un classique, Paris 1989. Den Text von Charles Perraults *Querelles*-Polemik haben Hans Robert Jauss und Max Imdahl herausgegeben: *Parallèles des anciens et des modernes*, München 1964. Zu Valvasor vgl. P. von Radics, *Johann Weikhard Freiherr von Valvasor*, Laibach [Ljubljana] 1910; Johann Weichard Valvasor, *Die Ehre des Herzogtums Krain*, Laibach [Ljubljana], Nürnberg 1689; faksimilierter Neudruck mit editorischem Kommentar von Branko Reisp, München 1971. Branko Reisp verfasste auch die Biografie *Kranjski Polihistor Janez Vajkard Valvasor*, Ljubljana 1983; Zusammenfassung in englischer Sprache S. 385–417. Ders. gab außerdem heraus: *Korespondenca Janeza Vajkarda Valvasorja z Royal Society. The Correspondence of Janez Vajkard Valvasor with the Royal Society*, Ljubljana 1987.

19. Aphra Behn

Vgl. vor allem Angeline Goreau, *Reconstructing Aphra. A Social Biography of Aphra Behn*, New York 1980, sowie Aphra Behn, *Oroonoko, The Rover, and Other Works*, hg. v. Janet Todd, London, New York 1992. Wir zitierten nach der dt. Übersetzung *Oroonoko oder die Geschichte des königlichen Sklaven*, aus d. Englischen v. Christina Hoeppener, eingeleitet v. Vera u. Ansgar Nünning, Hamburg 1990.

20. Newton, Locke und Leibniz

Über Newton vgl. Richard S. Westfalls eindrucksvolle Studie *Never at Rest: A Biography of Isaac Newton*, Cambridge (UK), New York 1980 [dt.: *Isaac Newton. Eine Biografie*, aus d. Amerikanischen v. Heiner Must, Heidelberg, Berlin, Oxford 1996]. Eine englischsprachige Ausgabe seines Hauptwerks erschien unter dem Titel *Sir Isaac Newton's Mathematical Principles of Natural Philosophy and His System of the World*, übers. v. Andrew Motte u. Florian Cajori sowie mit Anmerkungen v. Cajori versehen. Berkeley, Los Angeles, London 1962. Noch nicht abgeschlossen ist die Briefedition von Herbert W. Turnbull, später Alfred R. Hall (Hg.), *The Correspondence of Isaac Newton*, 7 Bde., Cambridge 1959 ff.

Die Locke-Forschung kann auf vorbildliche Editionen seiner Werke und Briefe zurückgreifen. Ich habe vorwiegend Bd. 3 von Esmond Samuel De Beer (Hg.), *The Correspondence of John Locke*, Oxford 1978, herangezogen; ferner John Locke, *An Essay Concerning Human Understanding*, hg. v. Peter H. Nidditch, Oxford 1975, und ders., *Two Treatises on Government*, hg. v. Peter Laslett, Cambridge (UK) 1960. In deutscher Sprache erschienen die beiden Schriften unter den Titeln *Versuch über den menschlichen Verstand. In vier Büchern*, übers. v. Carl Winckler, 2 Bde., 4., durchges. Aufl., Hamburg 1981; *Zwei Abhandlungen über die Regierung*, übers. v. Hans Jörn Hoffmann, hg. u. eingeleitet v. Walter Euchner, Frankfurt/Main 1967. Als Standardwerk unübertroffen ist Maurice Cranston, *John Locke. A Biography*, New York 1957. Mein Verständnis Lockes beruht vor allem auf John Dunn, *Locke*, Oxford, New York 1984; ferner auf Lasletts Einführung zu den *Treatises* und in manchen Punkten auf John W. Yolton, *Locke. An Introduction*, Oxford, New York 1985.

Die Leibnizsche Philosophie lässt sich erfahrungsgemäß nur mit Mühe erschließen; selbst die Forschungsliteratur gibt meines Erach-

tens nur unzureichende Hilfen. Als Einstieg war mir Richard Wilhelm Meyers *Leibniz und die europäische Ordnungskrise*, Hamburg 1948, in der englischen Übersetzung von J. P. Stern sehr nützlich: *Leibnitz and the Seventeenth-Century Revolution*, Cambridge (UK) 1952; ferner Stuart Brown, *Leibniz*, Minneapolis 1984, sowie die verschiedenen Essays in *Leibniz. 1646–1716. Aspects de l'homme et de l'œuvre*, hg. v. Centre International de Synthèse, Paris 1968. Die philosophischen Bekenntnisse zitieren wir nach Gottfried Wilhelm Leibniz, *Confessio Philosophi, ein Dialog*, krit. Ausg. m. Einleitung, Übersetzung, Kommentar v. Otto Saame, Frankfurt/Main 1967. Über das China-Interesse bei Leibniz äußert sich David E. Mungello, *Leibniz and Confucianismus. The Search for Accord*, Honolulu 1977; in englischer Fassung liegt von Gottfried Wilhelm Leibniz der *Lettre sur la philosophie chinoise à Nicolas de Rémond* vor: *Discourse on the Natural Theology of the Chinese*, übers. v. Henry Rosemont u. Daniel J. Cook, Honolulu 1977. In dt. Sprache erschien hierzu *Das Neueste von China (1697). Gottfried Wilhelm Leibniz. Novissima Sinica*, mit ergänzenden Dokumenten hg., übers. u. erläutert v. Heinz-Günther Nesselrath u. Hermann Reinbothe, Köln 1979; die Jesuiten-Kontakte dokumentiert *Leibniz korrespondiert mit China. Der Briefwechsel mit den Jesuitenmissionaren (1689–1714)*, hg. v. Rita Widmaier, Frankfurt/Main 1990. Leibniz' Brief an Foucher von 1686 im französischen Original in *Die philosophischen Schriften von Gottfried Wilhelm Leibniz*, hg. v. Carl J. Gerhardt, Berlin 1875, Neudruck Darmstadt 1961, Bd. 1, S. 382 f. Einzelheiten seiner Unternehmungen und Gespräche im Jahr 1688 finden sich in Bd. 5 des *Allgemeinen politischen und historischen Briefwechsels*, hg. v. Kurt Müller u. Erik Anburger, Berlin 1954.

21. Im Reich des Sultans

Auf höchst anregende Weise revidiert Christopher A. Bayly im ersten und zweiten Kapitel seines Buchs *Imperial Meridian. The British Empire and the World. 1780–1830*, London, New York 1989, unser Urteil über die islamischen Reiche des 17. Jahrhunderts. Eine ganz ähnliche Neubewertung der Osmanen nehmen Goldstone, *Revolution and Rebellion* (wie Einleitung oben), und Rifa'at 'Ali Abou-El-Haj, *Formation of the Modern State. The Ottoman Empire. Sixteenth to Eighteenth Centuries*, Albany (NY) 1991, vor. Der bedeutendste englischsprachige Experte auf diesem Gebiet ist Stanford J. Shaw, *History of the Ottoman Empire and Modern Turkey*, Bd. 1: *Empire of the Gazis. The Rise and Decline of the Ottoman Empire. 1280–1808*, Cambridge (UK), New York 1976. Über Osman Aga vgl. *Der Gefangene der Giauren. Das abenteuerliche Schicksal des Dolmetschers Osman Aga aus Temeschwar, von ihm selbst erzählt*, hg. u. übers. v. Richard F. Kreutel u. Otto Spies. Graz, Wien 1962. Mithilfe v. Ayse Rorlich konnte ich einige Schilderungen mit Temesvari Osman Aga, *Gâvurlarin esiri*, Istanbul 1971, abgleichen. Über Istanbul informiert Robert Mantran, *Istanbul dans la seconde moitié du XVIIe siècle. Essai d'histoire institutionelle, économique et sociale*, Paris 1962. Zur Krise von 1687/88 zog ich außerdem Joseph von Hammer-Purgstall, *Geschichte des Osmanischen Reiches, großentheils aus bisher unbenützten Handschriften und Archiven*, 10 Bde.,

Pesth 1827–1835, sowie die Übersicht heran, die mir Ayse Rorlich von Mehmed Aga Silahdar, *Silahdar tarihi*, Istanbul 1928, angefertigt hat. Über den venezianischen Kriegszug nach Athen und auf den Peloponnes unterrichtet James Morton Paton (Hg.), *The Venetians in Athens. 1687–1688. From the Istoria of Cristoforo Ivanovich*, Cambridge (Mass.) 1940; über Algier John B. Wolf, *The Barbary Coast. Algiers under the Turks. 1500 to 1830*, New York, London 1979.

22. Mekka

Das grundlegende englischsprachige Standardwerk stammt von Francis E. Peters, *The Hajj. The Muslim Pilgrimage to Mecca and the Holy Places*, Princeton 1994. Einzelheiten aus den achtziger Jahren des 17. Jahrhunderts finden sich bei Sir William Foster (Hg.), *The Red Sea and Adjacent Countries at the Close of the Seventeenth Century, as Described by Joseph Pitts, William Daniel, and Charles Jacques Poncet*; ediert wurden diese Werke durch die Hakluyt Society: Second Series, No. C, Cambridge (UK) 1949, Neudruck Liechtenstein 1967.

23. Hindus und Muslime

Als neuere Darstellungen des politischen Strukturwandels, der sich in Indien vollzog, empfehle ich die beiden Bände von John F. Richards, *The Mughal Empire*, bzw. Stewart Gordon, *The Marathas. 1600–1800*, in der *New Cambridge History of India*, Cambridge (UK), New York 1993. Über den Sufi von Bijapur, sein Gedicht und den Hintergrund orientiert Richard M. Eaton, *Sufis of Bijapur. 1300–1700. Social Roles of Sufis in Medieval India*, Princeton 1978. Die Mogulherrschaft in Golkonda schildert John F. Richards, *Mughal Administration in Golconda*, Oxford 1975. Anekdotische Details finden sich auch bei Jadunath Sarkar, *History of Aurangzib*, 5 Bde., 2. Aufl., Kalkutta 1930, und Niccolo Manucci, *Storia do Mogor, or Mogul India. 1653–1708*, übers. v. William Irvine, 4 Bde., Neu-Delhi 1981. Die Pam-Nayak-Episode und ihre Umstände beleuchtet mit ausführlichen Quellenzitaten John F. Richards, »The Imperial Crisis in Deccan«. In: *Journal of Asian Studies* 35 (1976), Nr. 2 (Februar), S. 237 bis 256.

24. Engländer, Inder und das Dach der Welt

Vorzügliche Arbeiten über die East India Company haben Holden Furber, *Rival Empires of Trade in the Orient. 1600–1800*, Minneapolis 1976, und Kirti N. Chaudhuri vorgelegt: *The Trading World of Asia and the English East India Company. 1660–1760*, Cambridge (UK), New York 1978. Den Konflikt mit dem Mogulreich schildert William W. Hunter, *A History of British India*, Neudruck New York 1966. Zeitgenössische Augenzeugenberichte zu Madras finden sich in den *Records of Fort St. George. Diary and Consultation Book*, 86 Bde., Madras 1894. Zu Elihu Yale vgl. Hiram Bingham, *Elihu Yale*, New York 1939. Textilproduktion und -handel untersuchen Kirti N. Chaudhuri u. John E. Wills jr., »European Consumption and Asian Production in the Seventeenth and Eighteenth Centuries«. In: John Brewer u. Roy Porter (Hg.): *Consumption and the World of Goods*, London, New York 1993, S. 133–147. Über Hovhannes Youghayetsi und die Armenier in Asien berichten Philip D. Curtin, *Cross-Cultural Trade in World History*, Cambridge (UK),

New York 1984, in Kap. 9; Michel Aghassian u. Kéram Kévonian, »Le commerce arménien dans l'Océan Indien aux 17e et 18e siècles«. In: Denys Lombard u. Jean Aubin (Hg.), *Marchands et hommes d'affaires asiatiques dans l'Océan Indien et la mer de Chine. 13e–20e siècles*, Paris 1988; Lewon Khachikian, »The Ledger of the Merchant Hovhannes Joughayetsi«. In: *Journal of the Asiatic Society*, Kalkutta 8 (1966), Nr. 3, sowie ders., »Le registre d'un marchand arménien en Perse, en Inde, et au Tibet (1682 bis 1693)«. In: *Annales. Économies, Sociétés, Civilisations* 22 (1967), Tl. 1 (Januar–Juni). Der Text wurde ediert v. dems. u. H. D. Papazian, *Hovhannes ter-davtian Jughaietsu hashvetumare*, Eriwan (Armenien) 1984. Nach einer Mitteilung von Richard Hovanissian wären Übersetzung und Kommentierung dieser schwierigen Quelle ein Promotionsvorhaben für sich.

25. Nächstes Jahr in Jerusalem

Über Jerusalem orientiert Francis E. Peters, *Jerusalem. The Holy City in the Eyes of Chroniclers, Visitors, Pilgrims, and Prophets from the Days of Abraham to the Beginning of Modern Times*, Princeton 1985. Über Glikl bas Judah Leib vgl. Natalie Zemon Davis, *Women on the Margins. Three Seventeenth-Century Lives*, Cambridge (Mass.), London 1995 [der Glikl-Aufsatz auch dt. in: *Lebensgänge. Glikl, Zevi Hirsch, Leone Modena, Martin Guerre, ad me ipsum*, aus d. Amerikanischen v. Wolfgang Kaiser, Berlin 1998]. Die von mir herangezogene englische Übersetzung stammt von Beth-Zion Abrahams, *The Life of Glückel of Hameln. 1646–1724. Written by Herself*, London 1962, New York 1963. Aus d. Jiddischen ins Deutsche wurden die *Denkwürdigkeiten der Glückel von Hameln,* Berlin 1913, Neudruck Darmstadt 1979, von Alfred Feilchenfeld übertragen. Für Auskünfte über die *ketubba* von Colorno habe ich Professor Shalom Sabar an der Hebräischen Universität Jerusalem zu danken, einem anerkannten Experten für diese Kunstform. Vgl. Shalom Sabar, *Ketubbah. Jewish Marriage Contracts in the Hebrew Union College Skirball Museum and Klau Library,* Philadelphia (Pa.) 1990. Zu größtem Dank bin ich auch der Bibliothek des Jewish Theological Seminary in New York verpflichtet, die mir Einblick in diese Schätze gewährte.

26. Wohl dir, du hast's gut

Über Purcell orientierte ich mich anhand Jack A. Westrup, *Purcell,* London, New York 1965; ferner Westrups Artikel über Purcell in *The New Grove Dictionary of Music and Musicians,* 20 Bde., Washington (D.C.) 1980, und Franklin B. Zimmermann, *Henry Purcell. An Analytical Catalogue of His Music,* London, New York 1963. In dt. Sprache erschien von Reinhold Sietz, *Henry Purcell. Zeit. Leben. Werk,* Leipzig 1955. Besonders habe ich Joseph Styles zu danken, der mir half, die hinreißende Einspielung des Anthems *Blessed Are They That Fear the Lord* durch den Chor des King's College an der Universität Cambridge, das Philip Jones Brass Ensemble und die Academy of Saint-Martin-in-the Fields unter Leitung von Philip Ledger (auf Angel S-37282) zu finden.

ZITATNACHWEISE

S. 27, 32 f.
Nachdruck mit freundlicher Erlaubnis des Verlegers von Octavio Paz, *Sor Juana or, The Traps of Faith*, englische Übersetzung v. Margaret Sayers Peden, Cambridge (Mass.): The Belknap Press of Harvard University Press. Copyright © 1988 by the President and Fellows of Harvard College.

Wir zitieren die deutsche Fassung: Octavio Paz, *Sor Juana Inés de la Cruz oder die Fallstricke des Glaubens*, aus d. Spanischen v. Maria Bamberg, Versübertragungen v. Fritz Vogelgsang. Frankfurt/Main: Insel Verlag 1993, S. 276, 337, 389 f.

S. 38–41
Aus: Bartolomé Arzáns de Orsúa y Vela, *Tales of Potosí*, Brown University Press 1975. Nachdruck mit freundlicher Genehmigung der Brown University.

S. 99–102
Aus: William Dampier, *A New Voyage Round the World*, Dover Publications 1968. Nachdruck mit freundlicher Genehmigung des Verlags Dover Publications. Zit. nach William Dampier, *Freibeuter 1683 bis 1691. Das abenteuerliche Tagebuch eines Weltumseglers und Piraten*, neu hg. u. bearbeitet v. Hans Walz, 2. Aufl., Tübingen, Basel: Horst Erdmann Verlag für internationalen Kulturaustausch 1977, S. 169–174.

S. 220
Aus: Jonathan Chaves, *Singing at the Source. Nature and God in the Poetry of the Chinese Painter Wu Li*, University of Hawaii Press 1993. Nachdruck mit freundlicher Genehmigung des Verlags University of Hawaii Press.

VERZEICHNIS DER ABBILDUNGEN

S. 35

1. Unbekannter Künstler aus Mexiko: Porträt der mexikanischen Dichterin Sor Juana Inés de la Cruz (1651–1695). Mit freundlicher Genehmigung des Philadelphia Museum of Modern Art, The Robert H. Lamborn Collection.

S. 123

2. Illustration zur Durianfrucht (Zibethbaum) aus dem *Herbarium amboinense* von Rumphius. Mit freundlicher Erlaubnis von The Bancroft Library, University of California, Berkeley.

S. 177

3. Berglandschaft von Shitao (ohne Titel; vor 1679) mit einer Widmung an Ding Peng aus dem Jahr 1688. Mit freundlicher Genehmigung der Freer Gallery of Art, Smithsonian Institution, Washington (D.C.), Signatur F1982.23.

S. 241

4. Rezitator und zwei Puppenspieler bei einer *jôruri*-Aufführung. Aus: Saitô Gesshinm, *Seikyoku ruisan*. Mit freundlicher Genehmigung der Harvard-Yenching Library, Harvard University.

S. 365

5. Kupferstich aus *Die Ehre des Herzogtums Krain* von Janez Vajkard Valvasor, Freiherr von Bogenšperk.

S. 468

6. Ehevertrag von Samuel Hayyim Fontanella und Stella Fontanella, Colorno 1688, mit Detailansicht. Illuminierte *ketubba*. Mit freundlicher Genehmigung des Jewish Theological Seminary of America, New York.

REGISTER